广东劳动体制改革四十年丛书

广东劳动就业体制改革与创新

陈斯毅 著

中山大学出版社
·广州·

版权所有　翻印必究

图书在版编目（CIP）数据

广东劳动就业体制改革与创新/陈斯毅著. —广州：中山大学出版社，2017.11

（广东劳动体制改革四十年丛书）

ISBN 978-7-306-06186-7

Ⅰ.①广… Ⅱ.①陈… Ⅲ.①劳动就业—体制改革—研究—广东 Ⅳ.①F249.276.5

中国版本图书馆 CIP 数据核字（2017）第 227344 号

出版人：	徐　劲
策划编辑：	吕肖剑
责任编辑：	廉　锋
封面设计：	刘　犇
责任校对：	高　泂
责任技编：	何雅涛
出版发行：	中山大学出版社
电　　话：	编辑部 020-84110771，84113349，84111997，84110779
	发行部 020-84111998，84111981，84111160
地　　址：	广州市新港西路 135 号
邮　　编：	510275　传　真：020-84036565
网　　址：	http://www.zsup.com.cn　E-mail: zdcbs@mail.sysu.edu.cn
印 刷 者：	广州家联印刷有限公司
规　　格：	787mm×1092mm　1/16　20.5 印张　355 千字
版次印次：	2017 年 11 月第 1 版　2017 年 11 月第 1 次印刷
定　　价：	38.00 元

如发现本书因印装质量影响阅读，请与出版社发行部联系调换

序 言 一

张小建

就业是民生之本，安国之策。我国就业体制改革伴随着改革开放，走过了将近40年的光辉历程。在这个不断深化改革的过程中，全国劳动就业战线的不少同志，兢兢业业、奋力拼搏在就业体制改革第一线，从理论政策研究和业务工作实践上为劳动者实现比较充分的就业做出了积极的贡献。陈斯毅同志就是其中一位。现在摆在我面前的《广东劳动就业体制改革与创新》一书，是他多年辛勤耕耘的结果，体现了他在工作实践中刻苦学习钻研、积极探索创新的精神。

我国就业体制改革近40年的发展历程，是一段艰辛而辉煌的历程，是各级党政领导和社会各界、各有关部门人士共同努力、积极推进的发展过程。改革取得了举世瞩目的成就，即走出了一条具有中国特色的解决就业问题的新路子。在经济体制改革过程中，面对中国人口众多，就业压力大的复杂形势，就业工作一直承担着保民生、保稳定、促发展的多重任务和使命。从改革开放初期解决知青回城就业、实行"三结合"就业方针、建立劳动服务公司、培育劳务市场、改革国企招工用工制度，到不断深化改革、调整就业结构、实施再就业工程、建立市场就业机制、推进城乡统筹就业，再到制定实施和完善积极的就业政策，建立健全公共就业服务体系、推进就业机制创新和实行鼓励创业的方针等。在这个不断发展的过程中，全国各地、各部门按照党中央、国务院的统一部署，在劳动保障部的直接领导下，积极探索，为积极就业政策的制定实施和调整充实提供了许多有益的实践经验。特别是作为沿海开放省份的广东省人力资源和社会保障部门，承担着许多改革试点任务，如率先开放劳务市场、改革企业用工制度、吸纳外省劳动者就业、推动劳动力资源优化配置、实施再就业工程、推进城乡统筹就业、探索建立市场就业机制等，为全国深化以市场就业为导向的改革、制定和完善积极的就业政策，发挥了先行先试和示范带头作用，提供了许多宝贵经验。

陈斯毅同志在广东省劳动保障厅（后改为人力资源和社会保障厅）工作整整30年，退休后在广东省就业促进会任副会长，并被聘为中国就业促进会专家委员会副主任。他长期坚持把做好劳动就业工作作为己任，积极研究和探索解决工作中遇到的问题，曾被中国就业促进会评为中国就业改革发展30年做出重要贡献的就业工作者。他所撰写的《广东劳动就业体制改革与创新》一书，既反映了他亲身参加就业制度改革过程中的经历，也体现了他在改革过程中的深入思考和努力实践，对广东省就业体制改革的历程也做出了比较系统的总结和客观的描述。

全书分为五章。第一章"发轫：率先培育劳务市场"，反映了广东充分运用中央给予的特殊政策和灵活措施，率先改革企业招工用工制度，探索建立劳务市场的实践和经验。第二章"发展：从劳务市场到劳动力市场"，反映了在党的十二大后，广东按照建立社会主义市场经济目标，全面推进改革，率先建立劳动力市场管理运行机制，探索加强劳动力市场宏观调控，保障劳动者合法权益的情况和经验。第三章"调整：实施再就业工程"，反映了劳动保障部门着力解决下岗职工再就业世纪难题，创新就业机制的探索实践。在这一章里，作者阐述了20世纪末至21世纪初的几年时间里，为贯彻党的十五大、十六大精神，确保实现中央提出的深化国企改革，做好国企下岗职工再就业工作的目标和任务，就业战线同志攻坚克难的情况。当时身任培训就业处处长的陈斯毅同志深入基层调研，撰写了一批再就业工作的调研报告，提出了一系列结合当地实际落实中央政策精神的工作新思路、新举措。例如，建议建立下岗职工利益补偿机制，运用市场机制对国企职工存量资源进行重新配置；对下岗职工的分流安置，提出"先分流、后下岗，少进中心，快出中心，分类指导、理顺关系，促进就业、确保生活"的具体工作思路，在实践中较好地化解了再就业难题，为广东省在全国率先实现下岗与失业的并轨和较早步入市场就业轨道提供了宝贵经验。第四章"深化：大力推进城乡统筹就业"。按照党的十六大报告提出的以人为本的科学发展观，陈斯毅同志撰写了《把握科学发展观，努力做好就业工作》《抓好"五个统筹"，破解就业难题的探索实践》等文章，根据广东基本实现下岗与失业并轨的新形势，提出了建立城乡劳动者平等就业制度，大力推进城乡统筹就业，在经济结构调整中积极扩大和促进就业的观点。第五章"创新：实行积极的就业政策"，收录的9篇文章，集中反映了广东从实施再就业工程到实行积极就业政策的实践过程。作者根据广东实际，借鉴国际经验，撰写了《实施积极劳动力市场政策，促进就业机制创新》一文，提出实施积极的劳动力市场政策、促进就业机制转换的建议。2002年9月，中共中央国务院印发《关于进一步做好下岗失业人员再就业工作的通知》（中发〔2002〕12号），确立了我国积极就业政策的基本框架，标志着我国就业工作进入一个全新的阶段。陈斯毅同志作为一名实际工作者，在贯彻实施过程中，继续深入思考，积极探索，所撰写的《广东实施积极就业政策的成效、问题和对策》《促进充分就业，实现社会和谐》《解决当前就业问题要有新思路》等几篇文章，对于本省乃至全国进一步明确促进充分就业目标和完善积极的就业政策，都发挥了积极的作用。

综览全书，可看到几个鲜明的特点。一是作者注重理论联系实际，坚持以科学的理论为指导，在研究解决实际工作中的问题上下功夫。二是坚持从实践中来，到实践中去，所提出的一些观点，都是从实际出发，着眼于第一线的就业工作；所提炼的经验，都是实际工作的总结。三是注重依据和把握中央的政策方针和总体要求，紧密结合本省省情和地方实际，研究提出具体对策建议，并且具有较强的操作性。四是观点鲜明，内容丰富，资料翔实，文笔流畅，一些认识具有前瞻性。

就业问题作为全社会普遍关注的重大问题，不少专家和实际工作者都撰写了许多好的著作和文章，从不同的角度探索就业工作的规律，研究促进就业的发展道路。本书作者能够站在全局高度，结合实际，针对就业改革发展不同阶段的重点难点问题，积极进行探索研究，不断总结和提出一些具有开创性、可操作性的意见和建议，供各级决策者参考，其求真务实的精神难能可贵，值得学习和继续发扬光大。由于本书内容涉及时间跨度长，在文字表述和引用数据方面有待进一步改进。我相信，该书的出版，将使更多的人关注就业问题，将为新时代进一步全面深化改革提供宝贵经验，贡献可资借鉴的研究成果。

国家人力资源和社会保障部原副部长
中国就业促进会会长
张小建
2017 年 9 月

序言二

欧真志

金秋时节，是收获的季节。近日，阅读了陈斯毅同志撰写的《广东劳动就业体制改革与创新》一书书稿，感慨至深。他在岗时对劳动就业工作勤勉敬业，潜心钻研，退休后仍如此执着眷恋，继续研究就业创业问题，着实难能可贵。

陈斯毅同志从广东省劳动厅到人力资源和社会保障厅，整整工作了30年，对关系到民生之本的人力资源和社会保障事业有着执着的追求。他先后在计划劳动力处、厅办公室、综合规划处、培训就业处、劳动工资处、职业能力建设处等多个处室工作，曾任副科长、科长、副处长、处长和副巡视员等职务。在工作期间，亲身参与和见证了广东劳动保障、劳动就业和职业教育培训领域的改革开放实践和过程，撰写了不少有关劳动就业、职业教育培训、技能人才培养、企业工资分配、人力资源开发等方面的文章。退休后又在广东省就业促进会任副会长，继续关注新时期的就业创业工作，研究新时期促进就业创业和职业教育问题。这次编撰出版的《广东劳动就业体制改革与创新》一书，收集了陈斯毅同志参加工作以来有关就业工作方面的文章近50篇。

总体上，该书聚焦改革开放近40年来广东就业体制改革与创新的历程，围绕培育发展劳动力市场、促进充分就业这条主线，梳理的广东劳动力市场从发轫、发展、调整、深化到提升五个阶段的发展历程、工作重点和积累的经验，展现了改革开放40年来，广东在就业体制改革、培育发展劳动力市场、实施再就业工程和积极就业政策、统筹城乡就业、扩大和促进就业等重点难点问题上所采取的政策措施，较好地反映了广东在劳动就业领域改革的成功实践和宝贵经验。阅读此书，感到有以下鲜明特点。一是坚定市场就业改革信念。作者通过不断加强自身的理论学习，坚定市场就业改革信念和方向，坚持理论联系实际，积极探索。例如提出改革统包统配的就业制度，坚持市场导向的改革；提出加强劳动力市场宏观调控，建立劳动监察制度等。二是坚持从实践中来到实践中去，立足广东劳动就业体制改革实际，提出了一系列促进与扩大就业政策建议和实施方案，用以指导工作实践。例如在实施再就业工程过程中，深入实际调研，提出解除劳动关系的经济补偿制度，提出下岗职工分流安置的工作思路，提出实施积极的劳动力市场政策意见和建议，既促进了广东就业再就业工作的开展，也为国家层面制定积极的就业政策提供了广东的经验和做法。三是坚持独立思考。从他亲身经历的角度，对如何推进广东乃至全国劳动就业体制改革和创新进行了深入思考，针对不同发展阶段劳动就业体制改革与创新，进行了富有创新性的思考与论述，比较集中地反映了广东劳动就业体制改革的全过程，可为后人提供丰富而宝贵的史实资料。

  当然，这本书是作者从其亲身经历和认识的角度，反映广东劳动就业体制改革的一些重要事件，有些对策建议和采用的数据虽有重复之嫌，但瑕不掩瑜。作者在30多年的工作实践中兢兢业业、笔耕不辍，所撰写的文章，观点正确、内容充实、资料翔实，该书不失为一部务实的专著。

  当前，随着广东经济社会快速发展，广东的就业工作面临更加复杂而繁重的任务，望作者与有志于广东就业的各位同仁、科研人员和实际工作者，继续关心、支持和研究就业创业工作，为促进广东实现充分就业、高质量就业多做贡献！

广东省人力资源和社会保障厅原厅长
广东省就业促进会会长

欧真志

2017年秋

自　　序

陈斯毅

　　站在珠江入海口，眺望浩瀚的大海，看着奔流不息的珠江，时而浪花翻卷，时而微波荡漾，后浪拥簇着前浪，日夜奔腾不息，浩浩荡荡，流向大海，我心中油然生出一种对人生、对事物、对生活的感悟以及包容、开放、豁达的情怀。纵观历史，上下几千年，多少志士仁人以人民为本，为国家、为人民做出了杰出贡献，推动着人类社会不断向前发展。最近，习近平总书记在党的十九大报告中指出，经过长期努力，中国特色社会主义进入了新时代。这意味着近代以来久经磨难的中华民族迎来了从站起来、富起来到强起来的伟大飞跃，迎来了中华民族伟大复兴的光明前景。我感到由衷的振奋和高兴。

　　我国波澜壮阔的改革开放即将走过40年的光辉历程。这个历程是我国从贫穷走向富裕的一段难忘的岁月，是为中国特色社会主义新时代奠基的历程。回顾曾经走过的改革路程，我感到坦然、释然。本人于1982年大学毕业后，正赶上改革开放的浪潮扑面而来。从1984年到2013年，本人在广东省劳动厅（后经多次机构改革易名为人力资源和社会保障厅）工作了整整30年，前后从事、负责或分管劳动制度综合改革、综合规划、劳动用工、就业创业、职业培训、技能鉴定、工资分配等方面的工作。在工作过程中，始终坚持一个朴素的理念，就是把劳动保障工作当作为老百姓服务的大事来做，当作一辈子的事业来做。劳动就业、工资分配和社会保障是人民群众最关心的切身利益，是关系到企业和经济发展的要事，是关系到国家和社会稳定发展的大事。本人在平凡的工作岗位上，始终注意坚持理论先导、舆论引导、政策指导，遇到问题能够坚持深入基层、企业调查研究，倾听群众意见，并自觉结合党中央国务院确定的大政方针政策和事物发展的客观规律，进行深入分析与思考，把思考结果写成一些调研报告、理论文章、工作总结或学习心得，有的提供领导参阅，有的公开发表，以期扩大宣传，取得共识，推动工作。日积月累，撰写的文稿竟有800多万字。这些文稿可视为本人从事劳动保障工作30多年经历的真实记录，有一些是与本人一起共事的领导和同事们集体智慧的结晶。不少领导、同事和朋友多次建议我把曾经发表或未发表过的书稿整理结集出版。说实在的，自己也有这个愿望，但总觉得拙作浅薄，难以面世，加上工作比较繁忙，故迟迟没有动手汇集。近年来，退休赋闲在家，翻阅旧书稿，心有所悟。于是决定将自己撰写的文稿收集起来，大体按照时间顺序和工作领域分类，分为劳动就业、劳动用工、职业培训、工资分配、劳动管理体制改革五个部分，拟择机陆续编辑出版。

劳动管理体制、用工制度、职业培训、工资分配与劳动就业有着密切的关系。然而，就业是龙头，是民生之本。本人在就业领域工作时间比较长，撰写和发表的文章比较多，收集起来，竟有200多百万字，于是决定首先编辑《广东劳动就业体制改革与创新》一书。为了尽量体现30年来本人在工作中对就业体制改革的思考与创新，尽量体现广东从改革统包统配就业制度、培育发展劳动力市场、扩大就业到实施再就业工程、统筹城乡就业、出台积极就业政策和促进就业创业的历史发展脉络，本书围绕30多年来广东培育发展劳动力市场这条主线，分为发轫、发展、调整、深化和提升五个发展阶段，每个阶段围绕不同的改革重点来收集整理资料，并按照以下原则对收集到的文稿进行筛选：一是基本按照时间顺序和每个阶段重要的改革事件，筛选文稿；二是尽量筛选有价值、有创见、能反映历史原貌的文稿；三是对决定收用的文稿进行文字核对和提炼，尽量减少空话套话；四是尽量在每一章前面写一段内容提要，把背景、重点和主要观点做扼要介绍和点评；五是在一些重要文稿后面，链接一些专栏资料，主要是解释重要事件和涉及的时限，以及自己的感想。我想，按照上面的原则和思路进行编辑，既可以理清广东省劳动就业体制改革发展的历史线索，明确一些改革的节点和重点，又可以增加本书的历史感、可读性、资料性和欣赏价值。

翻阅和审核一篇篇书稿，回顾广东劳动就业体制改革走过的历程，重新认识广东以至全国就业制度改革、就业政策发展演变的历史脉络，本人深深体会到，广东劳动就业改革探索的成果来之不易！改革开放近40年来，在党中央的正确领导下，我国就业体制伴随着经济体制改革从计划经济转向市场经济，从试点到全面铺开，我们摸着石头过河，没有迷失方向；我们心中总有一杆秤，即始终坚持以人民为中心、就业优先，为老百姓的就业着想，不管风吹浪打，初心不变，目的和目标不变。我们从发现问题、提出设想到制定政策、贯彻实施，都是围绕着推动经济社会发展和促进人民就业这个目标而努力，围绕实现中国梦而奋斗。因此，广东就业体制改革有不少亮点，有一些方面的改革走在全国前面，为全国深化改革提供了经验。

本人在省级劳动保障行政部门工作30年来，围绕每个时期的工作重点、难点，尽心、尽力、尽责，撰写这些文章时得到了人社部领导张小建副部长以及于法鸣、刘燕斌、莫荣、郑东亮、苏海南、马永堂、李天国等同志的指导和帮助，得到广东省人社厅几届厅领导和并肩工作的同事们的关心、支持和帮助，有些文稿还得到同事们的指导和审核。今天借纪念改革开放40周年之机，结集出版，十分荣幸。在此，谨借此机会，对各位领导、同事、朋友和亲人多年来的关心支持和帮助，表示衷心的感谢！由于水平有限，编辑仓促，有些文稿有重复之嫌。特别是由于文稿涉及时间长，所引用和涉及的有关资料和数据，难以具体核对和注明出处，难免有不当之处，衷心希望各位读者提出宝贵意见。

两千多年前，孔子站在黄河边上，见到河水滔滔，不禁感叹道："逝者如斯夫，不舍昼夜！"时间就像流水，不分日夜地奔流。人生亦如此！想到世上千万条江河日夜奔流，时而卷起千重浪，时而微泛波澜，时而平静如镜，犹如人们一生的辛勤劳作，不管其贡献多大，都是推动人类历史前进的一朵浪花、一股力量。明年，我们将迎来改革开放40周年，我国将在习近平新时代中国特色社会主义思想指引下，通过总结和充分运用改革开放40年来的成功经验，继续为实现中华民族"两个一百年"的宏伟目标而努力奋斗。本人谨以《广东劳动就业体制改革与创新》这朵小小的浪花，对改革开放40年取得的丰硕成果表示纪念和衷心祝贺，并对在成长过程中给予关心支持和指导帮助的各位领导、同事、朋友、亲人以及社会各界人士表示衷心感谢和敬意！

陈斯毅

写于广州金沙洲恒大御景半岛

2017年10月19日

目 录

第一章 发轫：率先培育劳务市场 ... 1
- 第一节 选准突破口，解决城镇就业问题 ... 2
- 第二节 开放和发展劳务市场的必要性 ... 6
- 第三节 关于加快培育广东劳务市场的设想 ... 12
- 第四节 如何搞活劳务市场 ... 20
- 第五节 广东应建设什么样的劳务市场 ... 22
- 第六节 培育劳务市场与劳动工资制度改革 ... 25
- 第七节 从民工大流动看开放劳务市场 ... 28
- 第八节 广东劳务市场发育现状和发展对策 ... 31
- 第九节 开放劳动力市场，促进生产力发展
  ——广东劳动体制改革15年成就 ... 41

第二章 发展：从劳务市场到劳动力市场 ... 48
- 第一节 社会主义初级阶段劳动力市场模式和特征初探 ... 49
- 第二节 加快劳动力市场运行载体建设的若干思考 ... 53
- 第三节 加快建立劳动力市场管理体制和运行机制 ... 56
- 第四节 论体制转轨时期劳动力市场的宏观调控 ... 62
- 第五节 应重视健全劳动力市场宏观调控体系
  ——学习党的十五大报告体会 ... 69
- 第六节 加快建立规范化劳动力市场的对策建议 ... 73
- 第七节 珠江三角洲劳动制度改革探索 ... 81
- 第八节 改革开放以来广东劳动事业的发展成就 ... 88
- 第九节 关于建立现代企业用人制度问题初探 ... 93

第三章 调整：实施再就业工程 ... 98
- 第一节 运用市场机制，努力促进再就业
  ——广东省国企下岗职工再就业的调研报告 ... 99
- 第二节 全力推进国企劳动力存量资源的优化配置 ... 112

第三节	加快建立再就业新机制的调研报告………………………	123
第四节	隐性就业现象透视………………………………………	137
第五节	解决隐性就业的对策选择………………………………	141
第六节	再就业服务中心要跟上时代发展步伐…………………	146
第七节	经济全球化进程中的就业机制创新	
	——关于构建以培训促就业新机制的思考 …………	150
第八节	加快建立市场导向就业机制的对策建议………………	159
第九节	坚持市场就业方针，多措并举促进再就业……………	166

第四章 深化：大力推进城乡统筹就业……………………………… 176

第一节	把握科学发展观，努力做好就业工作……………………	177
第二节	进一步推进城乡统筹就业的难点与对策………………	182
第三节	当前广东就业形势分析与对策建议……………………	191
第四节	新形势下促进就业的新思考	
	——兼谈推进城乡统筹就业问题………………………	210
第五节	抓好"五个统筹"，破解就业难题的探索实践…………	215
第六节	完善服务，全力推进城乡统筹就业……………………	219
第七节	加入WTO给就业带来的机遇与挑战 …………………	224
第八节	粤港澳经济一体化对广东劳动就业的影响及对策……	227
第九节	要在经济结构调整中积极扩大就业……………………	237
第十节	加快建立城乡劳动者平等就业制度的建议……………	239

第五章 创新：实行积极的就业政策………………………………… 246

第一节	实施积极的劳动力市场政策促进就业机制创新………	247
第二节	我国积极的就业政策框架的形成及其主要内容………	254
第三节	广东实施积极就业政策的成效和对策…………………	264
第四节	促进充分就业，实现社会和谐…………………………	272
第五节	解决当前就业问题要有新思路…………………………	275
第六节	关于发挥经济园区促进就业的对策建议………………	279
第七节	努力创建适应市场就业需要的新型服务平台…………	284
第八节	经济增长放缓对广东就业的影响及对策建议…………	293
第九节	要正视就业结构性矛盾带来的影响与挑战……………	299

后　记………………………………………………………………… 308

第一章 发轫：率先培育劳务市场

【内容提要】我国劳动就业体制改革经历了一个艰难的发展过程。在这个过程中，改革的突破口在哪里？广东扮演着什么角色？本章收集的9篇文章，集中反映了广东改革开放初期面对巨大的就业压力，以改革统包统配就业制度，实行"三结合"就业方针为突破口，率先培养发展劳务市场的思考和实践。1980年，党中央、国务院批准广东实行特殊政策、灵活措施，要求广东率先进行劳动工资制度改革，允许广东根据实际情况自行安排劳动力，不受国家劳动指标限制；经济特区企业一律实行劳动合同制，企业有权自行招聘和解雇劳动力。这些政策为广东率先探索建立劳务市场提供了有利条件。1983年，广东率先在深圳、珠海经济特区改革企业统包统配的招工制度，创办劳动服务公司，恢复发展集体、私营和"三资"企业，实行面向社会、全面考核、择优录用办法，逐步取消"子女顶替"和内招办法，使广东劳务市场在全国率先悄然兴起。

随着改革的展开，人们对开放劳务市场认识很不一致，出现了一些争论：劳务市场的内涵是什么？要不要开放劳务市场？如何开放劳务市场？笔者于1984年8月从珠海选调到广东省劳动厅计划劳力处、厅改革办工作，作为这一改革进程的弄潮者，主动依据中央和省的政策规定，结合工作实际进行了观察与思考，撰写了《开放和发展劳务市场的必要性》《关于加快培育广东劳务市场的设想》《如何搞活劳务市场》等文章，积极参与讨论。1987年，党的十三大报告明确提出，社会主义市场体系不仅包括消费品和生产资料等商品市场，还包括劳务等生产要素市场，肯定了培育发展劳务市场的方向和必要性。自此，广东各大中城市劳务市场如雨后春笋，陆续涌现。1987年9月，佛山市政府率先颁布了全国第一个《劳务市场管理试行办法》；1988 年 7 月，广东省政府颁布了全国首个《劳务市场管理规定》，明确把全省范围内所有机关、企事业单位、社团和个体工商户招聘城乡劳动者都纳入劳务市场管理范围。1989 年 3 月，经广东省政府同意，省劳动局印发《广东省社会劳务介绍机构管理办法》，强调发展职业介绍机构，规范发展劳务市场。在 1988—1989 年间，劳动部召开了两次全国劳务市场工作研讨会，统一认识，推动了劳务市场的发育。至 1990 年年底，全省职业介绍机构由上年的 194 所发展到 443 所，基本形成了以劳动部门职业介绍机构为主体、社会职业介绍机构为补充的有领导、多层次的劳务市场体系。本章最后两节，集中反映了广东培养发展劳务市场的成就。重温当时参与讨论的这些文稿，可以从中了解改革开放初期广东劳务市场培育发展的轨迹。

第一节　选准突破口，解决城镇就业问题①

近年来，广东与全国一样，面临严峻的就业问题。一方面是大量知青回城等待安置就业，另一方面是城镇大量新成长劳动力和待业人员等待就业。面对严峻的就业形势，广东各级劳动部门根据党的十一届三中全会关于解放思想、放宽政策、搞活经济的精神，结合所有制结构和产业结构调整，恢复发展城镇集体和个体经济，广开就业门路，使城镇劳动就业取得了突破性的进展。据统计，从 1979—1984 年，全省共安置城镇待业人员 224 万人，占待业总数的 94%。尤其是妥善地安排了近百万上山下乡知识青年回城就业，基本解决了历史遗留下来的待业问题。这对于促进社会安定、活跃市场、繁荣经济、改善人民生活都起到了积极的作用。

我们之所以能较好地解决城镇就业问题，主要是选准解决就业问题的突破口，改革统包统配的就业制度，实行"三结合"就业方针。所谓"三结合"就业方针，是党中央 1980 年 8 月在北京召开的全国就业会议上提出

---

①　本文是笔者到广东省劳动部门工作后，于 1985 年撰写的一篇关于就业的文章，记载了当时广东得天时地利，贯彻中央改革开放搞活的方针，率先改革劳动就业制度，实行"三结合"就业方针的进展情况，也反映了广东劳务市场开始孕育的情况。

来的，即在国家统筹规划和指导下，实行劳动部门介绍就业、自愿组织起来就业和自谋就业相结合的方针。"三结合"就业方针的提出，是我国就业理论和就业政策的一个重大突破，是对传统就业制度的改革和创新。在"三结合"就业方针的指导下，广东主要进行了以下改革。

一、改革僵化的统包统配就业制度

新中国成立以来，我国长期实行高度集中统一的计划经济体制。在这种体制下形成的就业制度，被称为统包统配就业制度。其主要特点是国家对劳动力的计划配置、统包就业、行政调配、城乡分割。具体表现为，国家对城镇劳动力实行统一的指令性计划管理，对城镇劳动力实行统包就业，对企事业单位用人实行统一招收，对在职劳动力实行统一调剂调配，对城乡劳动力实行分割管理。这种就业体制的主要弊端是，企业无法根据生产经营需要招收和调配劳动力，劳动者没有选择职业的自由和权利。这不仅严重挫伤了企业和劳动者的积极性，也造成了严重的就业问题。1980年，广东在贯彻中央给予"特殊政策，灵活措施"过程中，大胆解放思想，加快发展城镇集体经济，允许发展个体经济、私营经济和"三资"企业，初步形成多种经济成分并存的格局；与此同时，根据企业的反映和要求逐步取消国家统包统配就业的做法，取消"子女顶替"招工政策，允许个体经济和"三资企业"在指令性计划之外自行招工，鼓励用人单位实行"面向社会，公开招收，全面考核，择优录用"的招工办法。这就开始冲破了僵化的劳动就业计划管理体制，引入了市场调节就业的机制。

二、结合调整所有制结构，扩大就业门路

在1979—1984年间，广东按照中央的部署，努力改变单一的全民所有制经济结构，积极恢复发展城镇集体经济、个体私营经济和"三资"企业，扩大就业门路。据统计，6年间全民所有制单位就业78万人，占6年全省就业总数的35%。城镇集体所有制单位共安排就业123万人，占就业总人数的55%。其中包括：①劳动群众集体所有的手工业；②镇区、街道办的集体企业；③国营大厂矿企业把待业的职工子女组织起来办集体经济，为生产、生活服务；④机关、团体、学校以及部队创办的各种形式的集体经济事业；⑤由待业人员自愿组合、自筹资金、自找场地、自负盈亏、自主

经营的民办集体经济。这些民办集体经济形式多种多样，有由待业青年合股办的小工业；有以民间艺人或技术人员为核心组织起来的工艺美术社、电器修理店、食品加工厂等；有以夫妻、父子、兄妹为主体从事小商品生产的厂（社）；有居委会组织的各种服务网点等，统称为群众自愿组织起来举办的集体经济组织。这类组织投资少，见效快，经营灵活，吸纳就业数量多，方便群众生活。此外，城镇从事个体经营的有23万人，占就业总数的10.3%。国家重视恢复和发展个体经济，鼓励待业人员从事个体经营，叫作自谋职业。1984年年底，全省城镇个体劳动者已达27万人，多数是从事商、饮等服务业和加工业。在从事个体经营的人员中，青年占多数，1984年占66%以上。许多青年已锻炼成为专业人才，受到社会的尊敬。像广州个体协会的容志仁经营学生餐，薄利多销；曾三英经营服装业；高德良经营"太爷鸡"，驰名全国，较好地帮助解决了部分待业青年的就业问题。

三、创办劳动服务公司，统筹指导就业

广东省的劳动服务公司是根据中央的决定，为安置城镇待业人员的需要，从1980年开始逐步建立起来的。它是一种新的社会劳动组织，主要担负以下任务：①提供劳动力供求信息，统筹指导就业；②办理招工手续，调节社会劳动力；③组织待业青年进行就业前培训；④举办经济事业，为吞吐社会劳动力和企业富余职工创造条件；⑤组织对外劳务输出。至1984年年底，广东省各地、市、县劳动部门均已成立劳动服务公司，区、镇、街道也普遍成立劳动服务机构，部分国营企业和机关团体、事业单位等也组织劳动服务公司。据统计，广东省劳动服务公司共有1400多所，初步形成一个较为完整的就业服务体系。各级劳动服务公司创办的集体生产、服务、劳务网点4680个，直接安排就业27万多人，1984年总产值5.4亿元、利润4150万元、上缴税收金额2479万元，共组织就业前培训37万多人，为企业、事业单位输送临时性、季节性用工近40万人次。实践证明，劳动服务公司是组织城镇劳动就业的好形式，突出为劳动就业服务，成为城乡劳动者就业的储水池，被称为中国特色社会主义新型的劳动组织。

四、加强领导，积极扶持就业

要解决当前突出的就业问题，扩大就业，应当在政府的统一领导下，

各部门明确分工、积极配合、共同推进。劳动部门责无旁贷，要继续改革统包统配的就业制度，实行"三结合"的就业方针，积极扩大就业；财政部门对安置城镇待业青年要逐年拨出专款，作为就业扶持资金，鼓励和扶持待业青年组织起来，创办各种集体所有制的生产和生活服务网点；税务部门要负担协调税收政策，对以安置待业青年为主的集体所有制企业实行减免或缓缴税收的扶持政策；银行要提供资金支持，如对集体和个体经营者提供低息贷款等；城建部门配合有关单位、街道居委会等，协助调整解决经营场地问题；工商行政部门对个体经营者进行具体指导和管理。此外，工会、共青团、妇联等组织对就业工作也应当给予关心和支持。

当前，广东省的劳动就业工作虽然已经取得一定的成绩，积累了一些经验，但是由于历史遗留的问题比较多，不可能在短时期内彻底解决，城乡就业任务还很重，不合理的就业结构还有待进一步调整。今后，我们应当继续采取措施，通过调整所有制经济结构、产业结构，改革僵化的统包统配就业制度，引入市场就业机制，发展劳务市场，逐步解决好广东省城乡就业方面存在的突出问题。

【专栏参阅1】我国"三结合"就业方针

党的十一届三中全会后，中央为了进一步扭转就业工作的被动局面，及时提出广开就业门路，发展集体所有制经济的政策。1980年8月，党中央在北京召开全国劳动就业会议。会后中央印发了《进一步做好城镇劳动就业工作》（中发〔1980〕64号），明确提出解决就业问题的根本途径是，在国家统筹规划和指导下，实行劳动部门介绍就业、自愿组织起来就业和自谋职业相结合的方针（后来概括为"三结合"就业方针）。"三结合"就业方针实质上是多种经济成分并存的经济政策在劳动就业工作上的体现。"三结合"就业方针的提出，是就业理论和就业政策的新突破，成为我国劳动就业史上的一个里程碑。1981年，中共中央印发《关于广开门路搞活经济解决城镇就业问题的若干决定》（中发〔1981〕42号）再次重申了"三结合"就业方针，明确提出要大力提倡和指导待业青年组织起来在集体经济单位就业，发展城镇劳动者个体经济，增加自谋职业的渠道。

第二节　开放和发展劳务市场的必要性①

党的十三大报告提出，发展社会主义市场经济必须有一个完善的市场体系。劳务市场是社会主义市场体系的重要组成部分，它的存在和发展对促进整个经济发展将起到十分重要的作用。为了进一步破除旧的传统观念，更好地培育和发展社会主义劳务市场，笔者就培育和发展劳务市场的客观必然性，谈一些粗浅的认识。

一、关于对劳务市场的认识

在我国社会主义商品经济条件下，劳务市场有狭义和广义之分。从狭义上讲，劳务就是在一定领域范围内的服务，如饮食、理发、商业、客运、邮电、科研、技术咨询、卫生保健、文化生活等方面的服务。马克思曾经说过："服务这个名词，一般地说，不过是指这种劳动所提供的特殊使用价值，就像其他一切商品也提供自己的特殊使用价值一样；但是，这种劳动的特殊使用价值在这里取得了'服务'这个特殊名称，是因为劳动不是作为物，而是作为活劳动提供服务的。"② 因此，狭义的劳务市场通常是指以劳务活动形式进行交换的场所。

然而，在我国现阶段，随着社会主义商品经济的日益发展，劳务市场已不仅仅限于上述"服务"活动，它已大大超出马克思当年设想的狭义劳务市场范畴，越来越多地采取劳动力交换或流动的形式。如在现实经济活动中，劳动者就业与劳务市场相互渗透，一个劳动者就业，既可以从事作为服务的劳务活动，又可以以让渡自己的劳动力为特征进入某一企业（单位）工作，换取报酬。这说明，劳务市场与劳动力市场相互渗透，密不可分。恩格斯说过，"在事物及其相互关系不是被看作固定的东西，而是被看

---

① 本文写于1992年11月，是劳务市场向劳动力市场过渡阶段的一篇研究文章。文章从理论和实践结合的角度，阐述了笔者对开放劳务市场的认识，提出我们要发展广义的劳务市场，同时阐述了发展劳务市场的必要性，指出我国劳务市场与资本主义国家劳动力市场的本质区别。这对于排除干扰，坚定实际工作者培育发展劳务市场的信心，有积极意义。

② 中共中央马克思恩格斯列宁斯大林著作编译局编译：《马克思恩格斯全集》（第26卷），人民出版社1972年版。

作可变的东西的时候，它们在思想上的反映，概念会同样发生变化和变形；我们不能把它们限定在僵硬的定义中，而是要在它们的历史的或逻辑的形成过程中来加以阐明"①。按照马克思主义的观点，我们认为，随着商品经济从一种特殊形态到另一特殊形态的推移，劳务市场的含义也在发生变化。因此，从广义上说，我国劳务市场包括劳动力供求双方交换的场所及其交换关系的总和，亦称劳动力市场。它不仅仅是引进市场机制调节劳动力供求关系的场所，而且还包括交换过程中相关的各种关系。

劳务市场也和其他市场一样，其内容一般由供求双方及价格所构成，即具有一定劳动能力的劳动者（供方）和具有法人地位的企事业单位（需方）及相应的劳动报酬所构成。在市场活动中，企事业单位和劳动者是劳务市场的两个基本主体。它们可以根据自身的需要进行"双向选择"，并平等协商、确定劳动报酬。市场机制主要有价格（即工资）机制、供求机制和竞争机制。它们按照商品价值规律对劳动力的供求发挥着有力的调节作用。

二、培育发展劳务市场的必然性

改革开放以来，我国劳务市场迅速孕育和兴起。尤其是广东劳务市场发展迅速，城乡劳动力的流动和交流日趋频繁，市场机制开始自发地发挥调节作用，并显示出旺盛的生命力。广东劳务市场之所以能够从无到有并迅速发展，主要在于它有着深厚的经济基础，反映了不以人的意志为转移的客观必然性。

首先，劳务市场的开放和发展是改革、开放的必然产物。这主要体现为以下三个方面。

（1）党的十一届三中全会以来，我国采取了一系列对外开放、对内搞活的方针。广东按照中央的部署要求，采取积极措施，引进外资，举办外商投资企业，发展城乡集体经济，允许农民进城务工经商。于是在城市，随着对外开放、对内搞活政策的实施，出现了多种经济成分和多种经营方式并存的活跃局面，不仅全民所有制经济和集体所有制经济得到发展壮大，而且外商投资企业、"三来一补"企业、乡镇企业、联营企业、股份企业、

---

① 中共中央马克思恩格斯列宁斯大林著作编译局编译：《马克思恩格斯全集》（第25卷），人民出版社1972年版。

私营企业和个体工商户迅速发展,成为吸纳社会劳动力的新的经济利益主体。这种多种经济形式并存的局面不仅会长期存在下去,而且在社会主义市场经济条件下还要进一步发展。在这一条件下,用人主体必然要求劳动力在各种所有制之间合理流动,否则多种经济形式就难以长期并存。显而易见,过去单纯用计划配置劳动力的方法和手段是不能做到的。这在客观上就迫切需要有一个按照价值规律促使劳动力合理流动的场所,这就是劳务市场。实际上,经过14年的改革,我国社会劳动力已经开始通过市场调节在各类经济成分之间流动,从而促进了多种经济形式的共同繁荣发展。它的脱颖而出,正是多种经济形式并存和发展的客观要求。

(2)在10多年来的城市经济体制改革中,各有关部门围绕增强企业活力这个中心环节,积极采取承包经营、全员劳动合同制、"工效"挂钩等一系列改革措施,改革企业与政府的依附关系,破除了统包配的就业制度和高度集中统一的劳动工资计划管理体制,努力促使企业成为相对独立的商品生产者和经营者,为企业行使各项自主权(包括招工用人权)创造了良好的环境条件,促使企业能够根据生产经营发展需要,自主地决定用人计划和形式,以及辞退生产不需要的人员。于是,劳务市场在改革中应运而生,迅速发展,并在合理配置劳动力资源、增强企业活力中发挥了积极的作用。

(3)从发展目标来看,我国经济体制改革的目标是建立社会主义市场经济。国家(包括政府)对经济的管理,主要是通过市场实行宏观间接调控。如果没有劳务市场,就难以改变过去用行政手段直接管理企业劳动工资的做法。只有通过市场,并运用价值规律、供求关系、价格信号、竞争机制合理配置劳动力资源,企业才能真正增强活力,社会主义经济才有效率。因此,开放劳务市场是我国经济体制改革的必然产物,既为企业创造了良好的外部环境,又促进了经济发展和社会稳定。

其次,开放劳务市场是发展社会主义市场经济的客观要求,是同现代社会化大生产相联系的。

社会主义经济既然是建立在公有制和社会化大生产基础上的市场经济,其发展必然要求开放劳务市场。这是因为:

(1)从历史发展角度看,在自然经济向商品经济过渡的漫长历史过程中,随着社会分工的发展和生活资料、生产资料的商品化,劳务也从徭役、使役的形式逐步转变为商品形式。特别是到了商品经济比较发达的资本主义社会,劳动力市场十分活跃,劳动力成为商品,并以市场方式配置劳动力资源成为普遍现象。这较好地刺激了经济效率的提高。现阶段我国社会主义经济虽然处于初级阶段,但商品经济已经有了很大的发展。要适应并促进社会主义商品经济的进一步发展,就必须建立完整、统一的市场。完整、统一的社会主义市场体系是由消费品市场、生产资料市场、金融市场、技术市场、信息市场、劳务市场等有机结合而成的。在商品经济发展过程中,各种资源正是在这个完整统一的市场中得到合理配置,才得以高效、协调地运转。目前,我国的市场体系正在逐步形成,消费品市场已经十分活跃,生产资料市场正在逐步扩大,技术市场、金融市场已经开放,作为生产要素的劳动力也必须进入市场,与各项生产要素相互配套,才能形成现实的生产力。这是发展社会主义商品生产的客观要求,也是完善社会主义市场体系的一种内在的、必然的联系,是不以人的主观意志为转移的。

(2) 从现状来看,世界各国发展现代社会化大生产和商品经济的实践证明,随着现代社会化大生产条件下分工的变化和科学技术日新月异的发展,商品市场呈现十分复杂、千变万化的情形。它不仅使产业结构频繁变化,而且要求企业的生产和经营也随之变化,从而也将使企业对劳动力在数量和质量上的需求发生变化。正如马克思曾指出的,"大工业的本性决定了劳动的变换、职能的更动和工人的全面流动性"[1]。在这种经常变化的情况下,作为社会经济细胞的企业需要随时从劳务市场上得到合格的劳动力,同时又要使多余的或不适用的劳动力流回到劳务市场,才能适应商品经济的发展和市场变化的需要。作为劳动力载体的劳动者也需要不断从一些行业、部门和地方分离出来,又被另一些行业、部门和地方吸收。这种经常发生的分离和吸收,过去实行的高度集中统一的劳动工资计划管理体制是无法适应的,只有通过一个能够进行社会劳动力自动调节的场所——劳务市场,才能适应社会化大生产发展的客观需要。

(3) 再从商品经济运行角度看,在国家宏观计划指导下广泛地开展横向经济联系,是市场经济运行的一种重要形式。所谓横向经济联系,即通过市场的横向纽带来带动资金、技术、生产资料等"物"的生产要素向某个地区、部门、行业投入。在这一过程中,如果没有相应的劳动力投入,商品生产就无法进行。极为明显的例子是,西方一些资本主义国家由于劳动力短缺,不得不把劳动密集型产业向发展中国家转移。近年来,广东省

---

[1] 中共中央马克思恩格斯列宁斯大林著作编译局编译:《马克思恩格斯全集》(第23卷),人民出版社1972年版。

珠江三角洲内联外引，利用外资，兴办了一大批外资企业、"三来一补"企业，如果不是在改革中放开了对劳动力的指令性计划管理和配置，开放人才劳务市场，这些利用外资或通过横向经济联合举办的企业，在使用劳动力方面就会遇到障碍，生产要素无法实现合理配置，生产难以组织并发展起来。现实经济运行情况证明，开放劳务市场具有客观必然性。

再次，开放劳务市场是提高企业经济效益，实现劳动者自主择业、全面发展的必要条件。从微观经济活动来观察，作为社会主义商品经济生产经营者的企业，在千变万化的经济环境中，必须合理、节约地使用劳动力，调动人的积极性，以节约人工成本，提高经济效益。过去，国家实行统包统配的就业制度和一次分配定终身的固定工制度，劳动者被硬性安插进企业，能进不能出，企业没有用人自主权，造成机构臃肿、人浮于事、效率低下的局面，这是沉痛的历史教训。改革开放以来，我们初步开放了劳务市场，企业所需要的人员可以通过市场及时招到，冗员可以通过市场顺利调出。这对于合理、节约使用劳动力，提高经济效益产生了积极的作用。

开放劳务市场还将为劳动者的全面发展提供必要条件。社会主义社会实现了生产资料公有制，劳动者成为生产资料的主人，人人都有与生产资料相结合的平等权利。但是，劳动者与生产资料的具体结合还受到企业拥有的生产资料质和量的制约，受到劳动者自身条件的制约。也就是说，劳动者的择业权必须与企业用人机会相一致，才能在微观上实现劳动力与生产资料的最佳结合。这种情况客观上要求以劳务市场为依托，来实现双方的相互选择。劳动者只有通过市场竞争才能证明自身的素质是否符合企业的要求，以及差距何在，从而通过自己的努力来消除这种差距。市场竞争给劳动者提高素质施加了外在压力。劳动者消除差距的过程就是提高素质的过程，也是劳动者根据自己的职业爱好、兴趣，选择适合自己的职业，获得全面发展并充分实现劳动权利的过程。在过去高度集中统一的劳动管理体制下，劳动者往往处于被计划配置和调拨的位置，没有自主选择职业的权利。由此可见，开放劳务市场不仅不会降低劳动者的主人翁地位，而且有利于促进劳动者的全面发展，适应了使劳动者主人翁地位得以进一步体现的客观要求。

三、我国劳务市场与资本主义国家劳动力市场的区别

现阶段，在我国培育和发展劳务市场，有着深刻的经济基础和客观必然性，这是不以人的意志为转移的。社会主义劳务市场与资本主义国家劳动（或称劳动力）市场具有本质的区别。其主要区别表现在以下三方面。

（1）市场存在的经济基础不同。市场总是存在于一个特定的社会环境之中，与一定的经济基础相联系的。资本主义劳动（劳动力）市场存在于以生产资料私有制为基础的资本主义社会中，这就决定了它只能是资本家与一无所有的劳动者之间的劳动力买卖市场。而社会主义劳务市场存在于以生产资料公有制为主体的社会主义国家中，这就决定了劳动者既是生产资料的主人，又是自己劳动力的主人，从而决定了两种市场在性质上的根本不同。

（2）市场基本主体及其关系不同。在资本主义社会，参与市场的主体一方是资本家——劳动力的购买者，另一方是一无所有的劳动者——劳动力的出卖者。一旦买卖成交，双方之间的关系就表现为资本剥削劳动的雇佣关系。而在社会主义条件下，执政党和国家是代表人民群众利益的。在社会主义制度下，参与市场活动的主体中，一方一般是作为联合劳动者代表的企业——劳动力需求方，另一方是个体劳动者——劳动力供给方。在市场活动中，主体双方的社会地位是平等的。供需双方之间的关系表现为公平竞争、相互选择关系，一旦成交，个体劳动者就与具体的生产资料相结合，成为企业的主人。

（3）市场存在的政权性质不同。资本主义国家政权的性质是为资本家榨取剩余价值服务的，市场竞争处于无政府状态，它是以全社会劳动力的巨大浪费为基础的。而社会主义国家是共产党领导下的人民民主专政国家，总体上是为人民大众实现共同富裕服务的。它决定了社会主义劳务市场是在国家宏观指导下，以劳动力资源的合理配置为前提的。尽管在社会主义初级阶段，存在着部分非公有制经济，存在着一定程度的剥削，但是在社会主义国家政权及其法律制度下，剥削是受到限制的，人民群众当家做主的权利受到国家法律保护。因此，开放劳务市场，不会损害人民群众的主人翁地位。

第三节　关于加快培育广东劳务市场的设想①

党的十三大报告提出,"要加快建立和培育社会主义市场体系",并明确指出,社会主义的市场体系,应当包括劳务等生产要素市场。最近中央批准广东为综合改革试验区,要求广东省实施沿海经济发展战略,在改革开放中继续先走一步。根据党的十三大精神和综合改革的要求,广东省政府提出了以加快培育和发展国内外、省内外市场有机结合、相互协调的市场体系为中心,争取在三五年内,建立有利于社会主义商品经济和外向型经济发展的新体制框架。根据中央关于广东综合改革的战略部署,我们认为,广东省所要建立的这个"新体制",就是"市场导向型经济体制"。因此,广东省的劳动工资制度改革必须朝着市场化的方向前进,加快建立和培育劳务市场,以适应社会主义商品经济和外向型经济发展的需要。根据这一思路,笔者认为需要进一步明确以下几个问题。

一、劳务市场的内涵和目标模式

（一）关于劳务市场的内涵

建立和培育劳务市场,首先遇到的一个问题是,劳务市场的内涵是什么?目前各个方面的理解不一致,有狭义的解释,也有广义的理解。思想认识的不同,将影响各级政府及有关部门对改革实践的有效指导。

狭义的理解是,劳务市场是劳动者和用工单位在一定条件下按等量劳动相交换原则,进行相互选择、交换的场所。它特指企业招工、劳动者就业范围内的职业介绍活动。

我们认为,对广东省的劳务市场应赋予广义的解释,这样更加符合发展商品经济和完善社会主义市场体系的需要。广义的劳务市场是指进行劳

---

① 本文应广东省政府经济研究中心约稿,写于1988年年末,原题目为《关于加快建立和培育我省劳务市场的设想》。当时笔者参加全省经济体制综合改革研习班,负责本单位劳动体制综合改革领导小组办公室工作,结合实际,深入思考了推进劳动领域综合改革,进一步开放劳务市场问题,提出了改革劳动工资计划管理体制,取消指令性计划,推进劳动工资保险制度综合改革的设想和路径。

动交换的场所及其交换关系的总和。我们必须从"交换关系的总和"这一意义上揭示劳务市场的内涵。这就是说，劳务市场不仅是运用市场机制调节劳动力供求关系的场所，而且还主要包括劳动者就业培训制度、企业用工制度、工资分配制度、社会劳动保险制度、劳动保护制度等相关方面的内容。这些都是进行劳务交换过程中主要的交换关系，应当列入劳务市场的范畴。

对劳务市场的内涵做广义的解释，是完善社会主义市场体系的需要，是由劳动工资保险制度改革在我国经济体制改革中的地位所决定的，是适应发展社会主义商品经济和建立市场型劳动工资管理体制的必然要求。因此，可以说，加快培育和发展劳务市场，是当前深化劳动、工资、保险三大制度改革的主攻方向。

（二）劳务市场的目标模式

党的十三大报告系统地阐述了我国正处在社会主义初级阶段的理论，以及与此相适应的一系列方针、政策，为我国的经济体制改革指明了正确的方向。劳动工资制度改革的指导思想应当是：以社会主义初级阶段理论为依据，从广东实际出发，摒弃旧体制弊端，建立市场型劳动力调节机制，使企业有用人自主权，劳动者有自由择业权，为劳动者能够合理流动创造必要条件，经常保持劳动力在国民经济各部门、各企业的合理分布，实现劳动力与生产资料的最佳结合，促进劳动生产率和经济效益不断提高，促进整个国民经济持续、稳定、协调发展。据此，广东省有领导的劳务市场目标模式，必须是在国家宏观指导下，充分发挥市场机制作用，灵活调节社会劳动力供求关系，形成一个开放、竞争、多层次、多形式、网络型的劳务市场体系。具体体现在以下三个方面。

（1）布局上的合理性。一是根据经济发展状况，广东省将逐步形成多层次的劳务市场。即以县镇为中心的初级劳务市场，以中等城市为中心的中级劳务市场，以大城市和经济特区为枢纽的区域劳务市场，在此基础上形成全省统一的劳务市场。二是多形式的劳务市场。在管理形式上，有以劳动行政部门所属劳动服务公司组织的劳务市场，也有以部门、行业和社会团体开办的劳务市场以及私人职业介绍所。在劳务交流范围上，有综合性的劳务市场，也有分门别类的专业性劳务市场等，以形成纵横联系、内外开放的劳务市场网络。

（2）调节上的灵活性。充分发挥市场机制作用，使劳动者从指令性计划统配向市场化配置转变，企业用工从固定型向多种用工形式并存的劳动合同制转变；工资分配从平均化的温饱型向以按劳分配为主的动态型转变；劳动保险从单纯企业保险向建立社会化保障制度转变，以形成灵活、统一、协调的劳动力调节机制。

(3) 结构上的完整性。要建立健全与多层次、多形式、纵横联系的劳务市场相适应的管理体制，完善劳务供求信息反馈系统，设立为劳务交换服务的固定场所，并造就一支适应劳务交换活动要求的管理服务队伍。争取到 20 世纪末，在广东省建立起一个结构比较合理、管理比较完善，能够灵活有效地调节社会劳动力供求关系，有领导、开放式、竞争性的劳务市场。

实现上述目标模式，要经过 10 年左右的努力。我们必须循序渐进，有计划、有步骤地进行。在"七五"计划后 3 年，广东省各大中城市和县镇都要把劳务市场办起来，积极主动地把处于分散的、自发状态的劳务市场引导到在国家宏观指导下的开放性和竞争性的、有领导的劳务市场轨道上来。目前，可由各级劳动行政部门所属劳动服务公司为主，组织开办劳务市场，设立有固定服务地点的职业（劳务）介绍机构，开展经常性的劳务交流活动；举办综合性或专业性的集市交流方式的劳务市场，争取两三年内在广东省建立起有领导的劳务市场体系框架。

劳务市场的开放程度要与物价的改革开放程度以及整个劳动工资保险制度的改革深化程度相适应。在近期内，对进入广东省劳务市场交流的对象，除了农村劳动力和外省劳动力要采取适当措施进行必要的控制外，一般都应当允许放开自由流动，自愿交流。

（三）劳务市场的服务范围

劳务市场是在等价交换、平等自愿的原则下开展劳务交流服务活动的。通过劳务市场机制，调节劳动力供求关系，及时地为用人单位提供适合的劳动者，为劳动者提供适当的就业岗位。具体来说，近期内劳务市场的服务范围主要有五个方面：第一，为城镇待业人员谋求职业、农村富余劳动力从事劳务、军地两用人才发挥所长和离退休工人接受聘用推荐工作单位；第二，为国营企业、集体企业、外商投资企业、行政机关、事业单位招工，私营企业和个体工商户雇工，城镇居民聘请家庭服务员，介绍提供合适的劳动者；第三，通过调动、借用、兼职、提供劳务等形式进行企业富余人员的调剂和技术工人交流；第四，组织跨市、县，跨省份的劳务输出和对外国际劳务合作;第五,开展职业技术的培训和咨询服务,通过就业(转业)训练,提高劳动者的专业技术素质和择业竞争能力。

二、围绕加快建立和培育劳务市场,深化劳动、工资、保险制度改革

劳务市场的建立和发育,需要具备相应的市场基础和条件,主要包括:允许劳动力自主流动;企业必须有用人自主权,劳动者必须有择业权;必须有经济效益密切联系、正确反映劳务价值规律、促进劳动力合理流动的工资分配机制;劳动者的社会保障制度;等等。广东省劳务市场是以建立市场型劳动工资管理体制为着眼点,以社会劳动力全部进入市场调节轨道为特征的。30多年来,在计划经济体制下形成的劳动工资管理制度是一种高度集中、排斥市场的管理体制,它严重限制了劳务市场的发展。因此,当前培育劳务市场,必须着重从以下五个方面进行劳动、工资、保险三大制度的综合配套改革。

(一)改革劳动工资计划管理体制

党的十三大明确指出,新的经济运行机制是"国家调节市场,市场引导企业"的机制。开放劳务市场,关键在于改革高度集中统一的劳动工资计划管理体制。我们初步的设想是:本着"宏观控制、微观搞活、权力下放"的原则,把集中统一管理改为分级管理、分层调控,扩大地方、部门、企业的自主权;把指令性计划的刚性控制改为与经济效益指标挂钩浮动的弹性控制,使企业在招工用人和工资分配方面享有充分的自主权。这是开放、搞活劳务市场一个重要的先决条件。

对职工人数计划,从1988年度开始,除国家机关、事业单位职工人数按省核定的编制控制外,国营企业和实行企业管理的事业单位职工人数按各市和省企业主管部门所属国营企业(包括实行企业管理的事业单位)全部职工工资总额控制,广东省不再对各市(部门)直接下达职工人数计划,各市(部门)在省核定的工资总额范围内,对所属各县和企业的职工人数可自行调整,报省备案。企业在政策规定的工资总额范围内,可根据生产经营需要,自行决定招工,报劳动部门备案。

工资总额计划按照企业工资制度与行政事业单位脱钩的原则,从1988年度起,对企业和实行企业化管理的事业单位实行工资总额与实现税利或

上缴税利等经济效益指标挂钩，国家机关、事业单位实行工资总额与财政收入增长率挂钩按比例浮动，并实行分级管理、分层调控办法。劳动工资计划管理制度改革后，劳动部门将实行宏观间接管理，通过控制工资总额不超过经济效益增长的幅度，对劳动力总量进行调节，以促进劳务市场的发育。

（二）改革用工制度

改革用工制度的目的是革除"铁饭碗"固定工制度的统包统配、能进不能出的弊端，把竞争机制引进企业劳动管理，为搞活劳务市场创造必要的基本条件。近年来，用工制度改革实践已经证明，实行劳动合同制是适应商品经济发展、有利于劳动力合理流动的用工制度。为有利于开放劳务市场，就必须在所有企业职工中全面实行劳动合同制。当前主要应从两个方面深化用工制度改革。一是逐步扩大劳动合同制实施范围。除了国营企业和集体企业要继续坚持对从社会上新招收的工人实行劳动合同制外，"三资"企业和"三来一补"企业的所有职工都应实行劳动合同制；并从1988年开始，对新招收的技工学校学生毕业后一律实行劳动合同制，有条件的市县或企业可对1988年毕业的技校毕业生实行合同制。实际上，近几年来，广东省有部分市县已对技校毕业生和城镇复退军人实行劳动合同制，效果是好的，应当继续坚持下去。对城镇退伍军人未实行劳动合同制的市县，也要积极创造条件，逐步实行合同制，以利于劳动力的合理流动，促进劳务市场的开放。同时，从1988年起，对外省调入广东省的属于1983年5月（即省政府决定全面推行劳动合同制）以后从社会上招收的固定工，一律改为劳动合同制。二是全面搞活固定工制度。全面实行劳动合同制，为企业和劳动者的"双向选择"提供有利条件。

（三）改革工资制度

劳务市场开放后，劳动力的流向和流量的调节机制将取决于劳动价格水平，而劳动力价格水平又主要取决于经济效益的高低和个人劳动贡献的大小。因此，必须改革"大锅饭"的平均主义的工资分配制度，正确处理国家、企业、职工三者之间的工资分配关系。近几年来，工资改革试点经验表明，实行企业工资总额与经济效益挂钩浮动，有利于正确解决国家与企业的工资分配关系，落实企业工资分配自主权，是近期企业工资制度改革的基本路子。因此，要全面实行企业工资总额与经济效益挂钩按比例浮动办法。1988年，国营大中型企业都要实行；有条件的小型企业也要实行；尚未具备条件的企业，要积极创造条件逐步实行。具体挂钩形式、基数核定和挂钩浮动比例，由企业主管部门在省和市、县核定的范围内自行确定。企业实行工资总额与经济效益挂钩浮动后，由企业根据按劳分配原则，自主决定内部职工的工资分配形式和办法。企业有权根据经济效益状况和工资支付能力，自行安排职工增加工资；经济效益差的企业不能增资或只能少增资。企业要建立正常的考核升级制度，并允许企业在保证工资总额中活的部分占一定比重的前提下，可以根据经济效益提高的情况，每年给予一定比例（一般可在30%以内）的职工晋升工资。

企业工资增长要与生产发展相适应，企业工资总额的增长不得超过劳动生产率的增长。工资增长超过一定的增长幅度时，要按国家规定缴纳工资奖金调节税和个人所得税。工资奖金调节税和个人所得税的起征点随着物价指数上升而相应提高。

实行工效挂钩是近期工资制度改革的一种过渡办法。今后企业工资分配要向"国家征税、企业自主分配"这一目标转变，逐步做到不同行业、企业职工的工资水平主要由市场供求状况决定。劳动力价格要逐步放开，除了重要行业、工种的劳动力价格应由国家确定外，一般均应开放，由供求双方按平等互利的原则协商确定。要研究制定职工最低工资保护线，维护劳动者的合法权益。

实行上述工资制度改革，在宏观上，政府部门要通过控制工资总额，对劳动力供求关系进行宏观调节；在微观上，企业运用工资杠杆，吸引生产需要的劳动者，使工资具有调节劳动力供求的功能，发挥合理分配、调节劳动力供求的杠杆作用。

（四）改革劳动保险制度

劳动保险制度是社会保障的重要内容，也是建立和完善劳务市场机制的重要配套改革。由于开放劳务市场后，商品经济优胜劣汰的竞争规律将使劳动者在竞争中承受更多的失业风险，因此，我们设想，今后劳动保险制度要朝着社会化方向转变，为全面开放劳务市场创造适宜的经济环境和社会环境。其改革的目标是，逐步建立健全以养老保险和待业保险为核心的全社会、多项目、多层次的社会保险体系。近期内，此项改革主要从以下四个方面进行。

（1）在城镇所有职工（包括全民所有制、集体所有制固定工、劳动合同制工人、临时工、涉外企业中方职工、城镇私营雇工和城镇个体劳动者）中全面建立统一的养老保险制度，实行养老保险一体化，使所有城镇劳动者都能享受退休养老待遇。养老保险基金由国家、企业、个人三者合理负担，以企业负担为主，个人少量收费，按照"以支定筹，略有积累"的原则，建立统一专项养老保险基金，逐步实现基金一体化，退休养老待遇，实行国家法定养老保险待遇，企业补充养老保险待遇和个人储蓄保险的多层次办法。养老保险要由目前的多形式、多标准、多渠道逐步过渡到全省统筹，统一标准，以支定收，以新养老。

（2）逐步建立和完善包括所有职工在内的待业保险制度。在巩固完善国营企业职工待业保险制度的基础上，有计划、有步骤地在全省范围内研究解决集体所有制职工、"三资"企业中方职工、私营企业职工、乡镇企业职工和个体劳动者的待业保险问题。

（3）逐步建立包括所有企业职工在内的社会工伤保险制度。同时，要与卫生部门密切配合，改革医疗保险制度。

（4）建立职工生活困难补助基金制度。对家庭生活收入低于生活最低水平线（或贫困线）的公职人员、企业职工、离退休人员和待业职工进行困难补助以及因病死亡职工遗属的困难救济。生活贫困线标准可由劳动部门根据物价和职工生活水平的变化，参照城镇居民生活困难救济标准制定和调整。

（五）改革工人技术培训制度

为了解决企业根据市场需要组织生产经营所需的技术工人，工人技术培训必须纳入市场轨道，运行市场机制，调节培训工作。我们的设想是，必须加快工人技术培训制度改革。其目标是：把过去按照国家指令性计划组织技术培训的毕业生，由国家统一分配改为按市场需要，面向社会，组织培训，建立和发展多形式、多层次、多渠道、多功能的培训体系，实行有偿培训，毕业生国家不包分配，通过市场由供需双方自主选择。

近期内，此项改革的重点是：

（1）积极推行公开办学、有偿培训办法。要调动社会各方面办学的积极性，除劳动部门举办的技工学校和培训中心外，有条件的部门、企业、社会团体、私人经过批准都可以根据社会经济发展需要，因地制宜地开办各种职业技术训练学校（班），还可以接受港澳同胞、华侨捐资赞助办学。同时，为提高职业技术培训的效益，要实行有偿培训。培训单位为用人单位培训合格的劳动者，可向用人单位收取适当的培训费。培训单位也可与用人单位签订培训合同，实行定向有偿培训。

（2）要把市场竞争机制引入职业技术培训工作。一是培训内容、专业设置、培训对象、培训数量、培训目标，都要根据劳务市场的需要进行安排。不搞"一刀切"，高、中、初级技术层次技术工人的培训，按劳务市场供求关系变化情况和技术发展需要确定。二是对技校和各类培训班培训出来的人员，国家不包分配，择优推荐就业，通过劳务市场自谋职业。三是技校招生培训计划也要相应改革，逐步放开，实行指导性计划，具体办法由各市县、各部门根据劳务市场需要确定。

（3）实行统一标准、考核发证、社会认可的制度。各工种的技术标准由劳动部门委托主管部门或企业制定。工人达到技术等级应知应会标准，可由劳动部门认可的考核机构考核，考核合格的由劳动部门统一发证，社会公认，以适应劳动力管理社会化的需要。

（4）建立、完善工人技术职务系列和技术岗位等级系列，实行持证上岗，按岗付酬。把工人技术等级、岗位职责、工资报酬统一起来，以调动工人学习技术的积极性。

三、建立健全劳务市场管理体系

目前，广东省劳务市场虽已初具雏形，但尚未形成一个开放的、完整的劳务市场体系。为了加快建立和培育完善的劳务市场，当前在劳务市场的管理上，要着重抓好以下四个方面的工作。

（一）建立健全市场管理机构

劳务市场应由各级劳动行政部门负责统一管理，其职责是贯彻、执行党和国家有关劳务市场的方针、政策和法规，制定劳务市场的规章和规划，统筹、指导和调节劳务市场活动，维护劳动市场的正常秩序。劳动部门所属的劳动服务公司要成为市场劳务中介活动的主要承办者和组织者，社会团体开办的与本部门有直接关系的劳务中介机构、私营劳务中介机构，是劳务市场的重要组成部分及补充形式。

（二）建立劳务信息反馈系统

信息工作是开办劳务市场的重要基础工作之一。要建立健全劳务市场信息反馈系统，省、市、县三级劳动服务公司都要设立劳务信息中心。各信息中心要保持与企业和劳动者的广泛的、经常的联系。各信息中心可通过日常登记、信息快报、广播电视、报纸杂志、广告等多种渠道，收集、掌握和交流、发布劳务供求信息，积极发挥信息功能作用。劳动部门要经常组织力量，调查研究、全面掌握社会劳动力资源及其分布状况，并对劳动力素质、供求关系、职业取向等基本情况进行预测，为劳动力的合理流动提供咨询服务，及时灵活地调节劳动力的供求关系。

（三）制定市场管理法规

十三大报告指出："宏观调节与搞活企业、搞活市场三者是统一的，缺一不可。离开了宏观调节，市场会乱，企业也会乱。但是，采用原有的直接管理方式，对生产要素实行调拨分配，企业没有自主权，市场难以形成。"因此，要逐步健全以间接管理为主的宏观调节机制。我们认为，加强劳务市场的立法，是实现对劳务市场进行宏观调节的重要手段。我们要争取在近期内制定劳务市场管理政策法规。当前，要抓紧制定劳务市场管理规定，研究制定劳动力合理流动、劳动保护、最低工资标准、劳务合同、劳动仲裁等一系列相应的政策规定和法规、规章，使劳务市场逐步向制度化、法制化的轨道发展，切实保障劳动者和用人单位双方的合法权益，保证劳务市场机制的正常运转。

第四节　如何搞活劳务市场[①]

开放劳务市场是当前发展社会主义商品经济的客观要求，也是深化劳动工资制度改革、改善企业经营机制的重要配套措施。劳务市场不仅要开放，而且要搞活。怎样才能搞活劳务市场呢？笔者认为，应当从以下四个方面着手。

一是要把开放劳务市场和改革劳动就业制度结合起来。在计划经济条件下，社会主义劳务市场的形成关键在于"放"。具体来说，就是改革过去统包统配的劳动力管理体制，改变过去以行政手段对劳动进行硬性安置的做法，放开对劳动力的严格控制，让劳动力供求双方直接见面，并根据各自的意愿进行选择。当前，就业制度改革通过贯彻"三个结合"就业方针，

---

① 本文原载于《创业者》1988年第5期。

逐步缩小了统包统配的范围，开辟了多渠道、多形式的就业途径，开始改变了传统的以行政手段对劳动力进行硬性安置的做法，使传统的招工、就业制度开始退出历史舞台，它迫切需要有一种新的管理机制取而代之。因此，我们要抓住当前深化改革的有利时机，把推进各项劳动制度配套改革同开办有领导的劳务市场紧密联系起来，逐步做到运用市场机制对劳动力进行调节和控制。

二是要把开放劳务市场同企业管理制度改革结合起来。目前，许多企业实行了不同形式的承包经营责任制，部分企业实行了厂长（经理）负责制和租赁经营。这些变革正在使企业由传统的国家行政机关附属物转变为相对独立的经济实体，成为自主经营、自负盈亏的商品生产者和经营者。在这种新的企业体制下，企业的生产经营活动必然按照市场的要求来组织和进行。生产资料与劳动者的有效结合，也要以市场为媒介。因此，在这一新的形势下，作为劳动行政部门，应当结合企业体制改革，进一步改革企业劳动管理体制，破除不利于劳动力合理流动的旧框框，把企业招工用工、辞退违纪职工和企业内部分配的自主权下放给企业，让企业有权按照国家有关规定，自行任免、聘用和择优录用企业生产所需要的人员，有权决定用工形式、工资分配形式、奖励方式等。同时，允许劳动者自主择业，合理流动，以逐步建立起劳动者与企业之间相互选择的劳动力交换关系，建立和发展进行交换所需要的场所。这样，劳务市场就会逐步活起来。

三是必须结合我国国情，建立开放、统一、多层次的劳务市场体系。党的十三大已经明确提出，我国现在仍处于社会主义的初级阶段。在这一阶段中，由于社会生产力发展水平较低，经济发展不平衡，以社会主义公有制为主体的多种经济成分、多种经营方式将长期存在。因而，进入劳务市场活动的主体必然不再是单一的公有制经济，而是包括全民、集体、个体以及相互联营的多种经济组织。这种多种经济并存的局面客观上要求改变过去封闭的市场为开放性市场，强化横向经济联系。即在国家计划指导下，建立开放、统一、多层次的社会主义市场体系，以加强地区、部门和企业之间的多种形式的横向联系，适应用工单位自主招用劳动力的需求和劳动者自主选择就业的需要。要搞活劳务市场，就必须根据这一内在的经济联系进行。广州、深圳、佛山等市最近开办的劳务市场就是这样做的。这些劳务市场面向社会，服务范围广，不仅全民、集体单位都进场设点招工，而且社会待业青年、待业职工和愿意从事其他劳务活动的劳动者个人也进场报名，自主选择职业，有些区域劳务市场还为农村劳动者进城从事劳务活动牵线搭桥，提供服务。这就使刚刚开办的劳务市场显示出活力。

四是必须结合政府职能转变，为开放劳务市场提供保障和服务。政府机构职能转变的核心是转变对经济的管理职能，即从对国经济的直接管理转变为间接管理。这一转变的实质就是转向主要通过运用市场机制来调节和控制国民经济的运行。做好政府机构职能转变工作，对于开放和搞活劳务市场有着重要的意义。各级劳动行政部门应当结合职能转变，改变高度集中统一的计划管理体制，积极开办有领导的劳务市场，并根据市场的功能特点，帮助、指导条件成熟的市、县建立区域性劳务市场；抓紧制定各种有关劳务市场的法规，保护交换者的合法权益，使市场行为规范化；同时，发展相应的市场设施，建立具有现代化手段的、联系面广、准确性强、反馈及时的劳务信息中心，搞好组织协调和信息服务。这样边破边立，劳务市场机制就会逐步完善。

总之，在社会主义商品经济条件下，劳务市场作为社会主义市场体系的动力部分，对于增强企业活力具有不可替代的作用。它的建立不但有助于推动生产资料市场、资金市场的加速运转，而且有利于推动社会财富的形成，有利于实现劳动力资源的优化配置。我们必须抓住当前改革的有利时机，通过各种途径进行改革探索与实践，进一步开放和搞活劳务市场。

第五节　广东应建设什么样的劳务市场[①]

广东位于祖国南疆，毗邻港澳，华侨众多，经过多年改革开放，社会主义商品经济有了较大发展，全省基本形成了经济特区—开放城市—经济开发区—内地山区这样一个分层次推进的对外开放格局。这样一个开放格局表明：一方面，广东的经济发展正在开放的格局中走向世界，它与港澳和整个东南亚地区经济的发展形成紧密联系，国际市场上资金、技术的投入，与广东廉价、优质劳动力相结合，正在形成新的区域经济；但另一方面，也反映了广东经济发展不平衡的特点。在新的形势面前，笔者认为，"八五"期间，广东作为综合改革试验区，劳务市场的发育应快于内地，并与广东区域经济活动相适应，逐步形成一个具有广东特色的、相对独立的区域劳务市场。这个市场包括以下四个基本特征。

（1）开放式。包括对内、对外开放，从全国来看，广东劳务市场是全

---

① 本文原载于《创业者》1989 年第 12 期。

国劳务市场体系的组成部分，但由于它独具的地理条件和开放格局，广东可率先建立一个相对独立、统一的区域市场。在广东省内，行政区划造成的分割要逐渐淡化，取而代之的是逐渐形成如下三个层次的开放市场：经济特区劳务市场—以广州为中心的"珠三角"次开放劳务市场—欠发达地区劳务市场。上述三个劳务市场开放度依次递减，各市场之间不再按照传统的行政办法互相封闭，而主要以资金的投入为导向，按照各自的经济利益和资源优势，进行劳动力的交换与协作。

在对外开放方面，广东区域劳务市场作为全国对外开放的重要前沿阵地，应充分利用参与国际经济往来的有利条件，拓展国际劳务输出，并以此影响邻省（区）劳动力的流向，扩大就业的门路。

（2）可控式。广东所建立的区域劳务市场绝不是资本主义发展初期那种无组织、无秩序、乱竞争的雇佣市场，而是在政府指导和管理下的有组织、有秩序的统一市场。由省、市、县劳动部门建立的劳动中介机构，在劳务交换中应当发挥主导作用。社会各企事业单位、个人举办的职业介绍机构应置于当地劳动部门的领导和管理之下。市场的运行是在国家的宏观调控下，按照价值规律进行劳务交换。政府对市场的调控，不是像过去那样直接下达指令性计划，而是将国家的投资方向、规模、产业政策、就业政策等经济参数，化为市场信息，通过市场运行发出各种信号，引导企业和劳动者做出相应行动，从而实现政府对市场的间接调控。

（3）区域性。广东经济正在与本地自然优势结合，朝着专业化分工和外向型经济方向发展，它反映了生产力发展的一定水平和全国社会化生产地域分工的合理性，是商品经济发展的结果，因此，广东劳务市场应当形成以珠三角为中心的相对独立的区域性劳务市场。在全省区域范围之内，打破过去地区分割、条块分割的界限，按照区域社会经济发展要求，对劳动力资源进行综合开发、利用和保护，协调劳动力与生产资料的关系，实现劳动力资源的合理配置。

（4）多样性。其主要表现为在区域范围内，市场结构的多层次性和表现形式的多样化。除上述按开放度建立三个层次的劳务市场外，还可根据国家对劳动力加强综合管理的要求，建立城市和农村两大市场；或依据劳动力素质高低，划分为高、中、低三个层次的劳务市场。这样，广东劳务市场可以体现出适应生产力发展的多层次、多形式的特点，从而弱化行政性分权造成的市、县市场分割，增强各市场尤其是与外省劳务市场的联系与协作。

广东要建立具有特色的劳务市场,需从以下三个方面深化改革。

(1) 改革劳动工资计划管理体制和企业用工制度。首先是把过去高度集中统一的劳动计划管理体制改为分级管理、分层调控体制,国家下达指导性职工人数计划和工资总额计划,企业全面实行工资总额同经济效益综合指标挂钩浮动的办法。在政策规定提取的工资总额范围内,企业可根据生产经营需要,自行决定招用职工人数;与此同时,改革企业用工制度,废除劳动者与企业终身固定的、僵化的劳动关系,以签订劳动合同制形式为主,确立企业与劳动者平等互利的新型劳动的关系,确定双方在市场活动中的主体地位,打破就业的所有制界限,让所有劳动者在平等条件下按照自己的愿意竞争就业,切实尊重劳动者个人的择业权。这样,就业竞争机制的调节功能就能在劳动力供求中显示出来,产生相互制约和优胜劣汰的作用。

(2) 改革工资分配制度。经过10年改革,企业工资分配开始由死变活,但存在问题仍不少,主要是分配权仍集中在中央,平均主义大锅饭没有完全打破,因而工资未能成为调节劳动力供求的有力杠杆。笔者设想,企业工资分配权要适当地下移,要通过全面推行和改进企业工资总额同经济效益挂钩和分级管理办法,逐步从高度集中统一的工资管理体制过渡到在加强国家宏观调控下,实行企业自主分配、国家征税的新体制。这样,企业就可以在市场上按照劳动力供求关系和利润最大化目标决定工资;而获得择业自主权的劳动者为了追求收入最大化,会自发地将工资收入与劳动投入量相比较,从而决定去向。结果是企业和劳动者都能充分行使平等的选择权,使工资真正成为调节劳动力供求的有力杠杆。当然,工资虽由劳动者和企业双方通过平等协商决定,但国家还必须制定动态的工资指导线,引导企业依据经营成果和劳动者提供的劳动量来决定工资,保障劳动者的利益;同时,还要通过征税办法调节个人收入,避免出现社会分配不公问题。

(3) 深化劳动保险制度改革。尽管企业用工、工资制度改革有了较大进展,但不少劳动者对进入市场竞争就业仍心存疑虑,主要原因是目前按不同所有制和不同用工形式分别建立的社会劳动保险制度,仍不利于劳动者在不同所有制、不同地区间合理流动,劳动者一旦离开原单位,就会失去许多保险福利待遇。因此,在近期要逐步打破所有制和用工形式界限,建立包括所有城镇企业职工在内的、国家强制基本保险为主体的、以企业和个人自我保险为补充的新型社会劳动保险体系,促进劳务市场另一机制——稳定机制的生成,为市场的协调、有序发展创造一个宽松的外部环境。

广东要建成有特色的劳务市场,还应当组建劳务市场工作实体。劳务市场机制的形成在一定程度上有赖于市场工作实体的组建。按照计划指导下的市场化就业要求,当前广东应当把现有的劳动服务公司改造成为一个多功能的市场工作实体,作为各级劳动部门的派出机构,负责实施劳动就业政策和对本地区各类劳动市场进行管理和指导。这个实体应具有以下五大功能。

(1) 开展劳务中介活动。建立法定的劳务中介机构,充实人员,为劳动力供求双方实现相互选择提供中介服务。

(2) 发布劳动信息和开展信息咨询服务。各劳动服务公司既是职业介绍机构,又是代表政府发布劳动信息的权威中心,具有指导性。各信息中心之间应保持大量的、经常性的联系与协作,经常进行劳动信息的收集、整理、开发、传递和反馈工作,开展就业咨询,充分发挥信息网络在劳务交换中的功能作用。

(3) 开展失业保险。把保险范围扩大到所有城镇企业职工,把对失业人员的管理(包括登记失业、转业训练等)和失业救济结合起来,促使市场稳定运转。

(4) 负责职业技术培训和转业训练。按政策规定,从就业经费和失业保险基金中提取一部分资金用于建立就业训练基地,举办就业训练中心及各类职业训练班,开发劳动力资源,提高劳动者素质,以适应竞争就业或转换职业的需要。

(5) 兴办经济实体,临时安置失业人员和新成长的待业人员,形成产业后备军的"蓄水池",把劳动力的储备与使用、安置就业与技术培训结合起来,发挥"蓄水池"吞吐和调节社会劳动力的功能,缓解就业矛盾。

第六节　培育劳务市场与劳动工资制度改革[①]

近年来,广东省各级劳动部门从开展技术工人交流到开办大型综合性劳务集市,做了不少工作,对促进劳动力流动起到了积极作用。但总的来看,劳务市场机制还未形成,劳动力流动仍受到诸多条件限制,市场上劳

---

① 本文原载《广州日报》1988年9月12日第7版。

动力供求的成交率比较低。这究竟是什么原因呢？

从近年来开放劳务市场的实践看，笔者认为，存在上述问题除了改革过程中存在许多体制制约外，还有一个易被忽视的问题，即人们对劳务市场这一概念的内涵缺乏全面理解，因而难以对与就业密切相关的劳动工资制度配套改革实践进行有效的指导。

人们对劳务市场的含义理解，一般只是从直观上进行解释，即认为劳务市场是为了完成某项劳务或工作而进行劳动力交换的场所。笔者认为，这样给劳务市场下定义是不够全面的，不符合我国的特定情况，代表了一种狭义市场论的观点。这样的解释有两个缺陷：一是认为劳务市场的形成只是有一个供劳动力进行交换的场所，缩小了市场的作用；二是排除了劳动力交换过程中出现的各种错综复杂的劳动关系，如企业用工制度、劳动力价格等。由于受狭义市场观的理论影响，致使在改革实践中出现以下问题：①开放劳务市场的工作始终停留在成立劳务交流活动（场所）这一水平上；②难以在劳动工资领域进行配套改革，引进市场机制，难以让价值规律发挥调节劳动力供求关系的作用，致使劳务交换活动仍以行政手段为主；③开放劳务市场与当前进行的劳动、工资、保险制度改革，不能很好地有机联系起来，劳务市场难以成为国家实行间接调控的中介。因此，笔者认为，要按照中央关于建立有计划商品经济的要求，大胆破除狭义市场论的束缚，对劳务市场赋予广义的解释，用以指导当前的劳动工资制度改革，加快建立市场经济体制。

广义劳务市场的含义是什么？扼要地说，是指进行劳动力交换的场所及其交换关系的总和。也就是说，劳务市场不仅是引进市场机制调节劳动力供求关系的场所，而且还包括交换过程中相关的各种关系。大家已经看到，劳务市场上的交换关系，往往表现为劳动力商品与货币的交换。开放劳务市场，必须按照商品经济要求改革工资制度，克服过去在工资分配方面的平均主义，改变职工工资统一由国家定级分配的状况，使不同地区、部门、企业职工的劳动报酬由市场来决定。又如，现行统包统配的劳动管理体制和铁饭碗用工制度把劳动者捆死了，劳动力难以进入市场。开放劳务市场，必须改革统包统配的劳动管理体制和企业用工制度，建立和发展劳动者和企业之间相互选择的劳动力交换关系，允许企业自主招工，择优录用；允许劳动者自由择业，合理流动。这样，劳务市场才能真正形成。

实践已经证明，培育劳务市场涉及劳动工资领域许多方面的改革。从"交换关系的总和"这一意义上揭示劳务市场的内涵，对于指导当前的改革实践，有着重要的现实意义。

一是有利于加快劳务市场本身的发育完善。狭义市场论引导人们把开放劳务市场的着眼点放在建立劳务中介机构和开办临时或常设的劳务交换场所上，忽视了进行有关方面的配套改革，割裂了市场内部的相互关系。诚然，建立中介机构和设置交换场所是培育劳务市场的重要组成部分，但是制约劳动力流动的并不是有没有供其交换的场所，而是企业与劳动者之间的劳动关系、工资关系、保障机制等。当我们对劳务市场赋予广义的解释，并以此来指导改革实践时，就应该把开办劳务市场与深化劳动工资制度改革当作一个有机整体来考虑，努力使过去培育劳务市场过程中碰到的各种制约因素，逐步得到解决。

二是有利于把市场机制引入劳动工资领域，从而推动劳动工资管理体制改革的深化。受狭义市场论的影响，目前所开办的劳务市场只是让需要流动或择业的劳动者进入市场，而暂时不需要流动或择业的劳动者继续置于旧的劳动管理体制之下，人为地把劳动力的管理切成两块。一块可通过市场调节；另一块则由旧体制管起来，市场机制的作用受到限制。要把"交换关系的总和"纳入劳务市场范畴，就必然要求把市场机制引入劳动工资领域。换句话说，劳动工资改革，都应该围绕建立劳务市场这个中心进行，进而建立起以市场为导向的劳动工资管理体制，以适应发展社会主义商品经济的需要。

【专栏参阅2】广东率先改革劳动工资计划管理体制

1988年7月，广东省政府批转省劳动局《关于改革全民所有制企业单位劳动工作计划管理体制的意见》的通知（粤府〔1988〕105号）指出，从1988年起，企业的职工人数，按各市和省企业主管部门所属国营企业职工工资总额与经济效益挂钩浮动办法进行控制。省对地方全民所有制企业不再下达指令性职工人数指标。各市、县和部门也不再下达企业招工指标，由企业在规定的工资总范围内，按照国家有关政策规定，自行决定招工或聘用人员。有富余人员的企业一般不要再新招工人。从社会上工人一律实行劳动合同制。需从农村招工的，要严格按照国务院和省政府现行规定办理。文件印发后，广东省成为全国第一个率先改革劳动工资计划管理体制的省份。

第七节　从民工大流动看开放劳务市场[①]

1989年年初，骤然出现的百万农村劳动力大流动，引起了社会各界的普遍关注。现在"民流"的高潮虽已过去，但它所显露出来的问题，迫使人们进行更深层次的思考，并采取治理的方策。

触发这次农村劳动力大流动的原因是什么？人们比较一致的看法是，10年间我国城乡经济体制大变革是重要的原因。因为改革在城乡经济中普遍引入了商品经济机制，民工大流动是劳动者在商品经济机制诱导下的一种社会经济行为。有人认为，这次民工大流动的直接原因是当前全国性经济紧缩所致，压缩基建规模，抑制经济过热，使不断增大的进城"洪流"遇上了突然狭小起来的河道，怎么能不四溢呢；也有人认为，"民流"是传播媒介宣传不当引起的；还有人用西方现代人口社会学中的"推—拉"理论来解释这次"民流"现象。笔者认为，这次民工流动虽然与上述原因有关，但还有一个重要而直接的原因至今未被人们所认识和重视，这就是广东率先改革高度集中统一的劳动工资计划管理体制，发展外向型经济，开放劳务市场。但由于市场发育不健全、信息不灵，市场机制未能充分发挥作用；政府部门在对城乡劳动力进行宏观间接综合管理方面出现真空和漏洞，致使对农村劳动力的流动管理失控。由此可见，这次数百万农村劳动力涌向城市和经济发达地区，与开放劳务市场、转变就业机制有着密切的内在联系。它所暴露出来的问题，应引起我们充分的重视。从长远看，要从根本上解决"民流"问题，逐步实现农村剩余劳动力向非农产业的合理、有序转移，保证长治久安，就必须按照国家产业政策，大力培育和发展劳务市场，建立健全市场机制，加强对全社会劳动力的宏观间接管理，并以此来调控劳动力的流向、流量和流速。当前，在培育发展劳务市场方面急需解决的主要有以下三个问题。

一、尽快完善劳务市场结构功能，发展城乡接合部劳务市场，为农村剩余劳力谋求出路

目前，我国还处在社会主义初级阶段和商品经济发展的初级阶段，生产力发展呈现出复杂的多层次结构。从农村经济发展看，农业基础薄弱，

[①] 本文发表于《中国金报》1989年4月21日。

生产力低下。尽管10年来农村实行联产承包经营使农业生产有了较大发展，农村自给半自给的自然经济正在向商品经济转化，但农业发生危机的隐患仍未从根本上消除。因此，农村劳动力向非农产业转移不能操之过急。从城市社会经济发展看，城市工业生产力虽有了相当的发展，但城市工业有机构成高，资金、能源不足，就业岗位尚无法消化全部城市待业人员，因而不可能吸纳大量从农村转移出来的劳动力。那么，我国农村剩余劳动力的出路何在呢？近年来我国经济发展表明，10年改革期间，我国城乡接合部经济——乡镇企业有了长足发展，开始成为我国国民经济的一个重要组成部分。据统计，目前我国乡镇企业已发展到1500多万户，安置就业人数8500多万人，约占农村劳动力的20%。可见，它在吸纳和消化农村剩余劳动力方面已经发挥着重要作用。据此，笔者认为，根据现阶段我国城市、乡镇和农村生产力发展水平有明显层次的特点，把我国劳务市场分为城市—城乡接合部—农村劳务市场，以形成一个多层次的、既相互联系又相互制约的结构型劳务市场是适合我国国情的。而在这个多层次的劳务市场结构体系中，虽然近年来我国许多省、市相继开放了劳务市场，建立了与之相适应的劳务介绍机构，配备了人员，但趋于活跃的城乡接合部劳务市场却没有相应的置于政府部门监控之下的管理服务机构。这是个薄弱环节，如不及时建立，就无法对摆脱旧体制约束的农村劳动力进行有效的引导和调节。因此，当前应把建立城乡接合部劳务市场及其管理工作做到位，更应及时建立机构、配备人员，让这个介于城乡之间的劳务市场担负起按照国家宏观决策，引导农村劳动力向当地乡镇企业转移的重要作用，促使分散的农村劳动力首先向资金比较集中的乡镇企业流动，然后再适度流向大中城市，从而保证农村剩余劳动力转移的合理性和有序性。有了这样一个结构比较完整的劳务市场体系，就能更好地利用市场结构功能的作用，灵活有序地调节整个社会劳动力的供求关系。

二、尽快建立健全多层次劳务信息网络，为指导就业服务

信息工作是开办劳务市场的基础，是实现劳动力与用人单位相交换的桥梁和媒介。市场信息网络不健全，就会在相当程度上阻碍劳动力的合理流动与交换。这次"民流"产生的原因，确与信息不准、情况不明有关。为了避免再次出现农村劳动力向非农产业流动的盲目性，避免农村劳动力

远距离大搬迁,同时又及时满足城镇各类企业对劳动力的需求,当前必须高度重视建立劳务信息网络。从我国现阶段的实际情况看,我国的劳务市场是一个大统一的市场,各个层次、各种形式的劳务介绍机构都应既是职业介绍服务的场所,又是劳务信息服务中心,并成为代表政府部门发布劳务信息的主渠道,反映企业和劳动者在政府宏观调控下对劳动力的供求。各个层次的劳务中介机构都要配备高素质的专职信息员,使各自之间保持大量的、经常性的联络与协作,同时建立与用人单位、劳动者的广泛的、经常性的联系,进行劳务信息的收集、整理、开发、传递和反馈工作,开展信息咨询服务,充分发挥信息网络在劳务交换中的功能作用,以利于劳动力供求双方及时、准确地捕捉信息,实现劳动力资源的合理配置。

三、建立城乡劳动力宏观调控体系,加强对社会劳动力的综合管理

建立在社会主义有计划商品经济基础上的劳务市场,是在政府领导和管理下的有计划、有组织、有秩序的市场,不是资本主义发展初期那种无组织、无秩序、乱竞争的市场。1989年年初出现的"民流"问题,其根本原因在于长期以来政府对社会劳动力的管理只局限于城镇劳动力,忽视了对广大农村劳动力的有效管理,结果就导致"民流"冲击波,引起城市劳务市场秩序的紊乱。党的十三大报告明确指出:"宏观调节与搞活企业、搞活市场三者是统一的,缺一不可,离开了宏观调节,市场会乱,企业也会乱。但是,采用原有的直接管理方式,对生产要素实行调拨分配,企业没有自主权,市场难以形成。"实践告诉我们,政府主管劳动工作的职能部门要主动转变管理职能,面向社会,面向市场,建立全国统一的、以间接管理为主的城乡劳动力宏观管理体系,把各种有形的、多层次的劳务市场(包括劳务介绍机构)置于政府的领导和监控之下,劳动部门通过对劳务市场的领导和监督,以实现对社会劳动力的宏观间接管理,改变过去只单纯用行政手段直接管理城镇劳动力的做法。宏观调控的主要任务是:深入调查研究,全面掌握城乡劳动力资源及其分布,并对劳动力素质、职业取向、供求关系等基本情况进行预测。依据国家产业政策,搞好企业、行业和地区之间劳动力余缺调剂,防止农村劳动力大量盲目流入城市;加强劳动立法,制定劳务市场活动规则和规章制度,统筹指导和调节劳务市场活动,规范企业和劳动者的交换行为,维护正常的市场秩序;加强监督检查,保

证国家政策法规的正确贯彻执行。

第八节 广东劳务市场发育现状和发展对策①

十一届三中全会以来,随着对外开放、对内搞活政策的进一步贯彻实施和劳动领域各项改革的深入,广东劳务市场的发育取得了可喜的进展,竞争就业机制的出现,有力地促进了商品经济的发展。但是,从总体看,劳务市场机制发育还不完善。如何进一步建立统一的、全方位开放的广东区域性劳务市场体系,并使它有序地运行起来,是摆在我们面前的一个新课题。笔者拟从分析广东劳务市场现状入手,谈些粗浅认识,以期抛砖引玉,取得共识。

一、广东劳务市场发育现状

广东劳务市场的发育是随着社会主义商品经济的发展而出现的。目前,它已初成形成自身体系,并呈现出活跃的局面,企事业单位招用人员和城乡劳动者就业,绝大部分能够通过市场媒介实现双向选择、竞争就业,市场机制调节范围不断扩大,力度不断增强,作用日益明显。具体表现在以下四个方面。

(一)劳务市场规模不断扩大,市场机制对劳动力的调节作用日益增强

从劳动力需求方面看,经过改革开放,出现了全民、城镇集体、"三资"企业、乡镇企业、私营企业、个体工商户等不同利益主体对劳动力的需求。它们根据自身发展需要,采取不同的竞争方式、手段吸纳劳动力,从而形成了劳务需求主体多元化的格局。广东省劳务市场是从国家计划管理比较薄弱的方面和环节取得突破的,如外商投资企业、乡镇(街道)企业、私营企业和个体户,率先成为自主用人的主体。这些企业使用的劳动力约占全省劳动力的1/3。它们均通过市场自主招收,受市场调节。原来由国家计划直接控制的全民所有制单位和县以上大集体企业通过改革,也初步获得了招工用人的自主权。这些企业的760多万职工中,合同制职工和临

---

① 本文写于1993年年初,比较全面地总结了广东劳务市场培育发展的情况。

时工约占40%，这部分职工也能够受市场调节。至于原有的固定职工经过改革后，基本上可以做到能进能出，开始由市场调节。

从劳动力供给方面看，市场调节作用的范围不断扩大，进入市场的劳动力正以空前的规模跨地区、多渠道流动。市场上劳动力的供给呈现多渠道提供态势，其来源主要包括：①当地城乡的劳动力，②本省范围的农村劳动力，③外省的城乡劳动力，④企业富余人员和离退休人员，⑤各类企业在职职工。总之，目前全省城镇劳动力915.4万，从农村向非农产业转移的劳动力有900万，外省进入广东的劳动力有370万，总共2180多万。这2000多万劳动者就业，绝大多数能够通过劳务市场竞争就业，市场调节的覆盖面约达85%，只有少量大中专毕业生、城镇复退军人的就业仍由国家统一分配。据1992年就业情况统计分析，当年全省安置待业人数49.16万人。在当年就业总数中，由国家统一分配的人员为3万人，约占6%；通过市场就业的46万人，约占94%。由此可见，市场调节作用的范围在不断扩大。

（二）市场媒介得到迅速发展，广东省职业介绍服务网络初步形成体系

1980年，广东改革统包统配的就业制度，实行"三结合"（即劳动部门介绍就业、自愿组织起来就业和自谋职业相结合）就业方针和面向社会公开招收、全面考核、择优录用的招工办法，创办了劳动服务公司，并由服务公司以发布信息等多种形式，负责与用人单位和劳动者沟通、联系，开始将市场调节机制引入僵化的劳动管理体制。至1986年年末，广东省、市、县三级劳动人事部门开始建立为企业招工和劳动者就业服务的职业介绍服务机构、人才交流中心或技术工人交流中心。

1986年后，随着商品经济的发展，广东坚持市场取向改革，在劳动就业领域大胆引入市场机制，使劳务市场获得了实质性进展。其重要标志是，各大中城市明确提出开放劳务市场，建立职业介绍机构，为用人单位招聘人员和劳动者就业牵线搭桥、介绍职业、提供服务。至1992年年末，全省职业介绍机构（含人事部门举办的人才交流中心）有1100多个，基本形成了由省、市、县劳动人事部门为依托，向上下左右延伸的职业介绍网络。这个网络体系的主要职责是，在国家宏观规划指导下，收集、传播、反馈社会劳动力的供求信息，组织技术人员的培训、调剂和交流；组织地区间劳动力的输入和输出，为劳动者就业开展信息咨询和指导，为用人单位办

理招收、录用手续，以及组织国际劳务输出等。职业介绍网络的建立，使市场机制功能得以有效发挥，同时也有效地将全省劳动力资源纳入市场调节轨道。

（三）劳务市场交换呈多样化，并开始走上有序发展轨道

纵观10多年来开放劳务市场的实践，广东劳务市场交换活动大致有以下表现形式。一是从管理角度来划分，分为有组织、有领导的劳务市场和自发的劳务市场。有组织、有领导的劳务市场，主要由以下几方面组成：①各级劳动部门领导下的劳动服务公司及其职业介绍机构；②各级人事科技部门开办的人才交流中心200多所，主要是负责专业技术人员的培训、交流和择优推荐使用等；③工会、妇联等群众组织建立的家务服务中心。自发的劳务市场，也称自由劳务市场，是指尚未纳入管理轨道，处于自由流动状态的劳务市场，如散布于各大、中城市码头、车站的搬运工、勤杂工和从事家庭服务的钟点工等。二是从劳务市场交易时间来划分，分为长期常设性劳务市场和短期劳务市场。如广东省20多个大、中城市设立的常设性职业介绍所以及各类人才交流中心、技术工人交流中心等，属于长期劳务市场，它们常年为劳务供求双方提供信息咨询和职业介绍服务。短期劳务集市时间短，一般2至3天，每年举办若干次，主要在劳动力供求高峰时期举行。这种劳务市场声势大、效率高，效果也较好。三是从经营范围来划分，可分为综合性劳务市场和专业性劳务市场。综合性劳务市场是指大、中城市为满足不同产业、行业用工需求和满足不同层次劳动者择业需要而定期举办的大型综合性劳务集市。专业性劳务市场是指专门为某个行业、工种或某一层次技术人员流动而举办的劳务市场。四是从空间结构角度来考察，全国市场、区域市场、地方市场是国内市场的三个不同的层次。广东与中南、西南九省、区、市建立的省际劳务协作关系，可称为区域性劳务市场。正在发育起来的各市、县劳务市场，可称为地方劳务市场。这几个层次的劳务市场互相渗透，共同构成广东劳务市场的网络层次。随着市场经济的发展，广东劳务市场的封闭性正在逐步消除，并朝着全国统一市场的方向演变。

（四）初步建立了劳务市场行为规范和运行规则

在培育劳务市场过程中，各级政府从实际出发，分别对科技人员、在职职工的流动，城镇待业人员就业以及农村劳动力向非农产业转移等方面，

制定和颁发了一系列政策、法规和规章制度。广东结合本省实际，制定了《广东省劳务市场管理规定》《广东省社会劳务介绍机构管理办法》《广东省企业单位专业技术人员和管理人员辞职的若干规定》《关于整顿劳务市场秩序加强劳动力管理的意见》《广东省违反招用工人规定处理暂行办法》等规章，明确由劳动人事行政部门统一管理劳务市场，各类职业介绍机构应在劳动人事部门统一管理下，从事劳务介绍活动；明确规定了用人单位招用人员和劳动者求职必须遵循的原则。此外，还对城镇企事业单位招用农村和外省劳动力，对及时处理劳动争议，保障劳动关系双方合法权益等问题做出了明确规定。这些规定在劳务市场活动中，较好地规范了市场活动主体的行为，保护了劳动力供求双方的合法权益，从而保证了劳务市场按正确方向有序运行。

二、开放劳务市场的效果和存在问题

广东劳务市场的发育形成，是改革、开放和搞活经济政策贯彻实施的结果。反过来，它又较好地促进了改革、开放和商品经济的发展，作用越来越明显。

（一）加快了劳动者与生产资料的结合，从而迅速形成现实生产力，促进了生产的发展

在过去的计划经济体制中，劳动力的配置受国家指令性计划严格控制，往往造成企业需要用工时没计划，招工用人要等待上面下达指标，费时误事。开放劳务市场后，企事业单位需要的劳动力随时可以在劳务市场上招到。如1992年8月广东省开办人才智力市场，开张半个月就为佛山、梅州等14个市658家企业招聘急需的技术人员4000多名，及时解决了企业用人的燃眉之急。如果靠过去行政调配手段来配置，起码要两三年时间才能完成。现在通过开办劳务集市，短时间内很快就满足了企业的需要，使劳动力要素与物的生产要素有机结合，形成了现实的生产力，促进了生产的发展。1985年以来，广东省许多企业当年立项、当年投产、当年受益，经济发展保持两位数的增长速度，这与劳动力迅速和生产资料相结合，形成现实生产力有着密切的联系。

(二) 有利于劳动力的合理流动，促进了所有制结构、产业结构的调整和优化

广东改革开放以来，所有制结构、产业结构得到迅速调整，这与劳动力要素流动是分不开的。开放劳务市场后，首先是所有制结构发生了显著的变化。过去人员能进不能出，大量积压在全民所有制内部，抑制了非公有制经济成分的发展。1983年后，广东各级劳动人事部门成立了人才交流服务中心和技术工人交流服务中心，使大批积压在国有企事业单位里学非所用、用非所长的人才得到合理流动，不少人毅然抛弃"铁饭碗"，到乡镇企业、"三资"企业甚至私营企业、个体工商户工作，出现了一个人才带动一批行业、企业发展的局面，使乡镇企业、"三资"企业异军突起。至1992年，"三资"企业工业产值约占全省工业总产值的29%。在产业结构方面，开放劳务市场后，第一产业剩余劳动力得以释放，纷纷向第二、第三产业转移，促进了三大产业的均衡发展。改革前，广东第三产业长期萎缩。改革后的13年中，第三产业国内生产总值和就业人数的比重分别比1979年增长10.8个和8个百分点。

(三) 有利于沟通劳务供求关系，促进劳动力余缺调剂，消化企业富余人员

这主要表现在，沟通了地区和部门之间的劳务联系，促进了劳动力的合理流动。如广东经济特区和珠江三角洲大量利用外资发展经济，出现了劳动力供不应求的情况。各级劳动部门通过建立职业介绍所，开放劳务市场，沟通了与山区县、市的联系。近年来，广东省山区劳动力通过劳务市场进入珠江三角洲各类企业达200多万人次，使山区丰富的劳动力资源得到合理利用。此外，广东省还与湖南、四川、广西等8省（区）建立了省际劳务协作关系，有计划地开放省际劳务市场，引进大批外省劳动力，从而满足了企业用人的需要。广州市技术工人交流中心了解到郊县一些乡镇企业因缺乏技术工人处于"死火"状态，便组织各大企业的技术力量、富余人员前往支援，仅一年时间便救活了76家企业。广东劳务市场的开放还开辟了消化企业富余人员的新渠道。据统计，广东省每年由就业转待业的职工达20多万人，其中有一部分是国营企业的富余人员。这些人员绝大部分通过劳务市场重新就业，国家不包安置。据统计，仅1991年，到各级劳动部门举办的职业介绍所登记求职的人数达73.35万人，交流成功58.85万

人。其中，城镇待业人员和富余职工共23.3万人，农村劳动力22.8万人，分别占交流成功总人数的39.6%和38.7%。

（四）有利于激发劳动者的进取精神，调动其创造性

开放和发展劳务市场，一方面可以在劳动者之间形成就业竞争，从而激发他们勤学向上、积极进取的精神，使其不断学习和掌握科学技术，提高自身素质；另一方面，企业也可以在竞争中择优录用适合生产经营需要的人才，做到人尽其才、才尽其用，充分调动人的积极性和创造性，促进企业提高经济效益。据劳务部门统计，开放劳务市场后，劳动者学习文化技术的自觉性空前高涨，接受就业前职业技术培训的人数占当年就业人数的比重由1979年的4%上升到1991年的65%。

但是，从总体上看，目前劳务市场发育还不完善，许多深层次问题尚待解决，主要是劳动力在城乡之间，在不同地区、不同所有制之间的流动，尚存在许多旧体制因素的障碍，壁垒尚未完全消除；市场主体较弱，企业用人自主权尚未真正落实，劳动者自主择业、合理流动程度较低；劳务市场中介机构发育不健全，市场设施不完备，劳务供求信息不灵通，市场规则不统一等，制约着企业和劳动者的双向选择；加上社会劳动保险制度、工资分配制度等各项改革不衔接配套，使市场机制难以发挥作用。

三、加快建立和完善劳务市场的对策建议

劳务市场是社会主义统一市场的重要组成部分。建立劳务市场不仅涉及劳动领域各项制度改革，还涉及经济体制改革的许多方面。党的十四大报告明确提出，我国经济体制改革的目标是建立社会主义市场经济体制。这决定了我国的劳务市场是国家宏观调控下的市场。按照这一目标要求，广东要率先建立一个在国家宏观调控下，有领导、多层次、完整统一、全方位开放的劳务市场体系，必须从以下七个方面深化改革。

首先，必须按照发展社会主义市场经济的要求，彻底改革旧的劳动制度及其管理体制，尽快培育富有活力、反应灵敏的市场主体。

市场发育过程表现为市场主体的培育过程。劳务市场正常运行有两个基本主体：企业和劳动者。在市场上，企业是相对独立的生产经营者，是劳动力需求的主体，即买方；劳动者是劳动力的所有者，是劳动力供给的主体，即卖方。在旧体制下，统包统配的劳动管理体制使企业失去了自主

用人的权利，使劳务市场无法形成。经过10多年的改革，作为市场主体的企业和劳动者初步获得了相互选择的权利，但仍显得比较脆弱，自主能力差，对市场信号未能及时做出正确、灵敏的反应，因而劳务市场的发展不顺畅。要进一步开放劳务市场，就必须重视培育市场主体。目前，培育市场主体的关键在于彻底摒弃高度集中统一的劳动工资计划管理体制，允许劳动力按照市场经济发展的客观规律，在全社会范围内合理流动，自主择业。要通过深化改革，打破劳动力的所有制界限，允许原来不同身份的职工在不同所有制之间自由流动，公平竞争就业；允许不同所有制单位在市场上平等竞争，择优录用劳动者，从而形成不同的用人主体和劳动者就业主体的双向选择、平等竞争局面。

其次，要进一步取消"双轨"制劳动制度，实行全员劳动合同制。

经过10多年的改革，劳动合同制这一新型的、适合商品经济发展需要的用人制度有了很大的发展。但是，由于30多年来形成的一次分配定终身的固定工制度仍然存在，因而形成了企业单位用人上的"双轨"制。这两种不同的用工制度在实际运行中互相摩擦，严重阻碍了劳务市场的发育形成。因此，在下一步的改革中，要结合贯彻落实《全民所有制工业企业转换经营机制条例》，深化企业改革，全面放开企业用工计划，实行全员劳动合同制，在用人单位内部重建劳动关系，逐步将国家直接管理的固定工制度改为企业职工制度。在企业单位内部，不论是原固定职工，还是从社会上新招收人员；不论是管理者、技术人员，还是生产工人，进入企业后，一律实行公开考核，竞争上岗，并与用人单位签订劳动合同，按合同进行管理。用人单位可以选聘工人中的优秀分子到管理岗位，也可以把不符合管理岗位要求的人员调整到非管理岗位或者辞退，被辞退人员可以通过劳务市场重新竞争就业。逐步消除干部与工人、不同用工形式、不同所有制职工的"身份"界限，做到人员能进能出，能上能下，人尽其才，合理流动和使用。

第三，加快建立健全社会化程度较高的劳务中介服务组织网络。

现阶段，我国多种经济成分长期并存的状况决定了对劳动力需求的多样化。加上我国幅员辽阔，劳动力资源丰富，随着劳务交换规模的扩大和市场发育的逐步深化，迫切要求建立健全社会化程度较高的劳务中介服务组织网络，为劳动力供求双方提供活动场所。同时，通过开展职业介绍、信息咨询、就业指导、转业训练等方面的服务，加强就业指导和信息引导，逐步将市场活动双方引入国家宏观调控下的市场网络，促进市场活动规范化、有序化。如果没有这种职业中介服务和调节机构的作用，任凭劳动力在市场上盲目流动、自由竞争，则很难使劳动力的流动趋于合理，从而实现宏观上劳动力供求的平衡。为此，各级劳动部门的劳动服务公司、技术工人交流中心和人事部门举办的人才交流中心以及社会团体、个人开办的职业介绍机构，必须加强纵向和横向联系，以大、中城市为依托，形成多渠道、多层次、条块结合、信息灵敏的劳务市场组织网络体系，及时掌握劳务供求信息、劳动力供给储备，为开展职业介绍提供方便，为促进劳动合理流动发挥桥梁、纽带作用。

第四，调整教育结构，大力发展职业技术教育和成人教育，提高劳动者的素质和参与市场竞争的能力。

市场经济是一种竞争性很强的经济。它迫使企业经营者不断地采用最新技术和改革经营管理方法，以保证在竞争中取胜。而企业竞争归根到底是人才竞争。它对劳动者就业自然形成一种优胜劣汰机制。劳动者必须不断提高自身素质，才能适应市场就业竞争的需要。现阶段，广东省劳动力整体素质比较低，难以适应企业技术进步的要求。开放劳务市场后，将会出现结构性、摩擦性待业问题。为了解决上述矛盾，当前必须把提高劳动者素质作为开放劳务市场的重要措施来抓，进一步改革教育体制和办学模式，彻底改变职业技术培训自我封闭，劳动者文化技术程序低，与经济发展不相适应的状况。各类职业技术教育，要坚持以市场为导向，进一步调整教育结构，要大力发展就业前培训，扩大办学规模，逐步形成以职业技术学校、技工学校为骨干，以成人教育、就业前培训中心为基础，以社会各方面办学为补充的开放式、多层次、多形式的职业技术教育培训体系，以利于劳动者接受职业教育和在职继续教育。所有接受培训教育的人员，除个别特殊情况外，国家一律不包分配，统一进入劳务市场竞争就业。

第五，抓紧建立和完善劳动保障制度，实现劳动保险社会化。

开放劳务市场后，劳动者通过市场在社会范围内流动，寻找职业。在这一过程中，不可避免地会出现一部分人由于种种原因找不到工作而处于失业状态，有一部分人因疾病、年老等原因退出劳动。为了保障社会稳定和劳动者的合法权益，对这部分劳动者必须通过建立社会化的劳动保险制度，保障其基本生活，否则就会严重制约劳动力的流动。近年来，我们已经对旧的劳动保险制度进行了改革，但远不能适应发展市场经济和开放劳务市场的客观要求。今后，要加快劳动保险制度改革步伐，逐步在城镇各类企业和机关事业单位职工中建立健全各项（包括养老、待业、工伤、医疗、生育）法定社会劳动保险制度，形成以养老、待业保险为核心，多项目、多层次的社会劳动保险，以充分体现宪法赋予劳动者在社会保险上的平等权利，要尽快简化保险基金转移手续，以促进劳动者在不同所有制企业、单位之间合理流动。

第六，坚持配套改革，培育和发展市场运行机制。

劳务市场的有效、正常运行，还有赖于有关方面的配套改革。在劳务市场活动中，劳务价格即工资，是劳动力供求最重要的调节机制。过去，我国的工资分配存在严重的平均主义，它既不反映劳动力的价值，又与劳务市场上劳动力的供求存在严重脱节的现象，使得工资分配未能充分发挥其经济杠杆的调节作用。发展劳务市场，必须有相应的工资制度改革相配套。要彻底改变由各级政府通过下达指令性计划直接控制企业工资总额和工资增长速度、水平的做法，实行企业工资总额同经济效益挂钩浮动。在间接控制工资总额的前提下，由企业自主分配、自主决定工资分配形式、水平等，使企业能够在微观方面运用工资杠杆，调节劳动力的供求和流向。

此外，还要改革干部制度和户籍制度。旧体制人为地把劳动力分为干部、工人两部分，当工人的只能一辈子当工人，不能当干部；当上干部的享受终身制，能上不能下。这既阻碍了劳动力的平等竞争，又妨碍了人才的合理使用，必须结合政治体制改革，改革干部人事制度，变终身制为聘任制，把干部推向市场。同时，还要逐步改革现行户籍制度，打破原先森严的城乡就业壁垒，改变城乡劳动力人为分割、劳动权利不平等的状况，疏通劳动力流动的渠道，促进公平竞争机制的进一步发育，以便逐步形成全国统一的、完整的劳务市场。

第七，加强劳动法制建设，建立完备的市场行为规范和运行规则。

随着社会主义市场经济的发展，法律日益成为调整经济关系和经济活动的重要手段。在培育和建立劳动市场过程中，法人单位和劳动者个人之间的劳动关系将出现十分复杂的情况。要及时、正确地调整这些关系，没有国家制定的统一的劳动政策和法律是难以实现的。因此，在培育劳务市场过程中，必须加强劳动立法。中央和地方政府必须通过制定完备的劳动政策和法律法规，明确规定用人单位和劳动者双方的责、权、利，以规范市场行为，形成市场运行规则。通过这些运行规则，间接调控劳务市场，并正确处理和调节复杂的劳动关系，真正做到管而不死、活而不乱。这也是构建我国劳务市场机制的重要环节。

【专栏参阅3】江门改革劳动工资计划管理体制的实践

  江门市劳动局认真贯彻省的部署，从1988年起开始把工作重点放到改革劳动工资计划管理体制、增强企业活力上来。在劳动工资领域，率先取消指令性劳动工资计划，推进劳动工资保险制度的综合配套改革。改革的指导思想是：大的方面管住管好，小的方面放开搞活，缩小指令性计划范围，增加计划弹性，适当扩大地方、部门和企业的自主权，把过去对企业实行职工人数和工资总额双指标控制改为以工资总额为主的单指标控制，把指令性计划改为指导性计划。具体做法是：①对工资总额的管理，通过实行工资总额同实现税利（或上缴税利等经济效益指标）挂钩，按一定比例上下浮动的办法，实行弹性计划控制。总体上，市对省实行总挂钩。挂钩的工资总额基数，原则上按上年统计年报数，剔除不合理因素，增加合理增资部门后核定；微观上，企业内部的工资总额与其经济效益挂钩，上下浮动，一般是挂钩的经济效益指标增长1%，工资总额增长0.3%～0.7%。市再按此办法分解下达到各县（区）和企业。②放开职工人数计划，由企业在规定的工资总额范围内自行决定用工计划。市不再向各县（区）和市属企业下达指令性职工人数计划指标，各县（区）也不再向企业下达指令性职工人数计划指标。企业按照增人不增工资总额，减人不减工资总额的原则，有权根据生产发展实际需要在核定的工资总额范围内自行安排增减职工人数和录用或辞退人员。从社会上招收工人一律实行劳动合同制。③企业内部工资分配，由企业在核定的工资总额范围内，自行决定工资分配形式、工资和奖金水平以及升级办法等，把招工、分配权切实放给企业。至1990年年底，全市实行"工效挂钩"的预算内国营企业有307户，占预算内国营企业总户数的99.35%。

  上述改革较好地落实了企业招工用人和分配自主权，促使企业初步转变经营机制，增强了活力，促进了全市经济的迅速发展。至1990年年底，全市工业总产值达126.2亿元（1980年不变价），是1979年的10倍，全民工业企业全员劳动生产率达41692元，比1979年增长346.3%。

第九节　开放劳动力市场，促进生产力发展[①]

——广东劳动体制改革15年成就

党的十一届三中全会以来，广东按照中央关于在改革开放中先走一步的要求，在劳动领域围绕培育劳动力市场、增强企业活力这一中心，对劳动就业、企业用工、工资分配、社会保险、职业培训、安全生产等各项制度进行了一系列有益的改革探索，取得了显著的成绩：过去高度集中统一的劳动工资管理体制已经打破，适应市场经济发展要求的新型劳动体制及运行机制正在逐步生成。改革对于实现劳动力资源的优化配置、增强企业活力、促进生产力发展产生了积极的作用。

一、改革劳动就业制度，积极培育和发展劳动市场，使全省基本实现充分就业

1979年以来，广东结合实行中央给予的"特殊政策，灵活措施"，大胆解放思想，改革统包统配的就业制度，主要表现在以下四个方面。①实行"三结合"就业方针，拓宽就业渠道，把过去主要靠全民单位安置的单一就业渠道转变为全民、集体和个体多渠道就业。1979—1993年，全省安置城镇待业人员613万人，其中到非国有企业单位就业的占60%左右。尤其是城镇个体和私营企业就业人数，由1979年的2.58万人发展到1993年的142.3万人，使全省城镇实现了充分就业，城镇失业率由1979年的6.3%下降到1993年的2.02%。②创立就业服务体系，在就业领域引入市场竞争机制，有效地实现了劳动力资源的市场调节。各级劳动部门转变工作职能，建立了以职业介绍、就业训练、失业保险和劳动服务企业"四大支柱"为主体的就业服务体系，为推动就业制度改革和促进就业发挥了巨大作用。到1993年年末，全省各级各类职业介绍所达到1032所，累计为86万求职者提供服务；就业训练中心131所，年培训能力达20多万人，为城镇待业人员和农村转移出来的人员提供培训服务；创办就业服务企业8600多家，

---

① 本文是1994年年初笔者为省政府社会经济发展中心编著的《广东改革开放十五年成就》一书撰写的稿件。

从业人员有30多万人，年生产总值达114亿元，累计安排城镇失业人员130多万人次。国家对城镇劳动者就业的统包统配率由1978年的95%下降到1993年的10%以下。③实行积极的就业政策，有计划地引导农村劳动力向非农产业转移，使全省就业结构发生了显著的变化，主要是通过放宽农民进城务工政策，大力发展乡镇企业对跨省市流动的农民提供服务等，促使其有序流动转移。至1993年，全省农村劳动力向第二、第三产业转移的有1000万人，外省劳动力入粤的有650万人，其中进入各类企业的有300多万人。其中，全省乡镇企业吸纳的劳动力达到791.3万人，比1979年增长406.8%。农村劳动力的转移，不仅及时满足了广东省经济发展对劳动力的需求，而且改变了劳动力在各产业中的比重，促进了劳动力资源的合理配置。据统计，1992年，全省劳动力在三大产业中的比重已从1979年的73.7：13.7：12.6变为47.3：30.5：22.2，农村劳动力从事非农产业的比重由6.3%上升到36.7%，增加30.4个百分点。④境外劳务输出取得显著成绩。改革开放使广东省对外交流日益广泛。广东省充分利用毗邻港澳、华侨众多的优势，大力开辟境外就业渠道。目前，已建立8家对外劳务输出公司和两家境外就业服务机构，15年来累计派出劳务人员54000多人次。现仍在外履约17900人。

由于实行了积极正确的就业方针政策，大胆开放劳务市场，广东省不仅在短时间内妥善解决了"文化大革命"期间遗留下来的百万待业人员就业问题，而且使全省基本实现了充分就业。全省城镇失业率从1981年以来一直保持在2%左右，低于全国平均水平。

二、改革劳动计划体制和用工制度，落实企业用人自主权，基本确立了适应市场经济发展需要的新型用人制度

1980年，广东省率先对僵化的固定工制度进行改革，试行劳动合同制。首先是在外商投资企业、部分国有企业试行劳动合同制；对技校毕业生、复退军人和农林茶场招用常年性岗位人员逐步实行合同制。1986年，广东省制定贯彻国务院关于《国营企业实行劳动合同暂行规定》实施细则，决定在全省各类企业全面实行劳动合同制，通过签订劳动合同确立企业与职工之间的劳动关系，同时改革劳动计划管理体制，放开招工计划，落实企业用人自主权，从根本上改变了过去"一次就业定终身"的状况，促进了

企业职工的合理流动和配置。至 1993 年年末，全省劳动合同制职工已从 1980 年的 1.56 万人发展到 170 万人。其次，各级劳动部门大胆改革原固定工制度，在全省实行了以全员劳动合同制为主要内容的综合改革，要求企业与全体职工（包括固定职工、合同制职工、临时工）在平等自愿、协商一致的基础上签订劳动合同，明确双方的责权利，打破干部、工人的身份界限，并依照合同进行管理，逐步消除了新、旧两种用工制度的摩擦，使固定工制度向劳动合同制方向靠拢，从而基本消除了固定工制度的弊端，确立了适应市场经济发展的新型企业用人制度——劳动合同制度。到 1993 年年末，全省职工总数达 887.2 万人，其中签订劳动合同的职工占 50% 以上。这些改革为企业职工公平竞争、合理流动创造了有利条件，调动了广大职工的生产劳动积极性、创造性。据统计，1993 年全省企业全员劳动生产率比上年增长 30.3%，每一职工劳动创造的增加值达 2.23 万元，比上年增加 30% 左右。此外，广东省还积极探索建立适应市场经济发展的企业劳动关系调整机制。1986 年恢复劳动争议处理机制，先后在全省 138 个市、县和部分乡镇建立了劳动争议仲裁委员会及办事机构，在企业建立了 3218 个劳动争议调解机构；1987 年以来，共处理劳动争议案 35000 多宗，为近百万工人补办了用工手续，有力地促进了广东省社会经济的协调和稳定发展。

三、改革企业工资制度，克服分配上的平均主义，进一步落实企业分配自主权，促进市场活动主体及其运行机制的形成

针对过去工资分配由国家直接控制，企业没有自主权，干多干少一个样的弊端，广东省率先改革了企业工资计划管理体制，取消指令性工资计划，采取"工效"挂钩和工资总额包干以及"两个低于"办法，探索理顺国家与企业的工资分配关系，逐步建立了企业工资总量的增长由企业经济效益情况决定的机制。同时，认真贯彻《中华人民共和国全民所有制工业企业法》和企业转换经营机制条例，落实企业分配自主权，搞活内部分配。允许企业在不突破国家核定的工资总额前提下，根据其生产经营情况及特点，选择计件工资、浮动工资、岗位系数工资、承包工资等能够体现按劳分配的多种工资分配形式。如顺德、中山等许多市的企业普遍把过去僵化的等级标准工资作为档案工资，内部分配标准、形式和办法完全由企业根

据其效益情况自行确定。职工个人工资收入与其劳动贡献（工作数量和质量）密切联系，贡献大的，可拿到高工资；贡献小的，工资收入就低。职工个人工资收入中，活的部分增长，且能升能降，较好地克服了分配上的平均主义，职工个人的工资收入也有较大增长。据统计，全省职工人均年工资由1979年的613元上升到1993年的5166元。企业敢于拉开一般岗位和关键岗位的工资差距，特别是对短缺的技术人员，可自行决定给予富有吸引力的高工资，使工资的激励功能开始在调动职工积极性和调节劳动力供求方面发挥杠杆作用。

四、改革劳动保险制度，建立了以社会统筹为特征的新型社会劳动保险体系

首先是改革职工退休养老保险制度。广东省从1980年开始对劳动合同制工人实行社会养老保险，后来发展到国有企业固定职工（含离退休人员）、临时工，以及集体、"三资"企业和部分乡镇、私营企业职工。到1993年年末，全省参加社会保险的各类职工达616.4万人，占全部职工总数的70%。其中，退休职工114万人，占全部退休职工总数80%。全省形成了养老保险基金省、市、县三级管理，以县为主的统筹模式。其次是在国营企业和部分集体企业中建立了职工待业保险制度，对破产或濒临破产的企业被精减的职工，企业终止、解除劳动合同的工人和企业辞退的职工实行待业保险。广州、中山、江门、茂名、湛江等市还把待业保险范围扩大到各类企业职工。1987年以来，全省共接收登记待业的职工6.2万多人，为2.68万名待业职工发放了待业救济金，帮助和指导4.5万人重新就业，为企业优化劳动组合和劳动力合理流动创造了有利条件。此外，改革企业工伤保险制度。1990年，东莞、深圳市率先举办职工工伤保险制度改革试点；1992年年初，广东省政府决定从当年3月1日起在全省各类企业全面实行工伤社会保险。目前，全省参加工伤保险人数有300多万人。社会劳动保险制度的建立，减轻了企业负担，促进了劳动力的合理流动。

五、改革职业技能开发培训体制，强化就业培训功能，使劳动力的整体素质和就业竞争能力有明显提高

随着经济建设的发展和生产力水平的提高，原来以学徒制为主要方式的

职业培训已不适应新形势的需要，广东对此进行了改革。首先是改革学徒制，使职业技术培训逐步从企业转向社会。在改革中，广东省恢复了技工学校，使技工学校从1979年的82所发展到1993年的151所，在校生人数达9.67万人，15年来为各类企业输送技术工人18万名。其次是各级劳动部门举办了就业培训中心共131所，可一次性培训3.5万人，15年来累计培训毕结业人数220多万人次。再次是鼓励社会力量办学，形成政府、企事业单位以及个人投资的、覆盖城乡的多渠道、多层次、多形式的职业技术培训体系。社会办学班（点）发展到2615个。1981—1993年，全省共培训了845万多人，有效地满足了生产发展的需要。在扩大职业技术培训的基础上，广东省还对职业技能鉴定实行社会化管理。按照广东省政府颁发的《广东省工人技术业务考核办法》，成立职业技能鉴定站218个，实行社会鉴定的工种84个，通过考核促进了培训质量和劳动者素质的提高。至1993年年末，全省初级、中级、高级工的比例从1982年的70∶28∶2变为36.7∶46.1∶17.2。

六、加强劳动法制建设，初步建立了适应市场经济发展的劳动工资宏观间接调控体系

在改革放权、引入市场机制的同时，广东省注意采取有效措施改善和加强劳动工资宏观间接管理，建立了宏观间接调控体系。首先在调控内容方面，建立了调控的指标体系：①调控的失业率，把失业率控制在社会可以承受的水平上；②调控工资分配水平，体现效率优先、兼顾公平原则，防止两极分化；③建立劳动关系调整机制，规范劳动力市场行为，保障劳动关系双方合法权益；④加强对安全生产的监督和调控，保护职工生产过程的安全与健康。调控的方式和手段，主要是综合运用法律、经济、行政、教育等进行间接调控。1981年以来，广东省制定了《劳动市场管理规定》《劳动卫生安全条例》《职工劳动权益保障规定》等40个地方劳动法规、规章，使全省劳动工作开始走上法制化轨道。特别是在劳动保护与安全监察方面，广东省围绕经济建设这个中心，结合企业转换经营机制的新情况，着力改革劳动安全管理体制，初步确立了企业负责、行业管理、国家监察、群众监督的管理体系；加重基层和企业的安全生产责任，颁发了安全生产责任人任命书。各级劳动部门加强了对特种危险设备、工种和易燃、易爆等行业的监督检查，努力消除事故隐患，扭转安全生产事故上升的势头，取得了较好的效果。此外，广东省还针对经济结构急剧变化、劳动关系复

杂多变等特点，在全省率先探索建立监察制度，全方位开展劳动执法监督检查。目前，全省已有60%的市、县和64%的乡镇建立了劳动监察机构，并配备了1000多名劳动监察员，有力地防止了劳动关系矛盾的激化，保护和发展了社会生产力。

总之，经过15年的改革，广东省劳动领域各项改革产生了良好的综合效应，作为生产力最活跃的要素——全省社会劳动力资源，开始在国家宏观调控下，通过市场调节较好地实现了与生产资料的合理配置，促进了经济结构、产业结构的调整，实现了企业内部劳动关系的基本稳定，因而极大地促进了社会生产力的迅速发展。今后，广东省要继续按照发展市场经济的要求，深化劳动体制改革。改革的总体目标是：以培育和发展劳动力市场为中心，全面推进各项改革，力争用5年时间建立起符合社会主义市场经济体制要求的新型劳动管理体制基本框架。

（1）在微观方面，继续深化企业内部劳动工资制度改革，全面实行劳动合同制，由企业与所有职工在平等自愿、协商一致的基础上，通过签订劳动合同的形式，建立和协调相对稳定的劳动关系。打破干部与工人、固定职工与其他形式职工的身份界限，坚持全面考核、择优录用的原则，形成优胜劣汰的用人竞争机制，并选择一些非国有企业或股份制企业进行签订集体劳动合同试点；积极探索、完善企业工资总量增长决定机制，允许企业在"两个低于"的前提下，根据劳动力供求情况和国家有关规定，自主决定工资总量增长水平。选择一些非公有制企业进行集体谈判决定工资增长水平的试点；落实企业分配自主权，建立体现效率优先、兼顾公平原则的企业内部分配制度、形式和办法，形成岗位靠竞争、报酬靠贡献的激励机制。

（2）在企业外部，着重抓好三个方面的配套改革，为深化企业内部改革创造宽松的环境。一是加快培育劳动力市场。取消统包统配的就业制度，打破省内地区、城乡、所有制界限，促进公平竞争就业；加快就业服务体系建设，形成以职业介绍、就业训练、失业保险和组织生产自救为主体的、功能齐全、覆盖面广的市场就业服务体系。二是建立覆盖城镇各类企业所有职工的、一体化的社会保险体系，逐步把离退休人员从原所在的企业单位分离出来，实现管理社会化，减轻企业负担。三是大力发展职业技能开发体系，抓紧在省、市、县劳动部门和行业全面建立职业技能培训管理机构、考核鉴定组织，实行区域性职业技能鉴定社会化管理。加快发展职业技能培训实体，建立一批高级技工学校。

（3）在宏观方面，进一步转变管理职能，建立完善劳动工资宏观间接调控体系。其主要措施包括：①加快劳动立法，近两三年内要争取颁布劳动力市场管理条例、职业介绍管理规定、企业工资管理规定等法规，建立比较完善的地方劳动法规规章体系；②进一步完善劳动监察制度，两年内在县以上劳动部门建立健全劳动监察机构，全方位开展劳动监察工作，预防和减少劳动争议；③健全劳动争议调解和仲裁制度，重点完善市、县劳动争议仲裁委员会，将现有用人单位与职工之间发生的劳动争议纳入受理范围；④建立覆盖全省劳动工作的统计体系和信息网络，为宏观调控决策服务；等等。

第二章 发展：从劳务市场到劳动力市场

【内容提要】改革统包统配就业制度是我国劳动就业体制改革的起点和重点。但是改革的目标是什么？当时有几个问题困扰着改革的发展。一个是市场称谓问题，是称"劳务市场"还是称"劳动力市场"？二是要不要打破高度集中统一的劳动工资计划管理体制？三是放开市场后要不要管理和如何管理？对此，广东进行了积极的探索，率先提出改革劳动计划管理体制的意见。1988年，广东省政府批转省劳动局《关于改革全民所有制企业单位劳动工作计划管理体制的意见》的通知（粤府〔1988〕105号），明确从1988年起，在全国率先改革劳动工资计划体制，取消指令性计划，允许企业自主招聘人员。这使广东在全国率先形成全面开放劳务市场的新格局。这一重大改革导致1989年出现"百万民工下珠江"的民工潮，由此也逐渐出现了黑职业中介、劳工权益受侵害、分配秩序混乱等新问题。面对这一新情况，笔者较早地思考了开放劳务市场后如何加强市场管理问题，在1989年撰写了《浅论劳动管理体制转换中的宏观调控问题》和《社会主义初级阶段劳动力市场模式和特征初探》等文章，分析了劳动力市场的特征、体制转轨过程中出现的问题及原因，较早提出劳动力市场的概念和关于加强劳动力市场宏观调控、建立劳动监察制度和劳动争议仲裁庭制度的对策建议。1989年5月，广东省政府批转省劳动局《关于整顿劳务市场秩序 加强劳动力管理的意见》，明确提出要建立劳动监察制度，进一步规范发展劳务市场。1992年10月，党的十四大报告明确提出建立社会主义市场经济体制的改革目标后，1993年11月，党的十四届三中全会通过的《关于建立社会主义市场经济体制若干问题的决定》明确提出："要改革劳动制度，逐步形成劳动力市场。"此后，我国"劳务市场"的称谓统一改为"劳动力市场","待业人员"也改为"失业人员"。这对明确改革目标,推动劳动力市场发展起到了巨大作用,基本化解了前面遇到的问题。本章资料的时间跨度为1988年至1997年,这是广东从计划经济向市场经济转轨的关键时期,也是广东劳务市场向劳动力市场转型发展的重要时期。在这个背景下,笔者着重对劳动力市场目标模式、运行载体、宏观调控等问题进行了探索。1995年5月,笔者任综合规划处处长后,牵头组织召开了广东省首届劳动力市场宏观调控高级研讨会,在会上发表了《论体制转换时期劳动力市场的宏观调控》一文,深入分析了市场机制在劳动力资源配置中的作用与负效应,提出政府对劳动力市场进行宏观调控的必要性及其转变管理职能和调控方式的建议。这对指导当时的实际工作有着积极的意义。党的十五大后,笔者针对劳动力市场运行中出现的新问题,专门就如何规范发展劳动力市场、完善宏观调控体系等问题,结合工作实际,撰写了相关文章,反映了笔者在这个阶段的一些思考和探索,在社会上产生了积极影响。

第一节　社会主义初级阶段劳动力市场模式和特征初探[①]

党的十四大报告提出,劳动力市场是社会主义市场体系的重要组成部分。它对于实现劳动力资源的合理配置,促进企业改善经营机制,推动社会财富的形成有着重要作用。但是,长期以来,人们对劳动力市场问题缺乏应有的认识,致使深化改革遇到不少困难。笔者试图运用社会主义初级阶段理论对我国劳动力市场模式及其特征做初步的探讨。

一、社会主义初级阶段劳动力市场的模式是什么

当前对劳动力市场的模式,理论界的回答莫衷一是,归纳起来主要有

---

① 本文原载于《岭南学刊》1989年第3期。

两种观点：一种观点主张仿效资本主义国家的做法，在不太长的时间内建立一个全国全面开放的、自由的劳动力市场；另一种观点主张建立以区域市场为目标，逐步过渡到全国统一的、全方位开放的、完善的市场。笔者认为，前一种观点出自一种愿望，企求经过几年改革就建立起一个自由的、完善的劳动力市场，这是不切实际的。它超越了社会主义初级阶段生产力发展水平。后一种观点则忽视了商品经济活动的规律，企图按行政区域来限制劳动力的流动，不利于市场的发育和商品经济的发展。

劳动力市场是进行劳动力交换的场所及其交换关系的总和，是社会主义商品经济发展所需要的、完整的市场体系中不可或缺的要素市场之一，是实现劳动力资源合理配置的重要媒介。它同其他市场一样，既是一个经济范畴，又是一个历史范畴。纵观人类社会经济发展历程，不难发现商品经济是随着社会分工和生产力的发展而发展的。最初社会分工不发达，生产力水平低，商品经济和市场也都很不发达。小商品经济跨越了漫长的奴隶社会和封建社会两大历史阶段，进入资本主义社会后，才成为高度发达的商品经济。对此，列宁曾做过深刻的论述："市场是商品经济的范畴"，"社会分工和商品生产发展到什么程度，'市场'就发展到什么程度。市场量和社会劳动专业化的程度有不可分割的联系"。[①] 当今资本主义国家劳动力市场的发育同样经历了由低级到高级、由不发达到发达的发展演变过程。由此可见，一个国家劳动力市场的发育程度、性质及其模式，与其他市场一样，均受该国家的社会性质和生产力发展水平所制约。我国初级阶段劳动力市场的目标模式，应当是从初级阶段这一基本国情出发，按照"国家调节市场，市场引导企业"的要求，逐步建立一个在国家宏观调控和指导下的、多层次、全方位开放的、平等竞争的统一的市场体系。

二、现阶段劳动力市场的特殊性

我国的劳动力市场是建立在生产资料公有制基础上的，因而具有社会主义的性质。但由于生产的社会化程度低，商品经济很不发达，这些因素决定了我国现阶段劳动力市场有着自己的特殊性。

第一，社会主义初级阶段劳动力市场应当是在国家宏观调控和指导下

[①] 中共中央马克思恩格斯列宁斯大林著作编译局编译：《列宁全集》（第1卷），人民出版社1984年版，第79页。

的统一市场。从市场运行机制看，国家是市场运行调控的主体。为在全社会自觉地保持市场供求的平衡，保证整个国民经济稳定协调发展，它对市场的调节不再像过去那样单纯采取下达指令性计划和行政命令的办法，直接干预企业、单位录用职工的自主权；也不像资本主义国家那样，单纯由市场自发调节企业经营者的行为；而是按照"国家调节市场、市场引导企业"这个新的经济运行机制，利用各种经济杠杆，将国民经济发展和劳动就业的方针政策和计划性贯彻到市场活动中去。例如，根据国家投资规模、方向，调整价格、工资、税率，或通过立法和采取必要的行政手段，调控劳动力的流向。这些经济参数以及方针、政策输入市场后，市场通过运行自动发出各种信号，引导企业做出相应行动，促使社会劳动力在各生产部门、各所有制企业间的合理流动。这种国家宏观调控，是计划与市场的内在统一，最终表现为市场本身的调节。劳动力市场的统一性就体现在这上面。

第二，社会主义初级阶段劳动力市场应当是多样化、多层次的市场，是一个有机的网络型的市场体系。我国还处在社会主义初级阶段和商品经济发展的初级阶段，生产发展水平不高。虽然农村自给半自给的自然经济正向商品经济转化，但农村中大量剩余劳动力不可能很快全部转入城市。城市经济中正在大力发展以公有制为主体的多种所有制经济，存在着多种经济形式和经营方式，如国营经济、集体经济、股份经济、私营经济、个体经济、涉外合作经济等。公有制经济本身也有多种形式。这些情况决定了不同所有制经济对劳动力质和量方面需求的多样化，同时也决定了劳动力市场结构应当呈多层次性。从城乡经济关系看，应建立城市和乡村两大劳动力市场；从所有制层次划分，应有国营、集体、私营以及涉外经济市场；从管理角度划分，应有由各级劳动行政部门组织和管理为主体的劳动力市场；从技术层次划分，应有干部和企业家人才市场，有专业技术人员市场，还有普通熟练工人市场；等等。这些市场互相联系、互相制约，互相补充，构成现阶段我国劳动力市场相互交叉的多层次网络体系。

第三，社会主义初级阶段劳动力市场体系是开放性的。开放和竞争是商品经济的属性，是由商品生产的本质所决定的。只要有商品生产，市场就必然呈现全面开放的态势。我国劳动力市场应当是开放性的，但由于受初级阶段基本经济关系所制约，现阶段劳动力市场的开放度应逐步放开。在国内，要逐步改变过去封闭式的统包统配就业模式，打破劳动力单位、部门所有制和画地为牢、以区域为界的限制，允许劳动者在不同地区、不同所有制企业单位中就业，允许用人单位在国家宏观政策指导下，择优录用人员，实现双方的相互选择。在对外开放方面，要大胆打开门户，冲破封闭和半封闭的状态，积极发展和扩大国际的劳务合作和劳务输出。

第四，社会主义初级阶段劳动力市场应当是平等竞争的市场。在我国，劳动力需求方一般是代表劳动者集体的企业或国家机关、社会团体，供应方是在法律上地位平等的劳动者。供需双方的法律地位是平等的，他们通过市场这个中介环节发生的交换关系，是一种平等互利、等价交换的合作关系。劳动者的工资、福利、劳动时间、劳动条件等，可由双方平等协商确定。劳动者个人之间的就业竞争也是平等的，用人单位按照择优录用原则聘用所需要的人员。劳动者个人身体、技术素质好，就有可能早日进入比较符合自己意愿的工作岗位；而有些劳动者由于身体、技术素质差，在竞争择业的环境中，就有可能处于劣势而失业。对后一种情况，我国采取了适当的保障就业措施。如由国家及有关部门开办有组织的职业技术培训，促使劳动者提高素质，为劳动者就业创造条件；或开办福利性劳动场所安置就业等，最大限度地解决有劳动能力而又需要参加社会劳动的人就业；同时，也允许社会上有一定数量的劳动后备力量，以利于竞争就业。

第五，社会主义初级阶段劳动力市场的发展具有不平衡性。我国地域辽阔，沿海与内地经济发展不平衡。同是沿海，同是内地，经济发展也有较大差异。各地经济发展不平衡的特点决定了区域之间劳动力市场的发育程度是不平衡的。从所有制角度看，在非公有制经济成分（包括个体、私营、涉外合作经济等形式）中的劳动力市场和农村劳动力市场发育较快，人员流动的自由度较高。相反，在计划性较强的公有制经济中，劳动力市场的发育还比较慢。这是我国当前劳动力市场发育的客观事实。在今后一个相当长的时间内，这种不平衡性还将存在。我们必须尊重这一基本事实，并在政策上区别对待，引导各类市场逐步趋于完善和统一，不能过早强求一律。

总之，我国现阶段劳动力市场的特殊性，反映了社会主义初级阶段经济关系内在的、本质的必然联系和基本特征。把握住这些基本特征，就可以有效地指导当前深化劳动制度改革和发展劳动力市场的探索实践。

第二节　加快劳动力市场运行载体建设的若干思考[①]

当前我国劳动力市场建设正进入一个新的发展阶段，面临许多亟待解决的问题，比较突出的问题集中在市场运行载体建设滞后。例如，职业中介机构是以公办（一般指政府承办）为主，还是以私营为主，或者公私共办？如果以公办为主，那么由一个主管部门来办，实行一体化管理，还是允许多个部门分别承办，增强其竞争性？如果由政府来办，要不要实行政事分离，分离后又如何划分职责？公办职介机构要不要对求职者提供免费服务？如果提供免费服务，职介机构建设经费由谁资助？公办职介机构人员编制如何解决？如何增强竞争意识和服务质量，促进就业？这些问题不解决或不能妥善解决，势必阻碍劳动力市场的健康发展。

上述问题的存在，究其原因在于社会各方面对劳动力市场的特殊性缺乏足够的、全面的认识。要解决上述问题，首先必须在指导思想上取得共识。

我们应当看到，与其他生产要素市场相比，劳动力市场是一个特殊的市场。其特殊性表现在：劳动力作为商品，同劳动者具有不可分割性。劳动力永远附着在劳动者身上，不可能脱离劳动者而单独存在。当劳动者让渡自己拥有的劳动力时，不像所有"物"的商品一样，一旦被出卖后就与原所有者脱离关系，劳动力所有权具有不可转移和任意处置性。对于其他生产要素来说，用人单位一旦购买过来就拥有所有权，就可以随意使用和处置；而劳动力即使被出卖或让渡后，劳动力的占有、处置、使用、收益等，永远归劳动者所有。劳动力市场主体交换关系具有延续性，一般要素市场主体间的权利义务关系，只发生在市场交换过程中，不会延续到生产劳动过程中或劳动过程结束后，如企业购买任何一种生产资料后，何时投入生产、经营、使用或报废，均由买方决定，与卖方毫无关系。但劳动力市场主体双方交换结束后，双方的权利、义务关系要延续至劳动过程中甚至过程结束（退休）后。因为人是有生命、有思想、要吃饭的，劳动力的支付受人的思想、体能、技能状况所决定。劳动力需求方面对着的是一个活生生的、具有劳动能力的人，因而劳动力市场与其他各类市场有着根本

[①] 本文写于1998年，笔者时任广东省劳动保障厅综合规划处处长。文章对劳动力市场建设进行了深入思考。

的区别。如果把它们混为一谈，将导致严重的后果。

我们还应当认识到，与西方发达国家相比，我国劳动力还有其自身的特殊性，主要表现在：一方面，我国人口众多，劳动力基数大，劳动力市场将长期处于供大于求的状态。据统计，未来20年我国劳动年龄人口规模将持续增长，至2020年达到最高峰（约9.97亿人），占全世界劳动力总量的1/4以上。劳动力供给量过大，且长期持续增长，形成了持续的就业压力。这是我国的基本国情，也是我国劳动力市场的基本特征。另一方面，随着我国体制改革的深化和全球经济一体化步伐的加快，国际贸易竞争、外国投资增长、科技进步等因素，都将对我国劳动国市场的供求关系，尤其是需求总量和结构的变化产生巨大而深刻的影响，从而使我国劳动力市场长期面临劳动力超量供给与有效需求不足的双重压力。这也是现阶段我国劳动力市场发展中的一个显著特征。

上述分析告诉我们，劳动力市场确实是与其他要素市场不同的特殊市场，我国劳动力市场尤其如此。劳动力市场能否规范有序、健康发展，对经济发展和社会稳定都将产生巨大的影响。

当今世界上许多国家为了解决日益严重的失业问题，都把劳动力市场建设和调节劳动力供求关系摆上政府工作的重要序列，积极扶持发展和规范劳动力市场。那么，我国政府在培育、发展、规范和调控劳动力市场方面应当负起哪些责任，采取哪些对策、措施，解决上述问题，加快劳动力市场载体建设，形成平等竞争、规范有序的劳动力市场呢？

第一，要大力扶持发展劳动力市场运行载体——职业中介机构。

按照国际惯例和特事特办的原则，把职业中介机构确定为社会公益事业，以公办为主，民办为辅。公办职业介绍机构由各级政府主管部门承办，并要办成有权威的、可靠的，实现公平竞争、促进就业的主要阵地；民办职介机构可允许一些社会团体（如工会、妇联等）举办，但须经政府主管部门审核批准，明确职责和服务对象，接受监督。

第二，要进一步理顺管理体制，实行政事分离，明确职责。

20世纪80年代中期以来，各地劳动部门先后建立了各级职业介绍机构。与此同时，人事部门及其他组织也相继成立人才交流中心等职业中介机构，这就形成了职业中介条块分割、政出多门的局面。职业中介机构管理体制不顺、职责不清、重复建设、运行不畅，不利于用人单位统一录用合格人才，也不利于劳动力公平竞争、合理流动。从长远发展来看，各级政府应成立人力资源部（厅、局），统筹管理除公务员以外的全国城乡劳动力资源。由省、市、县三级人力资源部门主持设立职业中介服务机构,属公益性事业单位。人力资源管理部门在就业方面的主要职责是负责研究制定就业服务政策,负责政策法规的实施,掌握就业基金,监督检查中介机构的运作情况。其属下的职业介绍机构的主要职责是资助企业招用特殊群体人员就业;帮助各类求职者特别是长期失业者、大龄失业人员及下岗职工再就业;资助求职者个人创办小型企业,扩大就业。从目前来看,各级劳动、人事部门分别承办的职业介绍机构,其管理体制可暂时维持不变,但在服务对象上应打破垄断,向所有劳动者开放,允许劳动者凭其职业资格证书进入各类职业中介市场,实现公平竞争就业,以避免重复建设,促进劳动力横向合理流动。

第三,各级政府财政应加大对公共职业介绍机构建设资金的投入,逐步做到向求职者提供免费服务。

鉴于就业服务是国家公益事业,西方国家公共就业服务经费一般来自国家财政拨款,个别来自雇主和雇员的交费。我国就业压力大,如果政府不予以资助,其经费均来自用人单位和求职者的交费,就会明显增加求职者的就业成本,同时又会因经费不足而阻碍中介机构的发展。建议各级政府财政应加大对公共职业介绍机构建设的投入,用于支付从事公共职介人员的工资和保险福利,支付职业介绍信息网络建设和设备维护,支付中介活动经费和为求职者提供免费服务。考虑到我国经济发展不平衡,贫困地区财政负担重,现阶段应允许向用人单位和求职者收取少量中介服务费,以弥补不足。

第四,要合理确定人员编制,保持队伍稳定。

目前我国从事职业介绍工作的人员,大部分是从社会招聘来的,没有行政或事业单位编制,没有财政拨款。这对稳定队伍,提高工作效率和质量极为不利。西方发达国家就业服务机构从业人员占适龄劳动人口的平均比例为千分之一。根据我国社会经济发展状况和财政承受能力,建议从事职介工作人员按占适龄劳动人口万分之一的比例安排,定为事业编制,由财政拨款。不足部分允许通过收取少量中介费解决。从事职业介绍的工作人员应具有大专以上文化程度,熟悉劳动人事工作业务和政策法规,尤其是熟悉有关劳动就业方面的政策规定。对不符合条件的现职人员,要逐步调整,并注意从政府机构改革分流的人员中选录一些符合条件的人员,充实到职业介绍机构中去,提高职介人员的整体素质。

第五,要致力于建设现代化的、信息灵通的、工作效率高的职业介绍机构。

公共职业介绍机构作为公益性事业组织，由政府承办、财政拨款，要防止出现官衙作风。解决这一问题的主要措施是：把通过劳动人事部门对职介机构的拨款与职介机构接受劳动人事部门的业绩考核、监督联系起来，加强成本和效益核算，形成制约机制；要建立岗位责任制，强化市场竞争与服务意识。强化市场服务意识不是千方百计通过收费赚钱，而是要密切关注市场供求变化情况和市场竞争中出现的问题，并加以指导、解决，使劳动力市场供求达到平衡。工作人员要树立全心全意为求职者和用人单位服务的思想，深入企业收集岗位空缺信息，经分析加工后，输入数据库或在广告服务栏公布，为供求双方架设相联系的纽带或桥梁；要通过建立现代化的信息网络，输入劳动力供给与需求情况，以便快捷、有效地为供求双方提供及时、准确的服务，为实现公平竞争创造宽松的环境和条件。

第三节 加快建立劳动力市场管理体制和运行机制[①]

我国经济体制改革的目标是建立社会主义市场经济体制，作为在生产要素中起决定作用的劳动力资源必须进入市场，实现从计划配置为主向市场配置为主转变。因此，当前摆在我们面前的一项重要任务，就是要以培育和发展劳动力市场为中心，并在这个基础上尽快建立起与这种资源配置方式相适应的劳动市场管理体制及运行机制。

一、劳动力市场管理体制的特征和目标要求

新型劳动管理体制是以劳动力市场为基础，并在这个基础上形成的一整套适应市场运行的组织系统、管理制度和调控手段、方式的总称，即劳动力市场管理体制。

这个体制的基本特征是：就业和工资分配市场化；用人合同化、保险社会化、管理间接化。具体目标要求如下。

（1）在劳动力市场方面，争取在20世纪末实现在国家有效调控下的全国统一、完备、成熟的劳动力市场体系。劳动力市场是按照市场规律对劳动力资源进行配置和调节的一种机制。劳动力供求双方（即用人单位和劳

---

① 本文写于1993年秋，发表于《广东经济》1994年第1期。

动者）是市场运行的主体，以岗位需求和工资待遇为主要内容的招聘信息和劳动力价格，是调节劳动力供求或流动的主要信号。

建立统一、开放的劳动力市场，要求打破所有制和干部、工人的身份界限，按劳动力供求的客观要求，允许劳动力跨地区、跨城乡、跨部门进行双向选择，合理流动，竞争就业。

完备的劳动力市场要求建立完整的劳动力市场服务体系和保障体系。

成熟的劳动力市场的标志是：市场竞争自主灵活，市场运行稳定有序，国家宏观调控有力。其重点是制定一整套市场运行的法律法规，规范市场主体行为；着重用经济、法律等多种手段调节劳动力供求总量，引导劳动力结构的调整。

上述目标要分步实施。"八五"后3年，要以建立就业服务体系和社会保险体系为重点，通过深化企业劳动工资保险三大制度改革，培育市场主体，推动劳动力合理流动，公平竞争和加强宏观调控，维护市场秩序等。

（2）在就业工作方面，要以充分开发利用和合理配置劳动力资源为出发点，以实现充分就业为目标，实行国家宏观调控、城乡协调发展，企业自主用人，劳动者自主择业，市场调节供求，社会提供服务，即实行在国家政策指导下的市场就业模式。今后，政府只作为市场运行的监管者和调控者，通过制定政策法规提供中介服务。"八五"后期，除少数需要由国家直接控制的企业和实行统包统配的人员外，基本做到供求主体双向选择，公平竞争。

（3）在劳动制度改革方面，在全省企业全面实行全员劳动合同制。用人单位和劳动者均通过订立劳动合同形式确立劳动法律关系，使劳动合同成为建立协调和相对稳定的劳动关系的基本途径。"八五"后期，要在各类企业全面实行全员劳动合同制，基本废除固定工制度，进而建立劳动合同鉴证、集体谈判协商、劳动关系监察、劳动争议仲裁等一系列劳动关系调节体系。

（4）在企业工资改革方面，要逐步建立市场机制决定工资，企业自主分配，政府监督调控的新模式。其内涵是，发挥市场机制对工资决定的基础性作用，由劳动力供求调节工资水平，形成市场均衡的工资率。工资水平增长幅度通过行业或企业集体协商确定。企业作为独立的法人，享有充分的分配自主权。政府主要是运用法律、经济手段，通过间接调控，控制工资水平，调节收入分配关系，维护社会稳定。

（5）在保险制度改革方面，争取到20世纪末，基本建立覆盖全社会的、项目齐全、管理体制统一协调、资金营运灵活的法定社会劳动保险体系。其具体含义是，保险面要覆盖社会各类企业、单位全体成员；保险内容包括养老、失业、工伤、医疗、住房等项目；保险管理体制要由国家统一规划和立法，机构设置从上到下要统一，以提高保险资金的管理效率和社会化程度；保险资金的征集要统一为一个缴交率，不再按项目设定缴交率，资金要融通使用。政府要通过立法，引导管理机构和劳动者灵活运用这笔资金，造福于人民，造福于社会。"八五"期间，主要是扩大覆盖面，建立统一协调的管理体制和统一资金缴交率，逐步提高劳动者的负担比重，改进和完善资金的征收、管理、营运办法，增强其保障功能，以适应建立统一的劳动力市场的要求。

（6）在职业技能开发方面，到20世纪末，建立和完善职业技能开发体系，形成全社会的职业技能培训和考核鉴定网络，实现职业技能开发工作的科学化、社会化。今后采取政府、社会团体和个人多方办学方法，形成多层次、多形式的职业技能培训网络，满足社会各方面多形式、多渠道办学的需求，扩大培训规模，建立职业技能标准体系和鉴定网络，保证培训质量，不断提高劳动者的整体素质。

二、当前面临的难点

14年来，广东以搞活国有企业为出发点，在劳动领域进行了一系列改革，取得了显著成效。

一是以实行劳动劳动合同制为先导的用工制度改革，目前以劳动合同形式确定劳动关系的职工有200多万人，约占全省职工总数的45%，为开放劳动力市场创造了条件。

二是进一步改革劳动计划管理体制和就业制度，扩大了企业用人自主权和劳动者择业权，初步确立了劳动力市场的两个主体：用人单位与劳动者。一些市、县还初步打破了就业的城乡、地区、部门界限，促进了劳动力公平竞争、合理流动，在就业领域引进了市场机制。

三是工资制度改革，通过实行工效挂钩，试行岗位技能工资制，赋予了企业一定的分配自主权，缓解了企业在分配制度上平均主义的弊端，一些市、县开始出现工资水平由企业根据效益和市场供求决定的新型机制。

四是职工养老、待业、工伤保险逐步由社会统筹，为企业和职工参与市场竞争减少了负担和后顾之忧，全省国有、集体企业职工投保率为90%

以上。

上述几项制度改革,扩大了市场机制在劳动力资源配置中的作用。与此同时,就业服务体系、劳动监察与宏观调控体系的发展,也为劳动力市场的发育和成长打下了一定的基础。目前,全省职业介绍机构已发展到900多家,初步形成全方位的服务网络。

前一阶段的改革虽然取得了一定的成绩,但是要继续深化改革,建立劳动市场管理体制却面临许多困难,主要难点包括以下五个方面。

1. 如何处理好全面开放劳动力市场与控制失业率的矛盾

建立统一的劳动力市场,要求企业和劳动者打破城乡、地区、部门的界限,进行双向选择,合理流动,公平竞争就业。但是打破了上述界限,势必造成农村劳动力盲目进城,影响城镇劳动力充分就业,甚至有可能导致农村劳动力短缺和城镇大规模失业和结构性待业。

2. 如何处理好赋予企业用人自主权、废除固定工制度与保护老职工利益的矛盾

开放劳动力市场,允许企业根据生产需要实行自主招聘或辞退职工,这必然使隐性失业转变为显性失业。如果失业率增加,职工心理上能否接受,社会能否承受,是当前开放劳动力市场遇到的另一个难题。

3. 如何处理好由市场决定工资与防止工资失控的矛盾

开放劳动力市场后,工资由劳动力市场供求状况所决定,有人担心会引起工资总额的宏观失控。总的来看,我国劳动力资源丰富,供大于求,开放劳动力市场后,不会出现工资水平像放开物价那样普遍上涨的情况。但是,由于我国高素质劳动力市场供不应求的情况极为明显,其工资水平会长期居高不下,这会引起一定范围内的收入跟踪补偿,引起其他劳动力市场工资水平的上涨。加上我国国有企业产权不明晰,约束机制不完善,很可能会引起工资的结构性上涨。如何兼顾工资分配方面的公平与效率,防止结构性上涨,是分配上必须解决的新难题。

4. 如何处理好提高劳动保险的社会化程度与企业承受能力的矛盾

建立完备的劳动力市场,要求有社会化程度较高的劳动保障体系。但是,目前社会保险基金的收缴率不高,主要是企业负担已达极限,约1/3的企业亏损,缴不起保险基金,致使改革滞后,覆盖面小,社会化程度不高;加上多头争办保险,体制不统一,功能不健全。要提高保险的社会化程度,进行合理调整和确定基金缴交比例,统一管理体制,加强资金劳动增值,减轻企业负担,解决把离退休人员管理从企业分离出来等操作上的难题。

5. 如何加快实现政府管理职能转变，处理好宏观监督调控与指导服务的关系问题

当前，劳动市场所必需的各项服务体系（如职业中介服务、统计信息服务、职业技能鉴定服务、劳动法律咨询服务）发育不健全，影响到市场有效运行和市场功能的发挥，这与政府部门管理职责不清有关。此外，劳动力市场规则不健全，有法不依，执法不严，管理无力，秩序紊乱，这与政府宏观调控职责不到位有关。如何尽快转变管理职能，建立宏观间接调控体系（包括立法和有权威的执法机构等），保证市场稳定有序运行，是当前面临的又一难题。

三、对策建议

为了尽快实现新旧体制的转换，建议继续以培育和发展劳动力市场为中心，实行政府间接干预下逐步放开的方针，针对所遇到的难题，采取以下对策措施。

1. 逐步打破城乡、地区、部门界限，扩大市场范围

目前，在广东境内，已初步打破了城乡、地区的就业界限，允许劳动力在全省范围内合理流动，但省际劳动力市场尚未全面放开。建议"八五"期间，在完善省内市场的基础上，可逐步开放跨几个省的大经济区劳动力市场。与此相适应，必须采取以下具体政策：①实行就业许可证制度。外省劳动力入粤就业，须经省政府批准；招收省内农村劳动劳动力，不再下达招工指标。②建立某种高地租（如城市建设增容费）制度，防止劳动力盲目集中涌向大城市；中小城镇招工全面放开，不受户口限制。③积极扶持、发展乡镇企业、集体企业和私营经济，吸收城乡剩余劳动力，鼓励农村劳动力就地就近转移。④给边远、贫困地区企业职工以补贴，以解决边远、贫困地区招工难的问题，稳定企业职工队伍。⑤放宽省内户籍限制，建立灵活的购房制度，鼓励劳动者合理流动。⑥实行合理的产业政策，在大力发展高新技术产业的同时，要继续发展半自动化的中间技术产业和劳动密集型产业，以扩大就业容量，增加就业。⑦在已实行保险一体化的市、县，打破就业的所有制和行业界限，允许劳动力在不同所有制、不同行业之间合理流动。⑧积极拓展国际劳务市场，扩大劳务出口，减轻就业压力。

2. 实现企业内部职工管理一体化、法制化，逐步扩大市场调节功能

在企业内部使原固定工制度向劳动合同制度过渡。对原固定职工，尤其是老弱病残人员原则上采取保护政策；对其中自愿进入市场调节另谋职业者，鼓励其进入市场选择职业，并相应改按新制度确定劳动关系；对企业用人自主权的运用，要建立合理的制约机制，如不允许企业打击报复、随意辞退职工等。

3. 循序渐进，逐步放开对企业工资总额的控制，促进市场均衡工资率的形成

形成市场均衡的工资率是劳动力市场发育成熟的重要标志。在过渡期间，要采取循序渐进的方针，坚持分类指导和加强间接调控的原则：①对国有企业继续改进、完善工效挂钩办法，将现行工资总额与效益挂钩改为人均工资与劳动生产率（按净产值计算）挂钩的办法；随着企业制度改革逐步到位，要逐步淡化挂钩包干的办法。②对非公有制企业以及乡镇企业，要总结现行的做法和经验，实行由劳动力市场供求调节工资水平。在企业内部逐步实行由劳、资、政三方集体谈判确定工资。③政府要加强工资立法，制定最低工资标准，保障低收入劳动者的合法权益；要完善个人收入所得税法，限制过高收入。④积极做好职业技能开发预测工作，大力培训短缺的技术人员，尽量保持市场供求平衡，抑制因技术人员短缺而出现工资的结构性上涨。⑤建立工资分配的宏观调控体系。

4. 千方百计提高保险的社会化程度

①把各项基金分别按不同比例向企业征收的做法，改变为统一一个比例，向企业和职工征收。起步阶段，基金缴交率不宜超过工资总额的25%。其中有一部分应由职工个人交纳，共同负担。②统一征集的各项基金，必须按不同的险种（用途）分别掌握，适当调剂使用。③设立灵活的资金运营机制，发挥基金的增值作用。④尽快统一社会保险管理体制。⑤建立社会化的离退休人员管理机构，逐步把离退休人员从原所在的单位分离出来，由社会管理机构统一管理，以减轻生产经营单位的负担。

5. 加快建立健全就业服务体系

县以上劳动部门都要按照政事分开原则，建立起服务项目齐全的职业介绍机构，并向乡镇延伸，使之成为政府调控市场，为劳动力供求双方提供服务的主渠道。服务功能包括职业介绍、就业训练、失业保险和组织生产自救等方面；同时，要鼓励社会团体和私人开办职业介绍所、多方面为劳动者就业提供服务。

6. 加强劳动法制建设，建立健全劳动力市场运行规则

一是加快制定就业法、劳动合同法、工资法、保险法、劳动保护法和监察法，形成比较完善的地方劳动法规体系，使劳动力市场运作有章可循。二是建立完整的劳动执法、监督体系。要明确在劳动行政部门建立劳动监察制度（包括机构、编制、人员和执法程序等），负责依法监督劳动法律法规的贯彻执行，及时处理和纠正市场活动中的违法行为。三是建立有权威的劳动司法机构，如在劳动部门实行劳动仲裁庭制度，负责处理劳动争议或劳资纠纷等。发生的劳动纠纷（争议），先由劳企双方调解，再由劳动部门主持仲裁；不服仲裁的，可再向当地人民法院起诉，以维护劳动法律的严肃性、权威性，从而保证劳动力市场运行有序，活而不乱。

第四节　论体制转轨时期劳动力市场的宏观调控[①]

从高度集中统一的劳动计划管理体制到全面开放劳动力市场，标志着我国劳动体制正在发生着影响深远的历史性转变。在这一转变过程中，应当如何加强和改善劳动力市场的宏观调控，及时解决市场运行中出现的矛盾和问题，努力做到微观搞活与宏观调控的统一，以促进国民经济持续健康发展和社会稳定，是摆在我们面前的一个重要课题。对于这个问题，人们尚未取得共识。笔者拟就此谈些浅见，以抛砖引玉。

一、劳动体制转变及劳动力市场发育现状

改革开放17年来，为了适应发展社会主义市场经济的需要，各级政府和劳动部门在劳动领域相继采取了一系列重大改革措施，对传统体制下形成的劳动就业、企业用人、工资分配、社会保险等各项制度进行了深入的改革，使劳动管理体制发生了根本性变化。

第一，全方位、多渠道竞争就业的新局面基本形成。改革开放以来，

---

① 本文撰写于1996年5月，并于当年6月召开的广东省首届劳动力市场运行与政府宏观调控高级研讨会上作为专题发言，被评为一等奖。文章在全面分析广东劳动力市场发育现状基础上，针对体制转换过程中出现的问题，论述了加强和改善劳动领域宏观调控的必要性，明确提出要按照发展社会主义市场经济的要求，重点界定政府对劳动力市场进行宏观调控的职责范围，调控目标、内容和方式。先后发表于《中国劳动科学》及《经济与发展》1997年第1期（总第29期）、《广东经济》1996年第9～10期。

我国各地深入改革统包统配的就业制度，调整就业政策，逐步扩大市场调节范围，极大地改变了过去单纯依靠国有单位安置就业的"大一统"格局，在城镇非公有制经济单位就业的比重已由1979年的3.7%上升到1995年的25%（广东32.8%）；各类用人单位实行了面向社会、公开招收、全面考核、择优录用的办法，改变了长期以来劳动者就业由劳动部门"拉郎配"的行政管理办法，沟通了用人单位和劳动者的直接联系，引入了双向选择的竞争机制，使劳动力市场调节范围扩大到70%以上（广东90%左右）。

第二，劳动力市场运行主体基本确立。国有和城镇集体企业通过改革招工、用人制度，全面实行劳动合同制度，把原固定职工改为合同制职工，劳动力供求双方在平等自愿、协商一致的基础上，通过订立劳动合同这一法律形式，确立劳动关系，使企业和劳动者作为劳动力市场供求双方的主体地位更加明晰。至1996年6月，全国国有、集体和"三资"企业中订立合同的职工达9566.3万人，占其职工总数的88.7%左右（广东占97%），为劳动力市场的运行奠定了基础。

第三，工资杠杆调节劳动力供求的作用日趋明显。在传统体制下，企业没有工资分配自主权，这在很大程度上抑制了市场调节的功能。改革开放后，广东逐步深化企业工资制度改革，率先取消了指令性劳动工资计划，实行企业工资总额同本企业经济效益按一定比例挂钩浮动或工资总额包干等办法。与此同时，下放企业内部分配自主权，实行岗位技能工资制等，使企业能够根据劳动力市场供求情况自主决定各类人员的工资水平和分配关系，逐步拉开了分配差距，初步克服了分配上的平均主义，使工资分配体现了效率优先、按劳分配原则，效益好的企业和贡献大的人员可以拿到较高的工资。这就较好地调动了企业和职工的积极性，促进了劳动力的流动与竞争。

第四，劳动力市场保护机制开始形成。改革开放以来，各地积极推进社会保险制度改革，建立劳动力市场保护机制。目前，城镇企业职工养老保险覆盖面约达50.8%。失业保险制度从1986年开始在国有企业建立，此后逐步扩大到城镇集体企业职工，目前失业保险覆盖面约占国有和城镇集体企业职工总数的61.3%。此外，各地还在部分企业逐步建立了工伤和医疗保险制度。随着各项社会保险制度的逐步建立，初步形成了市场保护机制，为劳动力市场的发展创造了较为宽松的环境。

在积极推进上述改革的同时，各地还从以下两个方面转变政府管理职能。一方面是从管理上加强了劳动立法，建立了劳动争议仲裁制度和劳动监察制度，运用经济、法律手段对市场运行进行调控；另一方面是从服务方面大力发展职业介绍、就业训练、信息咨询、就业指导等公共就业服务体系，推动了劳动力市场的发展。

总之，17年来劳动制度在开放改革中不断演变发展的过程，实际上是对传统劳动计划管理体制进行改革的过程，也是培育与发展劳动力市场的过程。例如，广东从1980年起，率先对经济特区劳动计划管理体制进行改革，允许特区企业招用员工，不受国家指令性劳动计划指标限制，然后才试行劳动合同制。从1985年起，又决定实行指令性计划与指导性计划相结合的管理体制，进一步下放计划管理权限，对企业从社会上新招人员实行指导性计划，扩大市场调节范围，使各项改革进一步深化。至1988年，广东在全国率先取消指令性劳动工资计划，在通过实行工效挂钩控制工资总量的前提下，初步形成了间接调控职工人数的弹性劳动计划管理体制。实践证明，劳动计划体制改革每深化一步，都有力地推动了劳动力市场的形成。所以，17年来劳动领域的各项改革归结到一点，就是改掉了传统的劳动计划管理体制，培育和发展了劳动力市场，使劳动力资源配置方式发生了许多重大的变化，使市场机制对劳动力资源配置与调节的基础性作用逐步增强。

二、加强和改善劳动领域宏观调控的必要性

17年来劳动领域的各项改革，有力地推动了传统的以指令性计划为特征的劳动管理体制向实行以指导性计划为主的劳动管理体制的重大转变，较大程度地引入了市场机制，为劳动力市场供求双方真正成为平等的竞争主体创造了条件，较好地调动了企业和劳动者的积极性，激发了企业活力。但是，实践也使我们更加清楚地看到，在体制转轨过程中，传统的劳动计划管理体制退出历史舞台后，政府在劳动领域的宏观调控能力明显削弱；单纯依靠市场机制的自发调节，有着许多不足和弊端，不能解决总量和结构失衡等问题。

从宏观方面看，市场机制不能防止和解决就业总量和结构失衡问题。例如，开放劳动力市场后，大量农村剩余劳动力盲目涌向城市就业，给城镇就业和居民生活带来了很大的压力；跨地区间的劳动力盲目流动，不仅造成了劳动力资源的巨大浪费，也给社会生产、生活秩序带来了很大影响；国有企业需要的人才留不住，富余人员靠市场调节出不去，就业结构的变化不符合调整产业结构的要求。此外，市场不能有效地解决工资收入分配不公问题，反而因个人拥有的财产和天赋不同、竞争机会的差别，造成收

入差距拉大，贫富悬殊，影响了社会的稳定。

从微观方面看，市场竞争使劳动力市场主体双方为了追求各自的利益而发生的争议和纠纷不断增加。而纠纷的频繁发生使劳动关系恶化，影响了社会稳定；市场不能有效地解决公共事业单位职工队伍相对稳定问题；市场往往是不完全的，工资的杠杆作用是有限的，试图通过提高工资来增加劳动力供给，并不符合市场经济的一切场合，反而成为造成通货膨胀的一个重要因素。市场信息是不完全的、滞后的，用人单位对其他单位的用人需求情况往往缺乏了解，劳动者个人对其他求职者的情况也知之甚少，在这一情况下，供求双方要达成协议，须付出极大的代价。加上职业中介组织行为不规范，更增加了劳动力交换的成本，从而妨碍劳动力资源的优化配置。

综上所述，可以看出，在体制转轨期间，我国劳动力市场还是一个不完全的市场，市场机制在劳动力资源配置中存在不少负效应，这是我们必须及早研究和避免的。

市场配置产生负效应的原因是什么呢？从客观上来看，市场不是万能的，市场机制本身是有缺陷的，市场竞争在某些领域会出现失灵。前几年，我们过分崇拜市场，片面强调计划经济的弊端，没有指出市场调节的局限性。现在看来，培育劳动力市场，不可能离开我国人口众多、劳动力资源丰富这一国情；不能不考虑目前我国正处于新旧体制转换这一特定的历史阶段；况且劳动力市场又是有别于其他要素市场的一个特殊的市场。这些情况决定了在我国单纯依靠市场自发调节，会造成劳动力资源的极大浪费。从主观上看，我国政府至今还没有真正把劳动力市场运行纳入国家宏观调控的主要目标，因而对劳动力市场宏观调控体系的建设不够重视，宏观调控乏力，至今尚未找到引导劳动力市场有效运行的调控方式和手段。从操作上看，目前尚未明确政府对劳动力市场进行宏观调控的主要目标是什么，国家的固定资产投资规模和财税政策，很少考虑到劳动力的需求；产业政策和与之相适应的金融货币政策，很少考虑解决失业问题。经济信息失真、经济杠杆失灵、法律不健全等，难以协调、解决市场运行中出现的矛盾和问题。实践证明，在社会主义市场经济条件下，劳动力市场应当在政府宏观调控下发挥其对劳动力资源配置的基础性作用。发展劳动力市场，不能排斥宏观管理和调控。在市场运行中，政府如果不能及时弥补市场的不足，纠正其弊端，将影响到经济正常运行和社会稳定。因此，加强和改善政府对劳动力市场运行的宏观调控势在必行。

三、应当如何加强劳动力市场的宏观调控

加强对劳动力市场的宏观调控,是历史赋予各级政府的一项崭新的任务。在我国特殊的国情和历史条件下,政府对劳动工作的管理职能发生了重大变化。要搞好对劳动力市场的宏观调控,必须按照发展社会主义市场经济的要求,重新界定政府对劳动力市场进行宏观调控的职能范围,明确调控的内容和方式。

根据发达市场经济国家的经验,政府对劳动力市场进行管理和调控的职能,可以归纳为构造制度框架、提供信息服务和宏观调控三大方面。这三项职能既有联系,又有区别。

在我国传统的计划体制下,由于基本上不存在劳动力市场,政府对社会劳动力资源的配置主要是通过国家计划的形式对微观经济活动进行直接的管理与调控。在市场经济条件下,政府的直接调控在劳动力资源配置领域不再起基础性调节作用。因此,政府的直接干预调控将逐步退出微观领域,将重点对象转向劳动力市场运行方面,在充分发挥市场调节的基础性作用的同时,主要运用间接的、灵活有效的手段调控市场的运行。而构造制度框架,主要是通过劳动立法,对某些方面的问题做出硬性规定,形成市场活动的制度框架;同时,通过建立劳动执法监察和仲裁制度,规范劳动力供求主体和职业中介组织行为。这些工作是为了形成制度规范,及时处理违法行为,而不是劳动力供求总量与结构问题,因而不属于宏观调控范畴。有些人把劳动立法监察、仲裁等列为宏观调控的内容,这就混淆了政府各项职能之间的联系与区别,削弱了宏观调控本身的职能,这是必须引起注意的。至于提供服务的职能,主要是通过建立职业中介机构,就业(转业)训练机构开展信息咨询和就业指导等,为劳动力供求双方提供快捷、准确的信息、信号以及提高劳动者的素质。它充其量只能是宏观调控的一种辅助手段,而不是宏观调控本身。所谓政府宏观调控,主要表现为政府通过制定宏观经济政策和运用相应的调控手段作用于劳动力市场,以弥补市场机制的不足,调整劳动力供求总量与结构,保持供求平衡。这是必须明确的。

与上述宏观调控职能相适应,政府对劳动力市场进行宏观调控的内容与目标一般包括劳动力市场运行中有关劳动力供求总量、工资收入总量的平衡和劳动力结构、工资收入结构的优化协调四个方面。要加强和改善对劳动力市场的宏观调控,必须明确这几个方面的调控目标和措施。

一是加强劳动力供求总量调控。其重要指标是失业率。如果一个国家

的劳动力供大于求，失业率上升超过其社会经济承受能力，就会直接影响经济发展和社会稳定。因此，失业问题一直是世界各发达的市场经济国家宏观调控的主要目标。在我国，随着社会主义市场经济的发展，国家也应当把失业以及与此密切相关的人力资源开发利用作为宏观调控目标，列入国民经济和社会发展规划。现阶段，我国劳动就业面临农村剩余劳动力进城和国有企业隐性失业显性化的双重压力，呈现出发展经济学所说的"农村劳动力无限供给"状态。因此，我国劳动力供求总量调控的关键在于调控供给，增加需求，正确引导农村剩余劳动力合理转移，多渠道分流企业富余人员，在城镇确定一个合理的失业率。政府劳动部门应积极参与国家投资政策、外贸政策、税收政策和产业政策的制定，使劳动工作各项重大指标与国民经济社会发展重大指标相衔接，以促进充分就业。同时，还应通过调整就业政策、职业教育培训政策以及制定对特殊就业群体的保护政策，调节劳动力供求总量。

二是抓好劳动力结构的调整优化。所谓劳动力结构，一般包括产业结构、所有制结构和技术结构，此外还包括年龄、性别、文化结构。在一国企业总资产一定的情况下，劳动力的就业结构是否合理，不仅直接关系到劳动力总量的平衡，还影响到经济的发展。如果我们能够从宏观经济发展方面把握产业、所有制和技术结构的变动趋势，通过制定人力资源开发政策等措施，引导劳动力结构朝着优化的方向进行调整，就会对经济发展起促进作用，否则就会阻碍经济的发展。从推进两个根本性转变的发展趋势看，当前致力提高劳动力整体素质对于改善劳动力结构显得十分重要。除了制定人口政策、农村劳动力转移政策，调整劳动力的年龄结构、城乡结构外，各级劳动部门应当把工作重心放在根据产业、科技发展变动趋势，制定符合劳动力市场需求的职业技能培训教育政策上来，以提高劳动者的文化技术素质，适应经济结构变动的要求，减少结构性失业。

三是加强工资总量的调控。在社会主义市场经济条件下，坚持社会总需求与总供给的平衡，是保证国民经济持续、稳定、协调发展的关键。工资总量在消费基金中占极大的比重。要搞好社会总需求与总供给的平衡，必须重视加强对工资总量的宏观调控，使它的增长幅度低于国民收入的增长幅度。目前，随着改革的深化，企业拥有较大的用人和分配自主权，却缺乏健全的自我约束机制，国民收入分配过分向个人倾斜、国家所占的比重过低、工资总量增长过快等问题比较突出。因此，要根据不同类型企业的特点，实行对工资总额的分级管理、分类调控；以后逐步将调控的重点转向工资水平和工资关系方面，从而间接实现对工资总量的调节。

四是加强对工资分配关系的调控。工资关系问题实际上是工资水平和结构问题。发达市场经济国家的经验证明，劳动力资源完全由市场配置，难免产生贫富悬殊。这主要是因为个人拥有的财产和天赋不同，竞争的机会也有差别，这都有可能经过市场转化为个人收入水平差距过大。江泽民同志在《正确处理社会主义现代化建设中的若干重大关系》一文中指出：在收入分配中出现了一些需要引起注意的突出问题，主要是国民收入分配过分向个人倾斜，国家所占的比重过低；部分社会成员之间收入差距悬殊。如果任其扩大，就会造成多方面的严重后果。有人认为，在社会主义市场经济条件下，企业对职工实行何种分配方式，对各类员工支付多少工资，由企业自行决定，政府可以放手不管，这是值得商榷的。如果任其下去，工资在产品成本中所占的比重将不断上升，这就会成为推动物价上涨的一个重要因素，甚至会导致收入差距过大，出现两极分化的严重后果。因此，调节工资分配关系，也是政府宏观调控的重要目标之一。各级政府要把调节个人收入分配关系，防止两极分化，作为全局性的大事来抓，要按照"两个低于"的要求，对企业职工工资增长水平进行监督；要引导企业合理确定各类人员的工资分配关系；要通过制定税收政策，调节过高收入，取缔非法收入，保障低收入者的基本生活，以促进社会稳定。

宏观调控职能和内容的变化，必然导致调控方式的转变。在体制转轨过程中，我们还应当通过深化改革和重组，使政府对劳动力市场进行宏观调控的方式逐步实现以下四个基本转变，以既保证劳动力市场的正常发育，又保持适当的调控力度。

一是逐步实现由直接调控为主向间接调控为主转变。在传统体制下的劳动力管理方式，主要是通过行政系统，运用行政手段对企业和劳动者进行直接的管理和调节，压制了微观经济活力。在市场经济条件下，企业和劳动者是市场竞争的主体，拥有充分的自主权。因此，政府对劳动力市场的宏观调控，既要有利于社会稳定，又要有利于巩固企业和劳动者的主体地位，增强微观经济活力。因此，要处理好市场与计划的关系，在充分发挥市场在劳动力资源配置的基础性作用的同时，按照计划从总体上是指导性的要求，进一步转变政府管理职能，加快实现从指令性劳动计划为主向预测性、政策性、导向性计划为主转变。除了对少数企业和特殊行业的劳动力以及某些特殊劳动者进行直接计划管理外，对一般企业的劳动力和社会劳动力不再进行直接管理，而主要通过运用宏观经济政策，对全社会劳动力供求总量和结构进行间接调控，以实现宏观调控的各项目标。当然，这是就正常情况而言的，如果出现高失业率等特殊情况，则间接调控手段可以少一些，直接调控手段可多一些。

二是要逐步实现由静态调控向动态调控转变。传统的劳动力调控方式是一种绝对化的、静态的调控方式。实践证明，这种管理方式无法适应市场经济条件下经济生活瞬息万变的要求。尤其是企业必须按照市场的需要组织生产，按照生产经营的实际需要决定劳动力资源的使用数量和使用形式。因此，政府对劳动力市场的宏观调控，一般不要向市场供求主体下达指令性计划指标，而要把过去的静态管理转变为动态调控，通过确定一定时期劳动就业和工资分配的宏观调控目标，作为劳动力市场运行的主要依据；同时，要建立灵敏的信息反馈系统和监测系统，跟踪劳动力市场供求变化态势，及时发现市场运行中出现的新问题，采取有效的调控措施，以保证市场的协调运行。

三是逐步实现从外力推动为主向内在机制的作用为主转变。传统的劳动力管理主要由政府运用行政手段，靠外力控制。在市场经济条件下的劳动力宏观调控，应当重视发挥市场机制的内在作用，实现劳动力资源的合理配置。这主要是通过深化改革，落实企业和劳动者的双向选择自主权，并规范其行为，从而逐步建立起劳动力供求双方能够根据国家劳动政策和市场信息进行自我调整和约束的内在机制。政府主要通过各种政策进行引导，使劳动力供求双方的行为与国家劳动政策和劳动力调控的宏观目标相一致。

四是逐步实现从集中调控向分级分类调控转变。我国地域辽阔，经济发展不平衡，各地、各行业对劳动力的需求有很大的差异。因此，对劳动力市场进行宏观调控，必须建立一种分级分类管理的体制，以适应市场经济下分散决策的需要，即在管理权限上进行适当调整和明确划分，实行集中统一调控与分级分类调控相结合，逐步形成中央、地方（省、地、县）和部门的分级分类调控体制。

第五节　应重视健全劳动力市场宏观调控体系①

——学习党的十五大报告体会

江泽民总书记在党的十五大报告中，高举邓小平理论旗帜，深刻阐述了社会主义初级阶段的基本路线和行动纲领，提出了经济体制改革和经济

---

① 本文撰写于1998年2月，发表于《广东劳动报》1998年3月16日。

发展战略；同时，对发展劳动力市场、劳动就业、工资分配、社会保险、职业培训与人力资源开发等工作，做了精辟而深刻的论述，指明了新时期劳动工作的方向、目标和任务。特别是在讲到要充分发挥市场机制作用，着重发展劳动力等要素市场时，强调健全宏观调控体系，完善宏观调控手段和协调机制，加强市场管理，规范市场秩序，使市场在国家宏观调控下对资源配置起基础性作用。认真学习江总书记上述论述，深刻领会其精神实质并在实际工作中认真贯彻落实，对于加快发展劳动力市场，健全宏观调控体系，尽快建立健全新型劳动管理体制，具有十分重要的意义。

在改革开放的进程中，不少人对市场经济存在片面的认识，认为实行市场经济，凭借"看不见的手"就可以实现经济总量的平衡和资源的优化配置，完全排斥政府管理和宏观调控，一提计划管理和宏观调控就被指责为搞计划经济，使许多人不敢加强宏观调控。这些认识是片面的、不切实际的，也是十分有害的。党的十五大报告中明确提出，要使市场在国家宏观调控下对资源配置起基础性作用。这句话阐述了市场调节与政府调控的辩证关系，讲得很全面、很有针对性，因而也有很现实的指导意义，我们应当很好地学习领会。

多年来改革开放的实践使我们看到，市场机制在调动人们的积极性、合理配置资源方面，发挥着重要的作用。但是，它只是一种资源配置手段，而不是整个社会经济的管理手段。作为一种资源配置手段，它是有缺陷的，主要表现为盲目性、自发性、滞后性和短期性，不能从根本上对国民经济和社会发展长远目标和长期资源合理配置发挥作用。所以，没有国家对市场的干预，没有国家的宏观调控和目标管理，单靠市场本身是难以对社会资源进行有效合理的配置的。许多国家的实践经验证明，微观经济越是放开搞活，经济的社会化、市场化、现代化进程越是加快，越是需要坚强有力和灵活有效的宏观调控。

就拿广东省劳动领域各项改革的进程来说，20世纪80年代中后期至90年代初期，我们侧重于改革放权，破除旧的计划管理体制，培育和开放劳动力市场，取得了显著的成绩。但是，旧的计划体制被削弱了，新的宏观调控体系没有及时建立起来，因而出现了"百万民工下珠江"以及市场中介一度混乱的现象。1994年以来，广东省劳动部门采取一系列措施，逐步加强对劳动力市场的管理和宏观调控，使广东省劳动力市场开始出现有序运行的好局面。例如，在建立劳动领域宏观调控体系方面又进行了一些新的探索，集中力量编制全省技能人才发展规划，在规划中提出建立高级技

第二章 发展：从劳务市场到劳动力市场

校、综合性培训基地、职业技能鉴定中心等项目，被列入了省政府的人才规划，对全省劳动事业的发展起到了积极的引导作用。此外，我们还提出了劳动领域宏观调控的指标体系，并依据这些指标开始探索建立劳动领域监测预警制度、企业岗位余缺申报制度、计划协商制度、就业许可证制度等，并逐步付诸实施，使广东省劳动力市场进一步向有序化方向发展。这些都说明，建立健全宏观调控体系，对劳动力市场的有序、健康发展是十分必要的。

从当前的社会经济形势来看，全国各地都在贯彻落实党的十五大精神。广东省委省政府组织召开的全省经济体制改革工作会议提出，要大胆改革，经过5年的努力，在全省基本建立社会主义市场经济体制。当前要在调整和完善所有制结构、公有制实现形式，转变政府职能，建立健全收入分配制度和社会保障制度，培育市场体系和农村改革等方面取得新的突破。这些方面的突破，都与劳动工作有密切的关系。改革每深化一步，劳动工作都将面临许多新情况、新问题。而且，这些突破不可能在短期完成，需要持续相当长的一段时间，因而劳动部门面临的任务很重。主要的任务是：分流安置下岗职工，帮助失业职工再就业，加强外省劳动力入粤就业的调控；及时预防和处理复杂多变的劳动争议；理顺工资分配关系；进一步提高劳动者文化技术素质；等等。此外，企业的兼并、重组、破产等，也给劳动管理和就业工作带来了许多困难。要解决这些问题，除了继续深化改革，充分发挥市场机制的作用外，还必须加快转变劳动部门管理职能，进一步改善和加强宏观调控能力。

第一，在指导思想上，要在充分发挥市场机制作用的基础上，加强宏观调控，主要是在市场机制不能很好地发挥作用的地方，加强宏观调控和管理。例如，为避免出现严重的失业和过多的职工下岗，必须进行适当的调控和干预；对企业经济性裁员要实行监控；对市场竞争中的弱者要予以保护；对工资差距过大、社会贫富过分悬殊，必须干预和调节；等等。

第二，在调控的对象、内容和方式上，要继续推进四个转变。一是要从过去只管国有、集体企业，转到管理全社会的劳动者、所有企业与用人单位，特别是对大量的非公有制企业，要一视同仁，研究适应市场经济发展需要的新的管理办法。二是要从过去直接管理、干预企业微观上的用人、分配活动，转到以社会经济稳定、协调发展为目标的宏观间接管理上来，研究建立新的宏观调控体系。三是要从过去通过编制指令性计划管理企业，转到行使规划、指导、协调、监察和服务职能，通过编制指导性计划，包括中长期规划、区域规划和年度计划，引导企业的用人和分配行为。四是要从过去单纯采取行政手段进行管理，转到以主要运用经济、法律手段和必要的行政手段进行综合管理。

第三，在调控的政策和措施方面，要继续探索建立与社会主义市场经济相适应的劳动领域宏观调控和计划管理的新路子，健全宏观调控体系，形成新的管理机制。一是健全宏观调控的指标体系。据国际劳工组织介绍，国际上对劳动力市场进行监测，主要有经济活动人口、就业人口、失业率、工资收入、工资率、人工成本、工时、劳动事故等15个指标。我们应根据市场经济的调控目标，选择和建立调控的指标体系，并研究这些指标与社会经济发展重大指标的相互关系。二是要进一步建立健全劳动领域监测预警制度，以失业率和人工成本为重点，对劳动力市场运行情况进行监控，并抓好分析预测预警工作。三是建立企业岗位余缺申报制度，力求准确掌握企业劳动力需求总量和结构状况，并通过发布信息，引导企业逐步实现人力资源的优化配置，促进再就业。四是定期制订劳动事业发展规划和年度计划，加强对计划执行情况的检查，发挥计划的引导与调节功能，形成合力。五是加强职业中介机构的管理，规范中介行为，以促进劳动力市场的有序运行。

【专栏参阅4】我国新的"三结合"就业方针

党的十四大报告明确提出建立社会主义市场经济体制的改革目标后，就业体制改革的市场化取向逐渐明确，确立市场就业方针已成为顺应改革发展需要的选择。1993年12月，劳动部发布《关于建设社会主义市场经济体制时期劳动体制改革总体设想》，明确提出劳动体制改革要以培育和发展劳动力市场为中心，通过市场实现充分就业和劳动力的合理流动；1996年5月，劳动部发布《劳动事业发展"九五"计划和2010年远景目标纲要》，提出必须调整就业工作的指导方针，即改变主要依靠国家安排就业的局面，实行在国家政策引导扶持，社会提供帮助服务，鼓励和推动劳动者靠自己努力实现就业。1998年3月，在九届人大一次会议期间，劳动部部长李伯勇在记者招待会上明确提出了新的就业方针，即实行国家政策指导下，劳动者自主择业、市场调节就业和政府促进就业的方针。这是改革开放以来我国第二次提出关于就业的战略方针。

第六节 加快建立规范化劳动力市场的对策建议[①]

遵照江泽民总书记关于广东要"加快社会主义市场经济体制的建立,整顿市场秩序"的指示精神和广东省委省政府的部署,我们从分析广东省劳动力市场发育现状及存在问题入手,提出整顿劳动力市场秩序,加快创建规范化的劳动力市场管理体制的对策建议。

一、我省劳动力市场发育现状

改革开放以来,广东省按照发展社会主义市场经济的要求,紧密配合企业改革,在劳动领域相继采取了一系列重大的改革措施,率先改革计划经济条件下形成的劳动就业、企业用工、工资分配、社会保险等项制度,全面推行劳动合同制度,大力培育劳动力市场供求主体,积极加强劳动力市场运行规则和法制建设,打破了统包统配的就业体制,初步形成了"劳动者自主择业、市场调节就业、政府促进就业"的市场就业新格局,有力地促进城乡劳动力充分就业。1998年,全省城镇登记失业67.95万人,国有企业下岗职工56万人。这些人员通过市场双向选择实现就业的分别有41万人和33.3万人(不包括下岗前分流的17万富余职工),年末城镇失业率为2.3%,低于全国3%的水平,国有企业下岗职工再就业率为59.5%,高于全国平均水平近10个百分点。此外,农村剩余劳动力向非农产业转移就业的有1200多万人,其中跨地区就业有170万人。外省劳动力入粤就业有近700万人,其中进入各类用人单位的达432万人。目前,除少数特殊专业的大专毕业生和转业退伍军人仍由国家安置外,社会劳动力通过市场配置实现就业占总数的95%以上。

[①] 1998年6月,中共中央国务院印发《关于切实做好国企下岗职工基本生活保障和再就业工作的通知》(中发〔1998〕10号),要求采取有力措施,做好两方面的工作。一是做好国企下岗职工生活保障和再就业工作,二是按照"三化"(科学化、规范化、现代化)要求,加强劳动力市场建设,完善市场就业机制。广东作为改革开放前沿阵地,在做好再就业工作的同时,要加快建立适应社会主义市场经济发展需要的就业机制,为全国探路。于是,笔者于1999年年初,根据劳动保障部关于开展劳动力市场"三化"建设的要求,在总结广东劳动力市场运行情况的基础上撰写了此文,提出八条对策建议。

总的看来，现阶段广东省劳动力市场已基本形成，市场机制在劳动力资源配置中开始发挥基础性调节作用，主要特征包括以下五方面。

1. 用人单位和劳动者作为劳动力市场供求主体的地位已基本确立

改革开放以来，广东省通过取消国有和县以上集体企业指令性招工计划，落实了企业招用工自主权，鼓励各类所有制经济单位公平竞争，择优录用劳动力，形成多元化的劳动力需求主体；在劳动力供给方面，逐步打破劳动者的身份、所有制和地区界限，劳动者"东家不打（打工）打西家"已成为普遍现象，劳动者可以在全社会合理流动就业，从而基本确立了劳动力供给的主体地位。与此同时，通过全面实行劳动合同制度，促进用人单位与劳动者依法建立劳动关系。到1998年年底，全省国有、集体、三资企业实行劳动合同制度的职工达751万人，占其职工总数的99%；乡镇、私营和个体工商品户签订劳动合同有585.1万人，占其从业人员的65%。劳动合同制度的全面实行，进一步明晰了市场就业主体的地位，奠定了建立市场就业新秩序的基础。

2. 劳动力市场服务体系不断健全，市场中介组织发展迅速，初步形成覆盖全省的服务网络

广东省自20世纪80年代初开始，大力发展以职业介绍、职业技能培训等为主要内容的就业服务体系，初步形成了多形式、多层次、广覆盖的就业服务网络，使劳动力市场运行载体不断完善。在职业培训方面，广东省建立了以劳动部门技工学校和就业培训中心为主导，社会职业培训机构全面发展的职业培训网络。1998年年底，全省共有技工学校190所，在校生14.5万人；就业培训中心227个，年培训社会劳动者40.3万人次；职业技能鉴定中心7个，考核鉴定所19个，全年参加技能鉴定32万人，有力地提高了劳动者素质和市场竞争就业能力。在职业介绍方面，到1998年年底，全省共有职业介绍机构1447家，其中劳动部门举办的有1049家，社会举办的有398家，形成了以华南劳动力市场信息中心为龙头的职业介绍服务体系。各类职业介绍机构为供求双方提供见面洽谈、双向选择的场所和条件，使双方自主选择的竞争机制开始发挥作用。1998年，全省职介机构共接受求职登记138.6万人次，成功介绍38.6万人次。

3. 工资杠杆作为市场价格调节劳动力流量和流向的作用日益明显

改革开放以来，广东省允许非公有制经济单位自主进行工资分配；在国有、集体企业推行工效挂钩、岗位技能工资、企业经营者年薪制等多种形式的工资分配制度，把工资决定权由政府交给企业，实现分配主体的转换，促进劳动力市场价格的形成，使工资成为引导劳动力合理流动和配置的有力杠杆。哪里工资高就往哪里走，哪里有钱就到哪里干，成为广东劳动力市场的生动写照。例如，700多万外省劳动力入粤务工就是一个生动的事例。与此同时，广东省正在全面实行最低工资标准制度，探索建立劳动力市场指导价位制度，初步形成工资调控新机制，促进职工工资水平与经济增长水平的协调发展。

4. 社会保险体系初步建立，解除了部分劳动者进入市场竞争就业的后顾之忧

广东省自1992年起陆续出台了养老、失业、工伤、生育等社会保险政策法规，逐步将社会保险延伸到各类单位和不同身份的职工，大力编织"社会安全网"。据统计，到1998年年底，全省参加养老保险共达732万人，失业保险414万人，工伤保险763万人，生育保险204万人，医疗保险试点112万人。社会保险制度的建立和逐步完善，减少了劳动力市场运行的震动，为劳动力合理流动创造了必要条件，提高了市场配置就业的程度。

5. 市场运行规则逐步建立，宏观调控能力不断加强

《中华人民共和国劳动法》颁布之后，广东省针对劳动力市场运行中出现的突出问题，加大地方性劳动立法工作力度，不断健全市场运行规则，陆续出台了《广东省国有企业富余职工安置办法》《广东省劳动合同管理规定》《广东省企业集体合同条例》《广东省社会养老保险条例》《广东省社会工伤保险监察条例》等30多个法规、规章，地方性劳动立法工作在全国处于前列。同时，加强了劳动争议仲裁与劳动执法监察机构和队伍建设，依法强化劳动监察，及时处理违法职业中介、工资拖欠等市场就业中的侵权行为，较好地维护了劳动力供求双方的合法权益。1998年，各级监察机构共查处违法用人单位14706户，处理投诉案件13.2万多宗，平息罢工事件1254宗、集体上访2330宗，为30多万工人追回被拖欠工资4.5亿元，取缔非法职业中介机构212个，有效地推动了广东省劳动力市场朝着规范化、法制化的轨道运行。

二、影响广东省劳动力市场规范运行的主要因素

目前，广东省劳动力市场框架已基本形成，市场机制在劳动力资源配置中开始发挥基础性作用，市场就业已成为主导方式，但市场机制尚未充分发挥，市场运行尚不规范，与建立规范完善的社会主义市场经济体制的

要求相比，还存在较大的差距，主要的障碍因素有以下七方面。

1. 劳动力市场建设未纳入社会经济发展整体规划，公共就业服务体系建设投入不足，制约着市场机制有序、高效运行

根据市场经济国家的经验，建立市场就业服务机构是劳动力市场建设的核心内容。市场就业服务机构一般分为公共就业服务机构和非政府办的民营机构。政府要把劳动力市场发展的总体规划纳入社会经济发展计划，致力于构建公益性的职业介绍、职业培训等就业服务体系，使广大劳动者能以较低成本进入劳动力市场求职，以实现充分就业。但广东省公共的市场就业服务机构建设未纳入社会经济发展规划，缺少投入，致使公共市场就业服务机构缺乏场地，规模小，设施落后，信息网络不健全，服务手段落后，难以上规模、上档次，发挥主渠道作用；而各类民办中介机构迅速增多，不择手段欺骗求职者以牟取暴利；从而形成当前各类职介机构、培训机构良莠不分，各自为战，缺乏沟通与协作的局面，有的甚至为了获取经济效益而搞恶性竞争，发布虚假信息，收取高额中介费用，影响了就业市场的有序运行。

2. 劳动力市场管理体制不顺，部门协调难，使市场乱象屡禁不止

由于旧体制下实行的人事管理制度、教育制度的影响，改革开放后逐步发展起来的劳动力市场人为地分割为劳务市场和人才市场，分别由劳动和人事部门主管，导致出现以下两个明显的弊端。一是市场运行规则不统一，出现同一企业招用人员存在两套审批、管理、收费、监察和处罚标准，致使管理上存在很多漏洞，给非法中介机构以可乘之机。这几年，劳动、人事、公安、工商等部门频繁进行市场整顿，但由于部门分割管理，规则不统一，行动上难以协调一致，使非法职业中介行为屡禁不止，严重影响了劳动力市场新秩序的有效建立，损害了广东形象。二是阻碍了社会劳动者以平等的身份参与市场公平竞争就业和合理流动，有些大学生到劳动部门办手续，愿意到企业当职员，但有关部门却声称不给办评职称手续，于是导致出现有许多工作找不到人去干，同时又有许多人找不到工作干的错位现象。

3. 社会保险覆盖面窄，制度仍不完善，妨碍了劳动力的合理流动

广东省社会保险制度改革起步较早，并形成了全省统一的社会保险制度，但由于缺乏有力的推进手段，导致不少"三资"、私营、个体等非公有制经济组织至今尚未投保险、覆盖面过小，劳动者进入非公有制经济组织就业有后顾之忧；加上社会保险管理体制、标准、方式不统一，社会保险基金转移支付困难，既影响到企业投保的积极性，又影响到劳动力的合理流动，许多下岗、失业职工不愿意到非公有制单位就业，影响了非公有制单位吸纳就业能力的充分发挥。此外，公有制企业单位仍然保留着福利分房、水电、物价补贴等各项福利。这些福利刚性，也使在职职工不愿离开公有制单位，到非公有制单位就业。

4. 劳动力市场调节手段乏力

由于过分强调企业分配自主权，部分（企业）老板单方面决定工资分配，致使工资分配不合理，增长过快，差距过大问题日益突出，欠薪事件大幅增加，劳动力市场价格被扭曲，政府却难以进行有效的干预。有些用人单位不承担社会责任，借口减员增效，随意辞退员工，把员工推向社会；一些实行行业管理的企、事业单位仍实行内招和垄断，不向劳动部门提供岗位空缺，不向社会公开考核招收，只招行业内部的子女亲属，政府难以干预。尤其对年龄大、伤残、疾病、妇女等市场竞争中的弱者，政府有关保护就业的政策难以落实到位。实践证明，劳动力市场自身无法产生完善的自我调节能力。为克服上述弊端，政府确有必要采取适当、有效的手段干预和调节劳动力市场的运行。

5. 劳动力市场法制建设滞后

这主要表现为文件多、法规少、立法层次不高，且不配套。现行的用于约束劳动力供求双方及中介机构，维护劳动力市场秩序的法规规章已经不能适应当前的具体情况。例如，经济性裁员、经济补偿方面的政策，规定不一致，矛盾大，执行难；劳动监察机构不健全，力量不足，手段不硬，覆盖面难以扩大，劳动者和用人单位的合法权益得不到有效保障。

6. 覆盖全省的劳动力供求信息网络和失业预测预警系统尚未建立

在劳动力市场运行中，供求信息的汇集、传递以及信息的准确度，对劳动力市场的供求均衡十分重要。然而，由于职能转变不到位和政府投入不足，全省部分大中城市尚未运用现代化设备建立供求信息库，因而无法建立覆盖全省的劳动力供求信息网络；加上放权以后，劳动部门对企业的直接管理中断，企业没有向职介机构申报职位空缺情况，政府无法掌握全社会的岗位空缺信息。这种情况至少产生两个负面影响：一是无法及时、全面、准确地向供求双方发布劳动力供求信息，导致供求失衡；二是无法科学预测劳动力供求的数量、规模和结构层次，因而更加无法发挥劳动力市场信息系统收集、分析、咨询、管理、预测、发布等功能，为市场正常运行提供基本条件。

7. 宏观经济政策与促进就业结合得不紧

虽然控制失业率等主要指标已纳入宏观经济管理目标中，但产业、投资、财政等经济政策未充分考虑促进就业这一因素，在加快产业结构调整的同时，忽视了劳动力结构调整，劳动力素质、技能结构、职业教育结构不能适应经济发展需要，影响了经济的发展，也制约了劳动力市场的发展。

三、加快建立规范化的劳动力市场的对策建议

上述分析告诉我们，建立规范化的劳动力市场是加快建立广东省社会主义市场经济体制的重要组成部分，是当务之急。其目的就是要通过深化体制改革，消除市场运行的障碍因素，增加政府投入，加快建立健全就业服务体系、社会保障体系、宏观调控体系，培育市场就业机制，制定市场竞争规则，为劳动力市场双方提供一个公平竞争、有序流动、优化配置的市场就业环境，以实现充分就业，促进社会经济的稳定协调发展。为此，我们提出以下对策建议，力争取得新突破。

1. 抓紧制定劳动力市场建设的总体规划

劳动力市场服务机构（主要指导职业中介机构）的建设，要与广东省市场经济发展水平相适应，以服务对象的数量来进行合理规划和布局，不能盲目布点，重复建设，造成浪费甚至恶性竞争。由于劳动力市场是一个特殊的市场，建议政府授权由劳动部门进行总体规划，并以政府举办的公共就业介绍机构为主体，明确服务范围和职责，进行规范化管理；以大中城市为枢纽，形成互相沟通的信息网络，为供求双方提供方便、快捷的就业服务。民办职介机构作为必要的补充，也要进行合理的布局，明确服务范围，避免恶性竞争。

2. 增加政府投入，加快劳动力市场科学化、规范化、现代化建设

根据劳动力市场的特殊性，借鉴市场经济国家政府发展劳动力市场的有效经验，广东省各级政府要把加强公益性的就业服务机构建设作为一项重要的公共事业来抓，加快建立以公共职业介绍和职业培训机构为主体、民营机构为补充的市场就业服务体系，为劳动者求职和参加培训提供减、免费服务，并通过公共机构的主导作用，引导劳动力市场健康发展。公共就业服务机构是以不赢利为目的的社会公益性事业组织，缺乏建设资金，当务之急是解决建设资金问题。按照中央〔1998〕10号文的规定，中央财政1998年已把劳动力市场建设经费纳入预算，各级政府应当尽快把劳动力

市场建设经费纳入各级财政预算，并根据市场发展需要，逐年增加投入。1998年财政预算安排有困难的市，应当可允许从再就业基金、失业保险基金中提取一部分资金投入公共就业服务机构的建设。在劳动力市场建设中，要按照"科学化、现代化、规范化"的要求，以劳动力市场信息网络建设为重点，将就业登记、职业指导、职业介绍、职业培训、档案挂靠、技能鉴定等功能紧密结合在一起，为劳动者和用人单位提供全面、快捷、方便的服务。要按照《广东省"九五"及2010年技能人才规划纲要》，多方筹集资金，大力发展高、中等职业技术教育、职业技能培训和职业技能鉴定中心等项目，建立以技工学校为骨干、以职业培训机构为基础的职业技能教育培训体系，提高劳动者的职业技能水平和参与市场竞争就业的能力，以适应广东省依靠科技进步发展经济的迫切需要。

3. 理顺社会保障管理体制，建立广泛覆盖的社会保险体系，为劳动力在不同所有制企业合理流动创造条件

认真贯彻落实国务院《社会保险征缴条例》《广东省社会养老保险条例》《广东省工伤保险条例》和《广东省失业保险规定》，综合利用经济、法律、行政等手段，加大征缴力度，提高覆盖面，推动各类所有制经济单位参加养老、失业、医疗、工伤等社会保险，力争在1998年内，使养老保险收缴率提高到90%以上。建议将养老、医疗、失业、工伤、生育五险合一，改征"社会保险税"，以确保社会保险基金的征缴和覆盖面的扩大。要尽快理顺社会保障管理体制，促进社会保险与劳动就业的紧密结合，降低失业保险与工伤保险的支付压力；要尽快研究制定阶段性就业、弹性就业、非全日制就业方式的劳动管理和社会保险相衔接的办法，推动劳动者合理选择就业形式，积极通过非正规形式实现就业。

4. 理顺市场管理体制，加强部门协调，共同整顿劳动力市场中介行为，维护劳动力市场秩序

20世纪90年代以来，广东省劳动力市场中介行为的混乱现象已引起各级领导和社会的广泛关注，并组织开展了3次全省性的整顿，但由于管理体制不顺，单靠劳动部门难以有效整顿违法职介行为。不论是哪种学历、身份的社会劳动者，都可以到当地政府劳动、人事部门主办的中介机构登记求职；凡是失业人员都应统一到劳动就业服务机构办理失业登记，促进广东省统一、开放、竞争、有序的劳动力市场早日形成。

5. 进一步加强和改善政府对劳动力市场的宏观调控

在市场经济条件下，政府调控市场是十分必要的。根据当前广东省劳动力市场运行的情况，政府劳动行政部门需要从以下四个方面加强宏观调控。一是建立和完善工资保障制度，规范分配秩序。要通过立法，保证最低工资标准的实行；针对欠薪行为大幅增多的情况，要尽快制定颁布欠薪保障条例，建立欠薪保障基金，加大对欠薪行为的处理力度，保障在职职工的合法权益；要运用税收、金融等手段加强工资收入水平调控，纠正不合理的工资增长行为，特别是利用行业垄断优势实行过高工资的行为，防止社会收入差距过度拉大，造成社会不公。同时，要由政府定期颁布工资指导线、行业工资价位，引导企业建立工资正常增长机制。二是要建立健全劳动争议仲裁委员会及办事机构。办事人员要列入编制，给予办公经费以保证其正常运作。该机构对劳动关系双方发生的争议，要及时予以调解、仲裁，努力化解矛盾，维护社会稳定。三是进行必要的行政干预。对个别行业、企业的垄断性行为，政府应及时采取果断措施予以干预。如对烟草、航空、电信、银行等一些效益好的行业搞内部招、调工的垄断行为，应加以干预、纠正。四是行政制裁。要通过制定政策，对一些用人单位严重违规但又不适合法律制裁的行为，以行政政策为依据予以制裁。例如，一些用人单位不申报岗位空缺，不办理招工手续，违规招收外省民工；某些非法职业中介机构及其工作人员超越中介范围，违反就业准入规定等情况，政府主管部门有权及时进行干预，以维护劳动力市场运行秩序。

6. 加强法制建设，完善劳动力市场运行规则，加大劳动执法力度

广东省应结合劳动力市场运行实际，加快地方性配套法规的立法。当前要重点抓好《职业介绍管理条例》《促进再就业条例》《企业欠薪处理条例》《劳动监察实施办法》《就业准入规定》等法规、规章的出台工作，并尽量做到立法层次高，规定具体，便于操作。同时，要抓紧对不适合市场经济发展要求的法规规章进行全面清理、修订或废止。要充实和加强劳动监察机构，给予必要的行政编制，配备专职人员，采取劳动年审、举报投诉、日常巡视监察等多种形式，加大劳动行政监察力度，规范市场主体和中介机构的行为，取缔非法中介组织，妥善处理劳动违法案件，维护劳动者和用人单位的合法权益。此外，要切实加强劳动法制宣传，促进用人单位和劳动者自觉知法、守法、用法。

7. 抓好劳动力供求信息网络建设，抓紧研究、建立失业预测预警系统

构建劳动力供求信息网络是劳动力市场建设的一项重要内容，要按照科学化、现代化的要求进行规划。建议各级政府拨出专项资金来扶持这项公共事业的发展，并解决好有关人员的编制问题。大中城市首先应实现市区公共职业中介机构的信息联网，做到资源共享；然后以华南劳动力市场信息中心为枢纽，逐步实现省与各市、县联网。政府要发布行政令，规定各类企业必须按规定时间将其岗位空缺情况向劳动部门报告，不得自行发布招工信息。各信息中心应加强对劳动力市场供求信息的整理、分析和发布工作，正确引导企业用工和劳动者择业。要重视失业预测、预警工作，把它作为社会经济形势分析预测的一项重要内容，通过抓紧研究、建立监测、预警模型，及时、科学地对劳动力供求变动趋势进行跟踪、分析、预测，为政府超前决策提供科学、准确的依据，防止劳动关系矛盾激化，实现市场的规范管理和有效运行。

8. 建立促进就业的政策体系，保持经济与就业协调发展

当前控制失业率已成为各级政府宏观调控目标之一，但要落到实处，必须把宏观经济政策与促进就业政策有机结合起来。计划、财政、金融、税务、外贸、工商等有关部门在制定经济发展政策时，都应充分考虑促进就业因素，使各项政策既能促进经济增长，又能有效增加就业岗位。劳动行政部门要转变职能，从具体事务性工作中摆脱出来，加强宏观就业政策研究，积极参与宏观经济政策制定，通过调整优化就业结构，促进经济结构优化和经济增长。在当前下岗职工再就业压力增大的情况下，要积极开发就业弹性大的第三产业项目，鼓励发展非公有制经济和中小企业，以增加就业岗位。

第七节　珠江三角洲劳动制度改革探索[①]

改革开放以来，珠江三角洲各市、县率先对劳动制度进行了大胆的改革，积累了丰富的经验。笔者在深入调研的基础上，对珠江三角洲劳动制度改革实践经验以及存在问题进行了梳理，并对今后如何进一步深化改革进行了探索思考。

一、改革实践的有益启示

改革开放以来，珠江三角洲各市、县（区）在劳动领域坚持市场取向改革，重视发挥市场机制在劳动力资源配置中的积极作用，取得了显著成

---

① 本文写于1992年6月，发表于《岭南学刊》1993年第3期。

果，我们从中可以得到许多有益的启示。

第一，发展商品经济，必须坚持市场取向改革，大胆开放劳动力市场。改革开放初期，为了适应城乡集体经济、个体经济的发展，珠江三角洲率先放宽了城乡就业政策，鼓励城镇劳动力自谋职业，允许农村劳动力进城务工经商。后来，随着"三资"企业、"三来一补"企业和乡镇企业的迅速发展，他们先是打破了企业招工的地区、所有制界限，促进了劳动力跨地区（跨市、县甚至跨省）、跨行业流动，满足企业用工需要；接着又放开了国营企业劳动工资计划，改革工资分配制度，实行工资总额同经济效益挂钩，把过去以个人劳动时间为分配尺度的做法，改变为按劳动成果（即社会必要劳动时间）分配的办法，把劳动者个人收入和自己创造的劳动成果紧密地联系起来，谁为社会创造的价值多，谁就可以多拿工资，否则相反。这一分配方式，尊重了价值规律。劳动产品采取了商品的形式，用价值来衡量，实行等价交换，克服了平均主义，形成了激励机制。这些市场取向的改革，使企业大胆运用工资杠杆调节劳动力，使国营企业学非所用、用非所长的人才（包括技术工人）大胆流向其他所有制企业，因而出现了一批（个）人才带动一个行业发展的现象，较好地带动和促进了其他所有经济的迅速繁荣发展。

第二，就业市场化是实现人力资源配置的更有效方式。改革开放以来，珠江三角洲从就业和用工制度改革入手，实行劳动合同制，消除固定工制度的弊端，进而放弃指令性劳动计划，赋予企业用人自主权和劳动者择业自主权，塑造了市场机制运行的多元利益主体，使微观经济活动中真正出现了劳务市场的两个基本主体。作为用人主体的企业，什么时候招人、招什么人、招多少人，均可自行决定；作为劳动力载体的劳动者，可以根据自己的意愿选择职业，竞争上岗。这就有效地引进了竞争机制和市场调节机制。实践证明，在瞬息万变的商品生产条件下，通过市场调节实现的劳动力与生产资料动态优化配置，能够较好地满足不同层次的用人单位对劳动力的需要，也能够使劳动者在竞争中找到自己的位置，充分调动劳动者的生产劳动积极性。

第三，培育和发展劳务市场机制，必须坚持综合配套改革。开放劳务市场，培育市场机制，涉及劳动经济领域的许多方面。珠江三角洲的改革经验表明，不围绕人们从事生产劳动等相关问题进行改革，劳务市场机制就无法发育形成并正常运行。珠江三角洲的改革先走一步，其重要的标志是从实际出发，坚持配套改革。起初，他们围绕如何让劳动者进入市场问题,对招工、用工及其计划管理体制进行了改革。1985年后,他们在更大范围内进行了配套改革,主要是开办职业介绍所,发展劳动就业服务体系,深入改革固定工制度,打破职工的身份界限,促进合理流动;改革工资分配制度,在实行企业工资总额同经济效益挂钩前提下,落实企业分配自主权。在企业内部,职工个人工资收入与其劳动成果密切联系,体现了各尽所能、按劳分配原则;在企业外部,不同的分配主体能够自主运用工资杠杆调节劳动力的流向和流量,因而有效地促进了劳务市场价格机制的形成。此外,还积极改革劳动保险制度,建立社会劳动保险体系,解决职工的后顾之忧,保证社会稳定等。

第四,加强宏观间接调控是消除市场局限性的必要手段。对劳动就业主要实行市场调节,并不是不要国家宏观控制。市场是一个价值规律发挥作用的体系,往往是通过价格波动来实现的。因而市场对劳动就业等方面的调节不是事前的、有意识的,而是事后的、自发的。它只反映过去的市场供求状况及需求结构,因此,有其自身的局限性。如外省民工盲目入粤,就是明显的例子。珠江三角洲的实践证明,规范而科学的市场规则和市场秩序,是实现市场平等竞争、公平交易的基础。要弥补市场缺陷,消除其局限性,就要加强政府的宏观调控能力。要随着市场调节比重的不断增加,逐步把劳动工作重心转到统筹规划、制定政策、组织协调和指导服务方面来;建立社会主义劳务市场的法规和各种制度、规章和条例,重视运用经济、法律等调节手段和加强监督检查,使各项劳动工作在法律的约束下,有序健康地发展。

二、当前面临的主要问题分析

珠江三角洲劳动工资保险制度改革虽然取得了显著成果,但是按照广东要在20世纪末实现经济体制和运行机制的根本转换的目标来衡量,现状与目标之间仍存在较大差距,主要问题表现在劳动工资管理体制"双轨"运行,管理上存在漏洞,政策上不相适应。

第一,用工"双轨"制运行,造成矛盾和摩擦,压抑了部分职工的积极性,加上劳动合同制度不完善,影响了新制度主体地位的确立。20世纪80年代对从社会上新招人员实行劳动合同制,使合同制职工队伍有了较大发展,但原有固定工制度仍予保留,因而形成了新旧两种用工制度并存和"双轨"运行态势,固定职工仍然依靠国家包揽一切,致使相当部分企业内部不同的用工形式存在事实上的不平等,难以形成能上能下、能进能出的运行机制,企业职工存量结构调整难,冗员和缺员并存。

第二,企业工资分配仍处于"双轨"运行状态,不利于搞活国营企业。其主要表现为国营企业内部,国家直接管理职工工资分配的传统体制尚未根本改变(如等级工资仍作为计算退休待遇的依据等)。大部分企业通过"工效"挂钩控制工资总额,但"工效"挂钩的办法不够完善,甚至被扭曲,只升不降现象仍存在,致使新的工资运行机制的主导地位尚未确立。在各类企业之间,国营企业受限制过多,而非国营分配权完全由企业根据经济效益、物价水平和个人劳动贡献决定,造成不同企业之间竞争条件不平等,不利于搞活国营企业。

第三,保险制度改革滞后,阻碍就业机制的根本转换。从全省来看,珠江三角洲保险制度改革发展较快,但社会化、一体化程度仍不高。据调查,该地区国营企业内部职工养老投保率约为70%,其他所有制企业投保更低。待业保险、工伤保险起步慢,覆盖面还比较窄。上述各险种之间,各项基金分别向企业和个人(工伤除外)收取,提取比例不一,且不能融通使用。对基金的劳动增值,政策上限制过多,管理水平不高等,阻碍着就业机制乃至企业经营机制的根本转换。此外,职工退休待遇计算办法陈旧,也制约着工资、保险制度改革的深化。

第四,就业的结构性矛盾突出,劳动力供求存在缺口。据1990年人口普查,珠江三角洲社会劳动者人数为1213.5万人,待业率为1%左右(广州、深圳、珠海稍高)。预计今后10年劳动供求存在缺口,加上就业难、招工难等问题仍然存在,劳动力供求缺口矛盾会加大,表现在:①企业竞争的条件仍不平等,一些效益不高的国营企业(主要是纺织、机械、化工、环卫行业)工资水平偏低,劳动条件较差,缺乏竞争力,因而出现人员招不到、留不住现象;②农村大量富余劳动力转向非农产业和外省劳动力进入珠江三角洲各类企业,从事苦、脏、累、险工种工作,虽填补了某些工种招不到的空白,但又在很大程度上挤占了城镇行业人员的就业岗位,成为城镇行业率上升的潜在威胁;③城镇相当部分劳动者不愿到第二产业和苦、脏、累、险行业工作,由就业转待业人员增多,致使劳动力供求矛盾越来越突出。

第五,劳动者整体素质不高,难以适应企业技术进步的需要。其主要表现为:一方面,企业需要的技术人员难以招到;另一方面,技术素质低的劳动力又不适合企业生产需要。20世纪80年代,韩国在制订进入发达国家行列的目标时认为，为达到成熟的工业化水平，在科技人力中科学家应占5%，工程师和技术员应占10%，具有不同技能的技术工人应占85%。而据统计资料分析，在珠江三角洲社会劳动力中，受过高等教育的只占2.44%，受过高中（及相当于高中）教育的占11.93%，受过初中教育的占27.2%。从工人队伍状况看，广州、深圳、佛山、中山、东莞、江门等市均反映，制造业（如车、钳、电、焊工等）技术工人十分缺乏。1990年，广州市劳务集市计划招收技工2000多人，应聘的仅有600多人，占计划招收数不足30%。

第六，在劳动工资宏观管理方面，存在不少漏洞。其主要表现为：①管理的覆盖面较窄，各级政府有关部门对劳动工作宏观管理的视野，仍局限于全民单位和部分集体企业，因而存在"管死全民，放活其他"的现象。②管理手段方法单一，且不配套协调，主要是法制建设不完善配套，未能形成立法、执法、监督和调解的有机整体。如对工资分配的调控已出现分配向个人倾斜，部分非国营企业职工工资增长过快的现象，但工资调节税、个人收入所得未能认真实行，调控乏力。劳务市场中对外省民工盲目入粤的调控手段不多，主要还是依靠行政手段，不少非国营企业非法雇用农村和外省劳动力，侵犯劳动者合法权益现象时有发生，以至多次发生劳动纠纷，影响正常的生产秩序和社会安定。

此外，职业介绍机构、就业训练、劳务信息网络等劳务市场基础设施不完备，市场调节机制发育不够完善，功能不健全，也制约着市场的正常运转。

三、今后深化改革的思考

今后10年是广东经济能否走上良性循环轨道，实现用20年时间赶上亚洲"四小龙"的关键性10年。珠江三角洲是广东省国民经济发展的重心区，是追赶"四小龙"的主力军。我们认为，今后珠江三角洲地区要加快步伐，继续先走一步，率先建立富有活力的、适应社会市场经济发展需要的劳动工资管理体制和运行机制，实现劳动管理体制的根本转换，为全省经济腾飞创造条件积累经验。按此要求推测，今后10年，珠江三角洲地区对劳动力总量需求将年递增5%，第三产业从业人员占社会劳动者总数的比重将上升到50%（全省规划为40%），企业实际人均工资水平年递增9.5%，企业职工社会保险覆盖面为90%以上。

为了妥善解决改革过程中出现的问题，加快实现珠江三角洲劳动工资体制的根本转换，我们认为，珠江三角洲要更加大胆地坚持改革的市场取向，要按照市场经济发展要求，从以下几个方面深化改革，争取早日实现新旧体制的根本转换。

第一，深化企业用工制度改革，重建企业劳动关系，形成企业与职工的利益共同体，切实改变过去由政府通过指令性劳动工资计划直接管理职工和包揽一切的做法，通过全面实行全员劳动合同制这一法律形式，在企业内部重新建立职工与企业直接联系的劳动关系，逐步将国家直接管理职工的制度改为企业职工制度。消除企业干部与工人、不同所有制和不同用工形式的界限，形成能进能出、能上能下、人尽其才、合理流动的用人机制。有条件的企业可结合实际，实行股份制，率先通过建立职工持股制度，把企业经营成果同职工的利益更直接地联系起来，使职工关心企业的经营成果，形成利益共同体，从而调动职工生产的积极性。至于企业内部具体用工形式，完全由企业根据生产经营特点确定，政府不加干预。

第二，抓紧建立健全正常的工资运行机制，充分发挥工资在劳动就业中的经济杠杆作用。要进一步放开指令性企业工资计划，落实企业分配自主权。其主要措施包括：坚持"工效"挂钩方向，完善挂钩的指标体系，将企业职工的全部工资性收入纳入工资总额，按成本管理，并与效益挂钩。在不突破国家规定的工资总额前提下，逐步取消档案工资，将内部分配权还给企业。企业有权根据每年经济效益、物价水平和职工实际贡献决定职工个人工资、奖金的分配档次和形式，有权决定职工晋级增薪、降级减薪的办法、条件和时间，有权根据劳动力市场供求情况灵活确定各类人员的工资水平，以达到调节劳动力供求、流向以及调动职工积极性的作用。

第三，全面开放劳动力市场，实现劳动就业市场化。进一步打破劳动者就业的城乡界限、所有制界限和地区界限，全面开放劳动力市场，在珠江三角洲率先建立具有中国特色的社会劳动力调节体系，实现各类企业在国家宏观指导下，面向全省自主招用人员，择优录用；城乡劳动力自主择业，合理流动。允许现职人员特别是技术人员在同所有制企业之间合理流动，允许企业采取多种形式自行向国内外招聘人才，解决劳动力尤其是技术人员的供给缺口。

第四，建立劳动就业服务体系，促进市场机制的完善和正常运行。建立以各级劳动人事部门为主体，向上下左右延伸和扩展的职工介绍机构和人才交流中心，形成职业介绍网络，同时把职业介绍和就业指导、就业培训、失业救济、劳务输出、信息咨询等工作结合起来,强化相互联系,形成全方位的劳动就业服务体系。同时,要通过贷款扶持和税收优惠政策,鼓励办好劳动服务企业,分散改革风险。

第五,加快建立和完善社会劳动保障体系。"八五"期间,要分别按养老、待业、工伤、医疗等险种,建立覆盖城镇各类企业职工的法定的、统一的社会保险基金制度和个人专户制度,改变目前按照不同所有制、不同用工形式、不同方式分别设立保险基金制度的做法,使各险种内部各项基金可以融通使用,增强社会保障能力和社会化程度。建立统一的社会保险管理体制,形成专业化、社会化的管理网络,把"企业保险"变为法定社会保险。

第六,加快建立职业培训体系,大力发展职业技术教育和培训事业。政府要增加对培养技术工人的资金投入,扩大办学规模,提高教学质量。要采取多条腿走路的办法,大力发展技工学校和职业中学教育,建立健全开放式的、门类齐全的就业培训基地,发动社会各界举办各种类型的职业培训班,形成以技工学校为主导,职业中学和就业训练中心为主体,多渠道、多形式的培训网络,面向社会招生,实行有偿培训,提高在校生的比重,减少结构性待业矛盾。所有经培训人员均凭技术证书进入劳务市场竞争就业,国家不包分配,要从政策上保证技术工人的待遇和地位,建立正常的技师评聘制度和职称系列,给予最高职称的技术工人和专业技术人员享有相同的社会荣誉和待遇。

第七,加强对各类企业的宏观间接调控,创造公平竞争的环境和条件。政府要建立劳动工资分配宏观调控体系,主要包括对劳动力市场供求情况进行预测、规划和统筹管理,适当放宽对外省民工的控制,建立适应市场经济发展需要的劳动力市场规则和秩序。控制好城镇待业率;进一步完善个人收入所得税制度,引导企业建立工资储备金制度;继续按照"两个低于"的原则,控制工资总额和工资分配水平,防止劳动力价格成本上升过快,以免在国际市场竞争中失去价格低廉的比较优势;要制定并发布最低工资标准,保障劳动者合法权益。

此外,还要加强劳动法制建设,加快制定适合各类企业劳动管理的法规、规章,建立完善劳动监察制度和劳动争议调解、仲裁制度,把各类企业特别是大量非公有制企业纳入法制管理轨道,强化立法监督和咨询服务。

第八节　改革开放以来广东劳动事业的发展成就[①]

广东省是全国率先进行劳动制度改革的省份。党的十四大以来,广东各级劳动部门按照党中央提出的关于建立社会主义市场经济体制的要求,及时把工作重心转移到建立社会主义市场经济体制要求的新型劳动体制上来,不断研究、制定深化劳动制度配套改革的政策、措施,坚持以培育和发展劳动力市场为中心,同步推进劳动就业、企业用工、工资分配和计划管理体制等方面的配套改革,突破难点,使全省初步建立起适应市场经济发展的劳动制度基本框架。

一、不断深化就业制度改革,积极建立劳动力市场基本框架

党的十四大以来,广东以培育、发展、完善劳动力市场为中心,不断深化就业制度改革,大力发展就业服务体系,积极组织实施再就业工程,取得了阶段性的成果,全省初步建立起劳动力市场基本框架,主要包括以下措施。

一是以劳动力市场为中心,建立就业新制度。在就业制度改革中,广东省逐步取消了高度集中统一的指令性计划,恢复劳动力供求双方的主体地位,建立双向选择、合理流动的机制,实现劳动者自主择业、企业自主用人;并在就业中引入了市场竞争机制,引导劳动者通过增强就业能力,竞争就业;企业不断提高效益和凝聚力,吸引人才。为规范劳动力市场运行,广东省不断加强劳动力市场运行规则的研究,出台了一系列法规规章,加大了调控力度,使全省劳动力市场基本保持平稳运行。

二是积极发展和完善劳动力市场服务体系。十四大以后,广东省在建立和完善以职业介绍、就业训练、劳服企业等为主要内容的就业服务体系上取得较大进展。至1996年年末,全省职业介绍机构已由1991年的754家发展到1576家,基本形成了职业介绍网络,6年来共为278.1万人次成功介绍就业。1996年共接受求职登记150.9万人,其中各级劳动部门举办的职业机构接受

---

① 本文写于1997年8月党的十五大召开前夕,主要目的是进一步全面总结党的十四大以来劳动领域改革开放的成果。发表于《创业者》1997年11期。

求职登记 120.7 万人次。全省劳动力市场配置率达 72.9%。全省各市、县（区）均建立了就业训练中心，积极开展就业前培训和转业转岗培训，1996 年全省参加各类就业训练中心培训的人数达 43.43 万人，比上年增长 10%；其中农村劳动力培训已由 1991 年的 9% 提高到 1996 年的 15%，新就业人员接受职业培训的比例达到 70%；有 7 万多富余下岗职工参加了转业转岗培训，比上年增加两倍多。"八五"期间，各地通过举办劳服企业吸纳从业人员 15 万人，比"七五"时期增加 21%。近年来，针对社会职业中介机构非法牟利的行为，各级劳动部门对职业介绍机构全面进行检查整顿，取缔非法经营机构 400 多家，有力地保障了求职者和用人单位的合法权益。

三是职业技能开发朝社会化方向改革，发展步伐不断加快。各级劳动部门以市场为导向，深化职业技能开发工作的改革，加快了广东省职业技能开发体系的建设步伐。技工学校进一步落实了办学自主权，全面实行校长负责制，积极根据市场需求调整专业（工种）设置，有力地推动了技工学校的发展。至 1996 年年底，全省各类技工学校 180 所，其中国家级重点技校 19 所、省一级类技校总数比 1991 年增加 44 所；"八五"期间累计培养毕业生 28.23 万人，比"七五"期间技校毕业生数增长 7.8 倍。为加快职业技能培训实体建设，鼓励社会和个人办学，通过实行许可证制度进行社会化管理。"八五"期末，社会办学点发展到 3600 多个，比 1990 年增加 18 倍，5 年来共培训 250 万人次。职业技能鉴定社会化管理工作得到加强，出台了有关管理办法。1996 年年底，全省已建立职业技能鉴定机构 218 个，实行鉴定的工种有 84 个，参加技能等级鉴定的有 25 万人，评聘技师和高级技师 1827 万人。此外，以提高教学质量为中心，师资培训、技能竞赛等各项教研活动以及教材开发和试题库建设工作也不断发展，全省初步建立了培训、考核、鉴定、发证等项工作制度、程序和办法。通过不断提高劳动者的技能水平，有力地促进了就业。

四是广开就业门路，全面组织实施再就业工程。广东省在改革过程中认真贯彻"三结合"就业方针，鼓励社会安置就业和劳动者自谋职业，并通过发展多种经济成分和第三产业，广开就业门路。"八五"期间，广东省共安置城镇就业 230 多万人，比"七五"时期多安置 30 多万人。近年来，随着产业结构调整力度加大和企业深化改革，广东省"富余职工"数量呈上升趋势，各级劳动部门认真贯彻落实省政府有关再就业工程和调整劳动力结构的要求，陆续出台了再就业工程实施办法，引导和鼓励企业招用"富余职工"人员；积极筹措再就业工程资金，切实加大资金投入，有力地促进了就业工作的开展。1997年上半年,全省安置失业人员27万人,其中安置城镇失业人员9万人,分流安置下岗富余职工18万人,均比1996年同期有所增加。

五是认真组织实施农村劳动力跨地区流动就业有序化工程。劳动部门切实抓好春运期间组织民工有序流动工作,进一步完善外来人员就业证卡管理办法,推动流动就业证卡制度的贯彻落实。至1996年年底,全省在岗外来人员的持证人数占外来工总数的80%以上。此外,加强省际劳务协作,建立华南劳动力市场信息网络,发挥其调节劳动供求的功能,较好地提高了农村劳动力流动就业的管理水平。据统计,1997年春节后外省民工返粤人数下降了15%,自1994年来,连续3年控制在360万人左右的水平。

二、深化劳动用工制度改革,全面建立与社会主义市场经济要求相适应的劳动合同制度

党的十四大以来,广东省坚持以市场为取向进行劳动用工制度改革,积极推行劳动合同制度,特别是《中华人民共和国劳动法》颁布后,广东省把这项改革纳入依法改革的轨道,大大加快了改革步伐。至1996年年底,全省国有、集体和合资企业完成了劳动合同制度改革,订立劳动合同的职工占98%。在这个基础上,继续大力推动乡镇企业、私营企业、个体工商户以及金融系统全面实行劳动合同制。至1997年上半年,全省乡镇企业订立劳动合同的职工占58.5%,私营和个体经济组织的劳动者合同签订率达25.9%。在改革过程中,各地劳动部门注意研究保护职工合法权益和分流富余职工的政策措施,使这项改革得到了广大职工群众的支持,并较妥善分流企业富余职工。近两年,广东各地共分流下岗富余职工30多万人,保证改革稳步推进。同时,广东省还加强了改革的配套工作,开始建立企业裁员、辞退制度和经济补偿制度,对被裁减的职工以及解除劳动合同的职工,按规定给予一定的经济补偿;对违反合同、擅自离职、给企业造成损失者,按规定要求赔偿,从而增强了劳动合同的约束力。此外,广东省还积极进行集体合同试点,帮助职工提高主体意识,开展协商谈判。至1997年6月,各地订立集体合同的达4983家,有力地推动了劳动关系走上法制化轨道。各地认真贯彻执行省政府颁布的《进一步巩固完善劳动合同制的意见》,指导用人单位和劳动者依法确立和调整劳动关系,认真履行劳动合同,促进了劳动关系的协调发展。

第二章 发展：从劳务市场到劳动力市场

三、进一步深化企业工资制度改革

改革开放以来，广东省就开始探索、建立以按劳分配为主体、市场机制决定企业自主分配、国家宏观调控的工资分配制度，取消了指令性工资计划，由企业根据市场供求自主决定工资水平，指导企业在内部试行以岗位劳动评价和职工实际贡献为主要依据，确定劳动报酬的岗位技能工资制。在新工资制度完全建立前的过渡时期，特别是近几年来，广东省及其各市劳动部门针对企业工资分配中出现的新的平均主义、两极分化等分配不公现象，积极采取措施，建立企业工资分配增长机制和自我约束机制，体现在以下四方面。①积极改革和完善工效挂钩办法，把国有资产保值增值作为否定指标等办法，推动企业建立工资分配的自我约束机制。近年来，每年实行工效挂钩的国有企业有5470多家。②由省政府颁布了《广东省企业职工最低工资规定》和《关于颁布广东省企业职工最低工资标准的通知》，规范企业工资分配行为，保障职工合法权益。③研究建立工资增长指导线，引导各类企业合理增长工资，并为企业开展集体协商、签订集体合同提供依据。④对高收入行业实行工资控制线办法，即对垄断性行业和那些工资水平高于当地平均工资水平两倍以上的企业，规定当年平均工资增长幅度不能高于计划的工资增长幅度，并把这个规定与其他工资政策结合起来，会同财政、审计部门加强企业工资内外收入监督检查，按照国务院领导提出的"挂钩封顶、审批、试点"的原则，对国有企业经营者的收入进行考核和审批，同时，积极稳妥地进行经营者年薪制试点。通过这些措施，广东省工资分配调控力度有所加强，保持了工资的适度增长。1997年6月底，全省职工工资总额达394.1亿元，比上年同期增长7.8%；职工人均月工资739元，比上年同期增长7.7%，扣除物价上涨因素，实际增长5%。工资增长的指标均在年初制定的调控目标之内。

四、继续深化劳动计划体制改革，切实加强劳动领域宏观调控能力，促进了劳动事业协调发展

党的十四大以来，广东按照建立社会主义市场经济的目标要求，对过去高度集中的劳动计划管理体制继续进行深刻改革，进一步落实企业用人和工资分配自主权，积极探索市场经济条件下劳动领域宏观调控的新路子，

提出了努力转变劳动部门行政管理职能，逐步建立市场机制调节、企业行为自主、政府宏观调控和引导的劳动管理体制和运行机制，促进广东省劳动事业与国民经济的持续、协调发展，维护社会稳定。

一是认真研究编制劳动事业发展年度计划和中长期规划，确定了劳动事业发展宏观调控目标和指标体系。近两年主要是编制了广东劳动事业发展"九五"计划和2010年规划，东、西两翼劳动力资源开发和利用规划，对全省劳动事业的发展起到了引导作用。1996年编制了全省技能人才规划，在全国首次提出技术工人是技能人才的概念，并写进政府规划。

二是初步建立了计划协商制度，改变了劳动计划与实际工作脱节的状况，逐步形成了以计划为龙头，横向和纵向相结合的综合协调机制，充分发挥计划对各项劳动事业发展的宏观引导和调控作用；同时着手建立重大劳动政策出台前的内部协商制度和计划执行情况评估制度，初步形成调控合力。

三是加强对城乡劳动力就业的综合调控。这是维护社会稳定的一项重要工作。劳动部门通过制定人力资源开发规划和外省劳动力入粤就业分类调控办法，适当控制外省劳动力入粤就业和本省农村剩余劳动力流动方向、数量和速度。1996年全省直接从农村招收劳动力10.58万人，农转非7.8万人，加强了对农村剩余劳动力流动就业的引导。

四是建立企业岗位余缺申报制度，推动就业结构调整。劳动部门按照省政府的布置，提出了关于建立企业岗位余缺申报制度的实施意见，在全省进行部署，通过全面了解、掌握企业对劳动力的需求状况，制定出相应的调控政策，从而促进了劳动力结构调整和总量平衡，推动企业加强内部用人管理。

五是探索建立劳动领域监测预警制度。目前已在各市建立宏观监测台账制度，通过对本地劳动事业发展和相关的社会经济发展数据进行统计，对劳动力市场进行监测。各级劳动部门认真进行监测、分析、报告和联络。对监测中发现的警情，及时向当地政府和上级反映，提出应急的对策和措施，促进经济发展和社会稳定。劳动领域宏观调控能力的加强，为协调劳动事业各项工作打下较好基础。

第九节　关于建立现代企业用人制度问题初探[①]

深化企业劳动人事制度改革，建立现代企业用人制度是建立现代企业制度的重要内容。在当前建立现代企业制度的探索实践中，搞好这项改革对于加快实现企业制度创新，促进经济发展具有重要意义。然而，如何深化此项改革，人们的认识尚未一致。笔者拟对此进行初步的探讨，提出深化改革的粗浅认识。

一、深化企业劳动人事制度改革是建立现代企业制度的重要内容

我国所建立的现代企业制度，应当是使企业真正成为面向国内外市场竞争主体的一种企业体制。当前推动建立现代企业制度，应当主要围绕完善企业法人制度、确定企业国有资产投资主体、确立企业的法人组织形式、建立科学规范的管理结构、改革企业劳动人事和工资分配制度，健全企业财务会计制度、发挥党组织政治核心作用、完善工会工作和职工民主管理八个方面进行改革探索。这八个方面与建立现代企业用人制度是紧密相连的，至少在完善企业法人制度、确立企业的法人组织形式、建立科学规范的管理机构、改革企业劳动人事和工资制度，以及完善职工民主管理五个方面与劳动人事制度改革有着密切的联系。由此可见，深化企业劳动人事制度改革，实现企业用人制度创新，是建立现代企业制度不可缺少的重要内容。

首先，从理论上看，实现企业用人制度创新对于建立和完善现代企业制度具有决定性的意义。建立现代企业制度的目的，无非是要把企业内部的人、财、物等生产要素有机地结合起来，形成更有效的现实生产力。在各项生产要素中，人和财是两个基本的主要生产要素。其中，人是生产力要素中最活跃的决定性因素。在明晰企业产权关系的同时，只有通过建立科学的企业劳动管理制度，把人的要素与财的要素合理地结合起来，并最大限度地把人，即经营管理者和广大职工的积极性、创造性调动起来，解

[①] 本文写于1994年年初，主要是配合贯彻《全民所有制工业企业转换经营机制条例》和探索建立现代企业制度，提出企业要全面实行劳动合同制。

决发展的动力问题，现代企业制度才能够日趋完善。但是，在当前的改革中，有些人见财不见人，认为建立现代企业制度就是通过产权改革，实行公司制；有人认为现代企业制度就是引进先进的生产设备和管理手段就行了，闭口不讲深化劳动人事制度改革，不敢触动改革难点问题，这是片面的，而且实践效果也很不理想。有些企业搞股份制的目的，只是想借溢价发行股票，从中得到好处，借以弥补亏空或作为集资的一种手段，不愿意或不敢在企业内部管理制度尤其是劳动人事制度方面下功夫，结果机制还是转换不了。有些上市公司用人机制陈旧，活力不足，效益欠佳就是明证。可见，在建立现代企业制度过程中，仅仅承认所有者和经营者的权益和地位，理顺这两者的关系，并不能解决企业内部的运行机制。

其次，从改革实践来看，建立现代企业制度迫切需要实现企业用人制度创新；实现用人制度创新有助于加快现代企业制度的建立和完善。我国现行的国有企业劳动人事制度是在传统计划体制下，为适应国家直接管理企业的需要而建立起来的。这种制度剥夺了企业用人和分配自主权，限制了劳动者的择业权。企业需要的人进不来，不需要的人出不去；职工能进不能出，能上不能下，工资能升不能降，平均分配盛行；干部、工人身份界限森严，人的聪明才智不能得到充分发挥，积极性、创造性调动不起来。经过10多年来的改革，旧体制的弊端已不那么明显，但是大量的国有企业职工还是沿用旧体制下形成的劳动人事制度。这在企业中形成了新旧体制的深刻矛盾，严重制约着企业按照市场要求进行运作经营。在非国有企业，虽然用人机制比较灵活，但也尚未建立起科学、规范的用人制度，企业劳资不够协调，矛盾日趋增多，已构成影响企业生产发展的一个重要因素。从目前按照建立现代企业制度要求进行股份制改造的试点企业来看，凡是进行了产权制度改革的企业，都迫切需要建立法人负责制；迫切需要按照责权利关系，重建内部组织机构，确立法人组织形式，明确分工；迫切需要对企业职工优胜劣汰、优化配置；迫切需要建立起主体明确、地位平等的协调和相对稳定的劳动关系；迫切需要为这些改革提供一个良好的社会保障和市场环境。所有这些都需要通过深化劳动人事工资制度改革来解决。

近年来，广东省在贯彻《全民所有制工业企业转换经营机制条例》，改革劳动计划管理体制，落实企业用人和分配自主权的同时，在企业中大力推行全员劳动合同制，取消企业行政级别，打破企业干部和工人的身份界限，允许企业自设机构、自定编制、自主用人、自主分配。这些改革取得了良好的效果，有力地推动了企业经营机制的转换。例如，广州味精食品厂、广州铝材厂、佛山东方包装材料有限公司等企业在转换机制、向现代企业迈进的过程中，都十分注意把企业劳动人事制度改革列为一项重要的改革内容，从而较好地解决了长期以来企业人浮于事、出勤不出力等问题，使企业活力倍增。佛山东方包装材料公司从1983年来，每一次投入资金进行技术改革的同时，都围绕增强企业活力这个中心，同步推进企业劳动人事工资制度改革，使这家创办于20世纪50年代、仅有930多名职工的小型国有企业，1993年工业产值首次突破5亿元，全员劳动生产率达53万元，居全国同行前列。又如，具有42年历史的国有老企业——广州国光电器有限公司在实行公司制改造后，在企业管理上进行了一系列改革，每年都在职能部门内进行上岗招聘，通过员工自由择职，严格考核上岗，让能者上庸者下；同时改革分配制度，实行岗位技能工资制，实行按劳取酬，公平竞争，从而有效地调动了广大职工的积极性，5年来产值、销售收入增长3倍，利润增长10倍。

二、现代企业用人制度的基本模式和特征

现代企业用人制度是为了适应建立现代企业制度而提出来的。它与建立现代企业制度有密切联系，又与保障劳动者在现代企业中的地位与权益密切相关。因此，我国现代企业用人制度的模式应当是：在国家宏观调控下，企业自主用人，劳动者自主择业，用工形式灵活多样，全部职工与企业通过订立劳动合同确立劳动法律关系。其基本特征如下。

（1）劳动关系双方主体地位明确，具有相互选择的自主权和享有相对独立的平等权利。一方面，现代企业制度的核心是企业法人制度，它要求企业实现自主经营、自负盈亏、自我约束、自我发展。这就必然要求企业依法享有充分的用人自主权，包括自主招聘人员、自主辞退人员、自主决定工资分配等，从而成为用人主体，这是建立现代企业制度的必要前提条件。另一方面，在现代企业制度条件下，国家不再代表企业，企业也不再完全代表职工，劳动者作为提供劳动力的主体，拥有自主择业的权利，它们在履行劳动义务的基础上享有与劳动有关的利益和权力。

（2）通过订立劳动合同确立劳动关系，实现劳动关系法制化。这是现代企业用人制度的基本特征。在旧的企业劳动用人制度下，职工与企业之间的劳动关系是采取指令性计划和行政调配方式确立的。现代企业制度在用人方面，应当按照国家法律、法规的规定，由全体职工与企业法人在平

等自愿、协商一致的基础上,通过签订劳动合同这一法律方式确立和规范主体双方的劳动关系,明确规定各自的责任、权利和义务,规定终止、解除合同的时间和条件,保证企业用人的灵活性和相对稳定。劳动者个人可以与企业签订个人劳动合同;劳动者集体可以与企业签订集体劳动合同,用以作为调整双方利益关系的依据。企业按照合同对职工进行科学管理,职工依照合同从事生产经营活动。企业和劳动者双方都可以按照合同约定的时间和条件,终止、解除或续订合同。合同一经签订,双方都必须严格遵守。在执行合同的过程中,如发生劳动争议,双方协商解决不了,任何一方均有权向劳动争议处理机构申请调解、仲裁或向人民法院起诉。

(3) 企业内部所有职工地位平等,劳动力随市场供求关系的变化合理流动。劳动者不论进入什么企业,他们与企业建立劳动关系后,不论是当技术人员、管理人员,还是当生产人员,只是工作岗位分工不同,没有身份界限,他们都是企业职工。随着市场经济的发展和变化,职工的工作岗位也不是一成不变的。在管理、技术岗位的,如果不适应工作,可以下来当生产人员;有技术、有能力的生产人员,也可以受聘管理岗位。因此,过去严格的干部、工人身份界限将被淡化;职工离开企业后,享有平等的再就业机会,其流动择业应按市场规律要求,可以跨地区、跨所有制、跨行业进行。

三、实行全员劳动合同制是建立现代企业用人制度的突破口

从当前企业劳动人事制度现状来看,经过10多年来的企业劳动工资计划管理体制以及用工、工资制度改革,广东省企业劳动合同制职工发展到1993年年末的160多万人,约占企业职工总数的1/4;加上签订合同的临时工,其比重约占一半。事实上,以劳动合同制为主要内容的新型劳动制度已初步确立,并显示出其生机和活力。然而,随着改革的深入发展,新旧体制矛盾也日趋突出。例如,固定工制度与劳动合同制的矛盾;干部与工人之间过去僵化的身份界限以及引发的摩擦与矛盾;落实企业用人和分配自主权与保障职工合法权益的矛盾;等等。这些矛盾在一定程度上抵销了改革带来的积极成果,阻碍了企业经营机制的转换。

在多年的改革实践中,我们开始探索出一条较好的解决上述矛盾的途径——在企业全面实行劳动合同制,俗称全员劳动合同制。即由企业与所

招用的全部职工通过签订集体或个人劳动合同的法律形式,确立双方的劳动关系,明确双方的责任、权利,从而把企业用人管理纳入规范化、法制化轨道。实践证明,实行此项改革,是深化企业用人制度改革的突破口,是建立现代企业用人制度的基本方向。但是,现在还有一些行政规定硬性要求企业安置转业复退军人、运动员、大中专毕业生,并实行老制度,这就与新招人员产生了矛盾,也与固定工改制产生了矛盾。

那么,当前应当如何推进全员劳动合同制,实现企业用人制度创新呢?

首先,在改革的总体要求上,必须确立在全省范围所有企业实行全员劳动合同制的指导思想。在改革步骤上,要抓紧在进行现代企业制度试点的企业和进行股份制度改革的企业全面推进。广东省经济特区,开放城市,珠江三角洲各市、县要加快改革步伐,力争在一两年内完成此项改革;其他市、县也要逐步全面铺开。

其次,抓紧建立新型的企业用人机制。实行全员合同制,具体做法是:在坚持搞好定岗定员、优化劳动组合的基础上,实行全面考核,竞争上岗,择优录用,签订劳动合同;要不折不扣地落实企业用人自主权,允许企业根据市场需求和生产经营变化状况,择优录用人员;要瞄准建立现代企业制度的新目标,制定切实有效的措施。

第三章 调整：实施再就业工程

【内容提要】实施再就业工程，是劳动保障部在国企改革攻坚克难的关键时刻提出来的，后来上升为国家的决策部署。笔者处于深化改革的风口浪尖，注意坚持以人为本，积极深入实际调研，针对改革中遇到的重点难点问题，撰写了一些文章，提出了一些有创见的政策建议，对推动改革起到了积极作用。

20世纪90年代后期，为了抑制经济过热，中央决定对国企进行治理整顿，帮助国企尽快走出困境。这使国企出现大量下岗职工。1997年年初，国务院召开全国国企下岗职工再就业工作会议，明确提出要大力实施再就业工程。同年9月，党的十五大报告提出，用3年左右的时间，使大多数国有大中型亏损企业摆脱困境，力争在20世纪末使大多数国有大中型骨干企业初步建立现代企业制度。1998年6月，中共中央国务院印发《关于做好国有企业下岗职工基本生活保障和再就业工作的通知》（中发〔1998〕10号），强调建立下岗职工基本生活保障制度，完善市场就业机制。在这攻坚克难的关键时期，笔者先后任广东省劳动保障厅综合规划处和培训就业处处长，处在改革的风口浪尖。面对这一重大改革，从全国来说，需要广东先行一步，为全国就业工作探索出一条新路子。在这一情况下，笔者坚持按照中央关于确保实现国企改革目标，完成国有经济布局的战略性调整的部署要求，围绕实现国企人力资源优化配置、促进充分就业问题，多次深入实际调研、探索思考，提出一些新的改革理念和思路。如在《运用市场机制努力促进就业》《隐性就业现象透视》等文章中，根据中央部署精神和广东实际，提出下岗职工分流安置工作要按照"先分流、后下岗，少进中心、快出中心，分类指导、理顺关系，促进就业、确保生活"的工作思路，变单纯保生活为积极促就业，为全国提供了经验；1999年撰写的《面向市场全力推进劳动力存量

第三章 调整：实施再就业工程

资源优化配置》一文，针对当时理论界和一些政府部门存在"重物轻人"的思想倾向，不愿对解除劳动关系的下岗职工给予经济补偿问题，提出要建立下岗职工利益补偿机制，把富余人员早日顺利地从旧体制中解脱出来的建议，有效化解了筹集补偿资金难的问题。此外，对于已隐性就业的下岗职工，要不要进再就业服务中心，要不要解除劳动关系，要不要给经济补偿问题，当时全国做法不一，是个棘手的问题。笔者在深入调研的基础上撰写了两篇文章，对隐性就业现象进行了分析，提出分类指导、促进隐性就业显性化的操作办法。至2000年年底，广东省就业再就业工作在全国率先基本实现了"并轨"运作。并轨后，笔者撰写了《经济全球化进程中的就业机制创新》一文，抓住劳动力供求结构性矛盾中供给侧存在的问题，较早提出构建以培训促就业新机制的主张，指出构建以培训促就业新机制是新经济条件下解决结构性失业问题的必然选择，提出创建综合性职业培训基地、加强职业培训与失业保险的密切合作，变消极的失业救济为积极促进就业、积极开展灵活多样的创业培训，通过创业带动就业等政策建议。本章最后两节则对广东实施再就业工程的经验进行了简要的总结。本章收集的文稿，集中反映了笔者在这期间的探索与思考，对广东率先创建和完善市场就业机制起到了积极的推动作用。

第一节　运用市场机制，努力促进再就业[①]

——广东省国企下岗职工再就业的调研报告

1998年12月，我们组织3个调研组赴广州、深圳、佛山、汕头、肇庆等市，专门就下岗职工基本生活保障和再就业问题进行专题调查研究。据反映，各地在开展下岗职工基本生活保障和再就业工作中，坚持按照市场

[①] 1998年是全国各地贯彻中央部署，全面实施再就业工程，确保党的十五大提出完成国有经济布局战略性调整的关键一年。时间紧，任务重，情况复杂。为了贯彻落实中央和省的部署，笔者按照省劳动保障厅的部署，牵头组织有关人员深入调研，总结了各地行之有效的分流安置下岗职工的经验，形成再就业工作新思路，为推动下岗与失业并轨做出了一些成绩。本文写于1998年12月。

经济发展要求，从本地实际出发，大胆探索，逐步摸索出一条符合市场就业方向的下岗职工分流安置的新路子。笔者现将他们的主要做法、存在问题和建议报告如下。

一、运用市场机制促进下岗职工再就业的基本做法

近年来，广东省在促进下岗职工再就业工作中，认真落实中央的统一部署，同时结合实际，按照"先分流、后下岗，少进中心，快出中心，分类指导、理顺关系，促进就业、确保生活"的工作思路，大胆探索，积极创新国有企业下岗职工分流安置模式，使再就业工作取得明显成效。据统计，截至1998年11月底，全省国有企业累计下岗职工52.3万人，其中已有28.7万人实现分流，分流安置率达54.9％。预计至1998年年底，全省国有企业下岗职工累计总数达56万人，其中可分流安置32万人，年分流安置率约为57％。各地的主要做法和特点如下。

1. 紧密结合企业改革，做好职工分流安置，实现下岗前第一次分流

省政府明确规定，国有企业在制订改革方案时，应同时制订职工分流方案，把优化资本结构和劳动力结构结合起来。广东省各级劳动部门普遍积极参与企业改革方案的研究制订，对职工的分流安置提出具体的意见，指导、督促企业在安排职工下岗前通过多种方式分流富余职工，尽量避免和减少职工下岗。如广州摩托集团在兼并其他企业后，在有关部门的指导下，采取"七个一批"的办法（上新项目安排一批、压缩外来工安置一批、劳务输出借一批、培训转岗留一批、离岗退养养一批、自谋职业走一批、自主创业带一批），使5700多名富余职工中有5100人得到了分流安置，只有600人下岗。一些就业环境较为宽松的地方，采取提前解除劳动合同、经济性裁员等办法，一步到位地解决富余职工问题，让他们直接进入劳动力市场竞争就业。四会市250多家国有企业中，通过实施关停、转让、拍卖、资产租赁等已转制的企业180多家。这些企业在改制过程中，采取"抓大放小，一步到位，不留尾巴"的做法。在明晰产权的基础上，重新调整劳动力结构，实行减员增效，解除劳动关系，给予经济补偿，并转移社会保险关系，让职工进入劳动力市场。目前，180多家被拍卖、转让、资产租赁的国有企业大部分职工都实现了再就业。改制前的1996年，全市国有企业有固定工1.2万人，现剩下7000多人，裁减的4000多人中有2600多人通过市场实现了再就业，占65％，尚有1400人领失业救济金。这180家改制

企业均无下岗职工。对于濒临破产、进入法定整顿期间或达到严重困难企业标准的企业，三水市（今三水区）采取经济性裁员一步到位的做法，全市27家企业通过实行经济性裁员分流近700人。该市目前基本没有下岗职工。近年来，全省国有企业通过注资经营、内部转岗、鼓励职工入股企业、领取经济补偿金自谋职业等方式，分流安置了一批富余人员。据统计，1997年广东省结合企业改革的不同形式，以多种办法、渠道分流安排下岗职工14万人，使当年实际下岗职工减少到53.4万人。1998年也有17万左右职工在下岗前得到分流安置，使全年国有企业下岗职工有较大的减少，大大减轻了下岗职工对社会的压力。

2. 严格把好再就业服务中心的"入口关"，减少进入再就业服务中心人数

广东省有42%的下岗职工是在1996年前下岗的，这些下岗职工有不少以多种形式实现了隐性就业，有较稳定的收入。针对这一情况，广东省劳动厅专门发出通知，明确规定已办理离岗退养手续、已领取营业执照从事个体私营经营、停薪留职合同期满不愿回企业、到其他用人单位从事稳定工作达1年以上且收入高于当地最低工资标准，以及以其他方式分流等职工，不再进入再就业服务中心，从而实现下岗职工进入中心前的"第二次分流"。目前，各地劳动部门还在按这6条标准对已进入中心的下岗职工进行审核，如广州市在1998年10月底，就将9月进入中心但又不符合条件的2600多人清出中心，深圳市也清出2000多人。预计全省可清理出不符合进入中心条件的人员2万人左右。通过严格筛选进入条件，既可保障真正困难的下岗职工的基本生活，又可避免部分下岗职工吃中心的"大锅饭"，在一定程度上减轻了财政、企业和社会负担。

3. 加强引导，大力扶持，推动下岗职工快出中心，实现第三次分流

1998年11月底，全省累计进入再就业服务中心的下岗职工达到34万人。全省各地通过制定并落实有关促进下岗职工再就业的政策措施，推动下岗职工快出中心。一是通过税收、安置补贴等方式鼓励各类经济组织吸纳下岗职工。广州市规定，安置30名以上的生产自救点（含劳动就业服务企业），可给予每人1000~3000元的低息贷款，作为就业扶持金；深圳实行"带资安置"政策，对安置下岗、失业员工的企业，从失业保险金中给予一定的一次性安置费。二是鼓励下岗职工参加培训，提高技能，实现再就业。广州、深圳、汕头对参加培训的下岗职工实行减、免费培训，所需经费从再就业基金中核拨。仅1998年，广州市就培训下岗职工4500多人次；汕头市为15125名下岗职工提供了免费培训，其中有9135人已经实现就业，占培训人数的60.4%。三是鼓励下岗职工自谋职业和组织起来就业。汕头市就有18882名下岗职工（占下岗职工总数的58%）自谋职业。此外，一些地方还实行特困职工重点帮助制度，促进其尽快再就业。广州市对夫妻双方均失业、下岗，连续失业、下岗12个月以上，就业愿望迫切的特困失业、下岗人员实行优先服务制度，实行优先推荐就业，协助其申办个体、私营企业登记注册、减免税费等手续优惠待遇，已对588名特困人员开展免费职业介绍。

截至1998年11月底，全省进入中心的下岗职工中累计有10.5万人已经走出再就业服务中心实现再就业，预计1998年累计进入中心的56万下岗职工中，有32万人可望分流安置，从而使年末仍滞留在中心的下岗职工有23万人左右。

为建立和完善市场就业机制，加快下岗职工分流安置，广东省采取了一系列配套政策措施。

（1）制定积极的经济政策，促进下岗职工到非公有制经济组织和第三产业就业。省委、省政府出台政策，从工商、税收、投资、服务等方面推动个体、私营经济和第三产业的发展。惠州市仅通过建立15条再就业街，就解决了4000多名下岗职工的就业问题。据统计，1998年广东省实现再就业的下岗职工中，超过70%到非公有制单位就业，有65.2%在第三产业实现再就业。

（2）加强劳动力市场建设，强化就业服务，帮助下岗职工尽快再就业。近年来，广东省各地都重视抓好劳动力市场建设，特别是大力抓好劳动力信息网络建设，运用现代化的手段，为下岗职工与用人单位提供供求信息。目前，以广州为中心的华南劳动力市场信息网已经建成。其中，广州、深圳、珠海、汕头等市已经实现市区信息联网，并为下岗职工免费上网推荐就业，仅广州市平均每天上网的劳动力资源信息就达3200多条，岗位空缺信息2500多条。其他各市也通过优先推荐、减免收费、劳务集市等方式，促进下岗职工通过市场实现就业。截至1998年11月底，全省劳动部门职业介绍机构共接受下岗职工求职登记25万人次，成功推荐就业9万人次。广东省十分重视对下岗职工的转业转岗培训，启动"五个轮子"（即劳动部门培训中心、技工学校、企业培训机构、社会各类办学网点和大中专院校），开展下岗职工转业转岗培训，提高其竞争就业能力。据统计，1998年广东省共培训下岗职工24万人，经培训的下岗职工再就业率达到72%。广东省劳动部门普遍开展职工档案挂靠业务，为他们到非公有制企业就业或自谋职业创造条件。一些地方还积极组织劳务输出服务，全省有近 4 万下岗职工通过劳务输出到异地就业。

（3）积极探索解决下岗职工劳动关系问题，努力巩固再就业工程成果。近年来，广东省认真研究，积极探索下岗职工劳动关系解决办法。一是规范下岗职工的劳动关系，要求下岗职工均应与企业变更劳动合同，签订下岗职工基本生活保障和再就业协议。凡在再就业服务中心期满 3 年、在中心期间合同到期或再就业的、协议期间无故不服从推荐就业或培训达 3 次的，及其他认定为已分流或无就业愿望的人员，企业可以解除其劳动关系。二是妥善解决经济补偿金和社会保险费补缴办法。省政府有关文件规定，企业可从资产变现收入中划出一部分，用于支付解除劳动合同经济补偿金、补缴拖欠社会保险费用等开支，不足部分则按隶属关系由其主管部门及同级政府统筹解决。三是做好下岗职工再就业前后的社保关系衔接工作。解除劳动关系后的下岗职工的工龄、养老保险缴费年限予保留，并与以后缴费年限合并计算。自谋职业或到非公有制组织就业的下岗职工，其档案可挂靠劳动部门职业介绍机构，由后者代缴社会保险费。这些措施有效地促进了下岗职工与企业的分离。1997 年，全省国企共有 8.7 万下岗职工与企业解除劳动关系，占分流安置总数的 30%，1998 年 1～11 月份共有 9.5 万人解除劳动关系，占分流安置总数的 33%。

（4）发挥政府宏观调控和管理职能，规范劳动力市场运行。近年来，广东省为维护劳动力市场正常运行秩序，切实保障下岗职工的再就业权益，加强了对劳动力市场的宏观调控和管理。一是开展劳动用工大检查，加大对非公有制经济组织劳动监察力度，坚决查处侵犯劳动者合法权益的违法行为，维护市场公平竞争秩序。二是进一步完善用工许可证制度、岗位余缺申报制度、职业资格证书制度、招聘广告审核制度等，及时掌握企业用人需求数量和结构，为就业服务机构开展下岗职工定向培训、职业介绍奠定基础，积极引导下岗职工通过市场参与竞争，实现就业。

在积极探索建立和完善市场就业机制，加快下岗职工分流安置的同时，广东省还采取各种措施，确保下岗职工的基本生活。一是多渠道筹措资金，保障进入中心的下岗职工基本生活。各地按照"谁主管，谁负责"和"三三制"原则，狠抓基本生活保障资金的落实。省劳动厅、省财政厅、省社会保险管理局联合下文，明确了基本生活保障金的筹措、管理和划拨办法。1998 年以来，全省已经筹集资金 4.52 亿元，其中省财政安排 9515 万元作为省属企业和困难地区国有企业下岗职工基本生活保障金,目前已经向韶关、河源等14个经济欠发达地区划拨第1期补助资金1809万元,第2期也将划拨。截至1998年11月底,全省共发放基本生活费2.07亿元,下岗职工领取基本生活费和足额领取生活费的比例分别达到96.2%和88%,比9月分别提高13.1个百分点和41个百分点。二是多形式确保特困下岗职工的基本生活。广州、汕头、肇庆等市对特困职工实行免费定量供应粮油,减收房租、水电费、子女入学费等优惠,仅汕头市就有543户1221人享受特困下岗职工待遇。河源市通过号召机关干部开展帮扶活动,共有4000多户下岗职工得到帮助。

二、建立和完善再就业新机制的有利条件和难点

广东省在按照市场经济规律、运用市场手段解决下岗职工再就业方面的探索,是紧密结合广东省省情、广东省经济社会发展的条件来进行的。正是广东省在经济环境、市场经济发育、居民生活水平、有关政策法规等方面的优势,才使广东省的再就业工作在坚持以市场取向的许多改革探索取得了初步成效。

(一)建立和完善再就业新机制的有利条件

总的来看,广东省建立适应社会主义市场经济要求的再就业新机制有以下四个方面的有利条件。

1. 广东省经济活力较充足,多种所有制经济共同发展,再就业的环境比较宽松

改革开放以来,广东省经济一直保持着较强的生机与活力。从1978年到1997年,国内生产总值翻了3番多,平均每年增长14.2%。近几年来,在全国经济环境偏紧的情况下,广东省仍然保持了平稳增长的势头,1998年国内生产总值又比上年增长1.1%以上,经济总量约占全国的1/10。同时,广东非公有制经济也取得了很大的发展,非公有制经济的国内生产总值就占了全省国内生产总值41%。经济的持续快速增长,各种经济成分的齐头并进,为下岗职工提供了大量的就业岗位。

2. 居民收入渠道较多,基本生活较有保障

1997年,广东省城镇居民可支配收入达8561.71元,比全国平均水平高出66%;城镇居民储蓄存款余额3978.64亿元,约占全国的1/10。居民

收入和储蓄水平高,抵御失业和下岗风险的能力就比较强。在高收入家庭中,部分成员自愿下岗、失业,退出劳动。

3. 劳动力市场起步早,市场机制发挥较充分

广东省是全国劳动制度改革的先行区之一。经过20年的改革,企业和劳动者作为劳动力市场供求主体的地位已基本确立,劳动力市场建设也有较大发展。全省有各类职业介绍服务机构1547个,基本形成了覆盖城乡的多形式、多层次的职业介绍网络,就业基本上实现由市场调节。在社会劳动者总数中,市场调节覆盖面估计达90%以上。

4. 劳动政策法规逐步配套健全,有力地推动了劳动力市场规范运行

从20世纪80年代中后期开始,广东省加大劳动、工资、社会保险三大制度改革力度,出台了许多与改革相配套的地方性劳动法规、规章。特别是《劳动法》出台以后,在认真贯彻落实《劳动法》及其配套法规规章的同时,结合广东省实际,出台了一系列地方性法规,如《广东省国有企业富余职工安置办法》《广东省劳动合同管理规定》《广东省企业集体合同条例》《广东省职工失业保险暂行规定》《广东省社会养老保险条例》《广东省社会工伤保险条例》《广东省劳动监察条例》等,推动广东省劳动力市场朝着规范化、法制化的轨道运行,依法促进了劳动力的合理流动和劳动关系的和谐稳定发展。

(二)建立和完善再就业新机制的难点

由于广东省经济社会发展不平衡,一些地方经济仍比较落后,劳动力市场也不成熟,从而使广东省要完善适应社会主义市场经济要求的再就业新机制仍然遇到许多困难和问题。特别是随着改革的深入,一些深层的矛盾暴露了出来,亟待加以解决。

1. 建立市场再就业新机制还缺乏总体规划,作为再就业新机制载体的劳动力市场建设有待加强

当前,广东省在运用市场机制促进下岗职工再就业上大都缺乏清晰的思路,对清除就业市场化的障碍缺乏系统的解决办法,如何按现代化、科学化、规范化的要求建立就业服务体系,发挥就业服务的整体功能;如何理顺企业与职工的劳动关系,培育真正的市场主体;如何打破劳动力流动的身份、户籍、地区界限,形成统一、开放的劳动力市场;如何建立覆盖全社会的保障体系等,都缺乏总体规划,存在头痛医头、脚痛医脚的现象。

有些地方不重视劳动力市场建设，缺乏场地，设施落后，信息不灵，服务不完善，严重制约着再就业新机制的建立和完善。

2. 经济补偿资金缺乏，国有企业职工劳动关系难以解除或终止

根据调查，各市普遍存在下岗职工劳动关系难以解除或终止的问题。产生这个问题的原因比较复杂，涉及集资款、住房、经济补偿金、职工依赖心理等多个方面，其中最突出的是经济补偿金问题。按照广东省规定，企业同职工解除合同或劳动合同期满终止，企业要支付职工生活补助费或经济补偿金。对此，困难企业基本无法做到，许多生产经营正常的企业也感到不堪重负。因此，下岗职工合同期满或者愿意提前解除劳动合同，企业都不敢终止或解除劳动合同。如英德市共有23户企业的1427人合同期满，因无法支付540多万元补偿金，只有挂起来，不敢终止。这样拖下去，企业的负担越来越重，解除和终止劳动合同需要支付的补偿金越来越多，解除和终止劳动合同的难度越来越大，职工真正走上市场就越来越遥遥无期。

3. 养老保险覆盖面小、欠缴严重，影响了劳动者的流动

下岗职工普遍对养老保险很重视，希望"老有所养"。但是，现在非国有企业参加社会保险的比例很低，员工养老、失业保险待遇没有保障，医疗、住房等方面的待遇相对于国有企业也比较差，所以许多国有企业下岗职工不愿到非国有企业工作，堵住了下岗职工再就业的最重要的渠道。同时，相当一部分国有企业由于经营困难、停产停工，拖欠保险金现象严重。如韶关市二棉厂几年来拖欠保险金500多万元，滞纳金900多万元，合计1400多万元。这些企业的职工因企业拖欠保险金，该退休的退不了，劳动合同也无法终止、解除。

4. 失业救济期限偏长，失业保险基金不堪重负

按照国务院1993年发布的《国有企业职工待业保险规定》，待业职工待业前在企业连续工作1年以上不足5年的，领取待业救济金的期限最长为12个月；待业前在企业连续工作5年以上的，领取待业救济金的期限最长为24个月。《广东省职工失业保险暂行规定》也有类似的规定。佛山和肇庆两地的劳动部门反映，救济金领取时限偏长，不利于失业职工积极寻求新的岗位再就业。对此，四会市采取了一次性发放救济金的办法来解决，期限最长的不超过8个月，以此办法解决了80%的失业人员再就业问题。随着改革的深入，特别是下岗职工走出再就业服务中心步伐的加快，失业人员将大量增加，失业保险基金承受的压力很大。在经济比较落后的市县，失业救济金历年储备并不多,如果把全部下岗职工转为失业人员,估计维持不久。

5. 部分下岗职工就业观念陈旧、素质低,难以走上市场

一部分下岗职工对政府和企业安置再就业的依赖性很大,缺乏自主择业、竞争就业、自强创业的精神。有的职工宁肯拿200元生活费,也不肯去挣500元的工资,认为"吃好点,多干点;吃差点,睡多点"。有的下岗职工对职业要求太高,工作要轻、管理要松、收入要高、离家要近,不愿从事脏、苦、累的工作。还有的下岗职工不愿到非国有企业和第三产业就业。下岗职工多是年龄偏大、文化水平低、技能单一,也较难适应现代化企业的要求,市场竞争力差。据清新县劳动局调查,下岗职工大多数为初中以下学历,有一定技能的只占10%左右。

6. 隐性就业问题突出,再就业缺乏标准

根据调查,现在下岗职工中,70%的人实际上正在从事有收入的工作,其中30%~40%的人的工作还是相对固定的,同时他们又享受原企业工资、保险、福利和国家的下岗职工待遇。由于各地对下岗职工的收入达到什么水平、工作时间持续多久、有无参加社会保险等,才算再就业,缺乏明确的界定标准,所以对于下岗职工再就业难以掌握并做出准确的判断,无法妥善处理其与原企业的劳动关系,致使原企业医疗、社会保险、住房等方面的费用负担沉重,无法达到减员增效的目标。

三、今后的工作思路和主要政策建议

尽快建立和完善适应社会主义市场经济体制的再就业机制,是解决下岗职工基本生活和再就业问题的根本途径。这项工作政策性强,问题较复杂,难度也比较大。各地劳动部门要在当地党委、政府的统一领导下,切实做好这项工作。其主要思路是:以邓小平理论和党的十五大精神为指导,按照社会主义市场经济体制的要求,坚持贯彻新的就业方针,通盘考虑,周密规划,以处理好隐性就业问题为突破口,以加快劳动力市场和社会保险体系建设为重点,使下岗职工再就业基本市场化,基本生活保障逐步社会化。

1. 深入开展对建立和完善再就业新机制的研究,抓紧制定工作的总体规划

广东省各地劳动部门都应结合本地实际,把建立和完善再就业新机制作为一个重要课题深入进行研究，从促进新机制的形成、新机制功能的充分发挥、新机制载体（劳动力市场）的建设，影响新机制功能发挥的障碍清除，新机制自身缺陷的调整、弥补等方面，制定、建立、完善再就业新机制的工作规划，明确工作的总体思路，有计划、有步骤地做好这项工作。

2. 积极稳妥地处理下岗职工的劳动关系，进一步规范职工与企业的劳动关系

处理下岗职工的劳动关系问题，要达到四个主要目标：一是使隐性就业显性化；二是使下岗职工的劳动关系规范化，解除、终止部分下岗职工与企业名存实亡的劳动关系；三是减少下岗职工的数量，使有限的资金能集中用于真正需要帮助的下岗职工身上；四是维护劳动力市场的平等竞争原则。解决这些问题的具体措施如下：

（1）在进行调查摸底、取得证据的基础上，把下岗职工分为两大类：一类是已有稳定工作和固定收入，或者是无就业愿望的人员；一类是没有隐性就业或临时工作的人员。第一类的判断标准是：①已与新单位签订劳动合同的；②存在事实劳动关系，连续6个月有高于当地最低工资标准收入的；③已领取个体工商营业执照或企业法人营业执照的；④下岗后不参加转业转岗培训，已3次不接受企业或中心介绍、安排力所能及工作的；⑤按照有关规定应当进入再就业服务中心而本人拒绝进入的；⑥劳动合同期满的。其余的为第二类人员。

（2）根据不同情况，区别处理两类下岗人员的劳动关系。第一类下岗人员由于工作和收入较有保障，或自身无就业愿望，解除其与原企业的劳动关系，对其基本生活并无大的影响，因此可采取果断措施，终止或解除第一类下岗人员与原企业的劳动关系，停发生活费，督促其与新用人单位依法签订劳动合同，明确建立新的劳动关系，原企业要按照有关规定移交职工档案。第二类下岗人员因无隐性就业，或只从事不稳定、低收入的工作，生活缺乏保障，对这类下岗人员应安排进入再就业服务中心，让其与原企业保留劳动关系3年，继续发给基本生活费，在此期间加强对其进行转业转岗培训、职业指导和职业介绍工作，帮助其尽快实现再就业。3年期满仍未再就业的，企业可按有关规定与其解除劳动关系。

（3）妥善处理经济补偿金、拖欠的工资、医疗费、集资款等问题。建议省政府尽快修改《广东省劳动合同管理规定》的有关条款，删除第二十九条。凡属劳动合同期满终止或劳动合同约定的工作任务已经完成的，用人单位无须支付生活补助费或经济补偿金。在现行有关规定未做修改前，对与企业解除、终止劳动关系的下岗职工仍要按有关规定由企业支付生活补助费或经济补偿金，但应调低有关标准，统一按当地最低工资标准计发。企业所拖欠的工资、医疗费应在与下岗职工解除、终止劳动关系前一次性补发。拖欠的集资款可与职工协商签订，规定年限，逐年清还；下岗职工不能因企业拖欠集资款而拒绝与企业解除、终止劳动关系。

（4）有计划、分步骤地解决下岗职工劳动关系问题。各地要对下岗职工情况全面进行摸查，在此基础上提出工作计划。原则上，1999年全省都要解决第一类下岗职工的劳动关系问题，并通过加强转业转岗培训、职业指导、职业介绍及其他一些就业扶持措施，使30%的第二类下岗职工也实现再就业，并终止、解除与原企业的劳动关系。珠江三角洲地区应有60%的第二类下岗职工实现再就业。至2000年，全省逐步理顺和规范劳动关系，使下岗职工真正从原企业中分离出来。

3. 打破常规，解决生活补助费或经济补偿金问题

从目前情况来看，完全由企业筹集生活补助费或经济补偿金，对于大多数困难企业来说，是不可能的，因此必须打破常规解决这个问题。建议把按"三三制"筹措到的下岗职工的基本生活保障费的一部分，转变为生活补助费或经济补偿金，支付给符合终止、解除劳动合同条件的下岗职工。其中，第一步是解决关停企业和已隐性就业的下岗职工的劳动关系，第二步是解决劳动合同制改革后参加工作，但劳动合同尚未到期的下岗职工的劳动关系，第三步是解决已下岗的原固定工的劳动关系。这种办法的实质就是把3年的基本生活费用以经济补偿金的形式一次性提前支付给职工，但可以达到彻底解除或终止劳动关系的目标。这些职工离开企业以后，还可以享受失业职工待遇，参加各项培训，通过市场实现再就业。这样有利于加快解决下岗职工问题，减轻国家和企业负担，消除隐性就业，明确劳动关系，推动下岗职工消除等待观望思想，早日参与市场竞争，实现再就业。据对一些市的测算，因终止、解除劳动合同而支付给下岗职工的生活补助费或经济补偿金，大体等于按"三三制"所筹措到的用于这部分下岗职工的基本生活保障费。生产经营正常的国有企业，其支付给终止、解除劳动关系的下岗职工的生活补助费或经济补偿金，仍按原渠道解决。

4. 加快劳动力市场建设步伐，规范劳动力市场运行

要尽快在广东省建立符合社会主义市场经济体制要求的市场就业机制，就必须继续狠抓劳动力市场建设。

一方面，应增加投入，加强广东省劳动力市场"硬件"建设，尽快改变广东省大多数地区劳动力市场基础建设薄弱的现状。首先，要灵活多样地解决劳动力市场的场地问题，到2000年年底，全省各地级市都应拥有一个规模与当地经济社会发展水平相适应的有形的劳动力市场。其次，要突出抓好劳动力信息网络建设，第一步是大中城市要在1999年实现市区职业介绍信息电脑联网；第二步是要以华南劳动力市场信息网为基础，进一步完善设施和工作制度，吸纳更多市县参加联网，争取在2000年实现全省各地级市联网；第三步是力争在2002年实现全省县区联网，同时要把劳动力市场信息网络纳入省信息高速公路，为全省企业和劳动者及时、准确、大量地传递劳动力市场供求信息。劳动力市场"硬件"建设经费应主要从三个方面筹集：一是由各级政府专项拨款，二是由劳动部门自筹，三是向银行贷款。

另一方面，要在健全劳动力市场机制、规范市场运行方面有新的突破。一是要进一步消除劳动力流动的地区、部门和劳动者身份障碍，加快建立起统一、开放、高效的劳动力市场，完善平等竞争机制，使劳动者通过劳动力市场竞争就业，促进劳动力合理流动。要深化企业工资制度改革，颁布工资指导线、劳动力市场指导价位，促进劳动力市场均衡价格的形成，发挥工资调节劳动力流动的作用。二是要针对劳动力市场运行中存在的问题，加强对地方性劳动法规的研究、制定工作，着重在规范市场主体、维护市场竞争秩序以及地方性劳动法规配套方面加快步伐，健全劳动力市场运行规则。三是要加快建立劳动力市场监测预警系统，通过对失业率、职工下岗率、工资增长率、劳动关系紧张程度等方面进行反馈、追踪，全面、及时、有效地监测劳动力市场运行状况，及早预知警情，为制定和实施宏观调控措施、排除警情提供可靠依据。四是要加强对用人单位招用工行为的规范。各地要积极建立企业岗位余缺申报制度，企业用人应提前向劳动部门申报计划；劳动部门要在全面了解、掌握企业对劳动力数量和技术结构需求情况的基础上，制定相应的宏观调控政策，调节劳动力供求；同时，有计划地开展职业技能培训，分流安置下岗职工。五是要进一步抓好对外省劳动力分类管理和按比例招用本地劳动力制度的落实。六是要加强劳动监察队伍建设，切实加大劳动监察的覆盖面和力度，规范企业行为，保障下岗职工再就业的合法权益。

5. 加快社会保障制度改革，加紧建立比较健全的社会保障体系

一是要扩大社会保险的覆盖面，特别是要加大把非国有经济纳入统一

的社会保险体制的工作步伐,使不同企业的社会保险福利待遇逐步趋于一致,消除下岗职工到非国有经济就业的后顾之忧。二是要为下岗职工及时接续社会保险关系。企业解除、终止下岗职工劳动合同时,应当及时做好养老、医疗、失业等社会保险关系接续工作,提供职工个人社会保险有关情况的证明,并到当地社会保险经办机构办理其社会保险关系接续事宜。社会保险经办机构应当按照有关规定,在明确由招聘单位与职工双方或职工个人继续缴费的前提下,及时办理社会保险关系接续手续,下岗职工从事个体经营,以及到尚未参加社会统筹的用人单位就业,社会保险经办机构要为其继续参加社会保险提供即时方便的服务。新的用人单位要及时接续各项社会保险关系,缴纳社会保险费用。下岗职工接续社会保险关系后,过去视同缴费年限的连续工龄和养老保险缴费年限与以后的缴费年限合并计算,达到法定退休年龄时,按规定享受相应的养老保险待遇。三是困难企业确实无力支付其所拖欠的社会保险金的,社会保险机构可允许其暂时挂账,同意企业与下岗职工解除劳动关系并转移社会保险关系,由新的用人单位或劳动者自己续缴保险金,所欠社会保险金限期由原企业清缴。四是要加快医疗保险制度改革进程,制定有关政策规定,妥善解决改革尚未到位之前下岗职工解除、终止劳动合同后的医疗待遇问题。

6. 稳妥处理特困职工的再就业和基本生活保障问题

对于年龄偏大且身体有病、再就业特别困难的下岗职工,要制定有关政策,妥善处理好这部分人员的劳动关系,确保他们的基本生活。他们在再就业服务中心3年期满后,符合国家规定办理离岗退养条件的,经本人申请,企业批准,可以办理离退养手续;经鉴定不能坚持正常工作,又不符合离岗退养条件的,由企业按略高于社会救济标准支付其生活费,直至其达到离岗退养条件后按离岗退养办理。达到国家法定退休年龄以及符合国家规定的退职工条件的,企业应当及时为其办理退休、退职手续,同时要继续采取有力措施切实保障他们的基本生活。要按照中发〔1998〕10号文件和粤发〔1998〕11号文件精神,紧密衔接3条保障线。下岗职工在再就业服务中心期间,领取基本生活费;被解除、终止劳动合同后未实现再就业的,按照规定领取失业救济金;失业保险期满,符合规定的,享受城市居民最低生活保障。

【专栏参阅5】下岗与失业并轨

在21世纪之交，我国面临经济结构调整和深化国企改革、分流安置下岗职工的艰巨任务。为了维护社会稳定，保证改革顺利进行，党中央国务院决定实施再就业工程，要求在企业建立再就业服务中心，实施国企下岗职工基本生活保障制度，确保下岗职工基本生活。但这种制度是在我国社会保障体系不完善，劳动力市场发育不健全的情况下采取的一种过渡办法，长远目标是按照党的十五大要求建立市场就业机制。为了贯彻落实党中央国务院的战略部署，当时劳动保障部提出通过双轨、转轨、并轨三个阶段来化解下岗职工再就业难题，稳步实现建立市场就业机制的目标。全国各级劳动保障部门在劳动保障部的指导下，从1996年起全面实施再就业工程到2005年实施积极的就业政策，用了9年多的时间，基本实现了改革目标。至2005年年末，全国先后有2300多万下岗职工顺利出中心，通过多种渠道实现分流安置和再就业，顺利完成了这一历史性的并轨任务，建立起市场导向就业机制。广东省根据中央的部署精神，结合广东实际，三步并作两步走，比全国提前3年完成了并轨任务，率先建立起市场导向就业机制，所有劳动者均通过市场平等竞争就业，为全国就业体制改革提供了宝贵经验。

第二节 全力推进国企劳动力存量资源的优化配置[①]

全面实施再就业工程，是党中央、国务院为加快国有经济战略性调整，实现国企改革与发展3年两大目标而采取的一项重大举措。1997年以来，广东省各级党委、政府及有关部门，按照中央的部署，紧密配合经济结构调整和国企改革，面向市场，全力推进再就业工程，推动国企职工存量资源的重新优化配置，取得了重要进展和明显成效。笔者拟在总结经验的基础上，提出今后的工作建议，以供参考。

---

① 本文写于1999年7月，发表于《南方经济》1999年第11～12期，收入本书时有删节。本文与上面两节有重复之处，其价值主要在于比较系统地论述了建立经济补偿机制的理论依据。

第三章 调整：实施再就业工程

一、广东实施再就业工程的进展情况及成效

再就业工程最初是作为帮助长期失业者和困难企业富余职工（简称"两类人员"）实现再就业，于1993年由劳动部门提出来的，并于1994年年初开始在上海、沈阳、青岛、成都等30个城市进行试点，1995年在总结试点经验的基础上在全国范围内全面铺开。经过两年来的实施，引起了各级政府和有关部门的重视，从中央到地方，各级党委、政府越来越认识到实施再就业工程，推动企业职工存量资源的优化配置，是深化国企改革，搞好国有经济战略性调整的重要内容。随着优化资本结构试点不断扩大、国企抓大放小、兼并重组等项改革的不断深化，国有企业下岗职工再就业问题日益突出。1997年3月，国务院为此专门发布《关于在若干城市试行国有企业兼并破产和职工再就业有关问题的补充通知》，明确提出把实施再就业工程纳入国有经济调整和国企改革的重要内容，要求"各试点城市人民政府要积极推广上海市实施再就业工程的新经验，结合劳动就业、社会保障制度改革和当地具体情况，从上到下建立再就业服务中心，积极开拓就业门路，关心破产企业职工生活，妥善安置破产企业职工，保持社会稳定"。1998年6月，党中央又发布中发〔1998〕10号文，明确要求"各级党委和政府采取积极措施，切实保障下岗职工基本生活，大力实施再就业工程，确保党的十五大提出的国企改革目标的实现，完成国有经济布局的战略性调整"。为了贯彻落实党中央、国务院的部署，广东省政府于1997年发布《关于做好优化资本结构试点城市职工再就业工作的通知》。1998年，广东省委、省政府又发布《关于进一步做好国有企业下岗职工基本生活保障和再就业工作的决定》（粤发〔1998〕11号），要求围绕经济结构调整和国企改革，全面实施再就业工程，解决国企下岗职工基本生活保障和再就业问题，着力调整就业结构，加快建立适应社会主义市场经济体制要求的社会保障体制和再就业机制。至此，广东实施再就业工程，从试点到全面铺开，始终围绕国有经济布局战略性调整和国企改革进行，促进了国企职工存量资源的重新配置，主要做法和成效，集中表现在抓好"五个结合"。

1. 把实施再就业工程与经济结构调整、国企脱困相结合，同步实施，相互促进

随着社会主义市场经济体制的逐步建立和市场竞争的日趋激烈，加上

受亚洲金融危机的冲击，广东国有企业在旧体制下积累的深层次矛盾，以及10多年来高速发展中所产生的某些负面影响集中地暴露出来。主要表现为产业结构矛盾突出，多年来盲目投资、低水平重复建设造成低水平生产能力过剩。据调查统计，1996年广东工业生产能力利用率在50%以下，企业处于停产、半停产的占49%；企业产品结构不合理，生产能力过剩导致商品相对过剩，据有关部门对600多种主要商品的调查，供大于求的约占32%。这种状况导致国有企业普遍存在冗员过多、负债过度、社会负担过重等问题，造成企业亏损严重，有些企业长期严重亏损，实际上已到了资不抵债的地步。为了从根本上解决上述问题，广东省各级劳动保障部门紧密配合经济结构调整，通过大力实施再就业工程主要做了以下工作。一是配合优化资本结构试点，实施再就业工程。至1998年年底，全省6个优化资本结构试点城市纳入国家兼并破产和减人增效计划的企业有186家，涉及职工两万多人，大部分破产、兼并企业职工得到妥善分流安置。二是积极配合调整产业结构，实施再就业工程。广东下决心对煤炭、制糖、纺织三大困难行业进行调整，制订了从1998年开始通过3年努力，分流安置3个行业下岗职工7.2万人的计划。至1998年年底，已初步分流安置1万多人。三是紧密配合企业改制解困工作，实施再就业工程。对亏损严重、资不抵债、扭亏无望的国有企业，在通过实行注资经营、股份合作、资产重组、产权转让、兼并、租赁、托管、承包经营等方式进行改制的同时，推进再就业工程，确保下岗职工和离退休人员的基本生活，千方百计分流安置下岗职工，促进再就业。例如，汕头市公元总公司在总负债47.8亿元、濒临破产的情况下，采取与外商合作与资产重组的形式进行改制，当地政府和劳动部门通过实施再就业工程，彻底解决了2690名职工的分流安置和再就业问题，使企业重现生机。总之，通过做好上述工作，1998年全省共分流安置下岗职工33.3万人，占国企下岗职工总数的59.5%。1999年上半年分流安置13.5万人，占其总数的43%。

2. 实施再就业工程与深化国企改革、实现制度创新结合起来，促进了企业的发展

各级政府和劳动部门抓住机遇，普遍在进行现代企业制度试点企业、重点发展的大企业集团和大型企业，以及完成改制任务的股份制企业中，继续深化劳动用人、工资分配和社会保险制度改革，力求尽快建立与市场经济要求相适应的现代企业劳动制度。主要采取以下措施。①引导企业切实搞好内部定岗定员工作，科学合理地落实岗位职责和人员编制，清退不必要的临时工;通过规范下岗和裁员程序,允许企业裁减富余人员,实现企业内部劳动力资源的重新调整和优化配置。②推进企业用人制度改革,在剥离富余人员、科学合理定岗定员基础上,打破干部、工人的身份界限,实行公开考核,竞争上岗,在企业内部形成劳动力市场,建立起职工能进能出、能上能下的用人机制;与此同时,按照《中华人民共和国劳动法》的规定,对上岗人员全面通过订立劳动合同,明确双方的责权利,并通过规范合同管理,建立起科学合理的劳动管理制度。③深化工资分配制度改革,探索按劳分配与按要素分配相结合的多种实现形式。例如,深圳市承认企业经营者的经营管理是生产要素,允许参与收益分配,目前全省有11个市206户国有企业实行了经营者年薪制;一些企业承认科技人员的专有技术是生产要素,允许以技术入股;不少劳动者则以转制中所获得的补偿资金入股,实现劳动者有其股,参与收益分配。在此基础上,许多企业普遍实行了以岗位技能工资制为主的多种分配形式,坚持按劳动成果和劳动贡献进行分配,从而逐步形成了工资分配上的激励机制与约束机制。这些改革较好地促进了企业建立现代企业制度,推动了大企业集团的健康发展。

3. 坚持把实施再就业工程与建立市场就业机制结合起来,为劳动力资源的优化配置创造良好的市场环境,实现标本兼治

实施现就业工程的最终目的是要把企业富余的劳动力存量资源分离出来,通过市场重新配置。因此,在实施再就业工程过程中,广东始终坚持面向市场,大力加强劳动力市场建设,运用市场机制促进下岗职工再就业。其主要措施如下:①加大政府投资力度,加强公共职业介绍机构信息网络建设。如深圳、珠海、广州、佛山、韶关等市,实现了市场供求信息联网,通过现代化的信息网络,为劳动力市场供求双方,尤其是为下岗职工及时提供招聘信息和咨询服务。②强化对下岗职工的职业指导和职业介绍。如佛山、江门、汕头等市开设专门的服务窗口,为下岗职工提供免费的就业指导和中介服务。佛山市劳动局还承诺半个月内为下岗职工提供一次就业机会。③强化再就业培训。各级财政部门专门划拨再就业培训经费,为下岗职工提供一次免费就业培训服务,提高了下岗职工的劳动技能和竞争意识。据统计,1997年至1998年,全省各类职业培训机构共培训下岗职工24万人,经培训后实现再就业的占72%。此外,各地还积极开展档案挂靠服务,下岗职工与原企业解除劳动关系后,个人可持档案到当地就业服务机构办理挂靠手续。例如,广州市出台了流动就业人员申办社会保险关系的业务,荔湾区劳动局专门设立了职工流动就业档案挂靠服务部,为下岗职工办理挂档10万多份。由于加强了劳动力市场就业服务体系建设，下岗职工与企业解除劳动关系后直接进入市场自主择业明显增加。据统计，1998年全省下岗职工中，与原企业解除劳动关系后直接走向市场的有17.5万人，约占分流安置总数的50%。

4. 坚持把实施再就业工程与完善的社会保障制度结合起来，为社会经济稳定发展保驾护航

职工从下岗到走上新的工作岗位之前，须确保其基本生活；进入市场求职，应有社会保障，以解除其后顾之忧。为加大分流企业冗员的力度和保证国企改革的顺利推进，我们在社会保障方面采取了以下措施。①督促有下岗职工的企业建立再就业服务中心或类似机构。至1998年年底，全省已建立再就业服务中心1.1万多个，这些再就业服务中心成为保障下岗职工基本生活的依托、促进再就业的桥梁。②千方百计筹集资金，落实"两个确保"，即确保下岗职工基本生活，确保离退休人员按时足额领到退休金。③建立完善"三条保障线"，即建立下岗职工基本生活保障制度，保障基本生活；建立失业保险制度和救济标准，保证职工失业期间领到失业救济金；建立困难救助制度，保证经济收入低于当地城镇居民困难救济标准的无业人员领到生活困难救济金。④重点推进养老、医疗、失业社会保险制度改革，健全社会保险体系。这主要是全力扩大覆盖面，提高征缴率，降低缴费水平，实现行业统筹移交地方管理，做好下岗职工养老保险的接续工作，促进下岗职工跨地区、跨行业合理流动。至1999年5月，全省参加养老、失业保险的职工分别达736万人和421万人，有8个行业10多万职工养老保险顺利移交省社保部门管理。

5. 坚持把再就业工程与加强政府宏观调控功能结合起来，探索、建立适应市场经济的宏观调控机制，保持了社会稳定

在下岗职工急剧增多、就业压力增大的情况下，广东各级政府注意采取措施加强对劳动力市场的宏观调控。一是坚持职工下岗与社会承受能力相适应的原则，把握好企业兼并破产、减员增效、下岗分流的节奏，同时规定下岗程序，加强对下岗职工总量的调控。二是争取有关部门密切配合，运用财政、金融、税收等经济杠杆，鼓励发展第三产业和个体、私营企业及中小企业，扩大就业需求，尤其是在省政府做出放开公有小企业和大力发展个体、私营企业的重要决策后，各地注意采取措施，鼓励下岗职工和新成长劳动力到上述企业就业，有力地促进了非公有制企业的迅速发展。至1998年年底，全省约有24万下岗职工到非公有制企业中实现了再就业，比1997年有了明显的增加。三是通过大力发展职业技术教育和实施劳动预备制度，调节劳动力供给。1998年，全省中专、技校和职业技术学校继续扩大招生规模，招生人数比上年约增长10%，佛山、江门、广州、汕头等6个市还积极进行劳动预备制度试点，对3000多名未能继续升学的初、高中毕业生进行1~3年的职业技术教育，推迟了其就业时间。四是加强劳动力市场的管理，严肃查处非法职业中介，规范中介行为；同时对下岗职工中的特困人员实行特殊保护政策，实行"一帮一"服务，满腔热情地免费提供就业信息，推荐就业。

二、对实施再就业工程的理性思考

实施再就业工程，实质上是要求按照市场经济原则，运用市场机制对旧体制下形成的国企职工存量资源进行重新配置。近年来，广东在"五个结合"上下功夫，使实施再就业工程取得明显的成效，但是与目标、要求相比，仍有不少差距，集中表现在：隐性失业显性化难，即下岗职工不愿与企业解除劳动关系，转为公开失业，并进入市场竞争就业。其主要原因如下。①尚未形成利益补偿机制。不少困难地区、困难企业无法按照"三三制"的办法筹集到足够的资金，用于保障下岗职工基本生活，更不用说筹集一笔资金建立利益补偿机制，对解除劳动关系的职工给予经济补偿，因而难以与下岗职工解除劳动关系。②再就业渠道不畅。就广东来说，下岗职工再就业难，不是难在劳动岗位不足，而是难在新增的就业岗位主要是由非公有制企业提供的，下岗职工不愿去；难在劳动力素质不高，与新增的就业岗位要求不相适应；难在职业中介行为不规范，信息网络不健全，劳动者获得就业信息的渠道不畅通；等等。③各项社会保险扩面难，基金征收难，导致社会保障体系不完善。这又反过来阻碍了下岗职工在企业、地区之间的合理流动。

这些问题的存在，使国有企业难以摆脱困境，并在很大程度上制约了国企转换机制，走上健康发展之路。要解决这些问题，需要我们从理论上对这些问题进行深层次的思考，以便采取坚定有效的对策，予以解决。

1. 企业运行要走上市场轨道，不仅要按照市场原则组建资产运营新体制，还要按照市场原则构造人力资源运营新机制

长期以来，我国在推进体制改革过程中，只重视"物"的因素，而忽视"人"的因素，重物轻人的指导思想导致国企改革仅仅停留在投资、产权、设备、技术等生产资料方面，有些政府决策者及有关部门对人力要素配置体制的改革没有足够重视，使人力要素配置体制改革没有得到其他方面的有效配合而滞后，破坏企业运行"要素一致性原则"。因为从生产过程来看，企业生产要素包括物力和人力要素两个方面。如果生产等物的要素走上了市场化运营轨道，那么各级政府及有关部门必须高度重视人力要素配置体制的改革，使人力配置和运营市场化。诚然，这方面的改革已引起重视，但重视还不够，还没有真正确立以人为本的发展观，致使政府有关部门对建立下岗职工利益补偿机制和对劳动力市场建设的投入还没有足够重视，困难地区、行业（企业）无法筹集到资金给解除劳动关系的职工予经济补偿，致使下岗职工分流不出去，阻滞了改革的进程。

2. 再就业工作的突破口应该是抓紧建立下岗职工利益补偿机制，把人从旧体制中解脱出来，减轻企业负担

长期以来，我国一直实行低工资、高福利的政策。在这种体制下，一方面，职工工资实际上只是劳动报酬的一部分，其余部分通过预先扣除上交国家财政，转化为再投资，形成了一定规模的国有资产；另一方面则通过发放退休金、医疗费、住房等各种福利，保障所有职工的生活。而且，政府对不同企业之间的生产、利润和职工工资、保险及福利等，均采取全国统一的、严格的计划管理，这在事实上形成了层次更高的社会统筹保障制度。职工事实上与国家存在"就业契约"关系。如果国企冗员过多，须分流下岗，并与企业解除劳动关系，从理论上说，政府应当尽快制定具体政策，把国有资产中的一部分转化为补偿基金，对解除劳动关系的下岗职工给予经济补偿，形成利益补偿机制。只有这样，才能使冗员早日顺利地从旧体制中解脱出来，减轻企业负担，推动企业改革顺利进行。

3. 再就业工程的重心应当尽快转移到市场经济轨道上来，运用市场机制，促进人力资源优化配置

在国有经济的调整过程中，国企下岗职工的重组与分流安置，说到底就是要走上"用人市场化"的改革之路。目前，各地建立的"再就业服务中心"及其资金筹措方式带有明显的双重体制特征，是一种过渡性措施。从理论上说，实行社会主义市场经济，应当彻底割断劳动者与原有"大锅饭"体制的联系，让他们尽快向市场就业体制转变。如果在旧体制滞留的时间越长，付出的改革成本就会越大。因此，当前工作重心应当转到抓紧理顺劳动关系，疏通"中心"出口，帮助下岗职工走向市场上来；同时要加快劳动力市场运行载体——就业服务体系的建设，完善各项社会保险制度，为下岗职工进入市场构筑"安全网"。

4. 要进一步解放思想，转换人力资源配置方式

长期以来，受西方经济理论的影响，人们一直认为，在社会经济资源配置体系中，物质资源（主要是资本）优化配置的数量规模和变化过程，决定着劳动力资源配置的规模和数量。在这种机制作用下，物质资源配置对劳动力资源具有一种控制、支配的作用。这种状况决定了劳动力在经济上总是处于受资本奴役的地位，劳动力资源的配置总是服从于物质资源的优化配置，这似乎是千古不变的规律，成为人们在经济工作中"见物不见人"的思想渊源。在当今科技进步日新月异的新形势下，只要充分发挥人的聪明才智，就可以创造出更多新的就业岗位，这样的事例不胜枚举。例如，广东风华高新技术集团在1984年建厂时，只是一间以装配小收录机为主业，职工不足百人，固定资产仅万余元的小厂。从1989年起，这间小作坊式的工厂连续9年以每年接近翻番的速度发展，至1998年实现工业总产值（不变价）27亿元，增加就业岗位1000多个。这家企业迅速发展的奥秘在于依靠职工开展技术创新，提高产品在市场中的占有率，从而增加就业岗位。江西省一名普通职工设计了一个城市机动车联网防护管理方案，不需政府投资就可以提供100万个就业机会。目前，不少新经济专家预测，随着网络时代的到来，就业机会将明显减少。但是有一点可以肯定，物质资源的多少不能决定劳动力资源配置的数量和规模。而恰恰相反，在社会资源配置体系中，物质资源能够以多大规模、数量加入社会资源配置体系中，是由人的因素决定的。劳动者将成为运用资本等物质资源的决定者。劳动者能否实现充分就业，关键在于其有没有创业意识和职业技能。这样，劳动者在社会生产和分配中的地位就凸现出来了。人力资源的这种主动配置方式，正好符合马克思关于劳动力是生产力诸要素中的决定性因素的论断，我们必须予以重视，摒弃以物为中心的传统发展观，转换人力资源配置方式，确定以人为本的发展观、创业观。只有这样，才能保持社会经济和劳动就业的持续、稳定增长。

三、若干对策建议

基于上述认识，按照中央关于"争取用5年左右的时间，初步建立适应社会主义市场经济体制要求的社会保障体系和就业机制"和广东要率先基本实现现代化的目标、要求，我们认为，在今后一段时期内，广东必须紧密配合有经济布局的战略性调整和国企改革脱困工作，抓住盘活人力资源，促进职工存量资源优化配置，理顺劳动关系这个重点，在确保下岗职工基本生活的基础上，加强分类指导，采取相互衔接的配套政策，抓紧建立利益补偿机制、市场就业机制和社会保障机制，推动下岗职工尽快走向市场竞争就业，实现人力资源的优化配置。

1. 加强分类指导，加大分流安置力度

下岗职工的情况十分复杂，为了兼顾各方利益和改革要求，各地必须在规范下岗、确保下岗职工基本生活的基础上，根据不同地区、不同行业（企业）和不同职工的实际情况，按照分类指导原则，从实际出发，提出加快分流安置的方案，供下岗职工公平选择。一是鼓励自谋职业，对年轻的和有一技之长的下岗职工，鼓励其尽早与企业解除劳动关系，按规定给予经济补偿，有条件的地区可以给予一次性创业补助。二是切实保护老职工的合法权益，对不愿选择上述途径且距离退休不足8年的老职工，可安排进再就业服务中心3年，3年期满后经本人申请办理离岗退养，并由企业为其代交养老、医疗保险费用至退休为止；到达退休年龄后，正式办理退休手续，享受退休待遇。三是对不愿意再就业的下岗职工，鼓励其下岗后即与企业解除劳动关系，由企业将应得的经济补偿金转化为其缴纳养老、医疗保险金，不足部分由个人补足至退休为止；解除劳动关系后，其档案可以挂靠在当地就业服务中心。上述三条途径，由职工自行选择其中一条，以便加快分流，帮助企业减人增效，尽快摆脱困境。

2. 多方筹集资金，建立利益补偿机制

下岗职工分流安置的难点之一是企业没法拿出足够的钱对解除劳动关系的职工予以经济补偿，致使关系难断。据测算，如果按照广东国企职工1998年月人均工资及养老、医疗等费用1600元、人均工龄15年计算，国企分流下岗职工20万人共需经济补偿金约48亿元。各级政府应当在坚持按照"三三制"原则筹资的基础上，多渠道筹集资金，建立起利益补偿机制。筹集的途径如下：①按"三三制"原则筹集的资金，在确保基本生活的基础上，应允许拿出剩余部分转化为经济补偿金；②从国企资产变现或转让收益中拿出一部分资金；③调整财政支出结构，在财政支出科目中增设国企下岗职工分流安置费，从各地财政中每年划拨一部分专项资金；④企业主管部门筹集一部分资金，把这些资金集中起来，专门用于企业释放冗员的经济补偿。这在理论上是合理的，在现实中也是可行的。当然，还可以考虑补偿方式的多样化，既可以用钱一次性给予补偿，也可以分期支付或

第三章 调整：实施再就业工程

转化为代交养老、医疗保险；既可考虑以货币方式支付，也可以国有资产债权、股权、住房等非货币方式支付，从而形成一种利益补偿机制，促使企业下岗职工早日离开企业，走向市场重新择业。

3. 落实各项优惠政策，寻找新的经济增长点，创造更多的就业岗位

下岗职工从企业分离出来后，最紧要的是如何实现再就业。解决下岗职工再就业的根本出路在于发展经济，提供更多的就业岗位。当前在经济增长率持续下滑、经济活力不足、市场不景气的情况下，开拓就业岗位难度很大。各地应当抓紧落实各级政府出台的有关投资、信贷、税收、工商管理、外贸出口和鼓励非公有制企业、第三产业发展的各项优惠政策，在适当加大基础建设投入的同时，大力发展教育、文化、新闻、出版、旅游、广告等新成长的第三产业。要研究采取连锁经营、规范管理模式，发展包括物业管理在内的社区服务业；要适应多种所有制经济共同发展的需要，扶持发展个体、私营、合资和外商投资企业；要大力发展为高新技术产业服务的各类服务业；要有计划、有目的地重点发展上述企业，为下岗职工提供更多的就业机会。

4. 要进一步健全、完善就业服务体系，运用市场机制促进劳动力资源的优化配置

通过市场促使劳动力供求双方平等竞争，双向选择，是解决下岗职工再就业、实现劳动力资源优化配置的基本手段。当前就业服务不规范，供求信息不畅通成为再就业的"瓶颈"制约。因此，要进一步采取措施完善就业服务体系。首先，要加强企业再就业服务中心建设。中心在规范管理、确保生活的基础上，要把工作重点转到加强与劳动力市场联系上来，积极寻找就业信息，推荐就业；各级劳动人事部门要加快公共职业介绍机构信息网络建设；实现计算机联网，为供求双方发布及时、准确的需求信息；企业和企业再就业服务中心要按规定向当地劳动部门提供岗位空缺信息和下岗职工求职意向信息，职业中介机构要保证做到及时、准确发布劳动力供求信息，提高透明度，加强规范管理，实现公平竞争，减少因信息不畅造成的再就业困难。其次，要建立完善转业培训工作机制，以市场需求为导向，开展多层次、多形式的职业技能培训，提高下岗职工重新择业的能力。

5. 要积极理顺劳动关系，规范劳动管理，形成适应市场经济发展的新型用人机制

当前，在体制转换期间，企业劳动管理工作出现滑坡，很不规范。在

121

不少企业中，有的职工停薪留职、放长假，有的长期脱离企业外出找工；有的已从事个体经营或到非公有制企业工作，并有稳定收入；有的从事临时性工作；有的待岗，正在求职。但这些职工都与企业保留着劳动关系，致使企业劳动管理混乱，劳动关系变得十分复杂。在下岗分流和推进再就业过程中，要抓住理顺劳动关系这个关键，加强劳动管理。对按规定程序明确下岗的，要与再就业服务中心签订进中心的协议；对明确不进中心的，要按第一条设计的途径，加快分流，与企业解除劳动关系；对实现再就业的，要与新单位签订劳动合同，确立新的劳动关系；企业裁减人员后，要建立内部劳动力市场，实行双向选择，优化组合，调整劳动岗位，同时及时与上岗职工协商，变更劳动合同。通过签订劳动合同，理顺劳动关系，建立起适应现代企业发展的劳动制度，形成能上能下、能进能出的、灵活有效的用人机制，增强企业活力。

6. 进一步深化企业保险福利制度改革，加大社会保险"覆盖工程"实施力度

要按《中华人民共和国劳动法》及其配套法规的规定，加大社会保险覆盖工程力度，在社会各类企业和用人单位中全面实行养老、失业、医疗社会保险；特别是要抓住薄弱环节，在非公有制企业中全面推行，使各类企业职工享受同样的社会保险待遇，使想脱离国有企业到非公有制企业工作的下岗职工免除后顾之忧；要做好国企下岗职工在不同单位就业时，社会保险关系的衔接工作，原固定工未缴费那部分工龄应视为投保年限，下岗后自行规定交纳的保险，应前后合并计算为投保年限。要尽快将目前由企业发放养老金改为社会发放，提高社会化服务程度。同时，要改革企业福利制度，改变企业职工隐性的福利收入为公开的货币收入。目前常见的隐性福利收入包括为职工提供低租金住房、增发各类福利补贴（包括实物），通过设立卫生所、幼儿园、托儿所、学校等生活服务设施，提供低收费服务。这些以货币或非货币形式支付的福利，对职工有很大的吸引力。应尽快将这些隐性的福利收入转化为名义工资收入，下岗职工选择职业就只受工资信号调节，比较工资的高低，而不再担心丧失原国企的福利待遇了。这样做有助于消除下岗职工流动的体制性障碍，促使其合理流动。

7. 充分发挥政府的宏观调控功能，保障下岗职工合法权益，保持社会稳定

在体制转轨过程中，部分企业用人行为不规范，社会就业压力大。各地应充分发挥政府在促进就业、保障劳动者权益方面的调控功能。目前，除了在制定政策、规范下岗、筹集资金、确保生活、发展经济、拓宽就业门路等方面要继续做好外,还要针对当前实施再就业工程的薄弱环节,突出抓好两件事。一是优先落实特困职工的分流安置。在下岗和失业职工中,有一批年龄偏大、无技术特长、身体有病、家庭人均收入低于当地困难救济标准的特困人员,要在确保其基本生活的基础上,把他们作为保护的重中之重,通过落实责任制的办法,尽可能为他们提供合适的、较稳定的工作,使其获得稳定的经济收入。二是要规范企业裁员和录用人员的行为。目前,有些企业借政府实施再就业工程之机,随意裁员或辞退职工,损害了职工的就业权益;有些企业在招收人员时,不愿招收下岗职工或年纪大的失业人员,只招收年轻或有技术专长的人员。今后,政府主管部门要加强对企业用人行为的监控:实行经济性裁员的企业,6个月内从社会上招收人员应优先招收裁减的职工;凡是有下岗职工的企业,不能从社会上招收普通劳动力;企业应主动向当地劳动部门申报岗空缺情况,接受劳动部门的监督。通过加强宏观调控,引导企业承担起一定的安置就业的社会责任,不将矛盾推向社会,以减少就业压力,保持社会稳定。

第三节 加快建立再就业新机制的调研报告[①]

按照广东省委省政府的部署,省劳动厅、社保局和总工会等单位组成联合组织调研组,就当前广东省国企改革和发展过程中有关下岗职工再就业和社会保障问题,采取多种形式,分阶段进行了调研。从1999年4月开始,在分析面上情况的基础上,先后到广州、汕头、揭阳、湛江、茂名和韶关6个市进行了重点调研,6月上旬到江苏、浙江两省考察学习,进行比较研究。笔者根据调查掌握的资料,深入思考,写成此报告。

一、国有企业下岗职工再就业与社会保障制度改革进展情况

近年来,随着国企改革不断深化和经济结构调整步伐加快,国企下岗

---

① 本文撰写于1999年9月,是根据省委省政府的部署,由省劳动厅、社保局和总工会组成联合调研组,深入基层,就贯彻中发〔1998〕10号精神,进行实地调研后写出的调查报告。笔者作为主要执笔者,在调研报告基础上,深入思考,写成本文。

职工再就业成为一个突出问题。切实做好国企下岗职工基本生活保障和再就业工作，是确保实现党的十五大提出的国企改革目标、完成国有经济布局战略性调整的一项重大举措。能否做好这项工作，不仅关系到国企改革的成败，而且在很大程度上影响到我国实现现代化的进程。广东省各级党政领导和劳动与社保部门对此项工作十分重视。各地、各部门按照中央和省的部署，围绕深化国有企业改革和分流安置下岗职工这一中心任务，不断深化劳动工资和社会保障制度改革，加快劳动就业服务体系建设，促进了企业下岗职工的分流安置，有力地推动了国有企业的改革和发展。

（一）紧密配合国有企业改革和经济结构调整，大力推进国企下岗职工基本生活保障与再就业工作

1995年以来，在深化国企改革和加大经济结构调整力度过程中，下岗职工再就业压力增大。据统计，1997年和1998年，广东省国有企业下岗职工分别为53.4万人和56万人（不含下岗前分流的17万人），1999年上半年新增下岗职工8.7万人（不含下岗前分流的6.5万人）。对此，广东省各级劳动部门结合实际，按照"先分流、后下岗，少进中心、快出中心，分类指导、理顺关系，促进就业、确保生活"的工作思路，通过3次分流的办法，加快国有企业减员增效的步伐。第一次分流，是结合企业改革，指导、督促企业在安排职工下岗前，尽可能通过上新项目、盘活闲置资产、内部转岗、离岗退养等方式分流安置富余职工、减少下岗职工人数。经济发达的地区，采取经济性裁员、鼓励职工与企业解除劳动关系、自谋职业等方式，一步到位实现分流安置。例如，顺德市（今顺德区）自1994年以来，由市政府出资4亿元，一次性解决富余职工与原企业解除劳动关系的经济补偿和社会保险问题，实现了向劳动合同制度的全面过渡，目前该市只有失业现象，没有下岗现象。四会市180家转制企业通过采取"一步到位，不留尾巴"的做法，与4000多名下岗职工解除劳动关系，给予经济补偿，办理失业登记，进入市场竞争就业，目前真正登记失业的不足1000人。三水市（今三水区）则对濒临破产、严重困难的27家企业采取经济性裁员办法，裁员700多人，减轻了企业负担。据统计，1998年广东省共有17万人国有企业富余职工通过社会分流、内部调剂等方式实现分流安置，1999年上半年又分流了6.5万人，从而加大了向社会分流的力度，促进了企业职工存量的优化配置，减少了下岗职工人数。第二次分流，是严格把好中心入口关。广东省规定职工下岗后，已自谋职业、有稳定收入的6种人，不再进

入中心，可以一步到位，提前分流。据初步统计，1998年和1999年上半年分别有18.2万和1.6万下岗职工经认定不再进入中心，提前进入市场竞争就业。第三次分流，是对进入中心的下岗职工，重点加强引导和服务，帮助他们尽快走出中心。1998年共有33.3万下岗职工走出中心，1999年上半年也有11.9万人出中心实现分流，实现了出中心人数多于同期新增下岗职工人数的目标。通过3次分流，广东省下岗职工人数比上年有所减少，既减轻了企业负担，又加快了企业内部劳动力市场与外部劳动力市场的衔接，加快了市场就业机制的形成。

（二）紧密配合建立现代企业制度，不断深化劳动工资制度改革

20世纪90年代以来，广东省积极开展建立现代企业制度、股份制及优化资本结构试点，加快抓大放小政策步伐，国有企业改革不断深化。截至1998年，全省企业开展建立现代企业制度试点的企业有183家，建立股份公司800多家，组建大企业集团83家。为配合上述改革，各级劳动部门不断深化劳动工资制度改革。按照《中华人民共和国劳动法》的规定，全面推行劳动合同制，指导企业建立以定员定额、岗位测评和考核考试为主要内容的劳动管理制度，建立完善职工辞职、辞退、经济裁员和经济补偿制度，推动了国企减人增效机制的建立，促进了职工的合理流动。到1998年年末，全省国有、集体和"三资"企业与职工依法签订劳动合同率为98%以上，从而结束了固定工、合同工两种用人制度并存的状态，打破了企业内部人为的干部和工人的身份界限，在企业内部初步形成了职工能进能出、能上能下、优胜劣汰的用人机制。据对惠州市进行现代企业制度试点的22户企业的问卷调查，已取消干部与工人身份界限的有16家，占72.7%。同时，各级劳动部门结合国有企业改革实际，实现了分配主体由国家向企业的转换，由企业按照"两低于"的原则自主确定工资分配水平和分配形式，初步建立了企业正常工资增长机制。在广州、深圳等市股份制企业开展员工持股试点和国有企业经营者年薪制试点，探索资本、技术、管理等生产要素参与收益分配的实现方式，形成了以按劳分配为主，员工持股、科技人员的创新技术报酬、经营者年薪制等多种形式并存的分配格局。省和深圳、江门、惠州、河源等市颁布了工资增长指导线，使企业工资增长与经济发展相协调。同时引导企业采取与生产经营状况和职工劳动特点相适应的工资分配制度，较好地调动了国有企业经营者、科技人员和普通职工的

积极性，使企业初步建立起工资分配增长机制和自我约束机制。

（三）实施再就业工程与建立社会保障制度紧密结合，为国有企业改革保驾护航

推动国企改革转制，意味着计划经济体制下形成的企业冗员，尤其是部分非生产性人员需要从企业剥离出来，进入市场实现再就业。为解决国有企业下岗职工的后顾之忧，消除职工在不同所有制单位之间合理流动的障碍，广东省加快编织社会保障网络。自 1992 年以来，陆续出台了养老、工伤、失业、生育等社会保险法规和规章，逐步将社会保险延伸到各类单位与职工。截至 1999 年 6 月，全省参加养老、失业、工伤、生育保险的劳动者分别达 756.4 万、425 万、119 万、217 万人，同时加快建立 3 条保障线，确保国有企业下岗职工的基本生活，保证失业职工在一定期限内领取失业救济金；解决家庭人均收入低于当地城镇居民最低生活保障标准的生活困难。1998 年，广东省进入中心的下岗职工中有 96.5% 的基本生活得到了保障，1999 年上半年进入中心的 19.1 万下岗职工中，领取基本生活费比例达 97.5%，离退休人员也能够全部按时足额领取养老金。社会保障制度的建立为国有企业职工在不同所有制、地区合理流动创造了必要条件，有力地促进了国有企业减员增效工作的深入开展。

（四）将分流安置与强化就业服务结合起来，促进下岗职工进入市场自主择业

国有企业职工下岗后，除少部分直接退出劳动力队伍外，绝大多数人仍然要走向市场，重新谋职。为促进这部分劳动力资源的重新优化配置，广东省不断完善以职业介绍、就业培训为主要内容的就业服务体系建设，大力营建市场就业环境，促进下岗职工自主择业。截至 1998 年年底，全省职业介绍机构发展到 1477 家，其中劳动部门职业介绍机构 1049 家，形成了以华南劳动力市场信息网络为中心的职业介绍服务体系。其中，广州、深圳、珠海、汕头、佛山等市已实现市区信息联网运作，仅广州市每天上网的劳动力市场信息（含培训信息）就有 3200 多条，岗位空缺信息 2500 条。1998 年，全省劳动部门职业介绍机构共接受下岗职工求职登记 25 万人次，成功推荐就业 9 万人次。与此同时，省劳动厅研究制定了"三年百万再就业培训实施方案"，推动各地启动"五个轮子"（即劳动部门培训中心、技工学校、企业培训机构、社会办学网点和大中专院校），筹措资金，大力开

展再就业培训。广州、深圳等地筹集再就业培训经费1000多万元,并在培训领域引进竞争机制,通过政府招标"购买"培训成果的办法,为下岗职工提供减免费优惠培训。同时,将职业指导贯彻整个培训过程,从而使下岗职工择业观念有所改变,就业竞争能力明显增强。据统计,1998年全省共培训下岗职工24万人,经培训后有72%的下岗职工实现再就业。

二、面临的主要问题

在建立与市场经济相适应的就业机制和社会保障体系过程中,各地、各部门和企业都做了大量工作,但遇到的问题仍然不少。当前面临的突出问题主要有以下几点。

第一,企业与职工解除劳动关系难。据对全省13个市32家国有大中型亏损企业调查,富余职工占职工总人数的比例逐年上升,1997年为13.7%,1998年为17.9%,1999年6月上升至18.7%,由于受多种因素制约,企业难以与富余下岗职工解除(终止)劳动关系。其主要原因是:①社会保障体系不完善,国有企业以暗补形式发给职工的福利收入也不少,使职工不愿与企业解除(终止)劳动关系。广东省目前的就业增长状况决定了大多数下岗职工只能流向非国有企业,而这些企业往往因没实行社会保险,职工福利也不完善。在比较利益驱动下,即使在非国有企业已稳定就业的下岗职工,为保住原有的保险福利待遇而不愿与国企脱离劳动关系。②企业没有能力支付解除(终止)劳动关系的经济补偿资金,按规定企业与职工解除劳动关系须支付给职工经济补偿,但是由于国有企业经济效益偏差,资产变现难,其主管部门又多为行政性公司,行政部门和地方财政困难等原因,致使筹集资金难度大,企业无法支付、清偿解除(终止)劳动合同的经济补偿金(生活补助费)、集资款、拖欠的工资和欠缴的社会保险费等,从而无法与职工解除(终止)关系。如英德市23户企业因缺乏540多万元生活补助费,而不敢与1427名合同期满的职工解除合同。韶关市二棉厂因拖欠保险费1400多万元,致使职工该退休时不敢办理退休手续;该终止、解除合同的,终止、解除不了,只好采取"拖"的办法。有些企业已停产七八年,职工的劳动关系仍未解除。③一些企业领导不了解劳动政策,缺乏改革勇气,为了避免激化矛盾,不敢终止、解除劳动合同,从而导致国有企业的负担仍然较重,减员增效的目的难以达到,阻碍了国企改革的深化。由于企业与下岗职工解除劳动关系难,又导致了隐性就业的大量出现。据调查，7成左右的下岗职工在其他单位有就业岗位，其中绝大多数是在非公有制经济组织实现隐性就业，但出于自身利益考虑，下岗职工和用人单位都极力隐瞒已就业的事实，而劳动部门对非公有制经济组织还缺乏有效的管理办法，因此发现和纠正下岗职工隐性就业行为难度大。

第二，下岗职工基本生活保障资金筹集难。目前，广东省75.1%的下岗职工集中在东、西两翼和山区，65.2%分布在亏损严重的困难行业、企业，自筹资金困难，导致下岗职工基本生活保障资金和离退休人员养老金难以落实。例如，1998年9～12月湛江市基本生活保障资金需求缺口达3750万元，预计1999年缺口将更大；茂名市1998年内基本生活保障资金需求缺口也高达2675万元，"两个确保"难以保证。

第三，劳动力市场建设滞后。广东省劳动力市场发展虽然初具规模，但基础设施不配套，服务手段落后，与广东省关于建立比较灵活、发达的市场就业机制的改革目标很不相称，造成这种情况的主要原因是劳动力市场建设经费难以落实。目前，广东省劳动力市场建设主要靠自筹资金，中发〔1998〕10号文和粤发〔1998〕11号文虽明确规定劳动力市场建设经费由当地财政核拨，但由于未明确支出渠道及标准而尚未落实。

第四，扩面和征缴难，社会保险制度改革难以深入。一是缴费比例过高造成扩面难。以养老保险为例，由于现行的养老保险制度在启动时没有基金积累，同时各级财政又没有对已退休（"老人"）职工的养老金以及原固定工（"中人"）等视同缴费年限的工龄做出相应补偿，致使现有养老保险基金负担过重。为确保发放，唯有提高缴费比率。目前，广东省的各类社会保险缴费比率占企业工资总额的30%或以上。若加上住房公积金，将超过35%。居高不下的费率，增加了非公有制经济组织参保的难度。加上政府对不投保企业约束力低，劳动者缺乏监督雇主缴纳保险的谈判实力，以及部分地方政府担心影响本地投资环境而不愿主动开展工作等原因，导致社会保险扩面进展缓慢。1998年年底，全省参加养老保险的非国企从业人员只有91.83万人，占其总数的5.37%。二是征缴手段单一，欠缴情况严重。有关部门对故意拖欠保险费的企业缺乏有效的强制手段，相当部分企业（国有企业）效益下降，致使全省社会保险费欠缴严重。至1998年年末，全省累计欠缴的养老保险费已达23亿元，其中湛江市3.6亿元，广州市2.2亿元。1997年起，全省养老保险基金当年总收支第一次出现赤字2.27亿元，1998年赤字增加到3.48亿元。大部分市县当年收不抵支，社会保险的可持续发展受到威胁。如汕头市自1995年养老保险（共济）基金出现赤字以来，到1998年年末，赤字累计达1.9亿元，目前个人账户1.9亿元的账面积累实际上只有5000万元现金，社会保险支付危机已经提前出现。

第五，企业内部尚未形成灵活规范的用人机制和有效的工资激励与约束机制。首先是在用人方面，部分企业（主要是非国有企业）尚未全面实行劳动合同制度；有些虽然与职工签订了劳动合同，但没有依法进行规范管理；企业需要裁员或调整职工工作岗位时，没有及时依法变更、解除或终止劳动合同；劳动法律法规落实难度大，无法真正打破干部、工人身份界限，从而阻碍了"能上能下、能进能出"用人机制的形成。其次是在工资分配方面，由于劳动力市场不健全、国企产权制度改革不到位等原因，国有企业缺乏工资分配的自我约束机制，往往不顾企业效益，盲目增资，使企业人工成本增加。在当前国企工资分配格局中，差距过大与平均主义现象并存。一方面，部分政策性垄断性企业、行业因国家的保护政策而获取高额的工资收入，而且仍在迅速增长；而一些行业、企业，职工连最低工资都难以保障，职工收入差距不断增大。另一方面，在国企内部工资收入分配中仍存在平均主义，各岗位之间收入相对偏低，与岗位、技能和贡献相联系，突出激励功能的工资比例偏小，体现保障功能的工资收入比重偏大，未能体现效率优先、兼顾公平的原则。另外，长期以来对国企经营者实行"官员化"管理，经营者的收入与企业的经济效益、经营者的责任、劳动和贡献脱钩，挫伤了经营者的积极性；而年薪制的试点，因缺乏有效的措施和政出多门，难以推行，未能形成有效的激励与约束机制。此外，按劳分配与按生产要素分配相结合的实现形式仍在探索之中。

三、实现企业职工存量资源的市场化配置，是国企改革与发展的必由之路

通过本次调研，我们进一步深刻认识到，在国有经济布局的战略性调整和国企改革过程中，充分发挥市场对资源配置的基础性作用，不仅包括生产资料、土地、资本等物的要素，还必须包括劳动力这个决定性要素。在社会主义市场经济条件下，物的要素通过市场配置后，国有企业职工存量资源也必须通过市场实现重新优化配置，这才符合"要素一致性原则"，使各类生产要素实现优化组合，促进生产力的发展。因此，无论是企业脱困还是建立现代企业制度，所有人力资源的市场化配置都是必然选择。在这一过程中，必须重视建立完善适应市场经济发展的企业用人机制、工资

分配机制和社会保障机制。然而，长期以来，受以物为中心的传统发展观的影响，在经济工作中，重物轻人、见钱不见人的指导思想，在很大程度上影响了企业改革和发展。在新的形势面前，我们必须确立以人为本的发展观，并在以下四个方面取得共识。

（一）国有企业改革与脱困离不开职工存量资源的市场化配置

在推进国有经济的战略性重组、鼓励兼并、规范破产、推动企业的联合与重组过程中，长期以来各地往往只注重在盘活资产、产权改革、债务重组、扩大投资等方面下功夫，忽视了盘活职工存量资源这个"最活跃的因素"，致使不少亏损严重甚至停产关闭了七八年的企业，职工存量资源无法得到重新优化配置。从煤矿、制糖行业看，关闭多年的企业不少，如3年内摆脱困境，必须安置分流下岗职工6万人，纺织行业也是如此。没有职工存量资源的重新配置，就无法解决企业冗员过多、人满为患的问题，企业无法重现生机活力。因此，职工存量资源重新配置的出路在于市场，我们不能沿用计划经济时统包统配的做法来处理企业冗员，而要充分运用市场机制，把企业冗员分流出去。只有这样，企业脱困才有希望。

（二）实现职工存量资源的市场配置，必须重视建立经济补偿制度

国有企业的改革与脱困能否顺利进行，一个重要前提是解决好国有企业与职工解除劳动关系的经济补偿问题。从理论上说，原固定工属国家职工，在计划经济时期，国家为保障较高的积累水平，通过对国有企业职工工资实行严格的计划管理，职工所得仅为劳动报酬的一部分。国家通过低工资的方式，将原固定工的大部分劳动所得转化为社会投资，同时又通过广泛的福利制度保障职工获得廉价的住房、公费医疗和保障退休生活。因此，国有企业在与原固定工解除劳动关系时，应当对政府预先扣除的职工劳动所得进行一次性补偿。基于此，政府必须制定具体政策，明确从财政收入和国企资产变现收入中分别拿出一部分钱来，建立职工利益补偿机制，对解除劳动关系的下岗职工给予经济补偿。

（三）实现职工存量资源的市场化配置，必须坚持配套联动原则，深化劳动工资保险制度改革

在用人方面，除国有资产经营公司领导班子按党管干部的原则进行配

置外，其余所有员工都应当按照《中华人民共和国劳动法》的规定，由企业自主招收和使用，并通过签订劳动合同，确立劳动关系，从而在企业内部形成统一协调、优胜劣汰的用人机制。在社会保障方面，要建立健全覆盖各类企业的社会保障体系，解除劳动力在企业之间流动的后顾之忧。国有企业脱困，对减员增效剥离出来的富余人员，不具备再就业能力的，可以通过"三条保障线"保障其基本生活；对到达退休年龄或有病的，可以保障其老有所养，病有所医，真正做到维护公平，促进国有企业提高效率。广东省国有大中型企业中有200多户特困企业，退休职工多，老弱病残者也多。只有建立起统一的社会保障制度，才能形成企业公平竞争的环境。有了灵活的用人机制和完善的社会保障制度，还需要在企业内部建立健全工资分配的激励机制，才能进一步调动职工和经营者的积极性，促进企业的发展。改革开放以来，我们对企业工资分配上的"大锅饭"弊端进行了改革，但是低工资、多补贴、多福利的平均主义分配格局在企业内部没有大的改变。在产权不明晰的国企内部，又难以建立自我约束的机制，致使不同行业、企业之间工资差距拉大，政府难以调控。随着现代企业制度的逐步建立，要坚持效率优先、兼顾公平原则，把按劳分配和按生产要素分配有效结合起来，允许和鼓励资本、技术等生产要素参与企业收益，根据企业经营的业绩和风险合理确定经营者收入。必须深入研究如何建立职工持股制度，调动员工积极性，以尽快建立有效的激励机制与约束机制，防止收入过分悬殊，促进经济发展。

（四）实现职工存量资源的市场化配置，必须坚持积极稳妥、分类指导原则

广东省经济基础较好，市场机制较灵活；非公有制经济发展较快，就业压力相对轻一些，具有先走一步，加快建立适应市场经济体制的再就业机制和社会保障体系的有利条件。但是，广东省地区间经济发展不平衡，下岗职工大部分集中在经济欠发达地区和困难行业（企业），就业环境不宽松，社会保险欠账多。建立新型用人机制，必须坚持积极稳妥、分类指导的原则。总的目标是：以邓小平理论和党的十五大精神为指导，按照建立市场经济体制的要求，从1998年起，争取用5年左右的时间，建立起比较发达的劳动力市场和社会保障体系，实现下岗职工再就业市场化。具体分两步走：第一步，用2年左右的时间，实行职工下岗进中心和一步到位进市场双轨运行的办法，有条件的珠江三角洲地区可以一步到位加快向社会分

流；第二步，从 2002 年起，企业富余职工下岗不再进中心，全部按经济性裁员等有关规定，直接解除劳动关系，给予经济补偿，进入市场竞争就业，按市场规律运作。

四、若干对策建议

为实现上述目标，今后两年内，必须采取以下对策措施，加快建立职工利益补偿机制、社会保险机制、市场就业机制、工资分配机制和宏观调控机制，从而形成适应市场经济发展需要的灵活的企业用人机制，促进国有企业的稳定发展。

（一）分类指导，理顺关系，多渠道分流下岗员工，促进隐性失业显性化

针对广东省企业下岗职工的不同情况，我们提出以下分流措施，供下岗职工选择。

一是签订有固定期限劳动合同后的职工，合同期满或者企业经营发生严重困难需要经济性裁员的，企业依法与上述人员解除合同，给予经济补偿，不再进入再就业服务中心，一步到位进入市场就业。

二是签订无固定期限劳动合同的职工可以选择与企业解除劳动关系的办法，给予经济补偿，不再进入再就业服务中心；也可以选择下岗的办法，进入再就业服务中心，签订协议，变更劳动合同。

三是距离法定退休年龄 5 年以内的下岗职工，可以办理离岗退养，并由企业按规定比例，一次性为其缴纳 5 年（离退休不足 10 年的，缴到退休年龄止）养老、医疗保险费用（含个人部分），职工档案移交劳动保障部门管理。符合退休条件时，由劳动保障部门为其办理有关手续。

四是对选择进入企业再就业服务中心的，相应变更劳动合同，签订基本生活保障与再就业协议。在再就业服务中心期间实现就业或合同期满，企业可依法解除（终止）劳动合同，按规定支付经济补偿。

五是对不愿进再就业服务中心、不愿订协议、不愿接受再就业培训、不愿接受推荐就业的，不再统计为下岗职工，企业可按有关规定与其解除劳动合同。对企业联系一年以上，经告知无音讯、严重违规的人员，企业可解除关系，不再发给经济补偿金。

（二）多渠道筹集资金，尽快建立经济补偿资金制度

要继续按照中央确定的"三三制"原则筹集资金，用于保障下岗职工基本生活和缴纳社会保险费用。贫困地区财政有困难的，上级财政要给予一定的支持；个别亏损严重，无力负担的国有企业，由同级财政和社会统筹负责。在此基础上，还要广开思路，多渠道筹集资金。具体办法如下。

一是对濒临破产但尚未进入破产程序，无力支付下岗职工解除劳动关系的经济补偿金的困难企业由财政先行垫付经济补偿金，支持企业与下岗职工解除劳动关系；待企业产权转让或资产出售时作价抵偿。

二是在保障进入中心的下岗职工基本生活的前提下，允许有条件的地方将部分基本生活保障金转为支付经济补偿金及拖欠的工资等，帮助企业依法终止、解除劳动关系。

三是从财政年度收入的增量部分中按一定比例划出一笔资金，用于支付经济补偿和社会保险费用。

四是尽快出台具体的、可操作的关停并转企业和改制、破产企业处置公有财产及对社会保险基金划拨补偿的政策，完善运作机制，增强社会保险基金的储备和支付能力。

（三）理顺经济补偿政策，提高资金使用效益

在筹集资金的基础上，必须针对经济补偿适用政策、标准不一致等问题，进一步明确经济补偿原则，理顺经济补偿政策，规范补偿标准，适当调整资金用途，形成利益补偿机制，进一步提高国有企业下岗职工基本生活保障资金的使用效益。

一是明确经济补偿定义和范围。经济补偿是指因企业原因导致职工丧失工作和经济来源而做出的必要补偿。因此，对企业内部不规范的挂名、部门和企业之间工作调动或企业改制（如企业被兼并、租赁）中法人变更而相应变更劳动合同的，用人单位可以不支付经济补偿金。

二是以《中华人民共和国劳动法》及其配套法规规章为依据，对《广东省劳动合同管理规定》中有关经济补偿的条款进行调整，明确劳动合同期满或约定的劳动合同终止条件出现时，企业无须支付生活补助费。同时，建议国务院取消1986年颁发的关于劳动制度改革"四个暂行"规定中有关生活补助费的规定，允许各地按照经济发展水平，合理确定经济补偿金的计发标准。

三是重新明确有关补偿政策。企业解除劳动合同或经济性裁员时,应按职工在本企业的实际工作年限(原固定职工未改制前在企业单位之间调动工作,其工龄可前后连续计算),每满一年,给予企业上年度职工一个月工资的经济补偿金,在清理内部劳动关系时,除挂名、违纪被除名外,企业可按解除劳动关系的职工在本企业的实际工作年限(因个人原因离开企业期间,或因企业停薪留职期间未按协议缴纳社会保险和服务费期间,不计算为经济补偿年限),每满一年发给一个月的经济补偿金(本人解除劳动合同前12个月的月平均工资。没有岗位的,按企业月平均工资的标准支付)。

(四)加快建立适应现代企业制度需要的用人机制

要按照《中华人民共和国劳动法》的要求,严格规范和界定企业内部各种形态的劳动关系,完善劳动合同管理,加快建立与现代企业制度相适应的企业用人机制。

一是按照《中华人民共和国劳动法》规定,全面实行劳动合同制,彻底打破企业干部、工人身份界限。企业与所录用的员工应当在平等协商的基础上订立劳动合同。除国有企业经营者按省委印发的企业领导班子管理办法执行外,政府有关部门不能干预企业用人自主权,不能向国有企业下达干部指标,往职工身上贴上干部标签。企业所有人员都是企业员工,由企业根据生产经营需要安排或调整工作岗位,真正做到能上能下、能进能出。

二是规范企业劳动合同管理。要取消停薪留职、挂名、"两不找"、长期放假、长期因私出国人员等6种劳动关系形态。规范界定后保留下岗职工、离岗退养、病休、脱产学习、女职工生育休假、入伍6种劳动关系形态。企业要与除挂名以外的上述其他人员协商,能够安排上岗的,企业要安排其上岗。不能够安排上岗的,属原固定工的可安排下岗进中心或按协商的其他办法处理,属合同制员工应按《中华人民共和国劳动法》规定解除劳动关系。非企业委派的脱产学习,要回原单位工作或解除劳动关系。对成建制劳务输出人员按企业在职职工劳动合同管理;对长期外借人员应当与借用单位协商,与原单位解除劳动关系,与借用单位签订劳动合同,并办理社会保险关系转移手续;跨统筹范围流动的,应当办理养老保险个人账户基金转移手续。

三是指导企业建立健全劳动合同管理相关制度,包括完善职工培训、考核、任用，奖惩相结合的动态管理制度，建立和规范辞退、裁员和职工辞职及相应的经济补（赔）偿制度，形成职工能进能出、能上能下、优胜劣汰的新型用人机制。

（五）建立"市场机制调节、企业自主分配、职工民主参与、政府宏观调控"的新型企业工资机制

要健全市场决定工资机制，建立劳动力市场价位指导制度，引导企业合理确定工资水平，缩小行业间不合理的工资差距，合理拉开不同岗位的收入水平，体现效率优先、兼顾公平的原则。要积极推行劳资双方集体协商决定工资机制，培育市场化的工资决定主体，协调劳资关系。改进和完善国有企业的工资宏观管理，加强对垄断性行业工资增长的控制和调节。在推进企业产权改革过程中，注意培育企业工资分配的自我约束、自我调节机制，使企业工资合理增长。继续探索实行按劳分配与按生产要素分配相结合的分配方式，允许和鼓励资本、技术等生产要素参与企业收益分配，提倡和实行经营者持股和员工持股经营，使企业和职工形成一个新的利益组合体，增强企业分配的自我约束力。推行企业经营者年薪制，使经营者的收入与职工分离，根据企业规模大小、经营难度、风险、效益等合理确定其收入，加强监督和审计，建立、完善经营者激励和约束机制；同时，要完善企业最低工资标准制度和企业欠薪保障制度，保障职工的基本权益。加强个人所得税征管措施，防止收入的过分悬殊，形成公平、合理的社会分配制度。

（六）加快劳动力市场的建设和管理，促进人力资源通过市场实现优化配置

一是要按中央有关规定落实劳动力市场建设经费，各级地方财政要把劳动力市场建设经费纳入地方财政预算。加大公共职业介绍机构建设的投入，加快建设以职业介绍为主要内容的综合性的劳动力市场信息网络建设，争取在2000年前实现地级以上市和发达地区的县（市）级联网，2002年实现全省县以上城镇联网。在此基础上，强化服务功能，对城乡劳动者和用工单位编制统一的劳动编码，将失业登记、职业介绍、档案挂靠、职业培训、技能鉴定、政策咨询等各项服务功能结合在一起，形成一体化的就业服务体系，为实现劳动就业电脑化管理和优质服务创造条件。

二是要全面建立职业指导制度，有针对性地帮助下岗职工制订参加培

训和实现再就业计划，提高培训合格率和再就业成功率。积极尝试利用再就业基金实行政府"购买"培训成果等方式，在下岗职工培训领域引入竞争机制，提高培训再就业率，推动培训与就业的紧密结合。

三是要加快立法，健全劳动力市场运行规则，进一步规范市场主体行为。要加快《广东省促进再就业条例》《职业介绍管理条例》《企业欠薪处理条例》《劳动监察实施办法》《就业准入规定》等法规的出台，为规范市场主体行为，维护市场秩序创造条件。要全面落实《广东省流动人员就业管理条例》，根据条例研究解决非公有制经济组织招聘人员、劳动合同、社会保险、退休手续办理等问题，使非公有制经济组织劳动管理规范化；要全面实行劳动年审制度、用工许可证制度、岗位空缺申报制度和职业资格证书制度，加强劳动执法力度，为劳动力在各种所有制和不同地区之间合理有序流动创造良好的社会环境。

（七）进一步深化社会保障制度改革，健全社会保障体系

一是建立和完善社会保险登记与年检制度，使社会保险登记证与工商登记证、税务登记证一样成为企业资信的重要标志，由社会保险部门每年定期对用人单位依法登记、申报、缴纳社会保险费的情况进行年检，年检合格的发给年检证。用人单位办理招聘或调入员工手续，办理工商登记证年检、税务登记证年检等，均应向有关部门提供社会保险年检证。

二是逐步降低社会养老保险费的缴纳比例，扩大保险覆盖面，要在3年内使养老保险费费率下降3至5个百分点，同时采取各项积极措施，把各项保险覆盖面扩大到城镇各类用人单位。

三是实行政策倾斜。针对私营企业职工、个体工商户及其雇工实施养老保险时间较短的实际情况，对其中年龄偏大、到达法定退休年龄时累计缴费年限（含视同缴费年限）不符合按月领取基本养老金条件的参保人员，允许其一次性缴纳基本养老保险费；或经本人申请、社会保险部门批准后延期办理基本养老金领取手续。但缴纳或延长时间最短不得少于1年，最长不得超过5年。

四是改革社会保险基金的征缴办法，尝试以税务代收方式，加大征缴力度，并创造条件，逐步将各个保险纳入税收范围，扩大覆盖面，同时将扩面作为考核地方政府政绩的重要指标，加强组织领导，解决好社保机构的突出问题，进一步加快社会保险事业的现代化建设。

（八）切实加强领导，强化劳动力市场的宏观调控，保持社会稳定

一是落实各项扶持政策，积极培育新的经济增长点，广开就业门路。大力发展非公有制经济和第三产业特别是教育、新闻、旅游、广告、物业管理和社区服务业，支持劳动服务企业通过向第三产业的渗透和试办连锁经营，扩大下岗职工就业领域和渠道，增加就业机会。各有关部门要顾全大局，消除偏见，认真落实中央和省有关扶持下岗职工再就业的一系列优惠政策，以增加就业需求。同时，要通过大力发展教育产业，特别是在高校扩招后，大力发展高中阶段的教育，包括普通高中、中专和技工学校的教育，全面实行劳动预备制度，有效调节劳动力的供给，把失业率控制在社会承受范围内。

在鼓励竞争的同时，要注意保护在竞争中处于弱势地位的特殊群体，主要是下岗职工中生活无保障而又有就业意愿的人员，以及长期失业的人员，以维护社会的安定团结。

要进一步加大劳动监察力度，加强对企业用人行为和职介机构行为的监督，杜绝劳动力市场上的歧视现象和非法中介行为；要落实社会保险扩面责任制，确保社会保险扩面增收任务的顺利进行，促进社会保险事业的发展，加快健全覆盖全社会各种所有制身份人员养老、失业、医疗等基本险种在内的社会保险体系，为深化经济体制改革、推动经济发展和社会进步、维护社会稳定提供可靠的安全屏障。

第四节　隐性就业现象透视[①]

1998年7月下旬，我们赴江门、肇庆两市及其所辖的新会、恩平、鹤山、四会、广宁五县（市）对企业下岗职工基本生活保障和再就业工作进行了专项调查，发现下岗职工的情况比较复杂。要迅速落实中央和广东省关于保障国企下岗职工基本生活和再就业工作会议精神，切实保障下岗职工基本生活，并进行有效的管理，必须对下岗职工进行具体分析，尤其要注意分析下岗职工中的隐性就业现象，以便找到有效的解决办法。

---

① 本文写于1998年7月。笔者在深入调研、广泛听取意见的基础上，总结了各地的经验，首次提出广东解决下岗职工再就业的工作思路，被省领导肯定和多次引用。

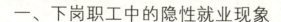

一、下岗职工中的隐性就业现象

中央已明确，所谓下岗职工是指，因企业生产经营等原因而下岗，但尚未与企业解除劳动关系，要求工作而在社会上还没有找到工作的正式职工。按此概念进行统计，1998年上半年江门市国企下岗职工10866人，已分流6038人，分流率为55.6%；下岗未就业5350人，其中进入再就业服务中心2665人，占49.8%。肇庆市国有企业下岗职工累计达27206人，其中已分流11051人，分流安置率为40.6%；下岗未就业职工16155人，其中进入中心的1920人。两市在实施再就业工程方面做了大量工作，但下岗职工进入中心的人数还较少，原因是什么？我们在调查中进行了深入分析，发现下岗职工目前存在以下三种状态：一是下岗后已经分流，实现再就业，即统计表中已分流的人员；二是本人要求就业，但尚未再就业；三是没有就业愿望、尚未解除劳动合同的人员。后两种人属于统计表中的下岗职工，应进入再就业服务中心。

但是，目前下岗职工进入再就业服务中心的还比较少，主要有以下三个原因。一是相当一部分长期下岗职工领取生活费后，在社会上又找到新的工作，却不肯公开，属于隐性就业，因而不愿回企业进中心。二是企业要求下岗职工进中心后，每周至少要回单位两次，名曰开会、学习。下岗职工因领生活费少，生活无保障，担心进中心"困身"。三是中心刚成立，工作不到位，下岗职工对再就业服务中心不了解，认为进中心没什么好处，特别是担心满3年后被解除劳动关系，生活无保障，因而不愿进中心。对第一种隐性就业情况，必须深入分析，找出解决的办法。后两种情况是下岗职工对再就业服务中心不理解和企业工作不到位、采取的一些措施不适当造成的，可以通过加强宣传教育和改进工作，动员下岗职工进入服务中心。

二、下岗职工隐性就业现象产生的根源及特征

在调查中，我们发现，企业下岗职工隐性就业，实质上是企业机制转换进程中出现的一种过渡的特殊就业现象。江门、肇庆两市下岗时间较长的职工，隐性就业为5成以上。四会市广宁县下岗职工1508人，隐性就业为80%以上。产生这一现象的深层原因是：①企业生产不景气，冗员增多，政府为确保社会稳定，鼓励企业内部消化，限制企业将富余职工推向社会，

在这一情况下出现了放长假的长期下岗职工。②非国有经济的发展，为下岗职工提供了较多的就业岗位，但目前非国企一般不能提供住房、医疗、养老保险等一系列的保险福利待遇，如果下岗职工保留了与原企业的劳动关系，则意味着可以继续享受原企业的住房及部分工资和福利待遇；一旦非国企前景不妙，可以退回国有企业。因此，下岗职工即使在社会上已找到新的工作，也不会轻易地解除与国有企业的劳动关系，而采取隐蔽就业形式。③由于国有企业生产不景气，债务重，加上社会保障制度不完善，若与下岗职工解除劳动关系，必须依法支付经济补偿金及部分社会保险费和安置费，不少亏损企业、关停企业支付不了，只好与在社会上已就业的下岗职工保留劳动关系。这就是隐性就业现象产生的主要原因。

由此可见，隐性就业的下岗职工虽然与原企业生产资料呈分离状态，但实际上他们通过市场调节，已参与社会劳动并获得一定的劳动报酬，而政府还没有对其进行有效的管理。其主要特征如下。

（1）以隐蔽形式到原企业之外就业。隐性就业者往往以下岗职工身份出现，表面上没有工作，实际上在原企业（单位）之外从事着有收入的社会劳动。

（2）隐性就业形式多样，有的到非公有制单位工作，每月有工资收入；有的已领取个体、私营企业执照；有的到企业当临时工、季节工；有的到个体、私营企业帮工；有的从事贩运、环卫等散工、钟点工等。

（3）隐性就业主要受市场调节。下岗职工面对生活重负，敢于向命运挑战，进入市场竞争就业，风险大，不稳定，收入高低悬殊。

（4）存在着双重劳动关系，政府难以进行有效管理。下岗职工在原企业没有工作，一方面还与企业保留劳动关系，但另一方面又到其他企业单位工作，因而公开身份（下岗人员）与实际身份（有业人员）不一致，所从事的工作有其隐蔽性。政府难以判定他们是就业还是下岗未就业，无法进行准确统计并纳入有效的管理。

三、如何正确对待下岗职工的隐性就业

在体制转轨过程中，隐性就业是国有企业及其下岗职工一种无奈的选择。从现实来看，这部分人隐性就业基本上是生活所迫，就业的质量相差很大。在现阶段，这种现象的存在，既有一定的消极影响，也有一定的合理性。

下岗职工隐性就业的消极影响主要表现在以下四方面。①"两头沾"，既在社会上从事有收入的工作，又在原单位领取下岗生活费，占用了有限的下岗职工基本生活保障资金。②影响国有企业的效率。下岗职工通过隐性就业，一只脚已迈向市场，另一只脚却停留在原企业。他们不为原企业创造利润，却享受一定的医疗、保险福利待遇，甚至领取部分工资（生活费），使原企业无法减轻负担，减员增效。③存在"双重"劳动关系，一旦因疾病、工伤、死亡等引发重大劳动争议，不易处理。④不利于政府部门对就业与工资收入进行准确的统计和有效的管理。如果把他们当作失业职工来统计，往往夸大了失业程度，影响政府宏观决策的准确性。

然而，下岗职工隐性就业现象的存在，在现阶段有其特殊性和一定的合理性，主要表现在以下四方面：①下岗职工主动转变观念，敢于面对市场，自主择业，有利于促进就业机制的转换；②下岗职工主动通过市场寻找工作，有利于企业减少冗员，减少部分工资支出，减轻改革的阻力；③在企业无力支付经济补偿的情况下，下岗职工采取与原单位保留劳动关系，另找工作的做法，是一种"两利"的可行的过渡办法，它在一定程度上优化了企业劳动力资源的配置，推动了企业的改革；④增加了下岗职工的收入，改善了他们的生活，在一定程度上减轻了政府的负担。

综上所述，我们应当认识到，下岗职工隐性就业是体制转换过程中的一种过渡就业形式。它的存在既有其局限性，也有其合理性、必要性。在当前的再就业工作中，我们必须对具体情况进行具体分析，寻找对策，因势利导，逐步使隐性就业显性化，并采取有效措施，实行有效的管理，不宜要求全部隐性就业人员回原单位进再就业服务中心坐领生活补贴。

四、当前解决下岗职工进中心和隐性就业问题的对策选择

为确保国企下岗职工进入再就业服务中心达100%，并确保他们的基本生活和做好分流安置工作，我们对下岗职工进中心问题，应从实际出发，本着"先分流、后下岗，少进中心，快出中心，分类指导，突出重点，确保生活，促进就业"的工作方针，因势利导，做好以下几项工作。

（1）各级劳动部门要指导企业尽快建立再就业服务中心，建立管理制度。逐个摸清下岗职工情况，完善下岗登记制度，分类登记造册。原则上，所有下岗未就业职工，包括有就业要求和没有就业要求的，一律要进入再

就业服务中心，发给下岗证；对已分流的下岗和停薪留职人员，不要安排进入中心。

（2）对隐性就业的下岗职工，经本人申请，可安排进入中心。进入中心后，一旦发现其有相对稳定的工作和收入的，应积极创造条件，给予政策扶持。例如，给予一定时间的适应期，然后逐步解除劳动关系，鼓励他们公开走上新的就业岗位。

（3）再就业服务中心对下岗职工要进行分类管理。对下岗未就业职工，要签订协议发给生活费，代缴各项保险金，给予免费培训及提供就业服务；对在社会上已找到工作，取得营业执照或有稳定收入的下岗职工，应通过签订协议，明确暂时保留劳动关系，但不发生活费，自己把应缴纳的各项保险金交中心代缴；对从事临时性非正规就业的下岗职工，可通过协商来确实介于上述两者之间的一些待遇。

（4）再就业服务中心要尽快健全工作制度，规范和完善对下岗职工的管理，发挥其应有的作用。对不需中心负责培训和推荐就业的，一个月只要求回企业报到一次即可；对需经培训再就业的，可按培训计划实施；对不愿再就业的，只保3年生活费，3年期满即可解除劳动关系；对拒绝进入中心的，企业可与其协商解除劳动关系。

（5）对下岗后已分流安置的职工，以及请长假、主动自谋职业的职工，统计为下岗分流职工，可不进再就业服务中心，但服务中心应协助其办理档案挂靠，为自谋职业提供服务。办理停薪留职合同期未满的和合同期满不愿回企业的职工，不属于下岗职工，可协商办理保留或解除劳动关系，中心应当协助办理档案挂靠手续。

第五节　解决隐性就业的对策选择[①]

当前，在推进经济结构调整和深化国企改革的过程中，不少企业职工下岗后，在与原企业没有解除劳动关系的情况下，便在社会从事有报酬的劳动，人们把这种现象称为隐性就业。据调查，广东下岗职工隐性就业比较普遍，隐性就业率为50%以上。这种现象有利有弊，如何正确认识这一特殊现象，采取适当政策，选择恰当的时机，逐步使隐性就业显性化、市

---

① 本文是笔者于1998年8月带队到汕头市、揭阳市调研后写的短文，发表于《粤港信息日报》1998年12月20日。

场化，是当前实施再就业工程中必须解决的难题。笔者拟从分析其成因入手，提出解决的对策，以便共同探索出解决这一难题的途径和办法。

一、隐性就业的成因及其特征

下岗职工隐性就业，是现阶段企业转换经营机制过程中出现的一种过渡性的特殊就业现象。据笔者对汕头、揭阳等市的调查，下岗时间较长的职工，隐性就业率为5成以上，个别地区隐性就业率更高。产生这一特殊现象大致可归纳为以下四方面的原因。

1. 企业方面

由于国有企业生产不景气，债务重，开工不足，致使富余人员增多，企业不堪重负。若与下岗职工解除劳动关系，将他们推向社会，职工不肯接受；即使职工接受了，不少亏损企业也没有能力依法支付经济补偿金和欠缴的保险费。这一情况迫使企业只能采取停薪留职或放长假的办法，即安排职工下岗，又与职工保留劳动关系，让其到社会上自谋职业。

2. 社会方面

随着改革开放的不断深入，广东省形成了多种经济成分并存的格局。尤其是非公有经济的发展，为下岗职工提供了许多就业岗位。非公有制企业看中了下岗职工人工费用低廉这一优势，乐意从下岗职工中选优录用有一定专长的人员。这样一来，新的用人单位不仅可以减少工资福利方面的支出，还可以减少支付各项社会保险费、岗位技术培训费。据测算，企业正式招用1名年薪1万元的职工，每年还要为其支付各项保险福利费5000元以上。招收隐性就业人员起码可免交上述保险福利费用，节约人工成本支出。

3. 下岗职工方面

下岗职工之所以乐于隐性就业，主要是出于自身利益方面的考虑。隐性就业既可以使他们获得额外的经济收入，还可以照领政府规定的基本生活费。不仅如此，目前非国有企业一般不能提供住房、医疗、养老等一系列的保险福利待遇，如果下岗职工保留了与原企业的劳动关系，则意味着可以继续享受原企业的住房与部分保险福利待遇。一旦隐性就业前景不妙，可以退回原企业。因此，下岗职工选择了"脚踏两条船"的办法，即使在社会上已找到新的工作，也不会轻易地主动解除与原企业的劳动关系，而采取了隐蔽的就业形式。

4. 政府方面

各级政府为了确保社会稳定，对企业富余职工一向采取过于温和的、包办过多的政策，限制企业将富余职工推向社会，因而对下岗职工的劳动关系一直难以解除，错过了解决这个问题的大好时机；加上在社会保障制度不完善，劳动力市场不健全，下岗职工急剧增多的情况下，采取了建立再就业服务中心的过渡性措施，造成一部分下岗职工实际上已自谋职业，但尚未与原单位解除劳动关系，于是又返回企业进入中心领救济，"两头沾"。

从以上的分析可以看出，隐性就业的下岗职工虽然与原企业生产资料呈分离状态，但他们通过参与市场竞争，已在社会上找到工作，并获得一定的劳动报酬，关键在于还与原企业保留劳动关系，增加了原企业的负担，政府也难以对其进行有效的管理。

二、如何正确看待下岗职工的隐性就业

从现实来看，隐性就业是体制转轨期间国有企业及其下岗职工的一种被动选择。下岗职工隐性就业基本上是为生活所迫，就业的质量差异很大。这种现象的存在有一定的合理性。但是，它的存在与发展，不可避免地会对社会经济带来许多消极影响，主要表现在以下四方面。①影响在职职工积极性。下岗职工既在社会上从事有收入的工作，又在原单位领取下岗生活费，不仅占用了有限的下岗职工基本生活保障资金，而且两部分收入加起来往往要高于甚至远远高于在职职工的收入，因而影响了在职职工生产经营的积极性，使人心涣散，不利于提高企业生产效率。②影响国有企业实现减员增效。下岗职工通过隐性就业，一只脚已迈向市场，另一只脚却仍留在原企业。他们不为原企业创造利润，却仍享受一定的医疗、保险福利待遇，甚至领取部分工资（生活费），使原企业无法减轻负担、实现减员增效，甚至会妨碍企业改制，在一定程度上制约着经济结构的调整。③不利于有效保护其合法权益。由于隐性就业者与新的用人单位没有法定的劳动关系，在事实上却存在"双重"劳动关系，一旦因疾病、工伤、死亡等原因，引发重大劳动争议，劳动者的正当权益难以得到法律维护，随着时间推移，将会成为社会不稳定的因素。④不利于政府部门对就业与工资收入进行准确的统计和有效的管理。隐性就业是一种无序就业。目前，统计上仍然把下岗职工当作企业职工统计，但企业又没有对他们进行管理，如

果把他们当作失业职工来统计，往往夸大了失业程度，增加了政府不合理的经济负担，影响政府宏观决策的准确性。

综上所述，我们认为下岗职工隐性就业是体制转换过程中的一种特殊形式。它的存在虽然有一定的合理性，但如果任其发展下去，其负面影响是十分明显的。在再就业工作中，我们必须正视矛盾，必须对具体情况进行具体分析，选择时机，寻找对策，因势利导，逐步使隐性就业显性化、市场化。

三、当前解决隐性就业的对策选择

下岗职工隐性就业的隐患在于长期保留同原企业的劳动关系，如果任其长期发展下去，势必导致优不胜、劣难汰，拖延国企改革时机，使问题越积越多，负担越来越重，关系难以理清，结构渐趋恶化。如果不妥善解决这个问题，推动下岗职工进中心的工作就会失去意义，中央提出的"鼓励兼并、规范破产、下岗分流、减员增效和实施再就业工程"的方针就难以实行。如果现在不着手研究解决，拖延下去，成本和风险就会更大。因此，必须尽快研究对策，选择时机，有步骤地妥善加以解决。

第一，要有明确的指导思想。解决隐性就业问题，不能一蹴而就，必须坚持按照发展社会主义市场经济的原则要求，明确工作方向，选择恰当的方法。具体来说，要坚持贯彻"鼓励兼并、规范破产、下岗分流、减员增效和实施再就业工程"的方针；坚持"在国家政策指导下，劳动者自主择业，市场调节就业，政府促进就业"的市场就业方向；坚持贯彻《中华人民共和国劳动法》和实行劳动合同制度改革的有关规定，坚持依法办事，保护企业和劳动者双方合法权益的原则；坚持积极稳妥、分类指导、分步实施、平稳过渡的办法。

第二，要按照"先中心外，后中心内"的步骤，分别选择不同时机，分类分步解决。所谓"中心外"，是指已安排下岗，但尚未进入中心的隐性就业者。对这部分人，可区分不同情况，采取措施，解除劳动关系；对那些办理停薪留职，长期脱离企业的"两不找"人员，已有比较稳定的工作和收入的，应劝其与原单位解除劳动关系，并协助其同现用人单位签订新的劳动合同，转移劳动关系；对实行劳动合同制后参加工作的人员，合同期满应终止劳动关系，让其直接进入市场，按规定给予经济补偿；对不愿意进入再就业服务中心或不愿意与中心签订协议的下岗职工，可与之解除

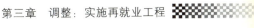

劳动关系，给予经济补偿，让其自谋职业。

所谓"中心内"人员，是指已进入中心的下岗职工。推动这部分人实现向市场就业的过渡，须采取稳健的做法，不宜"一刀切"。笔者认为，在操作上，可依据不同的年龄段及就业稳定程度，采取特殊形式的市场就业办法，逐步分流。

第三，再就业服务中心要尽快健全工作制度，充分发挥整体功能，规范和完善对下岗职工的管理，创造条件，逐步推动下岗职工向市场就业过渡。中心应加强下岗职工的分类管理，要根据下岗职工就业意向和市场需求，加强就业指导、转业培训和职业中介，对需经培训再就业的，应按培训计划实施，并积极推荐就业。对经3次推荐力所能及的工作，本人不接受的，可解除劳动关系；对不愿再就业的，只保3年生活费，并逐年递减，3年期满即解除劳动关系。中心应积极开展档案挂靠业务，为下岗职工流动就业、自谋职业提供服务。

第四，劳动部门要制定统一规范的、鼓励下岗职工走向市场、自谋职业的过渡性政策。例如，对自谋职业的下岗职工，解除与原单位的劳动关系后，可以发放一次性安置费，一次性安置费原则上按照所在地职工上年平均工资收入的2～3倍发放；对愿意解除劳动关系，返回小城镇或农村开发荒山荒地，从事农林牧业的，除享受一次性安置费外，可加发一定数量的安置补助费，并享受当地农民的土地使用权和承包权。对用人单位招用下岗职工，并签订2年以上劳动合同、建立稳定劳动关系的，可从再就业基金中给予工资性补贴；达到了一定比例的，给予税收优惠；要研究建立小额贷款制度，对下岗职工从事个体经营或开办小企业的，给予小额贷款支持；等等。

第五，要进一步健全企业经济性裁员制度，堵住隐性就业的源头。早在1994年，原劳动部就依据《中华人民共和国劳动法》，颁布了《企业经济性裁减人员规定》及经济补偿办法。但近几年，各地一般不实行裁员办法，使下岗失业公开化，而是采取下岗分流进中心的办法，使失业隐蔽化，导致隐性就业增多。建议各地要制定与裁员规定相配套的失业补偿、社会保险、解除劳动关系、鼓励自谋职业等相关措施，使失业治理公开化、市场化，避免隐性就业数续增。

第六，政府要为隐性就业显性化，顺利完成再就业工程提供保障。一是通过政府财政预算，注入资金，对没有支付能力的企业与下岗职工解除劳动关系，给予一定的资金支持；二是通过调整经济结构，发展第三产业和非公有制经济以及中小企业,培育新的经济增长点,扩大就业门路,增加就业机会;三是通过立法,全面深化社会保障制度配套改革,包括建立统一的养老、医疗、失业、工伤保险制度,使每一个下岗职工到哪里就业都可以做到老有所养、病有所医、失业有保险、生活有保障,以解除其后顾之忧,为顺利向市场就业过渡创造条件;四是各级党政领导要加强协调,要求各有关部门落实上述方方面面的优惠政策。各部门要根据自身的职责,制定并公布下岗职工再就业显性化后可享受哪些优惠政策,要按照哪些具体程序,到哪些部门办理手续,以促进下岗职工再就业市场化。

第六节　再就业服务中心要跟上时代发展步伐[①]

在企业建立再就业服务中心(以下简称"中心")是党中央的一项重大决策,是保障下岗职工基本生活和促进再就业的有效措施。1998年来,广东省各地积极贯彻中央10号文,推动有下岗职工的企业全部建立中心,要求所有下岗职工全部进入中心并得到基本生活保障,这个阶段性目标已经实现。然而,中心的最终目标是帮助下岗职工实现再就业。如何规范中心运作,充分发挥其整体功能,加快建立与市场就业相衔接的运作机制,促进下岗职工再就业,是目前急需研究并解决的一个重要问题。

当前和今后一个时期,再就业服务中心工作应当按照发展社会主义市场经济的要求,坚持改革方向,在健全制度、规范运作、确保下岗职工当前和今后基本生活的基础上,不断调整工作重点,改变以往单纯发放生活费的做法,防止"养懒汉"机制的形成,把工作重点转移到充分发挥中心的整体功能、千方百计促进再就业上来,逐步形成提前分流、就业指导、技能培训、职业介绍、劳务派遣为主要内容的与市场就业相衔接的运作机制,推动下岗职工走向市场,加速分流安置。

第一,要把好"入口关",提前分流。中心要根据下岗职工的不同情况,制定分类管理,逐步分流办法。在下岗职工进入中心前,要认真筛选,扎扎实实按照粤劳明电〔1998〕11号文规定,对以下几种人实行提前分流:①对距法定退休年龄5年以内的,由企业按规定直接办理内部退养;②下岗后已取得营业执照、从事个体经营、开办私营、合伙企业的,不安排进中

---

① 本文是笔者应《广东财政》杂志社的约稿而写的一篇文章,发表于《广东财政》1998年第12期。

心，可协商解除劳动关系，给予经济补偿；③停薪留职合同期满不愿回本企业且本人有可靠生活来源而自愿请长假的，可不进中心，依法解除劳动关系，让其进入市场；④对无故不愿意进入中心或不愿意签订基本甚或保障和再就业协议的，视同本人无就业要求或已从事有报酬劳动，可依法解除劳动关系，提前分流。通过认真把关、提前分流，既可以保证进入中心的下岗职工都是真正有就业意愿而确实就业有困难的人员。这样既可以确保其基本生活，又可以促使他们转变观念进入市场竞争就业。

第二，要加强管理与规范运作，逐步使隐性就业显性化、市场化。由于历史原因，近年来广东省不少企业安排职工下岗时，尚未建立中心，不少职工下岗后已通过多种渠道分流安置。建立中心后，有一些已在社会上从事有报酬劳动的下岗职工隐瞒事实，又进入中心。对这类情况，中心要通过落实登记建档制度，加强调查摸底，加强与街道组织的联系，对确认已从事有稳定工作和收入的，要劝其解除协议，离开中心，与新的用人单位订立劳动合同或自谋职业；对进入中心后的下岗职工，在协议期内被其他单位招用或自谋职业的，应解除协议，同时解除与原企业的劳动合同，使隐性就业显性化。

第三，要加强就业指导，引导下岗职工转变就业观念，推动他们主动走向市场竞争就业。目前，不少职工对下岗、失业缺乏正确认识，进入中心后仍然存在等、靠、要的思想观念，不是积极主动地去寻找就业岗位，而是想依靠政府安置就业；甚至有些人对就业岗位还十分挑剔，政府介绍的岗位不愿意去。这里面有个重要原因是就业观念陈旧。中心要加强对下岗职工的就业指导，转变其就业观念，把再就业的视野扩展到非公有经济；要改变过去等、靠、要的思想观念，依靠自己自强自立，积极主动地进入市场，寻找适合自己的就业岗位；要改变过高的择业标准，降低自己不切实际的过高的择业要求以适应市场需求。总之，要组织下岗职工学习政策，认清形势，转变过去在就业范围、择业标准和就业形式上的旧观念，树立正确的择业观，鼓励下岗职工尽快走进市场，多渠道竞争就业。

第四，大力开展转业转岗培训，提高下岗职工参与市场竞争就业的能力。当前下岗职工普遍存在年龄偏大、技能单一、文化素质偏低等问题，参与劳动力市场竞争的能力比较弱，这直接制约了他们走出中心、参与市场就业竞争的主观能动性。通过开展转业转岗培训，提高下岗职工的职业技能水平，增强其再就业能力，是帮助下岗职工走出中心、参与劳动力市场竞争的关键一环，也是再就业服务中心应重点抓好的工作。中心应为进入中心的每个下岗职工制订符合下岗职工情况、切实可行的转业转岗培训计划,并认真组织实施。培训的内容要突出反映劳动力市场的需求,把实用性和是否能直接帮助下岗职工再就业作为培训内容的原则,努力做到学有所用。培训形式要灵活多样。要善于借助社会力量进行培训,除少数中心可以自己开展培训活动或利用企业、行业办的技工学校、培训中心开展培训外,大多数中心应组织下岗职工到当地劳动部门举办的职业培训机构参加免费培训,对无故不愿参加培训者,视为无就业要求,停发其基本生活费,从而促使他们积极参加培训,掌握一技之长,实现竞争就业。

第五,中心要与当地劳动部门举办的就业服务机构建立密切联系,疏通"出口"。各地的再就业服务中心都应打破封闭、半封闭的运行状态,与社会就业服务机构,特别是当地劳动部门举办的就业服务机构建立经常性的密切联系,充分利用社会就业服务体系的信息资源,为下岗职工提供及时、准确的就业服务。通过与劳动部门举办的就业服务机构加强联系,广泛收集用人需求信息,并进行分类整理,筛选出适合本中心下岗职工再就业的信息,定期进行发布。组织下岗职工到劳动部门举办的职业介绍机构,接受职业介绍,或是参加为下岗职工举办的职业介绍专场或供需见面会,帮助下岗职工尽快找到用人单位。还可以在劳动部门的组织协调下,开展劳动输出活动,组织下岗职工到一些用人单位进行临时性工作;也可以和社会就业服务体系相衔接,组织下岗职工参加社区服务工作。对3次不接受中心介绍、安排的力所能及工作的,劝其解除劳动关系,给予经济补偿。

第六,各地要加强劳动力市场建设,为下岗职工进入市场择业提供优质服务。当前要着重抓好劳动力信息网络建设,大中城市市区职业介绍机构要实现电脑联网,并争取在两三年内与华南劳动力市场信息网实现联网。目前通过市场中介介绍实现就业的下岗职工数量甚少,主要原因是政府举办的职业介绍机构没有主动、定期地与中心沟通提供信息;中心也没有主动、及时地与各职业介绍机构加强联系,造成信息堵塞。今后双方要加强沟通,充分运用现代化先进手段,向广大下岗职工提供及时、准确的劳动力供求信息,形成与市场就业相衔接的营运机制,为他们参与市场就业竞争提供信息引导,帮助他们尽快实现再就业。

总之,再就业服务中心是我国经济体制改革过程中的新事物,它在保障下岗职工基本生活和促进再就业方面已初步发挥应有的作用。今后要顺应市场经济发展要求,针对运行中存在的问题,采取上述对策,抓紧建立、完善与市场机制相衔接的运作机制，使它更好地发挥整体功能，完成其历史使命。

【专栏参阅6】再就业工程

随着劳动合同制的全面实行和固定工制度改革的深化，国有企业出现了大量因终止解除劳动关系的富余人员。这些富余人员需要通过社会分流安置，因而出现由就业转失业的人员需要再就业的问题。1993年，劳动部张小建副部长在总结各地经验基础上，借鉴英国等国家"就业重振"的口号和用项目推进工作的做法，提出了实施"就业重振工程"的设想。后来，在1993年10月召开的全国就业服务局长座谈会上集思广益，采用中国人易懂好记的"再就业工程"的提法，作为全国性的就业工作项目在劳动系统正式推出。这是中国就业工作词典上首次正式使用"再就业"一词，从而与初次求职就业的人员划分开，增强了工作的针对性。这也是首次在社会工作，特别是劳动工作中采用经济建设中"工程"的提法，从而集结了当时所有政策与服务的效能来推进工作。经过1994年的试点，1995年国务院办公厅转发了劳动部《关于实施再就业工程的报告》，在全国推广再就业工程，得到各大中城市政府的响应。1997年年初，国务院召开全国国有企业下岗职工再就业会议，提出了"鼓励兼并、规范破产、下岗分流、减员增效、实施再就业工程"的方针，再就业工程从部门工作上升为全党全国的重大行动，并作为一项全局性的工作进行部署。结合再就业工程的实施，各地还通过实施"三年千万培训就业计划"，提高下岗失业人员再就业能力，通过提供"131"免费就业服务，使一大批下岗失业人员实现了再就业。再就业工程的实施，为以后建立完善公共就业服务制度奠定了基础，为制定和实施积极的就业政策提供了条件，为搞好政策、服务、保障等措施的结合来推进工作提供了样板。

（摘自张小建主编《中国就业的改革发展》，中国劳动保障出版社2008年版）

第七节 经济全球化进程中的就业机制创新[①]
——关于构建以培训促就业新机制的思考

就业问题是关系到一个国家经济发展和社会稳定的重大问题,向来备受世界各国政府的重视和关注。在经济加速全球化、市场化的进程中,竞争的加剧和技术进步,使我国面临新的就业压力。如何促进就业,化解就业压力,保持社会稳定,既是各级政府的优先发展目标,更是劳动保障部门义不容辞的职责。那么,在新的历史时期,解决就业问题的出路何在呢?笔者认为,从当前广东就业所面临的形势和发展趋势来看,构建以培训促就业新机制,实现就业机制创新,是解决就业问题的必然选择。

一、推进就业机制创新的必要性

市场就业机制是在市场经济条件下,劳动力供求双方在市场上通过相互竞争、双向选择,实现劳动力资源合理配置过程中的内在机理和功能,其实质是劳动力供给和需求及其运动关系的总和,是一个复杂的系统,存在众多的机制或子系统。其中,劳动力供求机制是最基本的机制。当前推进就业机制创新,必须着力推进劳动力供求机制的创新。

20多年来,广东围绕建立市场就业机制这一目标,不断深化劳动就业体制改革,取得显著成效,这表明广东市场就业机制已基本形成。但是,我国加入WTO后,面对经济全球化的激烈竞争,面对日趋严峻的就业压力,广东的市场就业机制还显得不相适应,主要表现为劳动力供求机制运行遇到体制性、结构性的障碍,导致结构性失业问题日趋突出,迫切需要我们加快推进就业机制创新,以解决严峻的就业问题。

1. 从当前就业形势来看,劳动力供求的结构性矛盾主要表现为劳动力整体素质偏低,不适应技术进步和产业升级的需要

首先是总量上,户籍改革后广东劳动力供大于求。在劳动力供给方面,据统计,至2000年年底,全省社会从业人员达4700.4万人,其中城镇从业人员1235.61万人,农村乡镇从业人员2789.98万人,外省进入广东就业的

[①] 本文写于2002年,发表于《南方经济》2002年第3期。

劳动力约770万人。"十五"期间，广东城乡每年新成长的劳动力有135万左右，农村富余劳动力常年向非农产业转移就业的有1000万左右，外省每年进入广东就业的劳动力保持在1000万左右。此外，在经济结构调整中，城镇失业职工的规模越来越大，每年由就业转失业人员约32万人。这四方面的劳动力供给，使广东保持着巨大的就业压力。在劳动力需求方面，1997年以前，我国的就业处于短缺经济的大背景下，就业岗位的增加主要靠经济规模的扩张。改革开放以来，广东经济规模不断扩大，带来就业岗位大量增加。据专家分析，20世纪80年代，广东就业增长弹性系数为0.323，年均增加70万个就业岗位；从90年代中期以来，广东就业弹性系数明显下降，至2000年，就业弹性系数降为0.165。这种情况表明，在现有的经济规模和布局中，就业需求总量下降，广东将在较长的时期内处于劳动力供大于求的格局中。从世界范围来看，全球就业前景加剧恶化，时任联合国秘书长安南在2002年召开的国际劳工组织全球就业前景会议上指出，美国9·11恐怖事件对全球穷人的生活造成严重和多方面的影响，预计至2002年年底，全球可能再失去2400万个职位。各国必须把创新就业机会置于全球化努力的中心点。

其次是供求结构上的障碍加剧了供求矛盾和就业压力。在市场化背景下的经济全球化、现代化和技术进步，推动广东加快经济结构调整和产业升级。广东的经济结构调整，不仅在城乡结构、所有制结构上做文章，更重要的是以信息技术为主要内容的产业结构调整，引致就业结构的大调整。近年来，国有企业、城镇集体企业的调整和退出，使全省国企职工总量从1995年的354万人下降为2001年的200万人，集体企业职工总量从210万人降为100万人。这两个方面减少的职工达260多万人，除了办理离退休和重新就业外，相当一部分成了失业人员。更需引起关注的是，当前经济结构调整的主要特征是，以技术进步为基础的产业升级换代，大力发展技术和资金密集型企业成为调整的主流。这种经济规模和结构必然对劳动者的素质提出更高的要求，而广东劳动力资源整体素质偏低，与市场需求不相适应。据1990年人口普查统计，高中以上文化程度人口占总人口的比例仅为11.8%。初中文化程度及以下水平的占88%左右。从在业人员文化素质来看，高中以上文化程度就业人口占在业人口的比例仅为15.24%。

从目前下岗失业人员的文化程度和职业技能来看，初中及以下文化程度占66.4%，且大部分人没有职业资格证书，没有一技之长或技能单一、陈旧，无法适应新经济发展需要。据广州、汕头等6个劳动力市场建设试点城市统计，2001年第四季度，劳动力市场需求初级技工以上劳力40549人，实际登记求职的只有18130人，技能型人才供不应求；而普通劳力则供过于求，汕头市2002年第二季度登记求职的高中及以下文化程度劳动力12429人，实际需求仅为5419人。因劳动力整体素质低造成的供求结构性矛盾，加剧了结构性失业矛盾。

2. 从发展趋势来看，高技能劳动者的需求将持续增加，普通劳动力的需求将不断下降

这种趋势表明，只有构建一种有效提高劳动者整体素质、促进就业的机制，才能解决好劳动力市场运行的结构性障碍问题。近年来，以信息技术为核心的新技术革命和经济全球化对劳动就业所带来的影响是十分广泛而深刻的，主要表现在以下三方面。

（1）经济全球化加快了产业结构调整的步伐，并对就业结构和劳动力素质的需求产生了重大影响。在全球化浪潮的冲击下，经济结构和产业结构的调整周期日益缩短，企业的破产与兼并经常发生，国际投资和贸易大幅迅速增长，国内公有制企业的调整与重组步伐加快。这些变动频繁的结构性调整对劳动力流动和就业结构的变动都产生了直接或间接的影响。一些旧的职业被淘汰，相当部分素质较低的劳动力因不能适应新的职业而被迫失业。据相关资料显示，新经济使美国职业变动频繁：1994—1995年间，美国民间经济增加了350万个就业机会。这个结果源于：新企业创造了570万个岗位，破产企业消减了450个岗位；企业扩展增加了1050万个岗位，企业萎缩减少了820万个岗位。这一增一减的结果，尽管增加了就业岗位，但是在这个变动过程中，职业岗位对劳动力素质的要求提高了，低素质劳动力被淘汰了。近年来广东省在经济结构调整中出现的几百万职工下岗再就业的情况，也属于这种情况。

（2）新经济的崛起缩短了技术进步周期，特别是高新技术在各个生产、服务领域中的广泛应用，促进了新工作组织和新职业种类的出现，从而加快了就业结构和就业方式的变化，进而加大了用人单位对高技术和多技能工人的需求。据国际劳工局1998—1999年世界就业报告的分析，经合组织成员国1970—1994年技能制造业的就业人数基本上是稳定的，而非技能制造业的就业人数则下降了20%。此外，制造业内部以技能工取代非技能工的现象也随处可见。而服务领域对技术工人的需求则呈多样化趋势，一方面是信息和技术含量高的金融、通信、保险、房地产、市场营销、运输、维修等服务业对劳动者的技能要求不断提升，如保险业低技能劳动力下降了40%。另一方面是劳动密集型、低技能、低工资收入的就业岗位虽有增加，但通常采取非全日制或非正规就业形式，而在传统职业岗位工作的工人失去了全日制工作后，不愿从事非正规就业，从而加剧了失业矛盾。

（3）工作岗位的性质和内容发生深刻变化，使其对高素质劳动力的需求不断增加。这主要表现为现代信息技术给重复性的、机械性的手工劳动的自动化提供了技术支持，导致现代生产的自动化程度不断提高。一方面，生产自动化带来的主要变化并不是工作岗位的大量减少，而是低技能的劳动力需求将越来越少，而从事新产品开发设计、技术改进、市场开拓、设备保养维护等技术复杂的工作岗位将相对增多；另一方面，即使是原工作岗位不变，生产自动化的普遍采用也会使其工作内容发生深刻变化，生产自动化似乎使一线生产工人的操作变得更为简单，只需按一些按钮就可完成，但实际上它使得这些操作岗位变得更加复杂。因为这些按钮动作的完成，需要更为深厚的专业知识和技能来支持。因此，在自动化生产线上工作的工人，需要了解其所从事的整个生产过程的基础原理及本岗位的技术要求。所以，这些操作岗位不仅要求工人有熟练的操作技能，还要有较高的综合智能。

3. 从发达国家的实践经验来看，构建以培训促就业新机制，是新经济条件下解决结构性失业问题的必然选择

20世纪70年代以来，随着国际竞争的日趋激烈，世界各国都把加强职业教育、提高劳动者素质与促进就业紧密结合起来作为构建新的就业机制，解决结构性失业问题的主要措施摆上越来越重要的位置。例如，英国实行"三明治"式职业教育体制，鼓励新成长劳动者先工作1年，再到职校学2年，再到企业实习1年。职业教育占中等教育学生总数的比例从1980年的4.8%上升到1994年的39.2%，意大利参加职业教育的学生比例从1980年的29.9%上升至1995年的39.7%，澳大利亚上升至41.5%。为了加强职业培训与促进就业的密切结合，不少发达国家强化了职业培训促进就业的立法。法国国民议会在1971年通过的《继续教育法》，对职业教育培训在促进就业中的地位作用做出了明确规定。美国1973年颁布了《就业和人力培训综合法》，明确把职业培训作为促进就业的重要手段。20世纪80年代美国经济处于第三次产业革命的转折期，政府于1982年颁布了《职业训练合作法》；1984年8月发表了题为《一项未完成的事业——职业教育在高中的作用》的报告，高度评价了职业教育培训在个人发展和就业中所起的作用；1988年国会又颁布了《美国经济竞争力强化教育训练法》，进一步突出了职业教育训练的现代性质，明确提出职业教育训练改革之焦点在于"发展经济"。该法从高效率的劳动力视点出发，强调职业教育与就业的结合，职业教育与基础教育一体化，并扩大到社会各阶层。这表明美国职业教育观念实现了从"职业教育训练"向"劳动力教育训练"的大转变，通过职业教育解决劳动力供求过程中的结构性矛盾。进入20世纪90年代，美国政府于1990年9月又颁布了《珀金斯职业教育法》，其立法目的是"通过更充分地开发美国所有阶层的学术能力和职业能力，进一步提高美国的国际竞争力"。该法以美国所有人为对象，把学术能力和职业能力的开发、教育作为整体来抓。这对于推进世界性的职业教育现代化进程具有划时代的重大意义。为了在实际工作中把培训与就业更紧密结合起来，美国1994年开始建立"一揽子职业服务中心"，把一系列培训计划与就业项目统一到该中心去执行，对解决劳动力供求矛盾起到了良好效果。在新经济浪潮的冲击下，美国重视把开发人的职业能力与促进就业紧密结合起来，形成新的市场就业机制，在世界上起到了示范作用。2001年10月在上海召开的亚太经合组织《领导人宣言》强调，人力资源和机制两方面的能力建设都很重要，尤其是人力资源能力建设是现今和未来工作的核心内容。这是在全球化和新经济背景下应对挑战、抓住机遇的关键。

经过20年来的改革开放，广东劳动力市场已基本形成，劳动力市场运行中的主要矛盾是供求之间的结构性矛盾，导致结构性失业问题趋于突出。面对这一新形势，我们必须把工作重心转向以培训促就业上来，把提高劳动者的劳动技能和创造才能作为第一要务，促进培训与就业的紧密结合，形成新的市场就业机制。这是当前政府改善劳动力供求矛盾、调节劳动力市场运行的重要手段，也是今后一个时期解决失业问题、实现充分就业的必然选择。

二、加快构建以培训促就业新机制，实现就业机制创新的基本设想

1. 基本目标

实现就业机制创新的基本目标是，坚持以市场需求为导向，通过大力发展职业教育培训事业，扩大培训规模，提高培训层次，提高劳动者的整体素质，强化市场供求信息的发布，消除劳动力市场供求的结构性矛盾，以实现充分就业，使劳动力市场在小幅波动的"失衡→均衡→失衡→均衡"中形成有效的运行机制。

2. 指导思想和措施

为实现上述目标，我们必须以"三个代表"重要思想为指导，坚持职业培训与促进就业相结合的方针，把提高广大劳动者的劳动技能和创造才能作为发展先进生产力、增强国际竞争力必须履行的"第一要务"，在培训与就业的紧密结合上下功夫，加强劳动力市场信息网络、综合性职业培训基地和就业服务体系建设，建立职业培训社会伙伴合作制度，根据劳动力市场需求，加大资金投入，扩大培训规模，提高培训质量和水平，以促进就业，维护社会稳定。其主要包括以下四方面的措施。

（1）加快劳动力市场信息网络建设，加强市场供求信息的分析利用。职业供求信息是劳动力市场运行的生命线，也是开展职业培训的重要依据。政府职能部门抓职业培训，首先抓好劳动力市场信息网络建设，运用现代化手段，把信息网络延伸到乡镇和街道，广开信息渠道，增加信息来源。一方面主要是抓就业登记，包括失业登记和求职登记，全面掌握劳动力供给情况；另一方面是抓岗位空缺信息的收集整理，及时掌握劳动力需求情况。尽可能多地把劳动力供求信息收集上来，同时加强整理分析，以此引导各类培训机构调整职业培训的方向、层次和内容，提高培训的针对性和有效性。

（2）加强综合性职业培训基地建设。职业教育培训是直接为就业服务的，它与就业工作具有天然的、不可分割的内在联系。这是它区别于其他教育的一个鲜明特征。根据这个特征，我们必须把职业培训、技能鉴定、就业指导、推荐就业等项功能结合起来，创建综合性职业培训基地，开展多形式、多层次的职业技能培训，增强培训机构的整体服务功能，提高就业率。

（3）坚持建立多渠道筹集培训资金的机制，确保职业培训工作有效运行。职业培训由于突出职业技能训练这一特色，需要根据专业设置，购置相关的教学、实习设施，培训成本比普通教育要大。我国由于生产力发展水平还较低，因而职业培训经费投入不足，这成为长期制约职业培训健康发展的一个重要因素。为了加快职业教育培训事业的发展，我们应当借鉴国外经验，建立多渠道、多层次筹措培训资金的机制。一是改革财政性教育专项经费的支出结构，在确保基础教育经费的同时，提高用于职业教育培训的比例，主要用于对新成长劳动力的技能培训和失业人员的转业、创业培训；二是向各类企业征收相当于其职工工资总额2%～3%的培训费，建立职业培训专项基金，主要用于资助企业内在职培训、转岗培训事业的发展；三是通过社会伙伴联合办学筹集资金或购置设备；四是鼓励银行等金融机构采取贴息贷款等方式，向培训机构或参培人员提供小额贷款，用于培训机构购买先进的教学设施或支持参加中级以上职业技能培训人员所需的费用，特别是支持家庭人均收入低于社会平均水平的人员参加培训，待参加工作后分期偿还。

(4) 加强职业技能培训与失业保险的密切合作，变消极的失业救济为积极的促进就业。世界上许多国家在经济转型过程中，政府为了获得社会公众对改革的支持，先后建立了失业保险制度。他们在转型初期规定的失业津贴水平较高，期限较长（一般1～2年），享受资格较宽松。随着时间的推移，失业人员的依赖性增强，失业率急剧上升。面对这一情况，许多国家逐步改变失业保险政策，规定了严格的失业登记者的享受资格，降低津贴水平和缩短支持期限，增加用于职业培训、提高失业者技能和促进就业的支出，推动了失业者积极寻找工作，取得好的效果。这项政策的前后变化，经济学家把后者列为积极的劳动力市场政策重要内容之一。我们认为，加强职业培训、促进就业与解决失业问题的目标是一致的。政府有关部门应当密切关注失业人员和失业保险状况，加强联系与合作，根据失业状况和失业基金支付能力，适当调整基金支出结构，拿出一定比例的资金，支持失业者积极参加再就业培训或创业培训，增强其择业能力，以利于寻找工作、实现就业。这样做，既可以增强培训机构的实力，提高劳动者的素质，促进就业；又可以减轻失业基金的压力，实现双赢。

三、保障新机制运行的制度安排

为了保障市场就业机制的规范、有效运行，各级政府有关部门必须下大力气，相互配合，通过创建一系列新制度，把培训与就业有机地紧密结合起来，形成以调节劳动力供求关系为主要内容的、比较稳定且相辅相成、相互促进的运行机制，确保工作落实到位，确保就业目标的实现。

一是建立、完善劳动力市场供求信息收集发布制度。当前的主要任务是尽快把省、市、县三级劳动力市场信息网络建立起来，有条件的市县要适应拓展社区就业领域的需要，把信息网络延伸至街道和乡镇。在此基础上，围绕劳动力供求信息的收集、分析、发布工作，建立、完善相关的工作制度，形成反馈灵敏、准确及时的信息发布机制。引导培训机构根据市场需求合理设置专业、更新课程，确定培训规模和方式；引导劳动者根据用人需求信息，积极参加职业技能培训，提高素质，自主择业；引导用人单位准确发布需求信息和合理使用人力资源，减少因供求双方信息不对称造成的人力资源浪费。

二是全面建立劳动预备制度。劳动预备制度是国家规定新成长劳动力就业前必须经过职业培训的制度。它是我国就业前培训工作的新发展，是一项带有根本性的制度安排。劳动预备制培训的含义是，各类职业培训机构必须按照劳动预备制度的要求和国家职业分类标准，对城镇未能继续升学的初、高中毕业生和农村未能继续升学并准备从事非农产业工作或进城务工的初、高中毕业生进行1~3年的职业技能培训。参加培训人员学习期满，考试合格，发给劳动预备制培训合格证书，经技能鉴定合格者可获得相应的职业资格证书。实行劳动预备制培训，对于提高劳动者的职业能力，调节劳动力供求，减轻就业压力，提高企业竞争力都具有十分重要的意义。我们必须重视并全面实施这一制度，把好新生劳动力就业的入口关，推动市场就业新机制的形成。

三是重视建立再就业与创业培训制度。再就业培训是20世纪90年代中期以来，国家为了提高失业人员再就业能力、减少失业、促进就业而建立起来的一项新型职业培训制度。再就业培训的主要对象是非自愿失业人员和需要转换工作岗位的人员。我国加入WTO后，经济全球化和技术进步推动下的产业升级换代，必然对就业结构产生深刻影响，频繁的职业变换过程中出现的摩擦性失业和结构性失业，迫切需要各级政府进一步建立、完善再就业培训制度。因此，劳动保障部门必须密切关注经济结构变化趋势，根据市场供求和失业人员的意愿，制订切合实际的再就业培训计划，不断更新教材和创新培训模式。尤其是要积极开展灵活多样的创业培训，提高失业人员的创业能力，通过自主创业创造就业岗位，实现自主就业，以化解劳动力供求的结构性矛盾。

四是建立职业培训社会伙伴制度，实现培训模式的创新。职业培训是直接为社会生产活动服务的。但是，长期以来，我国的职业教育培训与生产活动缺乏密切联系，培训"产品"不适应社会生产的需要。市场经济国家的实践证明，在职业培训领域实行制度化的三方或多方社会伙伴协商与合作机制，是确保职业培训实现其各项预期办学目标与有力促进就业的有效途径。例如，成立于1989年的马来西亚槟榔屿技能开发中心，与地方政府、企业以及学术团体的代表组成多方性的技能开发管理委员，采取合作伙伴形式，使该中心能够准确把握其成员的培训需求，企业成员又能够为开展培训提供器材、实习场所,从而保证受训者在毕业时拥有最新的技术和技能,使培训后的就业变得更容易。这种伙伴合作方式,在培训机构和企业的技能需求之间架起了一座密切联系、相互沟通的桥梁。在市场化进程中,市场需求瞬息万变,我们应当借鉴国际上一些成功的做法与经验,积极探索通过建立三方或多方性的职业培训社会伙伴制度,加强与生产实际的密切联系,解决培训机构信息不灵、资金不足、设备陈旧、培训课程不切合实际等问题,扩大培训规模和质量,切实解决好就业出路问题。

五是全面实施职业技能鉴定与职业资格证书制度。我国的职业资格证书分为专业技术资格和职业技能资格两大类,分别由国务院人事、劳动保障部门通过资格考试、专家评定、技能鉴定等方式进行评价,对合格者发给国家职业资格证书。职业资格证书制度是指在政府指导下,由劳动保障部门认定的考核鉴定机构,依据职业分类和标准,对劳动者的职业技能水平进行客观公正、科学规范的评价,对合格者发给职业资格证书并实行持证上岗的一项基本的劳动就业制度。实行这项制度,对于提高劳动者的劳动技能、改善劳动力素质结构、促进就业都具有十分重要的意义。

目前,广东省已基本形成了这一工作制度,但是执行中仍存在力量不足、覆盖面不广、片面追求效益、质量无法保证等问题。我们应当以全面提高劳动者素质,增强劳动者的职业技能和就业能力为出发点,以社会效益第一和质量第一为原则,尽快完善工作管理体制,努力扩大覆盖面,把从事技术复杂、涉及国家财产、人民生命安全和消费者利益的工种(职业)的劳动者,全面纳入培训考核范围,对考核合格者发给相应的职业资格证书,并凭证上岗,从而逐步提高职业资格证书在社会上的权威性,逐步实现职业资格证书与学历证书并重,引导劳动者通过学习劳动技能,提高自身素质,实现自主就业或稳定就业。因此,各地必须把建立、完善职业技能鉴定和职业资格证书制度,作为就业工作的一项重要内容来抓,发挥劳动监察、职业介绍和职业培训机构各自的积极性,相互配合,形成有效的就业准入控制机制,推动就业机制创新。

六是全面实施就业援助制度。随着经济全球化和经济结构调整步伐的加快,长期失业人员增多成为困扰改革与发展的一个新问题。为了解决这个问题,市场经济发达国家普遍建立了就业援助制度,专门对长期失业人员(亦称"就业困难群体")实行特别就业援助。目前广东省已开始建立这一制度,其内容包括确定援助对象、服务项目、资金支持等,但政策还不完善,资金还没到位。我们应当从实践"三个代表"重要思想的高度,充分认识和实施就业援助制度的重要意义,从实际出发,完善配套政策,落实援助资金,根据援助对象的具体要求,采取多种形式的援助服务,包括免费提供就业信息咨询、职业指导、开展职业培训、推荐就业、生活救济、接续社会保险等,使之形成经常性的制度,积极帮助就业困难群体实现再就业。这对于保证市场就业机制正常运行,维护社会稳定具有特别重要的意义。

总之,上述六项制度,是经济全球化、市场化进程中,借鉴国际经验,为促进就业而创立的新制度,其着力点在于密切培训与就业的联系,改革劳动力供求关系,从整体上实现就业机制的创新,积极促进就业。

第八节 加快建立市场导向就业机制的对策建议[①]

近年来,广东按照中央的部署,紧密结合改革开放的实际,在全力做好国企下岗职工基本生活保障和再就业工作的同时,采取积极措施,全力抓好下岗职工由进中心到进市场的并轨工作,加快建立市场导向的就业机制,取得明显成效。在再就业服务中心的下岗职工由1998年年末的22.7万人,减少至2000年年末的10.1万人,并轨步伐明显加快。

一、建立市场导向就业机制的进展情况

党的十四大确立建立社会主义市场经济目标以来,广东在劳动和社会保障领域坚持市场取向改革,积极培育市场导向的就业机制,社会劳动力通过市场自主择业的比重为90%以上,市场就业已成为劳动者就业的主导方式。然而,体制内的部分国有企业职工在企业兼并、关闭、转制、破产过程中,无法自主进入市场就业,成为广东省建立市场导向就业机制的严重障碍,同时也严重阻碍着国企经营机制的转换。针对这一问题,从1998年起,广东按照中央部署在实施再就业工程过程中,探索总结出"先分流、后下岗,少进中心、快出中心,分类指导、理顺关系,促进就业、确保生活"的再就业工作思路,有力地配合了国企改革调整和富余人员的分流安置工作。2000年,广东省在总结经验的基础上,印发了《关于理顺国有企

---

① 本文写于2001年2月,是笔者任广东省劳动保障厅培训就业处处长,主抓就业工作时向厅党组提出的工作建议。

业下岗职工劳动关系有关问题的通知》，做出逐步推进下岗与失业并轨的部署，明确要求除边远山区整体关闭的国有工矿企业及个别有特殊情况的国有企业富余职工经地级以上市劳动保障部门批准，可继续安排进再就业服务中心外，国有企业全面依照《中华人民共和国劳动法》和有关法规、规章处理与职工的劳动关系，企业减员时要与裁减职工终止或解除劳动关系，按规定支付经济补偿金，不再安排被裁减的职工进中心，而是直接进入市场就业，并按规定享受失业保险待遇。对已进入中心的下岗职工，则采取措施，鼓励他们尽快出中心，实现再就业。力争在2002年年底以前，在中心的下岗职工全部出中心，解除劳动关系。珠江三角洲地区和其他有条件的地区，要力争在2001年年底前关闭再就业服务中心，实现下岗职工基本生活保障向失业保险的过渡并轨。

自2000年广东省加快"并轨"操作以来，城镇就业和再就业工作发生了新的变化，主要包括以下三方面的特点。

（1）新增下岗职工人数逐月减少，分流安置人数增多。2000年全省新增下岗职工3.5万人，比1999年新增的人数16.8万人大幅度减少13.3万人。特别是2000年下半年以来，全省每月进中心的下岗职工不超过300人，而出中心的下岗职工平均每月达8000人，2000年累计国企下岗职工20.3万人，比1999年减少19.2万人，全年分流安置下岗职工10.2万人，分流安置率为50.3%。

（2）国有企业下岗职工存量减少，城镇失业人数有所上升。2000年全省国有企业共有新的减员20.9万人，其中直接解除劳动关系向社会分流17.4万人，当年新进中心3.5万人，年末滞留在中心的下岗职工10.1万人，比1999年同期减少6.8万人；由于直接断关系的17.4万人职工直接进入市场，导致2000年城镇失业人员总量达93.2万人，比上年登记失业人数增加5.4万人，为历年之最，这"一增一减"，造成失业压力增大，失业率有上升趋势，但仍在可控范围之内。

（3）就业结构发生变化，非公有制单位已成为下岗失业人员就业的主渠道。2000年，城镇新增就业人数52.7万人中，在国有企业、国有联营、独资企业及机关事业单位就业的只有8.5万人，占总就业人数的16.1%；而在非公有制单位就业的有44.2万人，占总就业人数的83.9%，下岗职工出中心再就业的人员中，到非公有制企业就业的也占了80%以上。

二、主要做法

(一) 多渠道积极筹集解除下岗职工劳动关系所需资金

企业与职工终止或解除劳动关系,关键是要解决经济补偿金的来源问题,这是理顺关系、快出中心的关键。筹集资金原则上采取企业自筹、行业调剂、政府财政资助的办法来解决。

(1) 企业自筹,主要体现在"变、转、股"三个方面。"变",即将企业资产变现所得的部分资金,优先用于支付经济补偿金;"转",即经职工同意,企业可将厂房、场地、设备、工具等生产、生活资料折价转让给下岗职工,或在一定年限内供下岗职工无偿使用,以抵减应支付的补偿金;"股",即对实行股份制改造的企业,可将本企业国有股份折价转为职工个人股,以抵减经济补偿金。广州、佛山、梅州、揭阳、汕头等地通过上述措施,有效地解决了"钱从哪里来"的难题。

(2) 行业调剂。企业通过上述途径无法解决资金问题的,由行业主管部门采取兼并、租赁、借款等方式,在行业内部调剂解决困难企业的经济补偿金来源问题。比如,四会市通过行业内部优势企业借租困难企业场地,兼并困难企业并负责支付原企业职工经济补偿费,困难企业向优势企业借钱等,共筹措近3000万元解决经济补偿金问题。

(3) 政府资助。企业、行业无法解决的,由政府财政资助。广东省政府2000年从省级基本生活保障金和再就业基金中调剂了部分资金,用作省直困难企业职工解除劳动关系的补偿金;并决定从2001年起连续两年,每年从财政拨出3亿元用于省直困难企业职工安置工作;另外,还准备拨出4亿元专款,用于省属煤矿职工的分流安置工作。广州市决定从市本级财政中,分别在2001年、2002年安排10个亿,专款用于解决下岗职工的经济补偿等费用。汕头市市政府决定拿出7000万~8000万元,分3年解决市直国有企业下岗富余职工的劳动关系。广东省还明确,各地在保障已签协议进中心的下岗职工基本生活前提下,有条件的地区可将部分下岗职工基本生活保障资金先作为垫付企业与下岗职工解除劳动关系的经济补偿金。

(二) 采取积极措施,鼓励下岗职工断关系、出中心、再就业

(1) 制定政策,促进下岗职工出中心,再就业。广东省政府明确规

定，对工作年限满30年以上的国有企业下岗职工，经与企业协商同意，由企业为其缴纳至法定退休年龄止的养老、医疗保险费用，同时解除劳动关系，不再另付经济补偿金。广州、深圳采取了一系列促进下岗职工出中心等措施，如广州市规定在中心的下岗职工提前解除合同，可按实际工龄每满一年给一个月的经济补偿；深圳市规定自愿提前解除劳动关系的下岗职工，可一次性领取其应得的基本生活费，并由企业代交社会保险至协议期满。

（2）开展劳动保障事务代理工作，解除下岗职工出中心再就业的后顾之忧。广东省人大以法规的形式，明确各级劳动保障部门要开展劳动保障事务代理业务，广东省劳动保障厅接着出台了劳动事务代理实施办法，对劳动保障事务代理的性质、程序、责任、社保关系接续、退休待遇申报等问题，一一加以明确。至2000年年底，企业减员和出中心的下岗职工与企业终止或解除劳动关系后，到劳动部门办理劳动保障事务代理手续近20万人。

（3）落实优惠政策，鼓励下岗职工从事个体经营，通过创业实现并带动就业。清远市连南县铁矿原下岗职工黄海华自己创业，现已有100多万固定资产，每次讲起自己的创业致富史，他常挂在嘴边的话是自己写的一副对联，上联为"减租减税好政策"，下联为"下岗上岗奔小康"，横额是"共产党好"。

（4）制定鼓励性政策，引导和鼓动企业招用下岗、失业人员。深圳市政府明确：企业招用35岁以上失业、下岗人员，按照签订劳动合同期限给予补贴：合同期1年的补助1000元，3年的补贴6000元。

（三）全面推进以信息网络为重点的劳动力市场建设，强化就业服务功能

（1）全力推进劳动力市场信息网络等基础设施建设，实现劳动力市场运行科学化、现代化和规范化。广东省政府明确2000年为广东省"劳动力市场建设年"，时任广东省劳动保障厅厅长方潮贵于8月份在汕头市主持召开了全省劳动力市场建设工作会议，时任副省长游宁丰明确提出广东劳动力市场建设要以信息网络为核心，力争到2003年实现全省联网。广东省劳动保障厅组织有关技术人员组成劳动力市场信息网统一软件开发小组，顺利完成了广东省劳动力市场信息系统设计方案，全省统一软件已进入了开发阶段，2001年7月完成开发，正式投入使用。1999—2000年，全省财政

投入劳动力市场建设资金超过1亿元,相当于此前10年投入资金的总和。全省22个地级市中,已全部落实了劳动力市场场地,有12个市启用新的现代化的劳动力市场,全省的劳动力市场建设进入新一轮发展高潮。

(2)依法推进公益性职业介绍机构建设。广东省人大颁布实施了《广东省职业介绍管理条例》,以法规的形式明确规定县级以上人民政府应当统筹规划,办好公益性职业介绍机构。县级以上劳动部门的职业介绍机构是公益性的事业是组织,所需经费来源由地方财政拨款,公益性职业介绍机构有责任和义务为下岗、失业者提供免费服务。同时,广东省劳动保障厅制定了《广东省公益性职业介绍机构经费管理办法》《劳动保障事务代理暂行办法》等配套政策。2000年以来,公益性职业介绍机构的主渠道作用日益明显,非法职业中介行为得到抑制,全省为下岗、失业人员办理求职登记68万人次,介绍成功24.5万人次,减免职业指导、职业介绍费用3200万元。

(3)全面推进"一三一"就业服务。所谓"一三一"就业服务,是指提供一次免费职业培训、三次就业岗位援助服务和一次职业指导。广东省政府以粤府〔2000〕46号文发出通知,要求各地适当调整就业基金用途,加大对下岗职工再就业培训的投入,对各类职业培训机构培训下岗职工和长期失业人员并实现再就业的,政府要以购买培训成果的形式予以支持。广州市出台"一三一"服务、报送空岗信息等激励办法,取得较大成效。2000年全市享受"一三一"服务达40万人次,劳动力市场上每日有6000多个岗位空缺信息供下岗、失业者挑选。该市还大力实施再就业培训"金钥匙"计划,统一公布76个再就业培训定点机构和86个减免费工种(职工)目录,供下岗、失业者选择,全年共有4.6万多下岗、失业者享受了资助训练,资助训练费用1309万元。深圳市实行鼓励性优惠政策,一方面,每个下岗职工享有两次减免学费参加技能培训的机会,每次减免学费最高可达2000元,企业招聘下岗、失业员工可由劳动部门免费进行岗前培训;另一方面,采取强制性措施,针对部分下岗员工"等、靠、要"思想严重,不愿意参加再就业培训的情况,规定下岗职工无故两次不参加再就业培训,可以解除托管协议同时解除劳动合同。

(4)组织开展创业培训,引导和鼓励下岗职工从事个体经营,通过创业带动再就业。广州、深圳、佛山等地积极开展创业培训,仅2000年就培训了600多人,约有30%的学员自己创办企业,带动其他失业人员实现了再就业。

（四）全力以赴推进社会保险全覆盖工作，促进劳动者到非公有制经济组织就业

2000年，广东省各级劳动保障部门紧紧依靠党委政府，突出工作重点，采取有力措施，扩大社会保险覆盖面，经过努力，到2000年年底，全省参加企业养老保险和失业保险的人数预计分别比上年年末增加360万人和336万人，增长71.7%和76.2%；共征缴养老、失业保险基金149亿元，比上年增长31.2%，收缴率达95%以上；全年共调剂6.8亿元，对下岗职工基本生活费和社会保险费进行了补发和补缴。企业离退休人员养老金全部实现社会化发放，全面完成了广东省委省政府年初确定的"两个95%、一个100%"的目标任务。

在抓好扩大社会保险覆盖面的同时，各地积极采取措施解决下岗职工社会保险的接续问题，主要措施是：①加大监察力度，督促招收下岗、富余员工的用人单位与其签订劳动合同，缴交社会保险，保障下岗、富余员工的合法权益。②单位解除下岗、富余员工劳动关系后，协助其按规定办理失业登记，享受失业保险待遇或申领城镇居民最低生活保障金。③社保部门开设了个人缴费窗口，下岗、富余员工可以个人办理养老保险，也可以委托各级劳动部门职介机构代为办理养老、医疗保险，原来的社会保险连续计算。扩面与接续工作协同推进，有效地解除了劳动者到非公有制经济组织就业的后顾之忧，为加快分流下岗职工和建立市场就业机制创造了有利条件。

三、并轨面临的问题及对策

目前，广东省加快建立市场就业机制面临以下主要困难和问题。一是经济补偿金的来源渠道仍待拓宽，经济补偿的范围、标准有待统一和细化，存在经济补偿金、生活补助费、一次性安置费等多个标准。对公有制企业实行合同制以前的职工的经济补偿标准也没有明确，给具体操作带来难度，需更高层次的政策予以明确。二是失业保险基金仍偏重于发放救济金，促进就业的机制仍未形成，在一定程度上影响了并轨工作的推进。三是促进非正规组织就业的有关政策难以制定出台，制约了就业空间的扩展。

2001年是广东省并轨力度较大的一年，珠江三角洲地区及其他经济条件较好的地区将在今年内关闭再就业服务中心，实现下岗职工基本生活保

障向失业保险的过渡。估计全年约有5万下岗职工出中心走向市场,其中大约有一半人因未能实现就业而转为失业职工,加上2000年年末结转的登记失业人员30.2万人,当年城镇自然增长劳动力约35万人,当年因企业直接减员转失业人员约34万人,全年失业人员将达102万人,比2000年增加9万人,预计年底失业人员将比上年增加4万人,城镇失业率同比增长0.3个百分点,达2.8%。随着并轨力度的加大,失业保险基金支出需求相应加大。据测算,2001—2003年全省失业保险基金总支出年增长幅度分别达89.40%、31.16%和15.9%。如果全省失业保险平均缴费率达到2.5%,就可维持基金收支平衡,略有结余。

根据上述分析,在新的一年里,建议采取如下对策措施继续推进"并轨"工作,加快建立市场就业机制。

一是针对经济补偿金筹措难、具体支付操作难等问题,深入调查研究,制定相关的具体办法,解决好解除劳动关系的经济补偿问题。

二是按照建立市场就业机制的要求,加强市场就业服务体系建设,重点加快劳动力市场"三化"建设,争取各地级以上市和省确定的17个县级试点单位的劳动力市场在2001年上半年建成使用,并与省联网,实现劳动力供求信息资源共享,为下岗职工通过市场就业创造良好的条件。

三是大力加强下岗职工的转岗培训和创业培训,采取鼓励和强制相结合的措施,促使下岗职工参加转业训练,提高下岗职工市场就业和创业能力。

四是研究制定扶持发展劳动密集型产业特别是社区服务业的政策措施,引导和鼓励下岗、失业人员特别是就业难群体从事社区服务业。

五是继续抓好社会保险扩面征缴工作,巩固扩大社会保险扩面征缴的成果,完善下岗职工社会保险手续接续政策,出台《广东省失业保险条例》,完善两项补贴办法等政策,充分发挥失业保险促进就业的功能。

第九节　坚持市场就业方针，多措并举促进再就业[①]

党的十五大以来，广东按照党中央国务院的部署，把国企下岗职工分流和再就业工作摆上各级党委政府的重要议事日程，紧密结合广东国企改革、体制创新和发展经济的要求，坚持贯彻市场就业方针，在确保下岗职工基本生活保障的同时，综合运用各项措施扩大就业门路，促进下岗职工通过市场多途径实现再就业，取得明显成效，为经济发展和社会稳定做出了积极的贡献。

一、广东促进就业再就业取得的显著成效

1997年以来，根据中央的部署和广东国企下岗职工的实际情况，广东明确提出再就业工作要按照"先分流、后下岗，少进中心、快出中心，分类指导、理顺关系，促进就业、确保生活"的具体工作思路，从一开始就按照下岗进中心与分流进市场的双轨运作模式。2000年开始做出并轨的部署，要求各地把再就业工作重点从基本生活保障转到就业保障上来，面向市场，推动再就业工作取得突破性进展和明显成效。

（一）率先全面实现下岗职工基本生活保障向失业保险并轨，为国企改革脱困创造了有利条件

5年来，广东在推进国企改革和经济结构调整过程中，全面实施再就业工程，有效地分流了国企富余人员，减轻了企业负担。据统计，1998年至2002年6月底，全省共分流国企下岗职工150.1万人，其中未进中心直接解除劳动关系分流72.8万人，进中心后分流73.6万人，再就业率为69.1%。目前仍在中心的只有2万人，预计2002年年底下岗职工将全部出中心，在全国率先全面实现下岗职工基本生活保障向失业保险并轨。并轨

[①] 为了迎接党的十六大的召开，笔者按照广东省人力资源和社会保障厅领导的部署，于2002年8月撰写此文。文章认真回顾和总结了党的十五大以来广东实施再就业工程取得的成绩和经验。其主要经验是在实施再就业工程过程中，始终坚持市场就业方针，推进"四个转变"，在全国率先做出下岗与失业并轨的部署，提出创建以培训促就业新机制的建议，为国家召开全国再就业工作会议，制定积极的就业政策提供了有益的经验。

后，社会失业保险将成为下岗失业人员基本生活保障的主要形式，企业负担明显减少，为促进国企改革和脱困创造了有利条件。2001年，全省国有中小企业改制面达75%，国有劣势企业退出市场的有3634家。

（二）就业结构明显改善

在下岗分流和经济结构调整过程中，广东就业结构发生了很大的变化。据统计，三大产业从业人员的比例由1995年的41.5∶33.8∶24.7，调整为2001年的39.1∶27.9∶33.0。从经济类型来看，非公有制单位成为就业主渠道，城镇私营和个体经济从业人员从1995年的205.9万人上升至2001年的367.04万人。在2001年城镇新增就业的52.7万人中，到非国有单位就业的占83.9%。从就业形式看，钟点工、季节工、劳务工、协议工等多种就业形式迅速发展，全省灵活就业人数为500多万人。

（三）社保扩面征缴工作取得突破性进展

为了适应下岗职工出中心进市场保生活的需要，从2000年起，广东建立了党政一把手抓社保扩面征缴责任制和齐抓共管机制，通过地税征缴社保费，大力推进社保扩面征缴工作。至2001年年底，全省参加企业基本养老保险和失业保险的人数达1065.15万人和819.48万人，分别比1999年年底增加563.15万人和378.75万人，分别增长112.2%和85.9%。全省22个地级市和48个县级统筹地区实施了基本医疗保险制度，参保人数达529.92万人，比1999年年底增加400万人，增长3倍多。社保覆盖面的扩大，为下岗职工进入市场提供了社会保障。

（四）劳动者的市场就业意识明显增强

2000年省做出推进下岗与失业并轨后，全省有104万城镇登记失业人员在政府的引导下，主动通过市场自谋职业；进入广东的1160多万外省劳动力和本省跨地区转移就业的农村劳动力，普遍通过市场双向选择，实现就业。

二、促进就业再就业的主要做法

面对下岗与失业逐步并轨的新形势，广东坚持贯彻市场就业方针，在确保基本生活的基础上，大力推进市场主体、市场信息网络建设，加强职业技能培训和再就业援助，充分发挥市场配置劳动力资源的基础性作用，引导劳动者转变观念，鼓励多渠道、多形式就业，有效地化解结构性失业矛盾，促进了就业。2001年年末，全省城镇登记失业率控制在2.9%以内。主要有以下做法。

（一）落实政府促进就业职责，积极实施有利于促进就业的经济政策

1998年以来，广东省先后出台了60多个促进再就业的政策文件，其中广东省委、省政府文件14个，省有关部门联合出台文件9个，劳动保障、财政、税务、工商、银行等部门性文件40多个。各市县也结合实际，出台了大量的促进再就业政策文件，基本形成了再就业政策体系，主要包括以下内容。

（1）鼓励发展个体私营经济和中小企业，扩大就业。广东省委、省政府出台了《关于大力发展个体私营经济的决定》等政策，对下岗失业人员申办个体私营组织给予试营业6个月、减免所得税和工商管理费等各项行政事业性收费3年；规定提前出中心的下岗职工或领取营业执照的失业人员，可一次性领取到协议期满尚可享受的基本生活费的50%或尚未支付的失业保险金，支持其自谋职业或组织起来就业；对安置下岗失业人员的私营企业，比照劳动就业服务企业的规定，给予"三免两减"所得税以及减免职业培训、就业服务等收费；对改制的国有中小企业，给予保留原国有划拨土地性质5年、减免地价、土地变现全部用于安置职工等优惠。这些政策极大地促进了个体私营经济的发展和下岗失业人员再就业。据统计，至2001年年末，广东省个体和私营经济从业人员达367.04万人，比1997年增长了50.8%，"九五"期间平均每年提供新增就业岗位52万个，下岗失业人员有60%以上从事个体私营经济。

（2）鼓励社区就业和多种形式就业。广东省再就业工作领导小组和11个部门出台了《关于推动社区就业工作的意见》，把社区就业纳入社区建设的发展规划，对从事社区服务业的下岗失业人员和社区就业实体规定了税收、工商、收费、信贷、城建等多项优惠政策。广州市制定了《社区就业服务岗位资助办法》，对组织或招用下岗失业人员从事社区服务业的，由再就业专项资金给予每人每月50元（特困人员每人每月100元）的养老保险费资助和1000～2000元的一次性安置补助。目前，广东省社区服务业规模不断扩大，社区就业岗位显著增加，成为下岗失业人员就业的重要渠道。

第三章 调整：实施再就业工程

据统计，在社区从事灵活就业的人数至少有500多万人。

（3）实行积极的财政政策。建立再就业基金，切实加大促进就业资金投入。广东省政府下发了《关于建立再就业基金的通知》，要求各地按照"财权与事权相统一"的原则，多渠道筹措再就业资金。近几年，全省共筹措再就业资金4.2亿元，其中各级财政安排2.6亿元，省财政安排再就业资金7375万元，广州市仅2001年就投入再就业专项资金5205.8万元，切实保障了再就业工程的顺利开展。

（4）在税收、信贷、工商、城建等方面，出台了下岗失业人员减免税费的优惠政策。1998年以来，全省共减免工商管理费、市场管理费和营业税、个人所得税、企业所得税等地方税费7300多万元，金融系统对接纳下岗职工的企业发放贷款2.72亿元，受益的下岗失业人员累计达15万人次；建设规划部门为下岗失业人员优先安排经营摊位3.44万个，安置下岗失业人员5万多人。广东省还根据并轨后失业人员增多的情况，规定从2001年7月1日起，失业人员可享受下岗职工再就业的各项优惠政策。

（二）全力以赴推进以信息网络为核心的市场就业服务体系建设，充分发展市场配置劳动力资源的基础性作用

在市场经济条件下，劳动力供求信息不对称是劳动者求职的严重障碍性因素。为了充分发挥市场配置劳动力资源的基础性作用，广东省推出以下措施。

一是把加快劳动力市场信息网络建设作为加快建立市场就业机制的中心工作来抓，列入各级政府的重要议事日程。1998年以来，时任广东省委书记李长春同志，对规范和发展劳动力市场多次做出批示，要求以公益性职业介绍机构为主导、全面实现劳动力市场信息联网。广东省政府多次召开会议，研究部署劳动力市场的"三化"建设工作，要求全省各级政府从实践"三个代表"的高度，重视加强劳动力市场"三化"建设，力争到2003年年底建成覆盖省、市、县和部分街道（乡镇）的劳动力市场信息网络，实现劳动力市场管理和服务科学化、规范化和现代化。按照广东省委省政府的要求，省劳动保障厅制订了《广东省劳动力市场信息网建设实施方案》，按照"统一规划、统一标准、统一软件"的原则，组织开发了全省劳动力市场管理服务信息系统软件，免费提供给各地使用。广东省财政和劳动保障部门联合出台了《关于筹措劳动力市场建设资金的通知》，推动各地加大市场建设投入。近年来，广东省政府共安排4800万元支持经济困难

地区劳动力市场建设,带动全省投入建设资金2.95亿元(财政拨款1.87亿元)。经过努力,至2002年5月底,全省有18个地级市和近40个县(区)建成新的劳动力市场场所和信息局域网,广州、深圳、珠海等市实现全市实时联网,其中广州每日网上岗位空缺信息达6000多条,为失业人员求职提供了准确可靠的信息,网上求职成功率为30%左右。

二是依法推进以公益性就业服务为主导的就业服务体系建设。广东省人大2000年颁布了《广东省职业介绍管理条例》,明确规定县级以上劳动保障部门应当设立公益性职业介绍机构,承担政府向社会提供公益性就业服务的职能,其经费纳入同级财政预算;同时规定了就业服务的主要内容,各地依法加强公益性职业介绍机构建设,鼓励和规范社会力量举办的经营性职业介绍机构,形成了以下岗失业人员为主要服务对象,以职业介绍、职业指导、职业培训、政策咨询、职业能力测试和劳动保障事务代理为主要内容,以公益性职介机构为主导的市场就业服务体系,促进了市场就业机制的完善。据统计,至2001年年底,全省共建立公益性职介机构196家,经营性机构446家。1998—2001年,全省共接受下岗失业人员求职登记192万人次,成功介绍就业86.5万人次,介绍成功率达45.1%。

(三)积极引导劳动者转变就业观念,鼓励多渠道、多形式就业

随着广东省经济发展和居民生活水平的提高,多种所有制、经营方式和生活方式并存,灵活就业的规模也不断扩大。为了适应新形势的变化,广东各级政府通过政策引导和宣传发动,积极引导劳动转变就业观念,推动劳动者多渠道、多形式实现就业。

一是积极理顺下岗职工劳动关系,推动国企职工由"企业人"转变为"社会人",主动参与市场竞争就业。近几年,广东省通过企业自筹、行业调剂、政府补贴等多渠道,筹集下岗职工解除劳动关系经济补偿金,其中仅省政府在2001年、2002年就安排8.6亿元作为对困难地区和省属困难企业解除劳动关系的补助资金,较好地理顺了下岗职工劳动关系:对距法定退休年龄不足5年的下岗职工,经企业与职工双方协商同意,在解除劳动关系后,其经济补偿金全部转作其基本生活费和社会保险费,由企业为其缴纳社会保险费和按月发放基本生活费;连续工龄满30年以上(含30年)的职工,经与企业协商同意,可协议保留社保关系,解除劳动关系,不再支付经济补偿金,待到退休年龄,按规定享受养老保险待遇,为下岗职工

转变观念与企业解除劳动关系进入市场就业提供了条件。

二是抓好下岗职工出中心与接续社会保险工作，解除其后顾之忧，为多渠道就业创造条件。广东明确规定下岗职工出中心后可进入失业保险，生活困难的可纳入居民最低生活保障线，退休后可享受养老保险。下岗职工无论在哪里再就业，其连续工龄和参加社会养老保险的缴费年限，可合并计算；如果没有实现再就业，也可以通过档案挂靠或以个人名义继续参加养老保险，达到法定退休年龄时，按规定享受相应的养老保险待遇。因特殊困难确实没有能力按时缴纳失业保险费的单位，可以财产抵押，向社会保险经办机构申请缓期缴纳。缓缴期间，失业职工可按规定享受失业保险待遇。失业人员在领取失业保险金期间，由失业保险基金继续缴交医疗保险费，失业人员可享受基本医疗保险。如湛江市为下岗职工、失业人员开通了个人办理医疗保险业务，由个人在银行开户，再由地税部门按月托收或自己直接到地税部门缴费，人均每月缴纳 38 元即可获得个人医疗保险账户、住院医疗和大病救助保障。上述政策措施的出台，为下岗失业人员转变就业观念，到非公有制单位就业或自谋职业起到了积极的导向作用。此外，各地各部门和工会、妇联、共青团等群众组织积极配合，积极开展经常性的宣传引导工作，深入开展就业政策、就业形势宣传，引导下岗失业人员转变就业观念。广东省政府再就业工作领导小组每年都组织 1～2 次全省性的再就业政策咨询宣传活动。各地通过设立咨询电话、电台和电视台专题讲座、报纸专栏、出动宣传彩车悬挂标语等多种形式，广泛宣传，扩大影响。2001 年，全省共发放再就业优惠政策手册近 15 万本，宣传资料 10 多万张，编发再就业优惠政策汇编 6 万多册。同时，广东省委省政府组织了"下岗职工创新夜明星巡回报告会"，各级政府普遍开展"再就业明星"评选活动，通过树立典型引导下岗失业人员自主创业，较好地转变了失业人员的就业观念，树立了市场就业意识，促进了个体私营经济和灵活就业方式的发展。据统计，广东省国有企业下岗职工有 80% 以上在个体、私营和"三资"企业实现再就业，有 30% 自主创办个体或私营企业。

（四）下大力气抓好职业培训，构建以培训促就业的新机制，努力提高劳动者素质，促进就业

为了适应经济结构调整和科技进步对劳动力素质的要求，广东把开展职业培训作为化解结构性失业矛盾、促进就业的重要措施来抓，制订了分类实施职业培训计划，加强职业培训体系建设，积极构建以培训促就业的

新机制，有效地促进了下岗失业人员的再就业。

一是开展再就业培训和创业培训。1998—2000年，广东省组织实施了第一期"三年百万"再就业培训计划，2001年又开始组织实施第二期"三年百万"再就业培训计划，如广州市劳动保障局与微软公司联合开展"光明星"再就业培训活动，对下岗职工开展计算机培训，提高其就业能力。据不完全统计，1998年以来共培训下岗、失业人员127万人，其中下岗职工71万人，失业人员56万人，减免培训费2.1亿元，培训后再就业率为65%以上。

二是全面开展创业培训活动。广东省确定了广州、深圳、佛山等10个省级创业培训示范基地，计划创建20家社区创业培训示范基地，培训1万名社区创业带头人。广州市海珠区就业训练中心开展创业培训两年以来，共培训学员8000多人，其中1/3的学员结业后自主创业，带动了就业。广州市正祥和家政事业有限公司是由下岗人员创办的，一人创造了3000多个就业岗位。

三是积极实施劳动预备制度培训，着力提高新成长劳动力的职业素质，缓解就业压力。广东省政府建立劳动预备制培训专项资金，由省财政连续两年拨款1500万元支持劳动预备制培训。佛山、江门、中山、梅州、惠州、惠阳、南海、澄海等地和省高级技校、广州石化技校等一批技校（培训中心）积极承担劳动预备制培训，成效突出。每年培训城乡新成长劳动力30多万人，其中惠阳市（今惠阳区）创办劳动预备制培训学校，招收未能继续升学的山区初、高中毕业生进行培训，提高了劳动者的就业能力。

四是开展农村劳动力转移培训和智力扶贫活动。各地认真贯彻李长春书记关于实施智力扶贫的指示精神，总结清远、佛山市技校开展智力扶贫经验，制订了开展智力扶贫的实施方案，明确由技工学校承担智力扶贫任务，每年由广东省资助5000名贫困家庭子女就读技工学校。近几年，全省参加农村劳动力向非农产业转移培训的人数每年增长30%左右。据不完全统计，广东各级劳动保障部门及其所属的技工学校、各类培训机构通过开展上述培训活动，每年共培训学员达80多万人，其中2001年参加职业技能鉴定的人数为60多万人，鉴定合格取得职业资格证书的有52万人，合格率达87%，有力地促进了就业。

（五）全面建立就业援助机制，切实帮助就业困难群体实现就业

帮助就业难群体实现再就业是政府促进就业工作的主要职责，是完善市场经济条件下为就业难群体提供就业援助的一项常规制度，是保持社会稳定的迫切需要。近年来，在实施再就业工程过程中，广东全面建立了再就业援助制度。

一是明确登记失业6个月以上、积极求职而未能就业的大龄（男40岁，女35岁以上）失业人员、有就业能力和愿望的残疾人、目前仍滞留在企业再就业服务中心的下岗职工、退出兵役6个月以上未能就业的退伍军人及随军家属等人员为就业难群体。

二是对就业难群体全面开展调查摸底，为就业困难人员建立档案，全省已纳入常规管理的就业难人员有15万人。

三是全面开展再就业援助行动。广东省下发了《关于开展再就业援助行动的通知》，在全省全面推行"就业政策优惠卡""就业援助手册"制度，指导各地紧紧围绕"促就业、续保险、保生活"三个关键环节，为就业难群体提供"政策咨询、职业指导、提供岗位、技能培训、社保接续、劳动保障事务代理、生活保障、特困资助"八方面的援助，促进就业难群体实现就业。广州市制定了《特困失业人员管理办法》，对特困人员实行政策、岗位、技能培训、代缴社保费等方面的优惠，2001年有3000多名特困人员因此受益。汕头市实行优惠卡和优待证制度，规定下岗职工与企业解除劳动关系后，可向劳动保障部门免费申请优惠卡，至今全市已有4000多人领取了优惠卡；对特困人员发放优待证，给予医疗、子女教育、水电、燃料、粮油、卫生费和有线电视月租费等九项基本生活优待，全市已有2850户下岗特困职工共7467人次享受了基本生活优待。

四是多形式提供岗位援助，对特困人员进行托底安置。①开辟再就业基地。全省共兴建"再就业工程商业街""千亩果园基地"等再就业基地305个，安置特困下岗失业人员近10万人。湛江市各级政府出资开办或改建"商业一条街"等再就业基地47处，安置下岗失业人员2.1万人。②提供专门岗位。广州市把所有彩票投注站、公共电话亭提供给下岗失业人员和残疾人经营。深圳市在有驾驶执照失业人员中开展"绿色的士"就业援助行动，有600多名失业人员获取资格。③鼓励企业安置。深圳市对企业招用35岁以上下岗失业人员，按照签订劳动合同期限给予1000~6000元的

岗位补助。再就业援助行动有效地帮助了长期失业人员的再就业，通过就业保障了他们的基本生活。

三、几点体会

回顾近年来促进下岗失业人员再就业所采取的措施和成效，我们深刻地体会到：在体制转轨时期，政府促进就业要按照市场经济规律，转变职能，转移工作重心，积极培育劳动力市场，尊重和充分发挥市场调节就业的基础性作用；同时，综合运用法律、经济、行政、服务等手段进行宏观调控，弥补市场调节的不足，做到不错位、不越位和自身职责全到位。具体来说，要实现以下"四个转变"。

（一）政府促进就业的职能要从过去包揽就业转向运用市场机制促进就业上来，实现管理职能的转变

在市场经济的条件下，运用市场调节就业的作用是首要的、基础性的。凡是市场能够调节的，都应交给市场去调节、去配置，政府的职责应定位在培育市场、宏观调控和托底安置。广东各级政府从一开始就坚持按照市场规律办事，坚决放弃传统计划经济下政府包揽过多、统得过死的做法，把工作的着力点放在培育市场机制、制定宏观政策和市场规则、加强市场监管、维护市场秩序、帮助市场竞争的弱势群体就业上来，使政府站在更高的层次充分调动全社会力量促进就业，为劳动者就业创造一个宽松、有序的市场和政策环境，从而有效地促进全社会实现充分就业。

（二）政府促进就业的手段要从过去偏重于直接的行政干预，转向依法综合运用经济、行政、服务等间接管理上来，实现管理手段的转变

近几年，广东省先后出台了《职业介绍管理条例》《流动人员劳动就业管理条例》《劳动监察条例》《失业人员职业介绍和职业培训补贴办法》等法规，逐步加大依法促进就业的力度。广东省人大在"十五"规划中明确提出实施就业优先发展战略。各级政府致力于构建政策和服务"两个平台"，一方面，综合运用税收、金融、财政、外贸、产业、工商、物价等宏观经济政策调控全社会力量，增加就业岗位，扩大就业容量，探索建立以财政投入为支撑、以职业培训为重点、以就业服务为手段的积极的劳动力

市场政策体系,为广大劳动者就业提供强有力的政策支持;另一方面,下大力气加强以信息网络为核心的劳动力市场建设,建立信息灵敏、沟通畅快、功能齐全、手段先进、运作规范、覆盖城乡的市场服务体系,完善政府的就业服务。经过多年努力,广东已逐步建立起适应市场就业要求的促进就业的宏观调控体系。

(三)政府对下岗失业人员的扶持,要从生活保障转到就业保障上来,实现政策重心的转变

对就业困难群体提供一定的基本生活保障是必要的,但保生活始终是权宜之计,促就业才是根本出路。在实施再就业工程中,广东在不折不扣落实"两个确保"的同时,一直坚持把促进就业作为工作重心。1998年,广东就提出了"先分流、后下岗,少进中心、快出中心,分类指导、理顺关系,促进就业、确保生活"的工作思路,提前介入企业改革工作,千方百计对企业裁减的人员先进行分流安置,确实安置不了的才安排下岗进中心保生活;对进中心的下岗职工,通过优惠政策鼓励其快出中心再就业,率先在全国推进下岗基本生活保障向失业保险并轨;同时实施积极的失业保险政策,加大失业保险基金用于促进就业的投入。这些政策提高了广东省下岗失业人员的再就业率,使他们通过再就业实现了最根本的生活保障。

(四)政府的就业服务工作,要从过去偏重于职业介绍转到以培训促就业上来,实现服务职能的转变

在新形势下,就业服务工作要主动适应经济结构调整和科技进步的要求,把重点放在加强职业培训、提高劳动者素质和适应经济发展的能力,在促进经济发展中促进就业。广东省高度重视职业培训工作,全面开展下岗失业人员再就业培训、创业培训、新成长劳动力劳动预备制培训、农村劳动力转移培训、智力扶贫等职业培训计划,有效地提高了劳动力职业技能,形成了以培训促就业的新机制,巩固了再就业的成果。

第四章 深化：大力推进城乡统筹就业

【内容提要】进入21世纪以来，我国就业工作面临新的形势。一方面是要深化国企改革，继续做好下岗失业人员再就业工作；另一方面是要解决好农村劳动力转移就业问题。广东在2001年年底基本实现下岗与失业并轨后，工作重心要转到建立平等就业制度、解决好农村劳动力转移就业问题上来。然而，多年来我们在就业工作中，对农村劳动力进城务工没有给予平等待遇，总是把他们称为临时工、季节工、劳务工、农民工，设置了各种不合理障碍。按照党的十六大报告关于树立以人为本的科学发展观，推进"五个统筹"的战略部署，笔者立即对推进城乡统筹就业问题进行了积极探索，撰写了《把握科学发展观，努力做好就业工作》《新形势下促进就业的新思考》等文章，在深入分析就业形势的基础上，较早地提出广东要把就业工作重心从过去侧重于城镇就业转到建立城乡统一的劳动力市场和平等就业制度上来，就业发展战略要从过去偏重于数量就业转到质量就业上来，要把握就业结构变动规律，加强人力资源能力建设，构建终身职业培训体系；同时，根据广东省政府的部署，撰写了《进一步推进城乡统筹就业的难点与对策》一文，深入分析了推进城乡统筹就业的难点仍然在于户籍制度、社保制度、用工管理制度、社会公共服务等方面的体制和制度障碍，提出要构建有利于城乡劳动者平等就业的体制环境的对策建议，为广东在新形势下抓住机遇，推进城乡统筹就业尽了自己的一份绵薄之力。

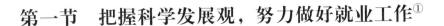

第一节　把握科学发展观，努力做好就业工作①

党的十六届三中全会通过的《中共中央关于完善社会主义市场经济体制若干问题的决定》（以下简称《决定》），以完善社会主义市场经济体制为目标，提出了一系列新思路、新观念、新举措。其中，"坚持以人为本，树立全面、协调、可持续的发展观"是贯穿全文的主线，体现了"三个代表"思想的本质要求。胡锦涛总书记在最近召开的中央经济工作会议上再次强调，以人为本的科学发展观不仅是我国经济工作必须长期坚持的重要指导思想，也是解决当前经济发展中诸多矛盾必须遵循的基本原则。学习把握中央部署精神，准确把握科学发展观的内涵，对于深刻认识就业工作的重要地位，指导解决当前就业工作中遇到的突出问题，推动就业体制机制创新，都具有十分重要的指导意义。

一、准确把握科学发展观的内涵，坚持把扩大就业放在经济社会发展更加突出的位置

党的十六届三中全会提出树立以人为本的科学发展观，纠正了长期以来人们的片面认识，使我们深刻认识到发展不只是经济增长。所谓全面，就是包括经济、社会、政治、文化、生态等各方面的发展；所谓协调，就是各方面的发展要相互衔接、相互促进，形成良性互动；所谓可持续，就是既考虑当前的需要，又考虑将来持续健康发展的可能性，不能以牺牲后代人的利益来满足当代人的需要。科学发展观深刻体现了"三个代表"的本质要求，并从以下两个方面端正了我们对就业工作重要性的认识。一是从思想认识上解决了长期以来只重视经济工作、忽视就业工作的观念。它使我们认识到，经济发展虽然是解决就业和再就业问题的根本出路，可以为就业创造宽松的条件，但是经济发展并不能自动地、必然地解决就业问题。就业工作有其内在规律，经济工作并不能代替就业工作。要解决就业问题，必须把就业工作列入社会经济发展规划，作为一项长期的战略任务

---

① 本文应广东省政府发展研究中心约稿，作为学习党的十六届三中全会《中共中央关于完善社会主义市场经济体制若干问题的决定》的体会，写于2003年12月，发表于《广东经济》2004年第4期。

来抓。二是解决了就业工作在政府工作中的位置问题。就业是民生之本，关系到人民群众的切身利益，关系到改革发展稳定的大局。政府要协调社会经济发展，就必须在发展经济的同时，把促进就业作为自己的重要职责，摆在突出位置。要在发挥市场机制促进就业的同时，重视发挥政府对就业的宏观调控和扶持、促进作用，通过制定规划和扶持政策，建设就业工作平台，完善公共就业服务体系，加大资金投入，开发新的就业岗位和帮助特困人员再就业等项工作，坚持不懈地做好就业工作。是否坚持把扩大就业放在经济社会发展更加突出的位置，是检验各级党委、政府是否坚持立党为公、执政为民的重要标志。只要我们坚持以人为本的发展观，把就业工作摆上突出的位置，就可以统筹兼顾，解决好就业问题。

二、坚持以科学发展观为指导，必须着力解决当前扩大就业工作中遇到的突出问题

我国人口众多，就业压力很大。特别是随着经济体制改革、结构调整和技术进步的不断深化，广东地区经济发展不平衡，结构性失业矛盾突出，就业压力不断增大。中央在提出树立以人为本的科学发展观的同时，根据当前实际，把科学发展观具体化为"五个统筹"，即统筹城乡发展、统筹区域发展、统筹经济社会发展、统筹人和自然和谐发展，统筹国内外发展和对外开放。这"五个统筹"是党中央领导集体对发展内涵、发展要义、发展本质的深化和创新。按照"五个统筹"的原则要求，结合广东实际，笔者觉得当前在就业工作中应当注意解决以下五个方面的突出问题。

一是在统筹城乡发展方面，要结合加快城镇化建设和解决"三农"问题，重点解决好城乡统筹就业，尤其是农村劳动力转移就业问题。这是逐步改变城乡二元结构、增加农民收入的重要途径。据统计，至2003年，全省农村劳动力有2850万人，约占全社会从业人员总数的67%；外出务工的劳动力有510万人，约占其总数的12.3%。目前全省农村剩余劳动力至少有1000万人。大量农村劳动力滞留在农村，无业可就，没有收入来源，无法解决农民增收问题。因此，我们要把农村劳动力转移就业作为推进城镇化和解决"三农"问题的突破口，积极拓展就业空间，大力发展劳动密集型产业，发展各类服务业，加快农业劳动力向非农产业转移，向城镇流动就业，解决农村劳动力的转移就业和增加收入问题。与此同时，在政策上，要取消对农民进城就业的各种限制性规定（如招用农民工计划审批等），加

快建立城乡统一的劳动力市场；加强农民工的职业技能培训，增强转移就业能力；加快制定农民工转移就业的社会保险政策，尤其是对失地进城务工的农民，要建立社会保障制度，保障其合法权益。

二是在统筹区域发展方面，要结合落实广东省委提出的区域协调发展战略和加快山区发展的决定，重点解决贫困地区、贫困农户的劳动力就业问题。经济发展不平衡是广东省全面建设小康社会面临的突出问题。据统计，2003年全省实现生产总值13449.93亿元，比上年增长13.6%。而全省50个山区县GDP仅达到210亿元，仅占全省的15.6%。情况表明，广东省地区之间发展水平差距很大，东西两翼和山区经济不发达，第二、第三产业发展缓慢，城镇就业岗位少，农村富余劳动力急需寻找出路。从劳动力供求信息来看，2003年珠三角用人需求占全省总需求的75.5%，两翼和山区只占24.5%。因此，当务之急是大力发展劳务经济，有序地组织欠发达地区劳动力向珠三角输出，解决他们的就业出路，以增加收入，解决贫富悬殊问题。这是摆在各级政府和劳动保障部门面前的一项重要任务。

三是在统筹经济社会发展方面，要紧密结合广东经济结构调整和国企改革，继续做好下岗失业人员的再就业工作，重点是帮助就业难群体实现再就业。2003年，全省累计国企下岗失业人员60多万人，其中上年结转39.2万人，已实现再就业37.4万人，再就业率达51%。年末全省发放再就业优惠证31.7万份，预计2004年全省国企下岗失业人员总数仍有42万人左右（其中上年结转16.2万）。在这部分人员当中，隐性就业的约占40%，就业难群体约占30%。根据这一实际情况，广东的就业工作应当审时度势，推进两个转变：一是城镇就业工作注意力要从国企下岗失业人员逐步转到全社会就业难群体中的再就业上来，继续落实各项积极的就业政策，健全再就业援助制度，把工作重点放在帮助全社会就业难群体实现再就业上；二是把单纯抓城镇就业转到抓好全社会的就业上来，包括农村劳动力转移就业和大中专毕业生就业。

四是在统筹人与自然和谐发展方面，要结合实施科教兴国战略，重点在提高人的素质上做文章，促进人的全面发展。作为劳动保障部门，要重点抓好劳动者的职业技能培训，切实提高广大劳动者的就业能力、职业转换能力和创业能力。无论是经济发展、社会进步还是环境保护、科技进步，都需要全社会劳动者的参与。人的素质不提高，就难以参与社会各方面的活动，也就难以实现人的全面发展目标。尤其是当前广东正处于经济加速调整、社会急剧转型的阶段，不论是农村劳动力向城镇转移就业，还是欠发达地区的劳务输出,以及城镇下岗失业人员再就业,都迫切需要通过加强职业技能培训,增强劳动者转换职业的能力,以适应社会经济社会发展的需要。据统计,2002年全省第一、第二、第三产业从业人员所占比重分别为38.1∶29.1∶32.8,第二产业从业人员所占比重偏低。最近,美国《国际先驱论坛报》刊登的一篇题为《谁偷走中国制造业就业岗位》的文章说,1995年至2002年间,全球丧失了2200万个制造业就业岗位,其中中国1600万个,美国200万个,原因是劳动生产率不断提高对就业造成严重破坏。由此可见,发展制造业和高新技术产业,需要提高劳动者的素质;制造业就业岗位萎缩,必然要求劳动者加快向第三产业转移。如果劳动力素质低下,科技含量高的第二产业发展不了,就难以支持第三产业的加快发展。因此,当前我们要结合广东的实际,按照实施人才强国战略的要求,着重抓好劳动预备制培训、智力扶贫、再就业培训、农村劳动力转移培训和创业培训,采取多种培训形式,全面提高劳动者的就业创业能力,促进第二、第三产业的协调发展,促进人与社会、人与自然的协调、和谐发展。

五是在统筹国内发展和对外开放方面,要结合实施外向带动战略,在就业方面重点开拓两项工作,一是组织开展境外就业,做好劳务输出工作;二是抓好外国人和港澳台人员来粤就业的规范管理工作。在对外开放过程中,做好就业工作,就是要千方百计采取灵活多样的形式扩大与促进就业,满足人们的就业愿望,增加人们的收入,以促进社会经济协调发展。

三、贯彻落实以人为本的科学发展观,必须加快推进就业体制改革与创新

贯彻落实以人为本的科学发展观,不是一句抽象、空洞的口号,落实到就业工作中还必须按照新发展观的要求,以满足人们的就业需要为目标,加快推进就业管理体制的改革与创新。

一是推进就业管理职能的转换与制度的创新。中央强调,扩大就业是我国当前和今后长期重大而艰巨的任务,是各级党委和政府的重要职责。实现人民的愿望,满足人民的需要,维护人民的利益,是就业工作的出发点和落脚点。政府行政部门要围绕人的就业要求,转变管理观念,改变不利于扩大与促进就业的体制性障碍。改变重管理轻服务、重城市轻农村的倾向,变被动管理为主动服务,把管理工作重点转到制定政策、营造宽松的就业环境上来,把工作重点从只管城镇转到统筹城乡就业上来。改革城

乡分割的户籍管理制度，取消对农民进城就业的限制性规定，建立城乡一体化的市场就业服务体系和社会保障制度，改革干部、工人分开的管理体制，从而为劳动者流动就业创造宽松的环境。

二是推进就业机制的创新。按照以人为本的要求，在就业工作中要坚持劳动者自主择业、市场调节就业和政府促进就业的方针，通过培育和完善劳动力市场体系，加快建立覆盖全省城乡的劳动力市场信息网络，为劳动者提供一个公平竞争的就业环境。与此同时，还要以提升人们素质、实现人们就业为目标，构建终身职业培训体系，不断提高劳动者的职业技能，形成以培训促进就业的新机制。

三是推进就业服务体制的创新。劳动力市场是一个特殊的市场，其特殊性表现在劳动力作为商品永远依附在劳动者身上，不可能脱离劳动者而单独存在。就业服务机构开展就业服务活动，面对的实际上是用人单位和活生生的、具有劳动能力的人。这是劳动力市场与其他各类市场的根本区别。按照以人为本的原则和便民利民的要求，我们应当加快就业服务体系建设，把就业服务的对象扩大到所有求职者，把就业服务载体向基层延伸，进一步推动街道、乡镇和社区建立劳动保障服务机构建设，形成一体化的就业服务体系。县以上公共就业服务机构要进一步完善服务功能，为劳动力供求双方提供职业介绍、就业指导、政策咨询、劳动保障事务代理等"一站式"优质服务，提高工作效率和服务质量。

四是要推进就业方式的创新。在就业压力不断增加的新形势下，党的十六届三中全会《决定》指出，改革发展和结构调整都要与扩大就业紧密结合，做到"四个注重"，即：在产业类型上，注重发展劳动密集型产业；在企业规模上，注重扶持中小企业；在经济类型上，注重发展非公有制经济；在就业方式上，注重采取灵活多样的形式。广东要结合实际，在扩大就业方面，当前要着重推进就业方式的创新，一方面是抓紧制定《劳务派遣管理办法》，积极推行临时工、小时工、季节工和弹性工作制，支持劳动者以灵活多样的方式从事各种劳务活动，拓展就业空间；另一方面是积极组织实施创业致富工程，开展创业培训，培养创业带头人，鼓励全民创业，创办小微企业，发展民营经济，增加就业岗位，从而带动和促进就业。

【专栏参阅7】统筹城乡就业

在改革开放后的就业工作30年历程中,针对计划体制的城乡分割和二元结构,"城乡统筹"始终作为一个重要的方针出现在各种文件中,但其内涵不断地发生变化。这种变化,不仅反映了我国经济社会的发展,而且深刻地反映了经济体制改革的深化和我党执政理念的转变。20世纪80年代,"城乡统筹"更多地用于强调在城镇就业压力巨大的情况下,要严格控制农民进城就业,对农民要坚持"就地转移"的方针,防止对城市就业造成冲击。到90年代,"城乡统筹"强调对农村劳动力的就业问题也要考虑,城门要适度打开。但政府应加强疏导和调控,通过将管理服务逐步向农村延伸,引导农村劳动力有序流动。进入21世纪后,"城乡统筹"被赋予了新的内涵。城乡统筹就业是国家经济社会发展城乡统筹方针的一个方面。按照"以人为本"的执政理念,我们的目标是建立城乡劳动者平等参与市场竞争的就业制度。同时,要完善面向城乡劳动者的均等化的公共就业服务和职业培训。虽然实现这一目标还需艰苦的努力,但我们毕竟走上了彻底消除二元结构的分割、建立城乡一体化人力资源市场的轨道。回顾上述历程,可以看到,正是由于我们选择适合中国国情的渐进式的改革模式,始终注意研究就业领域的城乡关系,同时坚持改革方向,不断与时俱进地调整方针政策,才能使我们这样一个农业大国在几亿农村劳动力加速向非农产业和城镇转移中保持了社会的稳定。

(摘自张小建主编《中国就业的改革发展》,中国劳动保障出版社2008年版)

第二节 进一步推进城乡统筹就业的难点与对策①

2006年,广东省人民政府发出《关于推进统筹城乡居民就业工作实施意见》,标志着广东就业工作开始进入一个新的发展阶段,全省就业工作重心由过去着重解决国企下岗失业人员再就业转移到统筹城乡就业、建立城乡劳动者平等就业制度的轨道上来,取得了新的突破、新的进展。但是,

---

① 本文写于2007年9月;发表于广东省政府发展研究中心主编《广东经济蓝皮书》,广东人民出版社2008版。

第四章 深化：大力推进城乡统筹就业

从总体上看，由于城乡、地区之间经济发展不平衡，推进城乡统筹就业还面临许多难点和问题。展望新的一年，广东要进一步推进城乡统筹就业，必须着力从体制、机制等方面解决存在的难点和问题，改善就业环境，实现就业公平，促进稳定就业。

一、近年来广东推进统筹城乡就业的进展情况

广东是全国最早开展统筹城乡就业试点的省份之一。自2001年起，广东在下大力气解决国企下岗失业人员再就业问题的同时，着手选择南海、顺德、英德、廉江、罗定、博罗等10个县（区）开展城乡统筹就业试点，统筹考虑城乡劳动者就业问题。随着经济社会发展步伐的加快，2005年广东在基本解决国企下岗失业人员再就业的基础上深入调研，提出了全面推进城乡统筹就业的政策措施，并于2006年由广东省政府颁发全面实施，一年多来各地采取有力措施，围绕促进就业这个目标，着力解决突出问题，初步建立了三项制度，使统筹城乡就业工作取得了新的进展和初步成效，主要表现在以下六个方面。

（一）围绕控制失业率的目标，实施积极的就业政策，保持城乡就业局势的稳定

2006年是实施"十一五"规划的头一年。广东省政府提出要把城镇登记失业率控制在3.8%以内。在过去的一年里，广东围绕就业工作目标，把工作重心从过去侧重于城镇就业转移到推进城乡统筹就业上来，全面落实国家和广东省出台的财政、税收、信贷、教育培训、农民工权益保障以及鼓励大学生面向基层就业等一系列积极就业政策，较好地化解了就业矛盾，在就业压力大的情况下保持了就业形势的稳定。预计至2006年年底，全省常住人口达9200万人，城乡从业人员达5220万人。全省净增就业人数近200万人，其中城镇新增就业108万人（含自然减员增加的岗位），农村劳动力向非农产业转移就业50万人。至年末，全省城镇累计登记失业人员35万人，登记失业率为2.6%，明显低于全国4.1%的平均水平。

（二）着力改善农民工就业环境，促进农村富余劳动力有效转移就业

近年来，针对进城农民工"一大两差三低"（劳动强度大，工作环境

差、生活条件差，文化程度低、工资收入低、社会保障低）等实际情况，广东省委省政府出台了《关于推进统筹城乡居民就业工作实施意见》《关于进一步加强农民工工作的通知》等一系列保障农民工权益和改善农民工就业环境的政策文件，从开展公共就业服务、就业指导、政策咨询，完善劳动合同制度，提高最低工资标准，建立工资支付保障制度，加强职业技能培训，建立符合农民工特点的社会保障体系以及加强组织领导，加大公共财政投入等方面，着力改善农民工就业环境，加强就业服务工作，较好地保障了农民工正当的劳动权益，促进了本省和外省入粤民工的有序流动就业。据初步统计，目前在广东就业的农民工达2300万人，其中外省农民工1700万人，比上年增加近100万人；本省农村转移劳动力600万人，比上年增加50万人。

（三）着力统筹解决高校毕业生就业问题

2006年是高校毕业生就业压力最大的一年。全国高校毕业生数量再创历史新高，达413万人。在广东参加就业的高校毕业生21万多人，比上年增加4万多人。在高校毕业生就业压力大的情况下，各级劳动保障部门认真贯彻国务院关于鼓励和引导高校毕业生面向基层就业的政策，把高校毕业生就业工作纳入统筹城乡就业工作的总体部署，突出重点，统筹考虑。积极引导大学生面向基层就业和自主创业。各地组织开展了高校毕业生就业服务专场招聘活动，提供免费的就业咨询、职业介绍、就业和创业指导，及时为未能就业的高校毕业生办理失业登记。针对具体对象，综合运用各项扶持政策和服务手段，促进高校毕业生实现就业或自主创业。据统计，2006年全省高校毕业生已实现就业的有18万多人，初次就业率为90%左右。此外，申办个体工商户的高校毕业生有1480人。

（四）初步建立城乡一体化的劳动力市场和城乡劳动者平等就业制度

2006年，各地认真贯彻广东省政府转发省劳动保障厅《关于推进统筹城乡居民就业工作的实施意见》，从以下三个方面积极探索、建立城乡劳动者平等就业制度。一是实行城乡一体化的公共就业服务制度，凡在法定劳动年龄内，有就业能力和就业愿望的本省城乡户籍居民到非农产业求职就业，统一凭身份证到户口所在地劳动保障部门进行求职登记，统一享受各项免费的公共就业服务，用人单位对城乡劳动者一视同仁，全面签订劳动合同。二是实行城乡劳动者一体化的就业凭证管理制度，即在全省范围内统一使用《广东省就业失业手册》，作为记载劳动者"就业—失业—再就业"全过程的各项就业信息的凭证，简化管理手续，促进合理流动。三是实行城乡一体化的就业登记和失业统计制度。对已进行户籍改革、把城乡人口统称为本地居民的深圳、广州、佛山、东莞、中山等市，实行城乡一体化的统计就业登记和失业统计制度。通过上述改革，进一步打破了农村劳动力转移就业的体制性障碍，消除了农民就业的制度性歧视，基本建立起城乡统一的劳动力市场，初步实现了城乡劳动者就业的一视同仁、公平对待。

（五）全面建立职业技能培训制度，大力提升城乡劳动者的就业和创业能力

根据广东产业结构加快调整、升级对劳动者素质要求不断提高的实际情况，广东把提高城乡劳动者尤其是农村劳动力职业素质作为推进城乡统筹就业的重要任务，摆上突出位置。各地在继续发展各类职业教育培训的基础上，着重实施"三项培训工程"。一是实施"百万农村青年技能培训工程"，充分发挥各类职业院校和培训机构的作用，积极组织农村剩余劳动力、失地农民、转产渔民和农村新成长劳动力进行以提高职业技能促进就业为目标的职业培训。据不完全统计，至 2007 年年底，全省共培训农村劳动力 15 万人，较好地促进了农村劳动力转移就业。二是全面实施"创业富民工程"。各地认真组织具有创业愿望和创业条件的城镇劳动者、大中专毕业生、农村富余劳动力进行以提高创业能力为目标的培训，把创业培训、开业指导和后续跟踪服务、小额担保贷款等扶持政策结合起来，引导劳动者通过创办小企业实现自我就业，为社会提供更多的就业岗位。预计至 2007 年年末，全省参加创业培训的人数为 3 万多人，申办个体工商户的下岗失业人员 20178 人，投资兴办经营企业的有 313 户，为社会提供了 4 万多个就业岗位，实现了一人创业带动多人就业的倍增效应。三是继续实施智力扶贫工程。广东省政府规定，"十一五"期间，由省财政每年资助 1 万名农村贫困家庭子女就读技工学校，经 2～3 年培训取得一定的职业资格证书后，推荐其就业。2006 年，全省技校招收贫困家庭子女 1 万人，完成了招生计划；毕业生 5000 人，实现了 100% 就业。这较好地提高了贫困家庭子女的就业能力，解决了他们的就业和脱贫问题。

（六）进一步健全再就业援助制度

就业困难群体是我国就业工作的重点和难点。为了切实帮助就业困难人员实现就业，广东在推进城乡统筹就业进程中，采取各项措施，进一步健全再就业援助制度。各地开设专门的就业服务窗，对就业困难人员开展"一对一"的就业指导、信息咨询、职业介绍和免费培训等项服务。同时积极开拓社区公益性岗位，优先招用就业困难人员。广东在城镇建立了"零就业家庭"就业援助制度，由街道劳动保障工作机构建立"零就业家庭"档案，指定专人负责，提供"一帮一"跟踪服务。"零就业家庭"成员除了享受各项再就业优惠政策外，还不限次数免费提供职业指导和介绍就业，提供一次全免费的定向中级职业技能培训或创业培训。据统计，2007年1～3季度全省共帮助3389户4425人实现就业再就业。其中，广州市168户"零就业家庭"中，已有165户解决1人以上就业，"4050"失业人员实现再就业3.93万人，就业率为63.98%，较好地解决了困难群体的就业问题，促进了社会稳定。

二、统筹城乡就业的发展趋势与难点分析

实践证明，统筹城乡就业，建立城乡一体化的劳动力市场和平等的就业制度，是现阶段我国经济发展和构建和谐社会的必然要求。从全国范围来看，这项工作正在起步。2006年《国务院关于解决农民工问题的若干意见》（国发〔2006〕5号）明确提出，今后一个时期，要着力完善政策和管理，推进体制改革和制度创新，逐步建立城乡统一的劳动力市场和平等竞争的就业环境，建立保障农民工合法权益的政策体系和执法监督制度，拓宽农村劳动力转移就业的渠道，保护和调动农民工的积极性，促进城乡经济繁荣和社会全面进步，推动社会主义新农村建设和有中国特色的工业化、城镇化、现代化健康发展。按照国务院的总体部署，劳动保障部于2006年4月召开全国推进城乡统筹就业试点工作座谈会，提出从2006年起用3年的时间开展统筹城乡就业工作试点，重点抓好"三个体系，两项制度"（即城乡就业组织管理体系、公共就业服务体系、职业培训体系和用工管理制度、社会保障制度）建设。

从广东来说，在刚刚过去的一年中，广东经济社会发展取得了重要成就。全省经济总量又上了一个新台阶，预计2006年GDP增长14%，达到

第四章 深化：大力推进城乡统筹就业

25800 亿元，人均 GDP 达到 3500 美元。其中，广州、深圳市人均 GDP 分别达到 1 万美元和 8300 美元，珠三角地区人均 GDP 超过 6000 美元。这表明广东经济社会已经进入一个加速发展的重要阶段。在这个阶段，广东按照国务院的部署，在推进城乡统筹就业方面正跨出实质性的一步。展望新的一年，广东建立城乡一体化的劳动力市场和城乡劳动者平等就业制度，着力提高劳动者素质，促进农村劳动力转移就业等，产业结构调整升级步伐必将加快，农村劳动力向非农产业转移的步伐必将加快；现代化、城镇化的发展步伐也必将加快。广东省委省政府提出，至 2010 年，全省城镇化水平要在 65% 左右。这意味着，广东在统筹城乡就业方面要继续在全国先走一步，加快推进体制改革和制度创新，率先建立城乡统一的劳动力市场和平等的就业制度。这是广东统筹城乡就业工作发展的大趋势。

然而，从全国来说，广东是一个省份，全国城乡、地区之间的经济发展不平衡，广东也存在同样的问题。加上社会管理体制改革滞后、社会公共服务体系建设滞后、劳动立法滞后，广东要在全国现有的体制、法律框架下，进行新的突破，率先推进城乡统筹就业，建立城乡劳动者平等就业的制度，难度仍然很大。其中，面临的主要难题仍然是体制和制度性的障碍，主要表现在：一是户籍制度的障碍。户籍制度以及附着在户籍上的一系列权益仍然是劳动者流动就业与实现平等待遇的主要障碍。如果过早取消本省户口限制，则会导致外省劳动力大量入粤，造成城市压力过大。如深圳市人口规模已达 1035 万，其中户籍人口只有 171 万。如按常住人口计，其人均 GDP 明显低于广州市。如等到农村与城市差距不太大的时候才取消城乡户口差别，那么农民往往又不愿放弃农村户口进入城市，这将阻碍城镇化的进程。这是一个两难的选择。如何权衡利弊，选择适当的时机推进改革，应当及早统筹考虑。二是社会保障制度方面的障碍。实现城乡劳动者社会保障权利的平等，是建立城乡劳动者平等就业制度的重要内容之一。目前推进城乡统筹就业，遇到的最大困难是如何使城乡劳动者享受平等的社会保险待遇。如养老保险有城镇职工基本养老保险与农村养老保险之别，两者如何衔接和过渡？医疗保险有城镇职工医疗保险和农村合作医疗保险，两者之间如何衔接和过渡？外地农民工流动就业，其社会保险基金如何转移、接续和支付等。这都涉及整个国家的社会保险制度本身的设计问题，难度很大。三是就业和用工管理制度方面的障碍。在准入难问题基本解决的情况下，劳动用工管理方面仍存在不少问题，主要表现在用人单位对农民工一般采取临时用工形式，劳动合同期短。尽管是常年性的工作岗位，也只签订一年以内的劳动合同，使农民工不仅就业不稳定，而且也难以享受到与城镇正式职工同等的工资、保险等福利待遇，使农民工的合法权益容易受到侵害。在劳动保护方面，也存在劳动标准立法滞后、层次低、不统一、劳动条件差的情形，使农民工无法享受与城镇职工同等的劳动保护待遇。四是社会公共管理服务体制建设滞后，难以适应大量农民工向城镇转移的需要。这主要是现有的就业组织管理体系、公共就业服务体系、社区管理服务体系、劳动执法监察体系等，都是按照管理城镇居民就业的模式建立的，因而在机构设置、人员编制、资金保障、场地建设等方面，都发展滞后，难以适应社会经济迅速发展的需要。五是缺乏相互配套的政策，使改革难以整体推进。统筹城乡就业是一项社会系统工程，必须从城乡社会经济发展全局与长远的推进来统筹考虑城乡就业问题，不能把此项工作简单地局限于劳动就业领域。但现行的管理体制和政策还未形成综合配套、整体推进的合力。除了户籍、社保、用工管理制度和政策外，还需要城镇规划、产业结构、教育和医疗卫生、农村土地改革、民营经济、社区建设等多项公共政策相配合。目前，从现代化建设全局的高度来研究和制定政策还不够，配套政策滞后而产生的相互牵制、摩擦，阻碍了统筹城乡就业的进程。此外，我国劳动人口整体上受教育程度不高，尤其是农村劳动力整体素质较低，这也是推进城乡统筹就业、促进农村劳动力向非农产业转移的重要制约因素之一。

三、对策建议

统筹城乡就业是现阶段广东加快实现现代化进程的一项重要任务。在新的一年里，加快推进城乡统筹就业工作，必须坚持以科学发展观为指导，切实抓好以下工作。

（一）抓紧从宏观上构建有利于城乡统筹就业的体制环境

各级政府要从统筹城乡经济社会发展，缩小城乡差别的大局出发来谋划和推进统筹城乡就业工作，把统筹城乡就业作为统筹城乡经济发展、推进现代化建设的一个重要组成部分来抓，把各级政府分别建立的就业工作领导小组和农民工工作领导小组合并为统筹城乡就业工作领导小组，负责全省城乡就业工作的统筹规划、政策研究、综合协调和组织实施工作。按照到2010年全省城镇化水平为65%左右，其中珠三角地区为80%左右的目标要求，认真搞好城乡总体发展规划，抓好各类公共服务体系建设，大力调整提升产业结构，拓展就业和创业空间，引导农村劳动力向中小城镇转移就业，协调有关部门，从户籍管理、财政、金融、税收、住房、教育、培训、社会保障、医疗卫生以及就业服务等方面制定综合的配套政策，清除城乡劳动者，尤其是农民工流动就业的政策性、体制性障碍，形成有利于城乡劳动者平等就业和自主创业的宽松的体制环境。

（二）抓住关键环节，加快建立健全城乡劳动者平等就业制度

推进城乡统筹就业涉及面广。就目前来说，户籍制度、社会保障制度、农村土地承包制度和就业管理制度是实现城乡劳动者平等就业权利的关键性障碍。要选择适当的时机，从以下几个关键环节推进体制改革与创新。一是加快户籍制度改革，先在珠三角取消城乡分割的户籍管理制度，取消城乡居民的身份界限，通称本地居民，享受同等待遇；然后选择适当的时机，逐步在全省铺开。二是继续深化就业管理制度改革，从政策和法律上规定禁止用人单位在招工用人方面对城乡居民实行歧视的做法。不论是城镇劳动者，还是从农村转移出来的劳动力，都应当在平等自愿、协商一致的基础上与用人单位依法订立劳动合，明确双方的权、责、利及其工资、社保、福利等方面的待遇，切实保障所有劳动者，特别是农民工的合法权益。三是深化社会保险制度改革。在制度设计上，应充分体现以人为本的社会主义特色。例如，在社会基本养老保险方面，由国家实行城乡劳动者统一标准的基本社会保险，促进目前城乡两种不同的养老保险制度之间的衔接，简化收费标准及计发办法，以利于社保基金的异地转移。此外，还要结合推进新农村建设，逐步深化农村土地制度改革，促进土地的依法有偿流转，以利于农村劳动力的合理流动。上述几项制度的改革与创新，有赖于加快立法。建议加快制定和颁布劳动合同法、就业促进法和最低工资保障法，使各个环节的工作制度化。

（三）抓紧制定综合配套的政策，着力促进就业困难群体实现就业和自主创业

我国在体制转轨期间出台的就业政策，侧重于扶持和促进国企下岗失业人员再就业。今后，随着就业工作重心的转移，我们要从统筹城乡就业的大局出发，进一步扩大政策的适用范围，制定、完善覆盖城乡劳动者的积极的就业政策。过去鼓励用人单位招用下岗失业人员的税费减免政策要

扩大到全社会就业困难群体；鼓励劳动者自主创业方面的小额担保贷款、税费减免政策应扩大到所有劳动者，形成鼓励创业的良好的社会环境；对城乡劳动者参加职业技能培训，要继续实行财政补贴政策，鼓励劳动者接受职业培训，努力提高自身素质，以适应社会经济发展和技术进步的需要。特别是对农村富余劳动力向非农产业转移就业，要实行适度的倾斜政策，鼓励他们向中小城镇转移，实现比较稳定的就业和居住。要继续完善和落实鼓励高校毕业生面向基层和欠发达地区就业和自主创业的政策，使高校毕业生到基层、社区或欠发达地区就业，其工资收入与在大中城市同类岗位的高校毕业生的工资水平保持大体相当的水平，从而引导他们转变就业观念，自觉地面向基层和欠发达地区就业。

（四）加大投入，积极开发公益性就业岗位，拓宽就业渠道，千方百计促进就业

统筹城乡就业，除了发展经济，增加就业岗位外，各级政府还应当根据社会发展需要，加大公共财政投入，通过加强社区建设、公共服务项目建设，努力开拓公益性就业岗位。例如，通过加快城市社区各类公共服务体系建设，增加人员编制和资金投入，创造新的就业岗位；通过加强农村城镇医疗卫生、教育培训和环保等方面的基础建设，增加就业岗位；通过公共项目投入的形式，创造新的就业岗位。总之，政府在加强和改善社会管理和服务领域，是可以大有作为的，也是当前增加就业岗位的重要途径之一。各级政府应当通过积极开拓上述公益性就业岗位，拓宽就业门路，千方百计地促进劳动者特别是就业困难群体实现比较充分的就业。

（五）继续加强职业技能培训，全面提升城乡劳动者的就业能力和创业能力

广东劳动力资源丰富，但整体素质（尤其是农民工）偏低，这已成为扩大与促进就业的主要瓶颈之一。随着产业结构调整、升级步伐加快、新技术产业和高端服务业的发展，劳动者的综合素质（特别是职业技能）与就业岗位要求不相适应的矛盾日趋突出。统筹城乡就业，必须充分认识到提高劳动者职业素质的重要性、紧迫性，切实加强职业教育培训。全省各地要建立覆盖城乡劳动者的职业培训体系，加大财政投入，加快职业培训的基础设施和师资队伍建设，采取灵活多样的形式，对城乡劳动者广泛开展针对性、实用性强的职业技能培训，切实提高其就业能力；对有创业愿

望的人员开展创业培训,提高其创业能力。各级政府要进一步完善购买培训成果的制度,对参加培训的农民工和就业困难人员给予一定数量的补贴;对承担培训任务的培训机构,给予相应的鼓励政策。通过开展上述培训,切实提高城乡劳动者的择业能力和创业能力,化解结构性失业矛盾,实现稳定就业。

(六)强化企业责任,加强工资分配的宏观调控,确保城乡劳动者获得合理的劳动报酬等各项权利

要强调企业在保障劳动者合法权利的社会责任。政府要通过立法,进一步完善最低工资制度、工资支付保障制度、工资集体协商制度和工资支付监控制度,规范企业工资分配行为,杜绝各类拖欠、克扣劳动者工资的行为。要建立工资随社会经济发展而不断增长的机制,确保广大劳动者依法取得合理报酬的权利。要强化企业安全生产责任主体意识,严格执行各项职业安全卫生标准和劳动标准,严格落实国家有关女职工和未成年工特殊保护规定,改善劳动环境和劳动条件,确保劳动者的身体健康和生命安全,确保劳动者获得休息和劳动保护的权利,以减少劳动争议,促进社会和谐稳定。

第三节 当前广东就业形势分析与对策建议[①]

就业问题与经济发展和社会稳定密切相关。"解决我国就业问题是关系改革发展稳定全局的一项重大战略任务,也是一项长期的、艰巨的、复杂的任务。"近年来,广东各级党委政府十分重视做好就业和再就业工作,制定了一系列政策,大力推进再就业工作,促进就业,取得了明显的效果,城镇登记失业率控制在3%左右。但是进入21世纪以来,面对世界范围内新一轮经济结构调整和分工,广东在推进现代化建设进程中,面临严峻的就业压力。为了探索解决广东的就业问题,笔者拟从现阶段广东社会经济发展和劳动就业现状的分析入手,把握广东就业工作面临的压力和发展趋势,提出解决就业问题的对策建议。

---

① 本文写于2003年7月,是在2002年广东全面实现下岗与失业并轨后,为了进一步探索广东就业工作的新路子而撰写的一篇全面分析当时广东就业形势的文章,较早提出把鼓励创业作为促进就业的重大举措来抓等八条建议。

一、21世纪以来广东社会经济发展的基本特点及其对就业的影响

（一）21世纪以来广东社会经济发展的新特点

经过改革开放20多年的迅速发展，广东经济已从工业化初期进入工业化中期阶段，国民经济综合发展水平居全国前列，总体上达到小康水平，但人口众多，经济发展极不平衡。进入21世纪以来，广东在经济全球化、市场化的背景下，全面推进现代化建设，全面建设小康社会，使社会经济发展呈现出一些新的特点。

1. 人口数量继续增大，劳动力整体素质与现代化建设不相适应

人口作为社会经济活动的主体，一方面对社会经济发展起着积极的作用，另一方面又对劳动就业产生重要的影响。进入21世纪以来，广东在推进现代化进程中，人口的数量、质量和结构都发生了很大变化，形成人口发展的新特点。

人口自然增长速度下降，但总量继续增大。第五次全国人口普查资料显示，广东人口规模大，居全国人口大省第四位，2000年年末，广东常住人口为7705.8万人，自然增长率为9.92‰，人口密度为每平方公里486人，比全国平均每平方公里132人高出约2.7倍。2002年人口变动情况抽样调查结果表明，年末常住人口为7858.58万人，比上年增加75.17万人，自然增长率为8.21‰。

广东人口自然增长率从2000年的9.92‰下降至2002年的8.21‰，减少1.71‰，人口增长速度减缓，但人口总量却因原人口基数大而继续增长，近两年净增人口达151.78万人，平均每年净增75.89万人。

广东人口流动量大，而且流入大于流出。第五次全国人口普查资料显示，全省流动人口达2530.43万人，占常住人口29.38%。其中，省外流入人口达1506.5万人，占59.5%；省内跨地区流动人口1023.9万人，占40.5%。省外流入人口主要集中在东莞（占27.5%）、深圳（占26.9%）、广州（占14.3%）、佛山（占10.2%）、中山（占5.7%）、惠州（占4.3%）、珠海（占2.4%）、江门（占2.1%）等珠三角各市；在本省流动人口中，跨市、区间流动人口达598.9万人，占58.5%，流出省外的极少。改革开放以来，由于广东经济持续快速增长，吸纳了外省大量的劳动力和

本省欠发达地区劳动力转移就业，本省劳动力跨省务工、经商的很少。国家统计局公布的数据显示，目前全国每年跨省、市流动的劳动力为4500多万人次，如果加上省、区内的劳动力流动，这一数字达到1.2亿人，其中有35.5%流入广东。可见，广东成为人口和劳动力的净流入省份。这既加大了广东的人口总量，也给就业带来了很大的压力。

在人口总量不断增加的同时，人口的文化水平总体上仍比较低，从业人员的职业技能也比较低。在一个国家的人口文化构成中，高学历人口所占比重越大，人力资本含量越高，对经济增长和社会发展的推动也就越大。20世纪90年代以来，广东努力实施"科教兴省"战略，大力发展教育事业，人口受教育水平明显提高，全省受初中以上教育程度人口占总人口的比例从1990年的33.3%上升到2000年的53.9%（见表4-3-1）。

表4-3-1　广东1990年、2000年人口受教育程度结构对比

年份	总人口（万人）	文盲、半文盲（%）	小学（%）	初中（%）	高中（%）	大专以上（%）
1990年	6346	13.02	40.47	23.04	8.93	1.33
2000年	8523	3.84	33.14	36.68	12.87	3.55

从纵向来看，近年来广东人口文化素质明显提高。高中及以上文化程度人口占总人口的比重达16.42%，比1990年高出6.16%；但初中及以下文化程度占73.66%，适龄（20～24岁）大学生入学率是世界平均水平的1/8、低收入国家的1/3。据调查，从业人员的职业技能也比较低，不能适应现代工业发展的需要。2001年全省从业人员中，共有技术工人439.6万人，其中初、中级技能人才356.18万人，占总数的81%。高技能人才严重不足，总体水平与现代化建设要求不相适应。

2. 地区经济发展极不平衡，欠发达地区劳动力向珠三角集中，成为重要的发展趋势

地区经济发展不平衡，是广东推进现代化过程中面临的突出问题。据统计，2002年珠三角GDP总量达9091.94亿元（当年价），占全省GDP的77.9%；东翼地区GDP为1309.31亿元，西翼为1259.13亿元，粤北山区为1361.35亿元，分别占全省GDP的11.2%、10.8%和11.7%。尤其是县域经济十分薄弱，全省71个县（市）2001年面积和人口分别占全省的81%和69%，而GDP和财政收入仅占全省的32.5%和7%。浙江全省62个

县，2000年GDP和财政收入分别占全省的71%和43%。与浙江相比，广东地区经济发展不平衡、县域经济薄弱的特点十分突出。暨南大学经济学院和广东省政府发展研究中心课题组根据现代化的定义和特征，参照国内外评估标准，结合中国现代化建设的实际情况，从经济水平和经济结构、科技进步与人口素质、社会发展与居民物质生活水平、生态环境与自然资源四个方面精选了16个指标，构建了反映广东区域可持续发展综合评估指标水平，150分为富裕水平。他们运用综合评估法对广东各地市社会可持续发展状况进行评估，其结果表明，1997年广东全省平均得分66.1分，刚刚进入小康水平；2001年全省平均得分73.5分，比1997年提高7.4分，表明广东总体上进入小康社会，但发展极不平衡（见表4-3-2）。

表4-3-2 广东各市可持续发展综合评选指标体系综合得分及排序

地区	1997年		1999年		2001年	
	得分	排序	得分	排序	得分	排序
广州	80.5	3	88.0	2	90.2	2
深圳	98.4	1	98.3	1	101.7	1
珠海	80.9	2	85.9	3	86.0	3
汕头	67.2	8	71.4	8	75.3	7
韶关	56.9	14	62.8	11	65.4	12
河源	46.3	21	54.6	19	53.7	21
梅州	58.3	17	59.8	15	59.4	20
惠州	68.3	9	70.1	9	75.4	8
汕尾	46.3	20	54.5	20	63.0	13
东莞	71.6	6	83.0	4	81.6	6
中山	73.6	5	80.5	6	82.0	5
江门	68.7	7	70.6	7	71.9	9
佛山	76.8	4	81.1	5	83.0	4
阳江	54.4	15	61.0	14	61.8	15
湛江	57.8	10	61.9	14	61.8	15
茂名	50.6	19	56.7	18	60.7	18
肇庆	56.5	11	62.6	12	62.9	14

续上表

地区	1997年		1999年		2001年	
	得分	排序	得分	排序	得分	排序
清远	51.8	18	56.7	17	59.9	19
潮州	56.1	12	65.0	10	66.4	11
揭阳	54.0	16	54.3	21	61.3	16
云浮	56.0	13	59.0	16	61.1	17
全省平均	66.1		71.4		73.5	

资料来源：根据《广东经济形势分析与预测》（1998年、2002年）整理。

由于广东区域经济发展极不平衡，粤东、粤西、粤北等欠发达地区劳动力纷纷向珠三角转移就业。据统计，2002年，珠三角地区劳动力需求占全省用工需求总量的78%以上。

3. 经济体制转轨和国企改革步伐明显加快

我国加入世贸组织后，经济国际化进程加快。为了适应这个转变，在更广的领域和更深的层次参与国际合作与竞争，广东加快了体制转轨、制度创新、全面建立完善社会主义市场经济体制的步伐。体制转轨的核心是落实公有制企业的各项生产经营自主权和用人自主权，使之成为真正的市场主体。政府不再向企业下达各项指令性计划，而是依法行政，为企业参与市场竞争创造公平的环境；企业则需要按照市场规律，把经营目标转移到追求利润最大化上来，其多余的劳动力显然不符合市场经济原则，必须裁减。这就使公有制企业内部隐性失业的矛盾暴露出来。近年来，广东贯彻"抓大放小"的方针，加大企业改革、改制的力度，一方面是突出抓好50户工业龙头企业，对大企业（集团）进行公司制改革，加快建立现代企业制度；另一方面是加快国有劣势企业退出市场的步伐，主要是使长期亏损、资不抵债、扭亏无望的企业通过破产退出市场，对产品质量低劣、浪费资源、污染环境、不具备安全生产条件的企业依法关闭，对不适合国有制经营的小企业实行改制。据省经委透露，2001年起，3年内省属国有劣势企业要退出795户，占其总数的46.7%，现已退出472户，关闭省属国有小企业60多户。广州、肇庆、中山等国有中小企业改制已达90%。因此，目前全省国有企业在改革、改制过程中，共分流富余人员156.86万人，国有职工人数从1990年的368.65万人减少至2002年的211.79万人；城镇集体企业也进行相应改革,职工人数从 1990 年的 207.62 万人减少至 2000 年的 97.4 万人,净减 110.22 万人。

4. 城镇化进程明显加快

城镇化是社会经济发展的必然过程,是社会形态向高层次发展的客观表现形式。其重要标志是非农业人口占总人口的比重不断上升。进入 21 世纪以来,广东城镇化进程明显加快,目前已进入城市化加快发展的中期阶段。城镇体系布局、功能结构日趋合理,以广州、深圳为龙头的珠三角城市群开始与世界城市接轨,东西两翼的城市群开始壮大。据 2000 年第五次人口普查统计,全省城市人口 3026.37 万人,镇人口 1716.87 万人,合计 4743.24 万人,约占全省总人口的 55.7%,比 1990 年上升 31.89%,比全国同期高出 19.61 个百分点(见表 4-3-3)。

表 4-3-3 2000 年广东与全国城镇人口状况的比较

项目	总人口(万人)	市镇人口(万人)	乡村人口(万人)	市镇人口占总人口(%)
全国	126333	45594	80739	36.06
广东	8523	4743	3779	55.66

同时,广东农业人口向非农产业转移步伐加快。全省非农业人口占总人口的比重从 1990 年 23.65% 上升至 2001 年的 31.61%。增长了近 8 个百分点,非农业人口净增 914 万人(见表 4-3-4)。

表 4-3-4 10 年来广东非农业人口增长表

项目	1990 年	1995 年	2000 年	2001 年	2005 年(预计)
全省总人口(万人)	6246.32	6788.74	7498.54	7565.33	7800
非农业人口(万人)	1477.31	2035.37	2338.29	2391.31	3900~4100
占总人口比重(%)	23.65	29.98	31.18	31.61	50~53

表 4-3-4 表明,广东城镇化步伐明显加快,农业劳动力大量向非农产业尤其是城镇转移,这也成为广东社会经济发展的一个新特点。

(二)上述因素对劳动就业的影响

在上述社会经济背景下,多种因素交汇和相互作用,对劳动就业产生了深刻的影响，使就业压力不断增大。

（1）首先是经济增长对就业的拉动作用减弱，总体上劳动力供大于求的格局依然存在，成为就业压力持续加大的重要原因。

经济发展与劳动就业有着密切的内在联系。改革开放以来，广东经济保持了持续快速发展的势头，使就业容量大幅度增加。1978年，全省GDP总量只有185.85亿元（当年价）；2001年，全省GDP突破万亿元大关，达到10647.71亿元；1978—2001年，全省GDP年均增长速度达到13.4%，经济总量占全国11%。1978年全省社会从业人员为2275.95万人，2001年达到4058.6万人，年平均增长速度为2.5%，就业增长弹性为0.1870，其中1981—1990年就业增长弹性为0.2097。20世纪90年代以来，广东在经济总量达到相当规模的基础上，保持了持续快速增长的势头，但就业增长弹性反而下降（见表4－3－5）。

表4－3－5　广东经济增长及就业弹性的变化

项目	年平均增长率		
	1981—1990年	1991—2001年	2001—2002年
全省GDP（%）	12.4	14.2	10.15
全省从业人数（%）	2.6	2.4	1.70
就业增长弹性	0.2097	0.1690	0.1675

资料来源：《广东年鉴》（1996—2002年）、《广东统计年鉴》（2002年）。

1991—2001年期间，广东全省的经济增长率平均为14.2%，就业增长率仅为2.4%，就业增长弹性系数从20世纪80年代的0.2097下降至2001年的0.1690。这期间，广东吸纳了大量外省劳动力入粤就业，但本省的就业增长率并不高。从总体上看，20世纪90年代以来，就业增长弹性系数呈下降趋势，这证明经济增长对就业拉动作用已逐步减弱。

（2）产业升级和经济结构的加快调整对就业产生着深刻的影响，主要表现在高素质劳动力需求增加，低素质劳动力需求明显减少，就业困难群体不断增加。

在技术进步和市场约束的双重压力推动下，近年来广东经济结构进入战略性调整的重要时期。特别是三大产业结构进入了加剧调整期，广东一方面依靠技术创新和制度创新，大力发展高新技术产业，出现了大量高新技术产业；另一方面则运用高新技术改造传统工业以及服务业，使传统产业的技术含量和管理水平不断提高。这种调整变化，使用人单位对劳动力的需求逐步从体力型向知识型、技术型转变，要求从业人员具有学习的能力，具备多样化的技能，才能适应市场需求。在这种形势下，文化程度低、职业技能低的劳动力难以适应现代生产管理的要求。然而，广东省人口整体素质偏低，第五次全国人口普查资料显示，在2000年广东总人口中，初中及以下文化程度人口达到6367.30万人，占总人口的比重达73.7%。全部人口平均受教育年限仅为7.8年，明显低于北京的9.71年、天津的9.18年和上海的8.2年，居全国第16位。

特别是目前广东社会从业人员平均受教育水平业较低。据第五次全国人口普查资料显示，在2000年全省全部从业人员中，初中及以下文化程度占从业人员总量的78.4%，高中阶段文化程度从业人员所占比重16.48%，大专及以上文化程度从业人员比重只占5.15%，比北京、上海、辽宁、江苏、浙江的水平要低。这种状况使大量富余劳动力不能有效地向第二、第三产业尤其是新兴产业转移，严重制约着就业结构的调整，造成大量低素质劳动力长期处于失业状态，难以就业。

（3）在企业改革、调整过程中，公有制企业逐步退出市场，民营经济迅速发展，就业存量的调整和职业岗位的变换，加剧了结构性失业的矛盾。

其主要表现在：①国有和城镇集体企业在深化改革和制度创新过程中，不断向社会分流富余人员。至2002年，全省国有、集体单位职工总数比1995年净减212.48万人。这部分人由于历史的原因，加上自身年龄大，大部分人文化技能素质低，缺乏一技之长，转换就业岗位困难，实现再就业难度很大，因而形成了就业困难群体，加剧了结构性失业矛盾。②近年来，国有、集体企业新招用人员数量明显萎缩，失去了就业主渠道的地位。据统计，在2002年全省城镇新增就业的71.5万人中，到国有、集体单位就业的分别为89896人和68027人，两者相加，仅占当年全省新增就业总量的22.1%。③民营经济发展迅速，成为吸纳就业的主渠道。据统计，1991年广东城镇个体私营企业从业人员只有87.81万人，2002年城镇个体私营企业从业人员上升至435.2万人，比1991年增长了近4倍，约占当年城镇从业人员总数的35%。特别是在2002年中，全省国有、集体企业从业人数继续萎缩，城镇个体私营企业从业人数却比上年增长18.6%。然而，必须引起注意的是，民营经济新增的就业岗位，主要是吸纳新成长的劳动力，被公有制企业裁减下来的人员，在市场竞争中难以实现就业，往往采取隐性就业方式。据统计，目前全省采取小时工、季节工、承包就业、短期劳务等多形式实现灵活就业的人数为800万～900万人。这些就业形式增加了劳动力市场的弹性，在一定程度上缓解了就业压力，但也增加了就业的不稳定性。

（4）城镇化步伐加快，加上地区经济发展不平衡，对劳动就业产生着巨大的影响。

其主要表现在：一是农村剩余劳动力迫切需要向城镇实现真正的转移。据统计，目前广东省城市人口占总人口的55.7%，而非农业人口仅占全省人口的31.6%。这说明，近年来，广东实行城市体制改革，扩大了城镇的规模，但居住在城市的人口中，仍有大量的农村人口。按照广东省率先基本实现现代化的目标要求，"十五"期间全省有城镇户籍改革和"城中村"改造，至少有1000万农村人口需要真正转为城镇人口。二是需求转移的农村劳动力规模大。据统计，2000年全省农村力2789.9万人，当年外出务工的农村劳动力只有463.11万人，占总数的16.1%。目前，农村剩余劳动力仍有1000万人积滞在农村，需要向城镇转移。但是，近年来部分乡镇企业由于规模小、技术含量低、污染大、效益差、吸纳劳动力的能力下降，大中城市国有企业下岗职工增多，使广东农民工进城务工的空间变窄。三是本省地区经济发展不平衡，东西两翼和粤北山区欠发达地区新增就业岗位严重不足，农村剩余劳动力难以在当地非农产业转移，导致劳动力集中流向珠三角地区，造成珠三角劳动力市场就业竞争十分激烈，加大了转移的难度。四是大量外省民工入粤就业，挤占了本省农村劳动力转移就业的部分岗位，使广东农村劳动力进城务工的形势趋于严峻，转移速度趋缓。据统计，"九五"期间，全省农村外出劳动力当年转移率为3.9%，返回率为2.0%，净转移率只有1.9%，比2001年下降了0.3个百分点。

二、当前广东劳动就业的主要压力和发展趋势

（一）当前广东就业现状和压力

近年来，随着体制转轨、经济结构调整和企业改革的不断深化，广东面临前所未有的就业压力，主要表现为：劳动力需求下降、国企职工下岗分流增多、城镇新成长劳动力增多和农村剩余劳动力向非农产业转移增多等多重压力，就业形势不容乐观。

从2002年广东劳动力需求情况看,当前就业形势呈现以下新的特点:①城镇登记失业人数持续增加,失业率继续攀升。据统计,2000—2002年全省城镇登记失业的人数分别为89万人、104万人和114.1万人。尽管各级政府通过实施积极的就业政策,帮助下岗失业人员通过各种渠道实现就业,但城镇登记失业率仍呈上升趋势,近3年分别为2.5%、2.9%和3.1%。特别是2002年,实现就业的只有71.5万人,年末登记失业人数为36.5万人,城镇登记失业率在上年攀升的基础上上升至3.1%,比上年增加0.2个百分点。②公有制企业招用人数继续萎缩,第三产业和非公有企业成为就业的主渠道。在当年城镇全部新增就业的71.5万人中,到机关事业单位就业人数为24929人,占总量的3.48%;到国有企业就业的89896人,占12.6%;到城镇集体企业就业的有68027人,占9.5%。以上三个方面新增就业岗位仅占总量的1/4。到非公有制企业(含外商投资企业,港、澳、台商企业,股份制企业,私营企业和个体工商户)就业的有532649人,占74.5%。从行业就业情况看,到制造业、批发零售与餐饮业、社会服务业、建筑房地产业就业人数最多,分别为19.16万人、15.01万人、8.39万人和7.09万人,分别占新增就业总量的26.8%、21%、11.7%和9.9%,但净增就业岗位以批发零售与餐饮业为最多,达81607人,制造业仅净增46928人,社会服务业净增45347人。由此可见,传统的第三产业和非公有制企业继续成为吸纳就业的主渠道。③用人单位对劳动力素质的要求不断提高,导致结构性失业矛盾突出。据统计,广东新成长劳动力中,初中及以下文化程度或没有职业技能的劳动力约占75%,而市场需求的劳动力素质普遍比较高,据广州、深圳、汕头三市对劳动力市场情况的统计,需求达到高中及以上文化程度或中级以上职业资格证书的劳动者为70%以上。2002年全省城镇由就业转失业人数达42.06万人,比上年的37.7万人增加4.36万人,占当年新增登记失业人员总数的52.9%,其中大部分是因企业改制、关闭或劳动者素质不适应用人单位需要而转为失业的。企业对技术人员和技术工人的需求大量增加造成高级技工短缺,对一般劳动力需求明显减少。④地区间劳动力需求不平衡。珠三角各市劳动力市场需求量占全省的80%,而东西两翼和粤北山区劳动力需求量仅占20%。⑤导致经济欠发达地市(如湛江、云浮、河源)城镇登记失业率上升,就业难群体增大。据统计,2002年全省失业一年以上的长期失业人员有13.79万人,占年末失业人员总数的37.8%,比上年略有增加。⑥采取多种灵活就业方式的人数众多,领域广泛。据初步调查统计,2002年全省采取小时工、临时的季节工、自

第四章 深化：大力推进城乡统筹就业

由职业者以及从事个体私营等灵活方式就业的人数至少有800万人，成为增加就业的重要渠道。上述情况表明，目前广东各级政府和劳动保障部门采取各项积极的就业政策，有效地促进了就业和再就业，取得了积极的成果，较好地保持了就业局势的稳定，但是在新的形势下，广东劳动就业仍面临着新的矛盾、新的压力。

在2002年召开的全国再就业工作会议上，江泽民同志对当前的就业形势做出精辟的判断，认为当前就业的主要矛盾是劳动者充分就业的需求与劳动力供给总量过大、素质不相适应之间的矛盾。其主要特征是：①总量矛盾与结构矛盾同时并存；②城镇就业压力加大和农村富余劳动力向非农领域转移速度加快同时出现；③新成长劳动力就业与下岗失业人员再就业问题相互交织。当前矛盾的焦点是下岗失业人员再就业问题，而广东当前就业的主要矛盾是劳动力供大于求基础上的结构性矛盾突出。这一矛盾的主要方面首先是下岗失业人员和新成长劳动力的素质结构与现代化进程中用人需求不相适应；其次是经济发展不平衡，地区性就业矛盾突出，东西两翼和山区劳动力就业难度大；再次是本地农村劳动力转移就业与外省劳动力入粤就业的矛盾。

从劳动力供给方面，在今后一段时期内，广东就业压力主要来自以下五个方面。

一是城镇新成长劳动力就业进入高峰期。据第五次全国人口普查资料显示，广东人口基数大，目前处于人口增长高峰期，因此每年新增劳动力数量众多。据匡算，2003年广东城镇新成长劳动力约65万人，其中未能继续升学的初、高中毕业生有20万人；中等职业学校（含中专、技校、职中）毕业生26万人，大专以上毕业生17.7万人（含高职类毕业生7万多人；此外，还有复退军人2万多人）。今后10年内，全省劳动力仍处于增长期，劳动力供给总量持续增大，对全省就业形势产生了巨大的压力。

二是经济结构性调整引发的由就业转失业（含下岗失业）人员持续增多。因市场变化、经济结构调整和国企改革、中小企业改制、部分国有劣势企业退出市场以及部分城镇集体企业关闭破产等因素的影响，导致职业转换加快，未来3年平均每年由就业转失业的人数估计至少有65万~70万人，包括上年结转的失业人员和当年新增的由就业转失业人员。统计显示，2002年结转的失业人员有36万人；预计2003年新增的下岗失业（含已出中心未断关系未再就业）人员和因关闭破产退出市场需转换职业的人员至少有30万人，2003年由就业转失业人员至少有66万人。

三是随着城镇化步伐的加快，本省农村剩余劳动力向非农产业转移的人数，按照上年转移率3.9%计算，预计2003年至少有100万人，其中向城镇转移的至少有30万人，向当地非农产业转移的有70万人。若按照至2005年非农产业转移总人口的比重为50%以上，那么农村劳动力约有1500万需向非农产业转移。这个压力就业相当大。

四是外省劳动力进入广东就业的规模大，且持续增多。第五次全国人口普查调查资料表明，2000年广东省常住半年以上跨乡、镇流动人口达2530.4万人，其中外省流入1506.5万人，占59.5%。未来3年，在国家进一步改革户籍制度，取消地区间流动就业限制和鼓励农民进城就业以及大学毕业生先入户后找工作等政策的指导下，预计外省劳动力进入广东省就业的规模将继续扩大，"十五"期间平均每年将净增90万～100万人，其中进入县以上城镇的至少占1/3。

五是就业增长弹性系数下降导致就业需求减少所增加的就业压力。经济增长速度及其就业弹性系数是决定就业需求、影响就业形势的关键因素。据专家预测，"十五"期间，我国城镇每年失业人数将达1878万人，假设经济增长速度为7%，就业弹性系数为0.13（20世纪90年代以来，我国就业弹性系数一直在0.11左右）。至2005年末，城镇失业人数将达2167万人，失业率将上升至7.2%。广东的经济发展比全国要快一些，就业环境相对宽松，就业弹性系数比全国平均数量高，但劳动力仍然供大于求。假设未来几年广东经济增长速度为10%，就业弹性系数为0.1670，那么全省每年因经济增长带来的就业岗位将维持在70万个左右，与劳动力供给总量相比，就业需求明显不足，城镇综合失业率有可能上升至6%以上，形成更大的就业压力。

（二）未来几年广东劳动就业走势预测

在经济全球化背景下，上述五大压力将对广东劳动就业产生深刻的影响，从而形成了劳动力总体上供大于求和结构性失业矛盾并存的基本格局。当前和今后一个时期，广东就业形势将继续呈现以下发展趋势。

1. 劳动力人口基数大且逐年增加，经济增长对就业的拉动减弱，劳动力市场仍继续呈无限供给态势

据统计，1990—2002年，广东15～64岁人口从4030.66万人增加至599.9万人，增加近2000万人，年均增加近200万人；从业人员从3118.10万人增加到3989.32万人，增加871.2万人，年均增长87.1万人。这说明，广东劳动力资源供给十分丰富。预计，2001—2005 年，全省劳动力资源将从 5483.52 万人增加至 6663.8 万人，劳动力资源总量不仅基数大，且呈逐年增加的态势。如果 GDP 增长率和就业增长弹性仍保持目前的水平，那么，劳动力市场需求将大大低于劳动力供给。总体上，劳动力将呈无限供给态势，从而形成持久的就业压力。

2. 乡村从业人员就业总量将逐步下降，并出现负增长，就业压力将加快向城镇尤其是珠三角城镇群转移的发展趋势

世界各国的经验表明，在推进现代化、城镇化过程中，随着农业劳动生产率的不断提高，农业部门所占用的劳动力今后将相对减少，非农部门所占用的劳动力会绝对增加。从广东就业的城乡构成看，从 20 世纪 90 年代以来，广东城镇和乡村从业人员的数量均同步增长。其中，城镇从业人数从 1990 年的 853.43 万人增加至 2001 年的 1199.92 万人，净增 346.49 万人；同时，乡村从业人数净增 594.04 万人。从绝对数来看，乡村从业人员增加量大。但必须注意的是，这些统计数据中，尚不包括从本省农村转移到城镇流动就业的人数和外省劳动力进入广东城镇就业的人数和外省劳动力进入广东城镇就业的人数。近年来，全省农村劳动力向城镇转移的规模不断扩大。全省农村外出就业的劳动力从 1990 年的 274.45 万人上升至 2002 年的 480 万人。如果包括这些数据，那么城镇从业人员的增长率将大大超过乡村从业人员的增长率；如果包括本省农业剩余劳动力向城镇转移且居住半年以上的人口，那么乡村从业人员总量已呈递减趋势。

此外，我们还应当注意到，向城镇转移的劳动力并不是分布在全省各地城镇，而是集中流动向珠三角各市城镇。这也加大了珠三角各市的就业压力。这种发展趋势在今后一段时期内仍将延续下去。

3. 公有制单位从业人员将继续减少，个体私营等非公有制经济从业人员将继续大幅增加，成为全省新增就业的主要渠道，这一趋势会不断增强

如上所述，全省国有、城镇集体企业等公有制单位从业人员近年来已大量减少，而个体、私营企业从业人员却迅速增加。随着市场经济和经济全球化的深入发展，为了适应入世后激烈的经济全球化竞争，国有经济将继续推进战略性调整和深化改革，继续裁员，一批劣势企业将加快退出市场；长期亏损、扭亏无望或资源枯竭的企业，将继续关闭、破产。因此，估计未来 5 年内，国有、集体企业仍将继续减员 25%～30%，净减 80 万人左右。与此同时，个体、私营经济和外商投资企业在国家政策的扶持引导下，将继续发展，规模不断扩大，从业人员将大幅度增加。最近统计资料显示，2003年1～5月，全省各类企业新开业40128户，同比增长24.3%，其中私营企业新增42.1%。种种迹象表明，非公有制企业将成为今后增加就业岗位的主要渠道。

4. 第一产业从业人员将加快向第三产业转移，使第三产业从业人员绝对量持续增加

就业结构变动与社会经济结构调整有着内在的必然联系。在广东加快推进现代化的进程当中，产业结构加快调整已成为普遍规律。目前广东正处于工业化与城镇化同时推进的深化期，根据就业结构变动规律，三大产业就业结构变动的主要趋势是：①随着农业生产率的不断提高，农业部门所占的劳动力会相对减少，非农业部门所占用的劳动力会绝对增加；②随着物质生产部门劳动力生产率的提高，非物质生产部门所占用的劳动力会不断增加；③随着经济和文化的发展，从事体力劳动力的人数会相对减少，从事脑力劳动者会相应增加。从广东来说，目前社会经济结构正进入加剧调整期。农村人均耕地面积减少，就业空间狭窄，第一产业从业人员正在加快向第二、第三产业转移；而第二产业正处于运用高新技术改造、提升传统产业的调整期，吸纳从业人员的容量有限；而随着人民生活水平、质量的不断提高和文化生活的日益丰富，第三产业方兴未艾，从业人数将相应增加。据统计，20世纪90年代，广东第一产业从业人员净减少58.03万人，第二产业从业人员净增加266.49万人，第三产业从业人员则净增662.76万人。至2000年，全省第三产业从业人员达1280.8万人，在历史上第一次超过第二产业，但第一产业从业人员仍有1593.68万人。第一产业滞留的过多劳动力急需向第二、第三产业转移。预计至2005年，第一产业从业人员将大幅减少，第二产业从业人员人数仍将稳定增长，而第三产业从业人员会迅速增加并成为从业人员数量最多的产业，全省三大产业从业人员结构将进入"三、二、一"的新阶段。

5. 资本对就业增长的拉动作用开始减弱，而知识对就业增长的拉动作用将逐步增强，成为就业发展的新趋势

从全省社会固定资产投资和GDP增长对就业的影响的分析中，我们发现，1981—2001年，全省社会固定资产投资额年平均增长24%，同期全省从业人员（城镇）年平均增长2.6%。1991—2001年，全省社会固定资产投资年均增长22.4%，同期全省从业人员年均增长2.4%，比20世纪80年代略低，尤其是在"九五"期间，减少的幅度更为明显。这说明全省经济进入工业化中期以后，资本有机构成大幅度提高，资本对就业增长的拉动

第四章 深化:大力推进城乡统筹就业

作用开始弱化,如制造业、建筑业从业人员增长速度已出现趋缓现象。与此同时,第三产业迅速兴起,如电子技术、邮电通信、教育培训、文化艺术、印刷出版、广告设计、社会中介、金融保险、生物制药等与知识有关的生产、传播、推广、应用的新兴行业不断涌现,就业需求逐步增加。这些事实说明,在资本对就业增长拉动作用减弱的同时,知识对就业增长的拉动作用不断增强,知识经济的发展将成为未来广东就业增长的新增长点。

6. **高素质劳动力的需求将不断增加,低素质劳动力需求将不断减少,导致劳动力市场出现两极分化现象,就业困难群体逐步增多将成为就业领域的一个重要趋势**

国际劳工组织在1998—1999年的世界就业报告中提出,越来越多的证据表明,现在一个国家的经济运行状况主要取决于对新技术和劳动力技能的获得和运用。不论在发达国家还是发展中国家,对技能工的需求一直在增长。目前,广东在经济全球化和技术进步推动下,产业升级和现代化建设的步伐都在加快,这一趋势使用人单位对高素质劳动力的需求不断增加。而且,在高素质劳动力资源稀缺的情况下,其市场工资价位不断飙升。高级工、高级技师的月薪为1万元以上,而众多低素质劳动力无法参与知识、技能型岗位的竞争,而过度集中于普通的体力劳动岗位的供给,这不仅使这些岗位的工资难以上升,而且造成其中一部分弱者成为就业难群体。这是当前和今后就业工作必须密切关注的新趋势。

7. **劳动力流动就业规模增大,速度加快,形式多样,不稳定性增加,成为就业领域的又一新趋势**

随着改革开放的深化发展,长期以来人为地限制城乡劳动力在不同地区、部门、所有制单位之间流动的劳动人事户籍、住房和社会保障等项制度逐步被打破或取消,农村劳动力以空前的规模和速度向非农产业转移。据统计,1980年,全省农村外出务工的劳动力只有24.4万人,占农村劳动力总量的1.34%。2000年,全省农村外出务工劳动力达463.11万人,占16.6%。外省劳动力入粤就业人数也逐年增加,从1990年百万农工入粤务工开始,至2000年外省流入广东常住半年以上的人口达1506.5万人。在新的历史时期,广东在加快推进城镇化、现代化、市场化、全面建设小康社会的进程中,这种趋势将进一步加强。预计未来5年内,至少有1000万农村劳动力要向城镇转移。在本省农村劳动力加快向城镇转移、外省劳动力入粤就业不断增加的同时,为适应社会生活方式、消费方式的变化,就业形式将不断呈现多样化态势,如小时工、非全日制工、劳务工、季节工等灵活就业形式不断涌现。这些就业形式的特点是时间短、领域广、隐蔽性强、稳定性差、不易管理。它们不失为增加就业的重要渠道，但同时又将成为就业工作管理的新难点。

三、促进就业的对策建议

基于对当前社会经济发展状况和就业形势的分析，笔者认为，广东的就业问题是在特殊的背景下出现的。一方面是人口基数大、素质低、经济发展不平衡，另一方面是体制转轨、结构调整、城市化步伐加快和经济持续快速增长。尤其是在经济持续快速增长条件下仍出现如此严峻的就业问题，这与其他省份有很大的不同，需要我们深入研究，采取适合广东实际情况的对策。从中长期来说，广东劳动力供大于求的矛盾将长期存在，结构性失业矛盾将趋于突出。要较好地解决广东的就业问题，必须实行促进就业的长期战略和政策，把促进就业和再就业工作纳入经济社会发展的总体规划，不断完善市场就业机制，用发展和创新的办法不断解决就业问题。从当前来讲，要以促进下岗失业人员再就业为重点，在继续实施有利于扩大就业的宏观经济政策基础上，全面落实各项积极的就业政策，着重发展民营经济和第三产业，拓宽就业门路，加快劳动力市场信息网络和公共就业服务机构建设，完善市场就业机制和政府促进就业的服务功能，突出抓好职业技能培训和创业培训，提高劳动者的就业能力，加强城乡就业统筹，大力促进就业和再就业。

（一）实施有利于扩大就业的宏观经济政策，创造宽松的就业环境和创业环境

首先是大力调整财政支出结构，增加就业资金投入。财政资金一方面可用于促进就业的岗位补贴、社会保险补贴和职业培训补贴，另一方面可用于劳动力市场信息网络和公共就业服务机构的建设，为完善市场就业机制提供物质支持。特别是省级财政应当通过转移支付的办法，加大对财政困难地区促进就业的各项补贴和小额贷款担保贴息，帮助困难地区解决就业问题。其次是抓紧落实税收优惠政策，包括中央和省确定的对下岗失业人员从事个体经营的各项税收优惠政策；对各类服务型企业新增岗位招用下岗失业人员的税收优惠政策以及国企通过主辅分离、辅业改制，分流安置本企业富余人员而兴办经济实体的税收优惠政策等，促进各地发展第三

产业，促进劳动者自主创业，扩大就业门路。再次是落实小额担保贷款政策，对下岗失业人员自谋职业、自主创业、合伙经营或组织起来就业的，其自筹资金不足部分，由商业银行按国家有关规定给予小额贷款扶持，政府给予担保与贴息。各级政府和有关部门应当制定与上述政策相配套的政策，为劳动者自主就业和自主创业，扩大就业门路，创造宽松的社会经济环境。

（二）采取切实有效措施，落实中央确定的积极就业政策，重点帮助下岗失业人员实现再就业

除了从财政、税收、信贷等宏观经济政策方面为就业与创业创造宽松环境外，从微观上来讲，还要着重落实减免收费优惠、岗位补贴、职业培训补贴、社保补贴、社保关系接续等方面的政策，重点扶持下岗失业人员通过发展民营经济和第三产业等多种渠道增加就业。凡下岗失业人员从事个体经营的，除国家限制的行业外，应按规定免交有关登记类、证照类和管理类的各项行政事业性收费，以减轻负担，促进下岗失业人员再就业或通过自主创业带动就业；对各类服务型企业新增岗位新招用国企下岗失业人员，并与其签订一年以上劳动合同、代缴社会保险费的，由财政按规定给予社会保险补贴；由各级政府投资开发的公益性岗位，优先安排就业困难群体就业的，各级财政应给予社会保险补贴和岗位补贴，以鼓励用人单位招用困难群体就业；改变社会保险单纯由用人单位办理投保手续的做法，实行社会保险关系接续政策，凡实现再就业的下岗失业人员，可分别由新的用人单位或个人按规定继续投保，其先后的投保年限合并计算；采取灵活方式就业的，可以按照个体工商户参保办法投保，以适应就业方式变化的需要，促进下岗失业人员通过采取多种形式实现就业。

（三）积极扶持、发展民营经济和第三产业，增加就业岗位，促进就业

在目前我国大规模的经济结构调整和深化国企改革过程中，把鼓励劳动者自主创业、发展民营经济作为促进就业的一项重大措施来抓，对于促进就业有着十分重要的意义。各地除了制定扶持政策，营造宽松的创业环境外，还应发动社会各方面力量，积极组织开展创业培训。对具有创业愿望的下岗失业人员，进行开办小企业的基础知识和必备能力的培训，政府要给予适当的补贴；对大专院校和中等职业学校毕业生，以及有创业愿望

的新成长劳动力,要全面开展创业培训和开业指导,增强其创业能力;对已开办小企业的业主,要组织开展相适应的提高培训,增强其市场调查、市场营销和经验管理等方面的能力,把企业做大。同时,对各类创业人员要做好后续跟踪服务和扶持工作,提高创业成功率和存活率,以带动就业。总之,要通过创业培训,培养公民的创业意识,激励劳动者自主创业,通过个人创业,发展民营经济,拓宽就业门路,增加就业岗位。

在扶持发展民营经济的同时,要大力发展第三产业尤其社区服务业,力争把第三产业从业人员的比重从目前的32%提高到2005年的38%,改变第三产业从业人员比重偏低的状况。除了继续发展传统的交通运输业、商业、饮食业外,还要着重发展新兴的邮电通信业、信息业、咨询业、教育培训业、旅游业、社会中介服务等第三产业,特别是要适应居民生活方式、消费方式的变化,着力发展为社区居民生活服务的各类服务业,使之成为就业的新增长点。各级政府要把发展社区服务业纳入城市建设整体规划,明确牵头部门,合理安排场地和项目,落实工商登记、资金扶持等优惠政策,给社区服务业创造宽松的发展空间。

(四) 突出抓好职业技能培训,切实提高劳动者素质和就业能力

要针对当前劳动者素质与现代化建设要求不相适应的情况,依托各类职业学校和职业技能培训机构,对各类型的劳动力全面开展有针对性的职业技能培训。一是要组织下岗失业人员开展有针对性、实用性强的培训,提高再就业能力;二是继续面向城乡初、高中毕业生和进城务工的农村劳动力,全面开展劳动预备制培训,并在劳动预备制学员中开展职业指导,提高新成长劳动力的市场择业能力,推迟就业时间,减轻就业压力;三是强化高技能人才和复合型技术人才的培养,依托高级技校或技师学院,组织招收职业院校和大中专毕业生以及企业在职技术工人,实施技能提升培训计划。对经培训考核合格者,发给相应的职业资格证书,增强职业转换的能力,以适应企业技术进步对高技能人才的需要,化解结构性失业矛盾。

(五) 加快劳动力市场信息网络和公共就业服务体系建设,建立"一站式"就业服务平台,逐步完善市场就业机制和政府促进就业的机制

县以上劳动保障部门要加快建立、完善以公共职业介绍服务机构为主体的公共服务体系。在此基础上,加大资金投入,加快推进劳动力市场信

息网络建设,改变供求信息相互封锁、分割的状态,实现服务方式和手段的创新。要依托信息联网,建立劳动力供求信息收集发布、职业中介、职业培训、职业指导、档案挂靠等"一站式"服务平台,强化服务功能,提高办事效率。同时,要在街道以及乡镇建立劳动保障服务机构,把信息网络向街道、社区和乡镇延伸,充分发挥社区劳动保障服务机构的作用,准确掌握下岗失业人员的动态,为其提供就业信息、政策咨询、职业指导、劳动保障事务代理、职业介绍等各项服务,从而形成公平公正、竞争有序的市场就业机制和政府有效促进就业的机制,以适应现代化建设和城乡劳动力流动就业的需要。

（六）进一步完善再就业援助制度,切实做好就业难群体的再就业工作

在市场经济条件下推进经济结构调整,必然有一部分弱者成为长期失业群体。在下岗失业人员中,女 40 岁以上、男 50 岁以上或失业一年以上的人员,是就业难度最大的一个群体,需要政府对他们实行更加有力的就业扶持。各地政府要落实就业扶持政策,投资开发公益性就业岗位,优先安排"4050"人员;对从事公益性岗位工作的"4050"人员,各地应按规定提供社会保险补贴和岗位补贴。要鼓励用人单位为就业难群体提供就业机会,凡录用就业困难人员并签订半年以上劳动合同的,由政府给用人单位一次性补贴。要在各级公共职业介绍机构中,建立、完善再就业援助制度,对就业难群体提供上门咨询、就业信息、岗位援助、职业指导、技能培训、接续社会保险、代理劳动保障事务等各项专门服务,促进就业难群体顺利实现再就业。

（七）抓紧建立与多种灵活就业方式相适应的劳动保障制度,鼓励劳动者采取多种方式实现就业

在市场经济条件下,灵活就业是一种新的发展趋势,劳动保障部门要结合实际,改进劳动合同管理办法,对从事非全日制工作的劳动者,允许与多个用人单位（或个人）签订劳动合同,要制定小时最低工资标准,保障灵活就业人员的合法权益;要实行灵活的社会保险费缴纳与待遇发放办法,允许其按规定自行缴费,并按实际缴费时间计算社保缴费年限。没有工作和收入时,允许中断缴费。要建立劳动派遣中介机构,免费收集灵活就业信息,组织训练和派出人员,并提供劳务代理、权益保障等方面的服

务，以促进多种就业形式的健康发展，扩大就业空间。

（八）全面实施就业准入控制，加大城乡就业统筹力度，促进劳动力合理流动就业

要按照市场运行规则，全面实施合理、适度的就业准入控制。对城乡新成长劳动力进入技术工种（岗位）工作的人员，要全面实行持职业资格证书上岗的制度，没有相应职业资格证书的，要先接受职业技能培训，经考核合格，取得相应的职业资格证书后才能上岗；对欠发达地区家庭人均年纯收入低于1500元的劳动者，以及国企下岗失业人员、城市享受低保的人员，接受中级以下职业技能培训所需要费用，由当地政府适当给予资助，以鼓励其参加职业技能培训，提高职业能力，促进就业；对本省向非农产业转移的农村剩余劳动力和外省入粤务工人员，进入非技术岗位工作的，也要坚持实行先培训、后就业制度，以提高劳动者的整体素质，促进劳动者适应不同行业、不同工种的需要，合理流动就业，分散就业压力。

第四节　新形势下促进就业的新思考[①]

——兼谈推进城乡统筹就业问题

党的十六届五中全会通过的《中共中央关于制定国民经济和社会发展第十一个五年规划的建议》（以下简称《建议》）明确提出："要把扩大就业摆在经济社会发展更加突出位置，坚持实施积极的就业政策。""要适应劳动力供求结构的新变化，强化政府促进就业的公共服务职能。"逐步建立城乡统一的劳动力市场和公平竞争的就业制度。《建议》关于就业问题的阐述，为我国当前和今后一个时期就业工作指明了方向。根据广东经济社会发展的实际情况，我们认为，当前广东社会经济发展进入了一个新阶段，劳动力供求结构发生了新变化。在新形势面前，广东就业工作重心要从解决体制转轨遗留问题转移到推进城乡统筹就业上来，切实按照中央关于建立"公平竞争就业制度"和"构建和谐社会"的要求，采取新的对策措施，加快就业体制机制的创新。

---

① 本文写于2005年7月，发表于《广东经济》2005年第11期。题目有改动。

第四章 深化：大力推进城乡统筹就业

一、当前广东就业工作面临的新形势

"十五"期间，广东按照党中央、国务院部署，把扩大与促进就业作为一项重大的政治任务，列入省委省政府的"十项民心工程"，摆在更加突出的位置，通过制定和落实各项积极的就业政策，在改革与发展中不断扩大就业，有效地解决了城镇新成长劳动力的就业问题，保持了就业局势的稳定。据统计，至2004年年底，全省城乡从业人数达4681.9万人，比2000年增长692万人。其中，非农产业新增就业岗位达663.75万人，为城乡劳动者提供了较多的就业岗位，城镇登记失业率从2002年的3.1%下降至2004年的2.7%。特别是各地通过实施积极的就业政策，分流安置国企下岗失业人员160多万人，为深化国企改革创造了宽松的条件。

"十五"时期广东省有效地解决了体制转轨和结构调整过程中出现的国企下岗失业人员再就业问题，使整个就业工作取得了阶段性成果，为"十一五"时期的就业工作打下了良好基础。但是，随着经济结构调整的深化和技术进步，劳动力供求结构正在发生新的变化，就业工作又面临着新的形势，主要表现为以下四个方面。一是劳动力供大于求的矛盾依然存在，就业压力仍然很大。据第五次全国人口普查资料测算，"十一五"期间，广东城乡年平均新成长劳动力120万人，其中新成长劳动力75万人。此外，每年由就业转失业人数为40万人。以上三项合计，全省每年劳动力供给将达195万人。如果加上外省每年新进入广东就业的70万劳动力，则劳动力供给将达265万人。按照目前的经济增长速度和就业弹性系数匡算，广东每年新增的就业岗位大约为100万人，劳动力供大于求的压力仍然很大。二是农村劳动力向非农产业转移就业的步伐将明显加快。预计至2005年年底，广东省人均GDP将达到2400美元，珠三角地区人均GDP将达到4000多美元。这标志着广东省社会结构将进入剧烈的变动期，传统的二元经济结构将加快向一元经济结构转变，劳动力在全省以至全国范围内流动，尤其集中向发达地区将成为重要趋势，本省农村劳动力加速向城镇转移将成为重要趋势，本省农村劳动力尤其是被征地农民的就业问题、跨地区流动就业问题、大学毕业生就业问题和城镇就业困难群体的就业问题，将成为"十一五"期间需要着力统筹解决的突出问题。三是产业转型升级步伐加快。在产业升级过程中的结构性失业问题依然突出，主要表现为就业不稳定性增加，全省由就业转为失业的人数将从"十五"期间的年均35万人上升至

45万人。尤其是一部分在竞争就业中处于劣势的失业人员将成为劳动力市场竞争中的弱势群体，再就业难度加大。四是劳动力整体素质偏低，缺乏一技之长成为实现充分就业的重要制约因素。在技术进步推动下的产业结构调整升级，必然要求就业结构进行相应的调整。在这个剧烈的调整过程中，用人单位对劳动者素质的要求不断提高，但是由于教育发展不平衡、教育结构调整缓慢等因素的影响，广东适龄人口接受教育的平均年限大约为9年，新成长劳动力中大约有75%仅有初中及以下文化水平，劳动者就业能力和创业能力不强，难以适应社会经济结构变动和发展的需要。

二、新形势下就业政策的新取向

根据上述分析，我们可以得出一个基本判断："十一五"期间，广东与全国的情况一样，就业压力仍然很大，就业任务仍然十分繁重。不同的是，广东的劳动力供求结构发生了新的变化。从供给方面看，城镇新成长劳动力、向非农产业转移的农村劳动力、由就业转失业的各类劳动者将成为劳动力市场供给的主体；从需求角度看，公有制企业不再是劳动力需求的主体，民营经济成为吸纳就业的主渠道，而且社会用人单位对劳动力素质的要求不断提高。上述变化迫切要求就业工作实现以下三方面的转变。一是就业工作重心要从过去侧重于促进国企下岗失业人员再就业转移到推进城乡统筹就业上来，政府有关部门不能只是孤立地考虑城镇劳动者的就业问题，还要统筹考虑全社会劳动者的就业问题，就业管理体制不能只管城镇不管农村。二是就业发展战略要从过去偏重于数量就业转移到素质就业上来。长期以来，由于我国劳动力资源丰富，国家长期实行低工资、广就业的政策，政府通过大力发展劳动密集型产业吸纳了大量劳动力就业。但是，这也在一定程度上制约着经济增长方式的转变。据统计，1995年我国劳动力参与率为79.8%，高于同期其他发展中国家10个百分点以上（同期，韩国为62.2%，印度为64.1%，马来西亚为63%。见国际劳工局《劳动力市场主要措施体系》）。如果我们通过推行素质就业，把劳动力参与率下降至70%，则劳动力有效供给就可能减少8000万人以上。这不仅可以减轻就业压力，也可以有效地推动产业升级和经济增长方式的转变。因此，在新形势下，我们要把就业发展战略转移到推行素质就业上来，通过大力发展职业教育培训，努力提高劳动者终身就业能力和创业能力，改善劳动力供给，缩小劳动力供求的结构性差异；同时延迟劳动者进入劳动力市场的时间，调节劳动力供给,降低劳动力参与率,以减轻就业的压力。三是就业政策要从过去着重解决体制转轨遗留问题转移到解决经济转型、制度创新和建立城乡劳动者平等就业制度上来。自20世纪90年代中期以来,我国就业政策的着力点放在解决国企改革转轨过程中下岗失业人员再就业问题上,经过一段时间的努力,广东大规模的国企下岗失业人员再就业问题已经基本解决。当前面临的新问题是在城镇化、信息化、国际化发展步伐加快的新形势下,如何为全社会劳动者提供平等的就业机会。如果不及时推进政策创新,就会在一定程度上造成新的就业机会不公平。因此,无论是从就业发展战略,还是从就业政策层面来看,在新的发展阶段,我们都必须按照建立"平等就业制度"的要求,抓紧制定和完善积极的就业政策。

三、推进就业政策创新,逐步建立城乡劳动者平等的就业制度

基于上述分析,我们可以清楚地看到,当前广东的就业形势已进入全面推进城乡统筹就业、建立平等就业制度的新的发展阶段。因此,"十一五"期间,广东要按照中央关于"构建和谐社会"和"逐步建立城乡统一的劳动力市场和公平竞争的就业制度"的要求,强化政府促进就业的公共服务功能,健全公共就业服务体系,加快建立政府扶助、社会参与的职业技能培训机制,推进就业政策创新,完善就业援助制度,建立促进扩大就业的有效机制,具体政策措施可归纳为"三个完善两个加强"。

进一步建立、完善覆盖城乡的公共就业服务体系。广东的就业形势已进入全面推进城乡统筹就业、建立平等就业制度的新的发展阶段。因此,"十一五"期间,广东要按照中央关于"建立平等就业制度"的要求,进一步完善、理顺管理体制,完善组织体系,强化政府促进就业的功能。省、市、县三级劳动保障部门要统一设立公共就业服务机构,明确为公益性事业单位,实行垂直管理,并向街道和乡镇延伸;要把城乡劳动者作为一个整体,提供公平的服务;要完善服务功能,把就业信息、职业介绍、职业指导、档案挂靠、事务代理和就(失)业管理等各项功能融为一体,向城乡劳动者提供"一站式"平等的就业服务;要完善劳动力市场的计算机网络,把劳动力供求信息和各项服务流程输入计算机网络系统,并加快实现省、市、县三级联网,为城乡劳动者提供公平竞争的就业平台。

着力完善就业援助制度。这是市场经济条件下政府促进就业的重要措施,

也是体现社会公平、构建和谐社会的重大举措。完善就业援助制度,首先,要扩大援助的对象范围,从制度政策设计上要把全社会年龄偏大、素质偏低、在市场竞争中难以实现就业的困难群体纳入援助的范围,不再限于国企下岗失业人员中的"4050"人员。其次,要扩大援助的内容,对援助对象提供就业信息、公益性岗位、专门技能培训和"一对一"就业指导以及税费减免、社保、岗位补贴等服务,扶助他们实现再就业。再次,政府要从组织机构、资金投入和制度上给予支持,指定专门的公共就业服务机构负责开展此项工作,所需资金纳入各级财政预算,作为制度性的安排予以保障。

进一步完善再就业扶持政策。2002年国家出台的积极就业政策,主要内容包括多渠道开放就业岗位、税费减免、财政补贴、小额担保贷款、职业技能培训、就业服务和社会保障等内容。经过3年的实践证明,上述再就业扶持政策,对解决我国体制转轨期间的就业问题起到了重大作用,是得民心的政策。但是随着形势的发展变化,现行再就业扶持政策需要及时调整、充实和完善。一是要进一步扩展政策的覆盖面,把全社会就业困难群体纳入受惠范围。二是调整现行税费减免政策,简化操作办法。如对下岗失业人员从事个体经验的税收优惠政策,从原来没有限额改为在规定限额内按4个税种依次减免;对企业吸纳下岗失业人员的税收优惠方式由按比例减免调整为按实际招用人数定额依次减免,以便于政策的贯彻执行,也方便群众办事。三是要充实相关内容,弥补现行政策的缺陷,增加扶持力度。如对困难群体从事灵活就业的,应给予一次性补贴,以鼓励劳动者参加职业技能培训,提高择业能力和创业能力,促进就业。

要切实加强人力资源能力建设。劳动力总量供过于求的矛盾和劳动力技能与素质不适应社会经济发展需求的结构性矛盾,是我国当前和今后相当于长时期内劳动力市场面临的基本矛盾。大力发展各类职业技术教育培训,开发人力资源,一方面可以有效调节劳动力供给,另一方面还可以提高劳动者的终身就业能力和创业能力。因此,在新经济条件下,各级政府和有关方面要加大投入,加快发展劳动预备制培训、各类职业技术教育、转岗培训和创业培训,形成终身教育培训体系,使劳动者获得接受终身职业教育培训的机会,提高自身的就业能力,以适应劳动力市场需求变化的需要。特别是要对农村劳动力开展有针对性、实用性的职业技能培训,提高其择业能力,使其适应向非农产业转移就业的需要。政府要拨出专款对参加培训的农村劳动力给予补贴。

加强劳动力市场的管理,切实维护弱势群体的合法权益。在计划经济时期，我们从体制、政策到各项管理制度上，都限制农村劳动力进城就业，形成了城乡分割的就业管理体制，造成了劳动者就业事实上的不平等，不符合市场经济公平竞争的原则。在新的历史发展阶段，我们要坚决按照国家关于"公平对待、合理引导、完善管理、搞好服务"的原则要求，从体制、政策和行动上，取消对农村劳动力进城就业的不合理限制、维护弱势群体的合法权益。首先，在体制上，要建立城乡统一的劳动力市场，所有城乡劳动者均可持身份证和失业证进入劳动力市场登记求职，凭《劳动手册》进行统一规范的管理，公共就业服务机构要提供同样的就业服务。其次，在政策法律上，要明确规定所有劳动者被用人单位录用后，一律要签订劳动合同，按合同规定取得劳动报酬和缴纳社会保险费用。再次，要加强劳动监察，进一步规范和完善劳动力市场管理，打击非法中介，维护劳动者合法权益；清理对农民进城务工的不合理限制政策，制定就业促进法，形成城乡统一的劳动力市场和公平竞争的就业制度，促进农村劳动力有序转移，促进充分就业，为加快我国的城镇化进程和构建和谐社会创造宽松的环境。

第五节 抓好"五个统筹"，破解就业难题的探索实践[①]

在经济全球化的大背景下，广东经济社会发展进入了加快调整产业结构、大力推进城镇化、全面建设小康社会的新阶段。在新的形势面前，就业压力不断增大，各种就业矛盾日趋突出。为了破解新形势下的就业难题，我们在就业工作实践中坚持以人为本的科学发展观，把扩大与促进就业作为民心工程来抓，坚持市场导向，积极推进就业体制创新，努力抓好"五个统筹"，走出了新时期做好就业工作的新路子，较好地促进了经济社会的和谐、稳定、健康发展。

[①] 2002年，广东在率先实现国企下岗职工下岗与失业并轨，再就业问题基本解决后，广东就业工作又面临新的问题，即大量农村劳动力需要转移就业的问题。多年来，我国对农村劳动力转移就业，主要是采取了一些不合理的限制性政策。党的十六大报告提出要树立以人为本的科学发展观，2003年后，党中央国务院连续发文，要求各地取消农民进城务工就业的不合理限制。根据中央的部署要求，笔者认真总结了广东推进城乡统筹就业的经验，力图在新形势下走出做好就业工作的新路子。本文写于2004年4月。

一、坚持统筹好城镇新成长劳动力就业与国企下岗失业人员再就业工作

近年来,在推进经济结构战略性调整和深化国企改革进程中,广东出现了公有制企业单位用人需求萎缩和城镇新成长劳动力进入就业高峰期并行的趋势,就业压力增大,竞争日趋激烈,结构性失业矛盾突出。据统计,2000年以来,全省城镇每年新成长劳动力有60多万人,国企下岗失业人员60万人左右,但全社会岗位需求只有80万左右。劳动力供求的总量矛盾和结构性失业并存,压力增大。为了解决好这一矛盾,我们在统筹城镇新成长劳动力就业与国企下岗失业人员再就业方面,注重抓好"一个平台,两项保障"。"一个平台"即全力以赴抓好劳动力市场服务平台建设,引导各类劳动者通过市场,公平竞争就业,充分发挥市场在配置劳动力资源中的基础性作用。"两项保障",包括以下两方面的内容。一是保障生活。对国企下岗失业人员,不是采取消极的发救济、保生活的做法,而是采取"断关系,给补偿,促就业"的办法,积极引导和鼓励下岗失业人员通过市场公开竞争自主择业和自谋职业,通过就业保障收入、保障生活。二是建立、完善再就业援助制度促进就业。对失业一年以上的就业困难群体,提供"131"就业援助服务(即提供一次职业培训,提供三次岗位援助服务,提供一次职业指导),并给予岗位、培训等方面的补贴,帮助就业困难群体实现再就业,把就业保障与生活保障紧密结合起来,通过保障就业来保障生活,从而实现社会的稳定。

二、统筹城乡劳动者就业

统筹城乡就业即统筹安排省内城镇失业人员与农村劳动力就业。长期以来,受计划经济、城乡二元分割体制的影响,农民就业被排斥在城市化、工业化和政府就业政策之外,导致国民经济呈现明显的二元经济特征,农村积蓄了大量的剩余劳动力。在大力推进城镇化、传统社会向现代社会转变的新的历史阶段,加快农村剩余劳动力向城镇转移就业,成为摆在各级政府和劳动保障部门面前一项重大而紧迫的战略任务。为了适应形势发展需要,从20世纪90年代开始,广东省就开始探索城乡统筹就业的新路子。我们认为,城乡统筹就业的方向和侧重点是引导农村劳动力向非农产业和

城镇转移就业。其关键是破除体制障碍和提高劳动者素质。因此，我们在工作中着力抓好"三个点"。一是抓好关键点，消除农村劳动力进城就业的体制性障碍和政策歧视。从1988年起，在全国率先改革劳动计划管理体制，取消指令性就业计划，支持农民工向非农产业转移就业，突破了传统的就业体制障碍。随着改革的不断深化，广东省规定，农民工在全省范围内自由流动就业，可以享受与当地居民同等的工资、保险待遇。体制上的突破，客观上为农民工转移就业提供了条件。二是抓好着力点，即着力加强职业技能培训，全面提高农民工的职业技能。全面建立劳动预备制度，对向非农产业转移的农村劳动力，全面开展1～3年的劳动预备制培训、年培训规模达100万人次。特别是通过财政转移支付办法，资助50个山区县和16个贫困县开展农村劳动力转移就业培训，较好地提高了农民工转移就业的能力。三是把握平衡点。通过建立农民工进城就业的服务体系和有序化流动管理机制，控制好城镇登记失业率。20世纪90年代初期，广东在省内建立了珠三角发达地区与山区劳动力转移就业协作制度，加强了对农民工向城镇转移就业的服务和引导，促进了合理、有序化流动。目前，全省已基本形成农民工合理、有序流动的机制，广东省农村劳动力向非农产业转移就业的有1300多万人。农民工就业纳入劳动保障部门登记管理范围。有工作就进城，没工作可回乡。城镇登记失业率多年来控制在3%左右的水平，农民进城就业没有对城镇就业带来大的冲击。

三、统筹好本省就业与外省劳动力入粤就业

广东是全国改革开放的前沿阵地，率先改革开放，经济发展迅速，形成区位优势，为全国创造了大量的就业岗位。受就业需求拉动的影响，出现了外省劳动力大规模入粤就业的新情况。如何统筹解决好本省劳动力就业与外省劳动力入粤就业的矛盾，成为新形势下摆在劳动保障部门面前的一项新任务。面对新的问题，我们采取的主要措施是：探索建立统一开放的劳动力市场，实行公平竞争就业，充分发挥市场对省内外劳动力资源的调节作用；瞄准市场需求，依托各类职业学校、职业培训机构和就业训练中心，对本省劳动力开展有针对性、实用性的职业技能培训，着力提高本省劳动力的就业能力和择业能力。与此同时，我们还探索建立了省际劳务协作制度，广东与华南地区10个省（区）建立了经常化的劳务协作关系。广东负责向协作省（区）收集和传递劳动力需求信息，协作省（区）则根

据劳动力需求信息，组织和输送劳动力，从而形成了根据市场需求，有序引导外省劳动力入粤就业的新机制，在较大程序上避免了外省劳动力盲目入粤流动就业的现象，较好地运用市场机制协调好本省与外省劳动力入粤就业的矛盾。

四、统筹好稳定就业与灵活就业

随着体制改革的深化，用人单位普遍改变了过去单一的固定工制度，全面实行劳动（聘用）合同制度，使用工形式趋于多样化。但对于劳动者来说，总体上要求有比较体面和稳定的工作。这就出现了劳动者要求稳定就业与用人单位采取灵活多样用人形式的矛盾。我们认为，灵活就业是市场经济条件下，市场活动主体为了适应市场变化而做出的一种新的选择，有利于增加劳动力市场的弹性，有利于增强企业的活力，也有利于扩大就业。但其弊端也是显而易见的，如增加了就业的不稳定性，难以对其进行规范管理，难以保障劳动者的合法权益。针对这一新的情况，我们的做法是，在鼓励企业和劳动者采取灵活多样的方式实现就业的同时，加强对其进行职业指导；发展劳务派遣组织，把灵活就业的人员组织起来，向社会提供劳务，以利于规范管理和保障其合法权益；制定适合灵活就业者的收入分配和社保政策，保障其合法权益，使从事灵活就业者有稳定感和安全感，从而促进灵活就业方式的发展，较好地解决稳定就业岗位不足的矛盾。

五、坚持统筹好职业培训与促进就业的关系，形成以培训促就业新机制

培训与就业都是人力资源开发的重要内容，培训的目的在于提高劳动者的整体素质，促进有效就业。但是，长期以来，在传统体制下人们把就业与职业培训工作割裂开来，形成两张皮。负责就业工作的部门，只看有多少就业岗位就安排多少人就业，不考虑人岗匹配问题；负责培训工作的部门，实行的是以供给为导向的培训体制，只考虑报名参加培训的人数有多少，不考虑市场就业需求，造成培训与就业脱节，导致劳动力素质不适应社会经济发展要求，结构性失业矛盾突出。针对这一新的情况，广东较早地采取有效措施，统筹培训与就业工作，主要做法是：改革过去对各类职业培训管得过多、过死的办学体制，鼓励职业培训机构以市场需求为导向，自主调整专业、自主招生、自主调整课程设置；改革过去单一的办

模式和教学方式，采取产教研相结合、校企合作办学等多种办学模式，突出职业技能训练，增强培训的实用性和针对性；全面推行劳动预备制培训，推迟新成长劳动力进入市场就业的时间，调节劳动力供给，增强其择业能力；全面组织实施再就业培训，增强下岗失业人员的再就业能力，积极组织开展创业培训，引导劳动者自主创业，带动就业。通过大力发展职业培训，改善和调节劳动力供给，缓解结构性失业矛盾，促进就业，效果十分明显。

"五个统筹"是广东在新形势下破解就业难题、推进城乡统筹就业探索实践的基本概括。实践证明，在市场经济条件下，要实现城乡劳动者充分就业，政府必须坚持以人为本的科学发展观，坚持两手抓，即一手抓培育发展和规范劳动力市场，充分发挥市场配置劳动力资源的基础性作用；一手抓好"五个统筹"，积极协调解决就业工作中出现的新情况、新问题，以保证劳动力市场的正常、有序运行，化解结构性矛盾。做好这两方面的工作，就能够较好地推进城乡统筹就业，走出新时期做好城乡就业工作的新路子，保持就业局势的基本稳定，较好地促进人与经济社会的协调发展。

第六节　完善服务，全力推进城乡统筹就业[①]

近年来，我们按照构建和谐广东的总体要求，以科学发展观统领全局，在做好体制转轨期间国有企业下岗失业人员再就业工作的同时，把工作重心转移到统筹城乡就业和提高劳动者素质上来，努力推动就业工作从重城镇、轻农村向城乡就业并重的方向转变，加快建立城乡平等就业制度和发展完善劳动力市场，促进了城乡统筹就业工作取得新突破，有力地推动了农村劳动力战略性转移。2003年以来，全省向非农产业转移就业的农村劳动力近200万人（其中2003年47.8万人、2004年67.5万人、2005年81.6万人）。累计全省农村劳动力向第二、第三产业转移就业总量达1555.63万人，约占其总量的51.84%。

[①] 从2003年起，广东开始把就业工作重心转到统筹城乡就业上来。省委省政府连续发文强调加快建立城乡平等就业制度。本文写于2006年3月，对这段时间的工作进行了总结，提出要进一步健全制度，完善服务，全力推进城乡统筹就业工作，特别是提出实施创业富民培训工程，在全国是首创。

一、主要做法

(一) 着力构建城乡平等的就业政策体系

一是维护农村劳动者就业权益。2002年，广东省委、省政府就明确规定，凡转移到非农产业就业的农村劳动力，实行与城镇居民同等的劳动就业和社会保障政策，按规定享受公共就业服务、社会保险、同工同酬、子女入学入托等权利。2005年，广东省委、省政府出台《关于统筹城乡发展加快农村"三化"建设的决定》（粤发〔2005〕6号）提出要实行城乡统筹就业方针，建立城乡并重的就业制度和劳动力市场。2006年年初，广东省政府及办公厅又出台了《关于贯彻落实国务院关于进一步加强就业再就业工作的通知》（粤府〔2006〕13号）、《转发省劳动保障厅关于推进统筹城乡居民就业工作实施意见的通知》（粤府办〔2006〕14号），明确提出要进一步消除个别行业、工种、岗位不允许招用农村劳动力的限制性政策，全面清理和取消针对农村劳动力转移就业的歧视性规定和不合理收费；建立城乡统一的公共就业服务制度，对城乡劳动者一视同仁，提供免费的职业介绍、政策咨询和职业指导等就业服务；建立城乡统一的就业凭证管理制度；对城镇就业困难人员和农村困难家庭劳动者，实行城乡统一的就业援助制度。广州市明确各级公共就业服务机构和村委会为农村劳动力提供转移就业服务、签订一年以上劳动合同的，给予100元职业介绍补贴。

二是加强职业培训，对农村劳动力培训转移就业实行补贴。各地普遍建立购买培训成果制度。如广州市规定，农村劳动力可享受一次职业技能和一次创业培训补贴。珠三角大部分地区对农村劳动力给予减免费培训和伙食补贴，对招用本地农村劳动力的企业给予工伤保险补贴。

三是加快建立农村社会保险制度。如东莞市规定，凡没有参加城镇基本养老保险的年龄满20周岁、未满60周岁的户籍人口必须参加农村养老保险，养老保险基金由村集体和个人缴纳，市、镇两级财政补贴，城乡两种制度可有效地转换和衔接。湛江市经济技术开发区实行社会统筹和个人账户相结合方式，养老保险费为18%，其中个人缴费比例按省统一规定执行，其余为单位缴费，养老金计发办法参照城镇企业基本养老保险制度的待遇办法执行。

四是深化户籍制度改革。佛山、深圳等市率先取消了城乡分割户籍制度，实行统一的居民户口，消除制度壁垒，为城乡劳动者创造公平的制度环境。

（二）着力构建城乡平等的就业服务体系

一是建立健全乡镇（街道）劳动保障工作机构。目前全省98.1%的乡镇（街道）建立了劳动保障工作机构，共配备工作人员6200名，依托基层劳动保障机构全面开展农村富余劳动力摸查登记造册工作，建立农村劳动力资源库。

二是狠抓"一站式"公共就业服务。全省县以上政府普遍设立了公益性职业介绍机构，为本地居民提供免费失业登记、职业介绍、职业指导、政策咨询等就业服务和办理各项劳动保障业务的"一站式"服务。

三是加强劳动力市场信息网络建设。全省县以上劳动力市场全部实现联网，534个街道建立了劳动力市场并实现与省联网，广州、深圳、珠海等10个市把网络延伸到街道（镇），初步实现"一点登陆，全省查询"。同时，广东省投入1000万元专款用于开发远程招工系统，现已有15个市开通远程招聘系统，广州还与广西、四川等省、市实现了招聘信息网络连接。

四是实施劳务协作。在广东省内建立珠三角与山区及东西两翼对口挂钩劳务帮扶制度，目前已建立劳务合作关系47对，自2000年到2004年第三届"山洽会"，共按协议输入劳动力41.8万人。省际建立泛珠三角和华南地区省际劳务合作制度，与全国20多个省市和80多个地市建立劳务合作关系，切实提升劳务协作的层次和水平，建立健全区域劳务协作的长效机制。

（三）着力构建城乡平等的就业培训体系

一是大力开展职业技能培训。各地以实施"广东省百万农村青年技能培训工程"为龙头，切实加强组织领导，充分发挥技工学校、综合性职业培训基地和各类职业教育、职业培训机构的作用，积极组织农村富余劳动力、失地农民、转产渔民、下山移民、城镇新成长劳动力进行以非农就业为目的的1~3个月职业技能培训。

二是建立培训与就业紧密结合的基地化运作新机制。在广东山区和珠三角地区分别建立农村劳动力培训基地和安置基地，实行对口挂钩，定向培训和定向输入。

三是全面开展创业培训。各地积极组织具有创业条件和意向的城乡劳动者、大中专（技校）毕业生、农村转移劳动力进行提高创业能力的SYB、SIYB创业培训，帮助他们学习掌握工商、税务、财务、经营管理等方面的专业知识，进行开业指导和后续跟踪服务。2005年，全省参加创业培训人数达2.06万人，其中7109人成功创业，发挥了创业带动就业的倍增效应。

四是实施智力扶贫工程。广东省从2002年起，连续4年每年选择一批有实力的技工学校，面向山区农村招收5000名家庭人均年纯收入1500元以下的应届初、高中毕业生免费入读技工学校，所需费用由省财政予以资助，学习时间为2~3年，毕业后100%推荐就业，做到培训一人，就业一人，脱贫一户。2005年，广东省委、省政府又决定扩大资助范围，每年资助人数从5000名增加到1万名，建立智力扶贫长效机制。此外，各地区还通过采取"助、勤、贷、补、奖"等措施，对接受技工教育的1万多名山区贫困家庭子女给予不同程度的资助，切实帮助农村贫困家庭子女转移就业。

（四）建立完善城乡统筹就业工作保障机制

一是建立工作领导机制。广东省、市和县都成立了促进就业工作指导小组，政府分管领导任组长，成员由劳动保障、农业、财政、税务、教育、人事、民政、妇联、团委、监察等部门组成，统筹全省城乡就业的政策制订、组织协调和监督指导，层层分解目标任务，落实到具体部门和人员，并加强督导检查。

二是开展目标责任制考评。从2003年起，广东省政府将城乡统筹就业和农村富余劳动力转移就业作为考核各级政府，尤其是领导干部政绩的重要内容。

三是建立农村劳动力培训转移经费稳定投入机制。广东省财政从2003年起，每年安排1900万元的专项资金，用于补助山区农村劳动力转移培训和劳动预备制培训。2005年，广东省财政安排专项资金8500万元，各地安排1.5亿元。2006年计划安排1.1亿元。今后将根据工作目标逐年加大投入。广州、中山、东莞等市还将"再就业资金"调整为"促进就业资金"，统筹用于城乡劳动者技能培训、职业介绍、职业指导、岗位和社会保险补贴，初步建立起城乡统一的促进就业投入机制。

二、存在问题

广东城乡统筹就业工作虽然取得了一定的成绩，但在推进过程中还存在不少问题。

一是城乡二元体制的障碍依然存在,现行的户籍制度将人口划分为农业户口和非农业户口,阻碍农村劳动力向非农产业转移;农民进城务工还受到子女就学、住房、社保等因素的制约。

二是农村劳动力整体素质偏低,难以进入收入较高的岗位工作,就业范围受到限制。据统计,2004年全省农村劳动力中,初中及以下文化程度占84.9%,大专及以上仅占0.9%;受过各种专业培的仅占14.0%,而86.0%的农村劳动力没有受过培训,缺乏一技之长。农村劳动力素质与用工单位的要求存在较大的差距,阻碍了农村劳动力转移就业。

三是就业管理服务体系尚未健全。在体制上,一方面,部分县(区)和街道(乡镇)、社区没有专门的劳动保障工作平台人员,编制少、经费落实难;另一方面,机构设置不合理,职责不清晰,难以形成合力。在机制上,制度不健全,服务不规范,人员不专业,激励不到位,难以调动街道(乡镇)机构工作人员的积极性。信息网络不健全,信息共享程度低,工作效率和服务水平有待提升。

三、全面推进城乡就业统筹工作的打算

当前广东推进城乡就业统筹工作,应当按照"立足当前、着眼长远、统一规划、分类指导、综合配套、协调发展"的原则,以贯彻落实国发〔2005〕36号文为重点,以健全城乡劳动者平等就业制度为主线,以建立城乡一体化的就业服务和职业技能培训体系为突破口,全面推进各项配套改革,加快推进农村劳动力稳定转移就业。主要包括以下六方面的措施。

(1) 加快建立完善与统筹城乡居民就业相适应的政策体系。主要是实现"六个统一",即统一就业与失业登记、统一就业准入资格、统一就业扶持政策、统一就业服务待遇、统一劳动权益保护、统一社会保障。

(2) 加快完善公共就业管理服务体系。狠抓凭证就业管理,尽快全面掌握城乡劳动力就业状况,以更高的标准大力推进就业服务"新三化"建设,重点突破"质量"和"资源"两个瓶颈,探索适应城乡统筹就业需要的就业服务方式。

(3) 加快完善职业技能培训体系。重点抓好百万农村青年技能培训工程、技能振兴工程、高技能人才培养工程、创业富民培训工程、国家职业资格证书导航工程五大培训工程,着力提升城乡劳动者的就业能力。

(4) 加快建立、完善城乡统一的就业援助制度。制定完善就业援助政策体系，形成覆盖城乡就业困难群体的政策措施及运行机制。积极开展就业援助专项行动，搞好个性化就业服务，创新服务方式，提高就业服务质量和就业的稳定性。

(5) 加快建立培训、就业、维权联动运作机制。以推进"百万农村青年技能培训工程"和农民工培训为契机，制定培训、就业、维权"三位一体"的运作流程和工作职责，创新农村劳动力转移就业工作机制。

(6) 积极推进各项配套改革。围绕农村劳动力向城镇转移就业的新情况，大力推进社会保障、户籍、教育、住房、计划生育、权益保障等政策制度改革，推动农民非农化和市民化。

第七节　加入 WTO 给就业带来的机遇与挑战[①]

我国加入 WTO，将会对经济发展和劳动就业带来哪些新的影响？不少经济界人士正对此进行分析和预测。有人认为，加入 WTO，开放市场，削减关税和撤销非关税保护措施，将使我国工农业生产受到较大冲击，从而影响就业总量增加。笔者认为，对此必须进行全面、具体的分析，不能过分担忧，也不要盲目乐观。加入 WTO，巨大的商业机会将会给我国尤其是广东的劳动就业带来许多新的机遇和挑战。

劳动力需求是由生产商品的需求派生的，商品生产的数量和结构发生变化，都将对就业总量和结构产生重大影响。我国加入 WTO，从总体和长远角度看，有利于我国经济的长期稳定发展，从而带来更多的就业机会。第一，从出口方面看，1997 年广东全年进出口贸易总额达 1301.2 亿美元，其中出口 745.64 亿美元，进口 555.56 亿美元，出口额大于进口额，说明广东省产品已具有一定的国际竞争力。出口额最大的为进料加工贸易、来料加工装配和一般贸易，出口商品数量最大的 20 多种商品，大多数为劳动密集型产品，其中纺织纱线、织物及制品、化纤、服装及衣着附件、旅行用品、塑料玩具、皮革、鞋等出口金额所占比重最大。由此可见，广东省在国际市场上有竞争力的产品是劳动密集型产品。目前，纺织和服装行业出口受限制范围最大。加入 WTO，将取消出口配额限制，上述劳动密集型行

[①] 本文写于 1999 年 3 月，发表于《南方日报》1999 年 5 月 10 日、《广东劳动报》1999 年 5 月 17 日。

业无疑将受惠最大，出口困难的状况将大大改善，从而增加新的就业岗位。据统计，1998年广东纺织和服务业从业人员50.36万人，加入WTO后，随着出口规模的扩大，这些行业的就业岗位将明显增多。第二，从利用外资方面看，改革开放20多年来，广东利用外资增加了上千万个就业岗位。加入WTO，我国将加快市场开发步伐，外商普遍看好我国潜力巨大的市场，因而将加大资本投入力度，在我国投资办厂，开办电信业、银行保险业和一些有市场前景的高科技产业，利用我国人工成本低的优势，抢占我国庞大的消费市场。如果我们能够抓住这些机遇，在不影响民族工业发展的情况下，因势利导，积极引进外资兴办实业，可以创造出比目前更多的就业岗位。第三，从经济发展方面看，加入WTO后，关税将由17%降到10%。我国的产品将在100多个成员国中享受多边的、无条件的和稳定的最惠国待遇，还可享受普惠制待遇。这种情况将有助于我国产品参与国际市场公平竞争，有利于实施外向带动战略，有助于实现出口市场的多元化和出口商品的多样化，带动我国经济的全面持续健康发展。只要我们注意充分发挥人工成本低、市场潜力大和某些技术处于领先地位的优势，生产出适应市场需要的产品，就可抢占较大的市场份额，保持进出口贸易顺差，也可以明显增加就业机会。第四，从第一产业的发展来看，加入WTO给第三产业的发展带来了千载难逢的机遇。例如，为进出口商品各个环节提供服务，为外商投资提供生产、运输、销售、保险、咨询服务，以及利用对外贸易机会，带动劳务、商务和旅游、广告等服务业的发展，都将大大增加就业岗位。此外，商贸业的繁荣与发展，也将为众多中小企业、社区服务业提供新的发展契机。这些都将为劳动就业拓展广阔的空间。

然而，不可否认，加入WTO后，由于目前我国企业适应国际市场变化的能力差，生产技术落后，劳动力整体素质较低，产品竞争力较弱，近期内必将出现企业调整重组、兼并、关闭，甚至破产等现象，因而会造成一定范围内的就业减少和结构性失业增加。这就是我们在劳动就业方面将面临的巨大挑战。例如，①在农业方面，向美国开放农产品市场，对我国农业生产来说是个较大的挑战。进口农产品价格下降，广大群众可以享受到国际分工的好处，但给我国农产品的生产将带来较大压力，不少农民很有可能将有限的耕地转到发展"三高"农业上，而相当一部分农民将转到非农产业就业。②工业生产方面，据近日公布开放市场所承诺的内容看，汽车进口关税将在2005年前降至25%，这必将对我国汽车工业以及相关行业带来较大的冲击，大量小型汽车企业将面临兼并或关闭。在加入WTO 6年内取消限制传呼机、移动电话进口等服务地域的限制,并且4年内允许外资持有股份至49%,这些优惠将吸引外商进入我国潜力巨大的电信市场,拓展业务,从而使我国一些规模效益差的电信企业被无情淘汰。目前,我国科技产品平均关税为13.3%,在2005年前将取消半导体、电话、电脑设备等关税制,又将给我国电子信息等高科技产业带来巨大的挑战。还有化工、机械行业由于管理等方面的原因,产品竞争力不强,近年来都存在较大的贸易逆差,加入WTO后,还会受知识产权保护的限制,难以引进先进技术进行改造,一批化工、机械企业将受到冲击而调整、关闭。诸如上述因素的影响,必将促使我国工业进行重大的结构调整和重组,有的将被淘汰。这些都将造成就业岗位的减少或大幅调整,导致部分职工下岗、失业和重新选择职业。③进口的增加也将在一定程度上影响我国就业总量的增加。因为一般来说,进口是增加别国的就业。除了农产品进口会影响农村就业外,进口工业品如果挤占我国同类商品市场,如机电、电信类产品,也会造成这些行业的职工失去工作岗位。此外,加入WTO后,我国将逐步融入世界市场,激烈的市场竞争将迫使企业进一步转换经营机制,走依靠科技进步发展生产的新路子。这就内在地要求企业节约用人,注意招用综合素质较高或有一技之长的劳动力。而目前我国劳动力整体素质偏低,难以适应科技进步和市场竞争的需要。如何迅速提高自身职业素质,对于广大劳动者来说,实在是一个严峻的挑战。

综上所述,不难看出,加入WTO对我国劳动就业的影响是深刻的。我们将面临巨大的机遇和挑战。虽然机遇与挑战同在,利与弊并存,但利大于弊。从长远的、总体的角度看,加入WTO有利于国民经济的持续健康发展,从而增加就业总量;然而从近期看,由于我国企业体制、产品质量、人员素质等方面的原因,不少商品参与国际竞争的能力不高。为了适应国际市场的需要,我国的产业结构、产品结构、企业体制等方面势必进行较深刻的调整和改革。这种状况反映在就业上,将使某些行业就业量减少和结构性失业增加,失业率上升。对此,各级政府务必予以高度重视,并抓好契机,采取应变措施,化解近期就业矛盾。

第四章 深化:大力推进城乡统筹就业

第八节 粤港澳经济一体化对广东劳动就业的影响及对策[①]

粤港澳经济一体化的历史潮流有力地推动了广东改革开放的总体进程,并对广东劳动领域产生着深刻的影响。改革开放以来,粤港澳三地相互间日趋紧密的经贸合作,使广东国民经济的所有制结构、产业结构、企业类型以及对外贸易等方面发生了巨大的变化。这些变化对广东的劳动就业、人力资源开发、劳动关系、工资分配、劳动立法等方面产生了深刻的影响。可以想见,随着香港和澳门主权的相继回归,粤港澳经济相互依存、优势互补的合作关系将更加紧密,经济一体化的趋势更加明朗,三地居民异地就业往来不断增多,劳动关系的协调及纠纷亦会增加,这些情况向三地政府提出了新的要求。如何抓住当前有利时机,尽快研究劳动领域面临的问题与挑战,提出推进三地劳动领域交流合作的对策措施,促进人力资源的合理流动和优化配置,对于推动三地经济的共同繁荣发展,具有十分重要的意义。

一、粤港澳劳动领域交流合作现状

粤港澳山水相连,文化、语言相通,经济往来频繁。尤其是改革开放以来,相互间的经济交往日趋紧密,从而使三地产业结构不断得到调整、优化,带动了区域内的劳动力交流与合作,初步实现了资源共享、利益均沾,主要表现在以下五个方面。

1. 港澳商人到广东投资办厂迅速增加,促使港澳企业直接在广东雇用大批劳动力

20世纪80年代以来,港澳地区劳动密集型产业不同程度地遇到劳工短缺、地租上涨以及新兴工业国激烈竞争和西方贸易壁垒等问题。为了摆脱困境,维持市场竞争优势,港澳地区劳动密集型企业或工序大举内迁,陆续到广东投资办厂,逐步形成了以港澳地区为"前店",广东为"后厂"的"前店后厂"合作模式,广东省劳动力市场成为香港产品后方生产基地的庞

[①] 本文完稿于1997年6月,是广东省政府发展研究中心委托笔者牵头撰写的专题报告。题目略有改动。

大人力资源供应地和使用地。这种合作形式近十几年来一直保持着稳定的发展态势。目前在广东投资的 6 万多家外商投资企业中,港澳企业占了 80% 以上,有近 5 万家港澳"三资"企业和"三来一补"企业,使用劳动力 500 多万人。广东已成为粤港澳劳动力交流和合作的主要区域。

2. 粤港澳对外贸易和引进技术迅速发展,不仅增加了广东就业机会,而且培养了一批技术人员

对外贸易是反映一个国家参与全球经济贸易能力的重要方面。改革开放以来,广东利用港澳地区在国际贸易中所处的特殊地位,积极发展转口贸易。1995 年,广东出口总额达 556.67 亿元,其中由港澳地区转口的约占 88%。在出口贸易带动下,三方经济获得长足增长,产业结构得到优化,就业机会明显增加。以工业全员劳动生产率测算,仅工业出口就为广东创造了 265 万个就业岗位。对外贸易不仅使三地经济的互补性得到加强,而且推动了技术的交流与合作,这对提高广东劳动者的素质也有很大的帮助。

3. 粤港澳技术工人交流活跃,促进了经济的发展

20 世纪 80 年代初期,随着港澳地区经济结构的调整,许多年轻人纷纷离开渔船上岸工作,港澳渔船劳动力开始短缺。应港澳渔业界呼请,广东从 1992 年开始向港澳渔船提供深海捕捞的渔业工人。1986 年,澳门政府率先批准广东等内地劳动力输澳,高峰时每年在澳的广东等内地劳务人员有 3 万余人。1989 年,香港政府开始有限度地输入广东等内地技术工人 3000 名。1991 年又放宽输入劳工政策,允许每年从内地输入 12500 名劳工,合同期 2 年,即保持每年控制外地劳工额度在 25000 名以内。1995 年香港新机场建设高峰期时,又批准近万名机场建筑工人抵港工作。在港澳两地工作的每年近 7 万外地工人中,70% 是由广东省提供的,即每年有近 5 万名广东提供的劳动力在港澳工作,从事的行业主要是建造业、制造业、酒店饮食业、制衣纺织业、电子业、批发零售及进出口贸易业、银行及财经业、通信业等。与此同时,港澳地区也有 10 多万企业经理和督导级员工进入广东各类企业工作。

4. 港澳地区企业向世界各地投资,带动了广东劳动力的输出

20 世纪 80 年代中期以来,随着世界经济格局的调整以及世界范围内的贸易关税壁垒障碍,一些港澳企业将资金、技术投向不受贸易关税限制和纺织品配额限制的国家和地区。资金、技术的跨国流动必然带动劳动力的跨国流动。经过 20 世纪 80 年代中前期在港澳地区投资企业工作的广东劳动力,综合素质有了较大的提高,比较适合港澳企业的需要。加上工资水平相对低廉,港澳地区跨国投资者喜欢聘用广东工人到投资所在国和地区工作,即用港澳的资金、管理技术和广东技术工人到第三国投资设厂,产品销向世界市场。这种全新的合作形式近几年来在美属塞班岛、中美洲、中南太平洋地区、越南、柬埔寨等国家和地区尝试并取得了成功。成为粤港澳三地面向国际市场,极具发展潜力的一种劳动力合作形式。

5. 劳动力的流动就业,对广东劳动领域产生了深刻的影响

在港澳工资分配市场化的影响下,广东放开了对企业工资的直接控制,开始探索建立企业工资分配增长机制和自我约束机制。目前,广东省实行的岗位技能工资制和经营者年薪制试点,以及通过企业、工会集体协商决定工资增长等办法,吸收了港澳工资分配制度的合理因素;港澳地区经过多年探索,逐渐形成相对完善的包括劳动关系基准政策、劳动监察和仲裁在内的劳动关系调整体系和劳动安全卫生工作体制,在稳定劳动关系和安全生产方面都发挥了积极作用。在粤港澳经济合作中,广东劳动部门大胆借鉴港澳地区的劳动管理经验,针对市场经济发展过程中遇到的问题,制定了破产企业欠薪支付办法,建立劳动监察制度,试行注册安全主任制度,较好地保障了劳动者的合法权益。

总之,粤港澳经济合作与交流进一步拓宽了广东省就业渠道,扩大了就业总体规模,促进了三地劳动力的交流,同时,对劳动用工、工资分配、劳动关系、劳动立法、企业劳动管理等领域,都产生了积极的影响,为广东劳动制度改革和劳动力市场的形成创造了有利条件。

二、当前粤港澳劳动领域交流合作面临的问题

劳动领域的交流与合作,是以"人"为主要对象的,是直接为经济发展服务的。三地在社会制度、管理体制不同的条件下进行合作,不可避免地会在法律、政策和管理上产生一系列的矛盾和问题;而且随着合作领域的深入日益增多,有的问题还很突出,迫切需要协调解决,否则会阻碍三地劳动力的正常交流和往来,阻碍经济的发展。这些问题主要表现在以下五方面。

(1)在劳动就业方面有两个急需解决的问题。一是广东向港澳输出劳动力,缺乏有效的管理和正常的渠道。目前,内地输港澳地区的劳务由国家外贸部统一配额和管理,在输入地工作的劳务人员由输出单位管理,发生劳资纠纷又由劳动部门管理,从事劳务输出的部门有经贸、劳动等几家。

由于多头输出，多头管理，一旦发生劳资纠纷，劳动部门无从介入处理，不能发挥其应有的职能作用，以保护劳工的合法权益。有些严重的劳资纠纷在香港引起了不良的反响，严重影响了我国的声誉及形象。香港对一般的外来劳工采取配额制度。配额的减少导致竞争激烈。加上从事劳务输出的部门多属民间性质，由于渠道不畅，多头竞争，管理不善，导致恶性循环。二是香港居民进入广东就业的自由度很大，带来的问题也相当多。有相当部分香港居民在粤就业没有纳入当地劳动部门的管理，原因是缺乏明确的法律法规依据和有力的监督检查手段，也没有数量限制和素质水平限制，只实行许可证制度。相当部分层次不高的普通劳动力入粤就业，对广东省失业率的上升也带来一定的影响。同时，对这部分人入粤就业，我方没有收取任何形式的管理费。这种情况，相较于香港对我方居民在港就业实行数量的配额限制及工程限制，以及每人每月收取400元港币的做法，显得特别不合情理，也缺乏对等。此外，我们对香港居民就业的管理也不统一，一部分在人事部门的人才交流中心登记，一部分在劳动部门的涉外就业服务登记，对此，两家没有明确的分工和必要的协调，其管理也较为松散。

(2) 在劳动用工监察方面，香港劳动监察有以下三个特点。一是拥有一支强有力的监察队伍。香港就业人口约300万人，仅劳工监察就有200多人，在香港境内全方位开展监察，有很大的威慑力。二是劳动立法完善而严厉。例如，对非法雇工问题，法律规定：每雇一名非法劳工，雇主和劳动者都要拘禁3年或罚款35万港元。与之相配套的执法措施强劲有力，如工厂督察在工厂内就可拘捕违法者等。三是监察管理体制较为合理。香港的劳动监察体制是垂直领导式的属地负责制，其政令统一，分片包干，管理到位。而且，坚持监察与处罚分离，保证了执法的公开与公平，有力地促进了劳资关系的稳定。

广东经济的多元化，给劳动执法监察工作增加了很大的工作量。与香港相比，广东省劳动监察力量严重不足，平均一个监察员管理7万多人。此外，监察管理体制设置不科学。劳动监察体制以块为主，条块分割，造成政令不统一。而且，监察人员仍属事业性编制，执法主体地位不明确。加上监察与处罚不分离，检控不公开，更使港商不服，导致执法难的问题日益突出。一些非法经营的企业或投资者乘机侵犯员工利益，从而导致劳资纠纷日益频繁。

(3) 在劳动安全生产方面，广东省安全生产管理，经过改革开放10多年的发展，逐步形成了一套较有特点的体系。但相比港澳地区而言，仍存在不少问题，主要包括：企业法人的安全生产职责不够具体，可操作性差，法人代表的法律责任较为模糊，管理措施难落实；劳动安全监察力量薄弱，处罚偏低，如《广东省劳动安全监察办法》，体现违例即受罚的条款不多，处罚和工伤赔款的金额偏低，难以达到预防性安全监察的目的，不利于企业雇主对安全的积极投入，缺乏必要的安全中介服务体系，政府与企业之间在安全管理方面缺乏一定的沟通渠道；劳动安全宣传教育较为薄弱，宣传资金没有固定来源，大大影响了宣传活动的开展。

（4）在职业培训方面，在改革开放中，广东省职业培训也有了长足的发展，但与经济发展仍不相适应。从实际情况看，三地相互衔接还存在以下三个方面的矛盾。第一，职业标准不同。港澳地区采用国际化的职业标准；而内地的职业分类尚未确定，虽已有4700多个职业标准，由于以工种分类为主，体系较为庞杂，与国际化的职业分类与职业标准有一定差距。第二，资格证书的相互承认问题。在目前的条件下，因涉及管辖权问题，三方对职业资格证书一律不予认可。1997年后，随着三地居民异地就业的人数不断增多，资格证书相互认定问题将会更加突出，急需衔接统一。第三，异地培训、考核能否互认问题。目前，香港职业训练局、雇员再培训局及有关办学机构对国内职业资格证书和技能鉴定制度的实施十分感兴趣，有意合作，在广东省就业的一些港澳居民，有意通过参加当地的考核，取得国内的职业资格证书。同时，基于香港职业培训立法、课程规划、专业设置等方面的优势，我们也希望能够派人前往香港参加学习。但因种种原因，双方目前无法开展合作。

（5）在劳动关系调整方面，香港已经建立一个较为完善的劳动关系三方协调机制。当发生劳资纠纷时，先由港府劳工处进行调解或审裁，如裁决不服或雇主无力清偿债务，导致雇员利益受损，则由地方法院审理。总体上侧重于行政调解和司法审裁，没有企业自我调解制度。这种调整机制对建立协调的劳资关系，发挥了巨大的作用，与香港相比，广东省在劳动关系处理方面，虽已建立了企业调解、劳动仲裁、法院审理或执行的制度；但由于缺乏编制，人力较少，司法审理还未形成制度，造成诉讼时间过长，仲裁的法律权威性不足，缺乏司法协助，难以执行，不利于及时化解矛盾。

三、港澳回归后，三地劳动领域交流合作的前景展望

随着港澳主权的相继回归，粤港澳经济一体化将使三地经济发展相互依存的关系愈加紧密。可以预见，三地在发挥各自优势的过程中，将迈向更高层次的经济合作。作为国际金融贸易中心的香港，其优势主要集中在金融服务、商业资讯、市场拓展、商品设计等技术方面，而制造业将进一步内迁至广东以及整个华南地区；澳门将在旅游、酒店服务、房地产建设等方面谋求更大的发展；广东则在港澳地区强大的、具有优势的第三产业支持下，集中发展以技术与设计为导向的技术与劳动密集型工业，如电子、服装、玩具、皮具、电脑、影音器材以及运用新材料、新技术的日用消费品工业，以丰富的劳力资源为后盾，以国际市场为依托，形成以出口为导向的新工业体系。在经济一体化的带动下，劳动领域的交流合作将产生新的内涵，具有广阔的合作前景。

合作的规模将不断拓展。粤港澳经济的互补性和结构性调整，将使传统加工业和三来一补企业内移，更多地利用珠三角及广州以北区域相对低廉的地价和劳动力；港商举办的交通运输业、服务业等在珠江三角洲等沿海地区将进一步发展。近年来，香港颇具影响的国泰航空、汇丰银行、和记传讯等竞相将资讯密集型的企业扩展到珠江三角洲地区，吸纳了一定数量的综合素质较高的劳动力；港澳地区有许多大型基建项目上马，如西区铁路，货柜码头，联结珠海、香港屯门的伶仃洋大桥，联结蛇口、元朗的西部通道大桥等基础建设相继开工，预计需要大量广东和内地的劳动力；一些特殊行业以及港澳工业发展的"瓶颈"行业和工程均需要适当地输入内地和广东的工人；此外，港澳商人在国外投资办厂，也将进一步带动广东乃至内地的劳务输出。因此，三地劳动力的合作进一步发展的潜力是很大的。

合作的层次将进一步深化，对劳动力素质的要求越来越高。粤港澳在经济结构转型和产业升级过程中，一些资源消耗大、环境污染、简单的劳动密集型工业将逐步转移或衰退，而代之以新技术、新材料、新设计为主导的日用消费品出口加工工业。这一新型工业体系，以及科技密集型、信息型等第三产业的发展迅速，反映到劳动力的使用上，势必出现现有行业劳动力过剩、新行业又需要大批综合素质较高的劳动力的现象，而广东恰好在这些领域的技术工人较少，必须引起重视。

合作领域将进一步拓宽。伴随着劳动力在三地间流动就业的规模进一步扩大，它在劳动领域各方面将产生深刻影响。首先表现在劳动关系上，将出现不同于国有企业的明显特征，协商处理好劳资双方的矛盾和纠纷，保护双方合法权益的任务越来越重；在工资分配方面，将出现灵活性、多样性的特点，如何通过立法，规范企业工资分配行为，既发挥工资的杠杆作用，又保护企业和职工的正当利益，也是面临的新问题；在职业技能培训和鉴定方面，合作的领域更加广泛，如开展实用型的中等职业技能培训、技术等级标准的衔接和考核、鉴定、认证等，都需要进一步合作；在劳动立法和执法监督方面，三地都需要互相借鉴并逐步与国际惯例接轨。

此外，由于三地经济发展不平衡，社会制度和法律体系的差异，加上工资水平、劳动管理基础等的不同，三地劳动领域的交流合作，将面临不少问题。就目前来说，三地劳动领域的交流与合作，只是一种民间性和半官方性的合作，存在大量的自发行为和短期行为；劳动力交流的层次较低，劳动力市场中介组织缺乏必要的沟通与联系，造成交换成本过高，阻碍了劳动力的合理配置；三地劳动管理机构尚未建立起正常的沟通、调节机制，因而难以及时解决三地劳动力交流合作中出现的问题。今后需要粤港澳三地政府和有关部门加强协调和研究解决。

四、扩大粤港澳劳动领域交流合作的对策思路和建议

港澳主权回归后，粤港澳属于同一主权国家内实行不同社会制度的行政区域。劳动管理作为经济运行的重要一环，其地位十分重要。搞好三地劳动管理方面的衔接，及时解决各种矛盾和问题，对推动三地在更加广阔、更高层次的经济技术领域进行合作，繁荣三地经济，具有十分重要的意义。然而，加强三地劳动领域的交流与合作，涉及面广，政策性强，而且在政治上十分敏感。因此，我们在推进这项工作中，应本着"一国两制"的战略构思，遵循和坚持以下三项原则。

1. 平等互利原则

这是三地劳动领域交流合作的基础。三地进行优势互补，相互促进，推动三地产业结构不断地调整和优化，不存在一方依赖另一方的现象。因此，三地间的合作应本着平等协商、互利互补的原则，解决交往中出现的矛盾和问题。只有这样，才能顺利达到一致的目标。

2. 循序渐进原则

目前,粤港澳劳动力市场仍存在较大的差异,不仅管理体制规则不同,而且管理者与劳动者观念亦有区别,因此,粤港澳劳动领域的合作,必须循序渐进,先进行局部的或某个层面的合作,逐步扩大合作范围。

3. 遵循《基本法》与国际惯例原则

香港、澳门两个《基本法》是其主权回归后,保持港澳繁荣稳定的根本大法,其核心是一国两制,三地体制上的差别仍将长期存在,我们就在《基本法》的基础上求同存异,加强合作。具体包括以下对策措施。

(1) 开展人力资源调查,抓紧制定与三地经济发展相适应的广东人力资源开发和综合利用规划。人力资源是未来经济发展的主动力。广东劳动力资源丰富,但总体素质偏低,难以适应粤港澳经济合作的需要。因此,广东应就如何促进粤港澳三地产业调整升级和劳动力交流合作问题,抓紧制定人力资源开发利用规划。首先,要开展劳动力资源开发利用现状及未来供求趋势预测,据此制定人力资源开发利用规划。其次,要成立由政府、行业协会、工会、学术界组织的专家咨询委员会,根据未来产业发展方向,设计人力资源开发实施方案,包括确定教育培训的机构、专业设置、课程设计和技能鉴定标准、办学资格审定、资金投入等,引导各培训实体按照市场需求培养技能型实用人才。

(2) 加强三地职业技能培训的交流与合作,逐步实现职业技能鉴定标准的衔接。三地要按照经济发展的需要,加强协调,在职业技能培训的目标和方向上互相沟通,达成共识,减少专业设置与企业用人需求不对口的误区;在培训内容和技术资格鉴定方面,粤港澳劳工部门应增加联系,尽可能按照国际通行的行业工种标准,统一教材,确定考核鉴定标准,使劳动者经过培训,领取职业资格合格证书后,三方能够互相认可并获得上岗资格;在高层次的经理级和督导级员工的培训方面,三地应联合规划,在若干区域,如广州、深圳、珠海联合举办有政府支持的、权威性的高级培训中心,用现代化的管理和技术,培养出高素质的人才,以适合经济转型期用人的需要。劳动者在异地接受职业技能培训,应允许在异地进行技能鉴定并发给相应的证书,彼此给予承认,从而使三地培训考核、鉴定逐步面向市场,走向世界。

(3) 逐步消除三地劳动者流动就业的限制和障碍,促进粤港澳劳动力交流与合作。近年来,港澳地区由于经济调整和大型基建项目的开工,一些行业出现劳工短缺,两地政府均有计划地引进了一部分广东和内地的劳动力。这对缓解当地劳动力不足、促进社会稳定和经济繁荣起了一定的作用，但也有人否定劳动力双向交流的客观性，反对劳工输港。实际上，据统计资料显示，1996年香港失业率为2.6%，就业率不足1.4%；分别比1995年低1.1个百分点。造成一些人开工不足的原因是经济行业性结构调整。几个主要行业除制造业人数由1995年的38.6万人减少为1996年的32.7万人，减少了15.2%外，建筑业、批发零售业、进出口贸易业、金融、保险和服务业等行业从业人员人数都有所增加。而广东和内地输入港澳地区的工人除少量是制造业的瓶颈工种人员外，大部分是建筑业、批发零售业、饮食业、酒店业和服务业人员，对香港的经济只会起促进作用，影响甚少。此外，与经济上的互补性一样，劳动力交流合作也是互补性的。广东每年在港澳地区工作的劳工只有5万人左右，而且都是年轻、技术素质较高的工人。而据不完全统计，港澳地区每年也有十几万人流入广东地区的企业工作。在劳动力的双向流动上，港澳地区流入广东比广东输入港澳地区的人数更多。因此，有关方面应正确分析这种人员双向流动的态势，认识劳动力双向流动的必要性和合理性，加强规划合作，允许广东有计划地向港澳地区输入所需要的行业和工种的劳务人员。对港澳居民入粤就业，由劳动部门统一规划、统一审批（主要是控制普通工作岗位的人员进入），发放就业许可证和收取相应的管理费用。对投资者免办就业申请。政府要改变三地劳动者流动就业的对外经济性质，由劳动部门统一管理和调节，协调处理劳资纠纷，以保护劳工权益，保持社会稳定。

（4）认真探讨特殊行业的劳务合作。长期以来，家庭佣人（包括保姆、花匠、家庭司机）和护理员一直是港澳地区允许输入劳工的行业。目前，仅香港就有外地家庭佣工16万多人，其中90%来自菲律宾，其他来自泰国、斯里兰卡等地。由于种种原因，广东和内地的保姆无法在港澳两地工作。而传统上，广东南海、顺德、番禺等地是港澳地区保姆的主要来源地。港澳地区很大一部分家庭均乐意雇请广东和内地的工人从事家庭佣工工作。而随着广东的产业调整和企业改革，失业下岗女工逐年上升。因此，开拓港澳地区家庭佣工市场，是粤港澳劳动力合作的需要。这是一个极具发展潜力的领域，对粤港澳有关部门应认真研究，突破禁区，尽快制定有关政策，允许广东在同等条件下与别国进行公平竞争，以便进入港澳保姆市场。

（5）加强三地劳动部门的联系，建立和谐的协商机制。港澳主权回归后，随着三方异地就业问题的增多，迫切需要建立三地政府机构之间的直接对话和协商机制。这种机制涉及诸多方面的内容，从当前三地劳动管理交往的实际来看,主要应解决两大问题。一是设置协调联络机构。建议香港回归后,由劳动部设立驻港协调联络机构。广东作为一个特殊的地区,为了及时处理和统一协调劳资问题,统一管理异地就业的有关事宜及收集劳动信息,建议在劳动部的驻港机构中,允许广东省劳动厅派人作为常驻代表。与此同时,也欢迎港澳劳工部门在粤设置联络处,广东负责提供各种帮助,以协调处理三地有关就业事宜。二是加强三方劳工部门的联系与往来。为了促进三地劳工部门的交流和沟通,增加相互之间的了解,建议开辟联系协调渠道,如定期与不定期召开劳动管理学术研讨会,或举办有关劳动管理专业培训班,或派员互访,交流情况,沟通信息,增进了解。此外,三地可派工作人员到对方的业务部门进行岗位学习,以相互了解双方的劳动管理情况及经验,取长补短。

(6)探索建立"司法协助"机制。鉴于港澳地区在粤投资企业劳资纠纷案件频密发生,一些老板在纠纷发生后携款逃跑,导致劳资纠纷无法处理等特殊情况,建议允许广东省劳动部门与人民法院联合设立劳动法庭,以改革目前劳动仲裁的准司法性质。在这个基础上,三地尽早开通一定的司法协助渠道,即对港澳商人拖欠工资或发生安全生产事故及其他重大劳资纠纷后跑回港澳的行为,一经劳动法庭做出裁决,即能通过一定的司法协助渠道得以妥善解决。与此相对等,广东省居民在港澳就业,如发生劳资纠纷后,经当地法院裁决,广东省劳动法庭也应给予协助支持。

(7)搞好劳动安全卫生标准的衔接。劳动标准主要包括技术等级标准和劳动安全卫生标准。在劳动安全卫生标准方面,建议从以下三方面进行衔接。第一,以我国承认的17个国家劳工公约所确定的标准为依据,采取措施,积极实施。第二,对某些工种或行业的劳动标准,如属对方尚未明确分类定级标准或规范的,应着手研究,逐步做到互认。如中医、厨师等,在内地已有一套严密的考核分级标准,而港澳地区则没有;香港的注册安全主任制度,其性质如同注册律师或注册会计师一样,有一套严格的申请登记注册制度,在内地则没有。对此,建议双方成立专家小组,对两地的劳动标准及各自的证书体系进行研究、归类、对比后,在相互对等的原则基础上,予以认可。第三,对于分歧较大的且又属于目前各自都难以执行的劳动标准或证书职称,如工程师等,双方都有各自的考核评聘标准和条件,其内容、功能又各异,对此暂不强求衔接。

(8)加强与港澳产业的联系,抓住港澳地区向世界各地投资办企业机会,带动广东劳务输出。广东要瞄准市场需求情况,抓紧培养综合素质较高的技能型实用人才，以适应劳务输出的需要；同时要加强与港澳经济领域的联系与合作，争取开辟借港澳资金带动广东劳务输出这个渠道，增加劳务出口。

第九节　要在经济结构调整中积极扩大就业[①]

在2002年9月召开的全国再就业工作会议上，江泽民总书记强调指出，做好当前及今后一个时期就业与再就业工作，要正确处理好五个方面的关系，其中包括正确处理好经济结构调整和扩大就业的关系，使经济结构调整和劳动力结构调整协调推进。

经济结构决定就业结构。经济结构调整必然对就业产生深刻的影响。当前，在技术进步和经济全球化浪潮的推动下，我国经济结构战略性调整已进入一个重要的历史时期，特别是广东的经济结构调整不仅范围广泛，而且以信息技术为主要内容的产业升级步伐不断加快。这些广泛而深刻的结构性变动和调整，对就业总量和结构都产生了深刻的影响，其主要的趋势和特征是：新技术在各个生产领域（包括种植、采掘、制造业等）的广泛应用，使生产部门的科技含量大幅度增加，由此导致劳动生产率大幅度提高，生产领域使用的劳动力数量将大幅度下降。例如，广东近年来第一、第二产业的从业人员占全部从业人员的比例均出现了下降趋势，所占比例从1995年的75.3%下降为2001年的67%。高新技术不仅改造了传统产业，而且在服务领域的广泛应用，也有力地促进了第三产业特别是新兴服务业的发展，导致服务领域使用的劳动力数量大幅度增加。据统计，广东第三产业从业人数占全部从业人员的比重，近6年内增加了8.3个百分点。与此同时，高新技术在生产、服务领域的广泛应用，还促进了新工作组织和新职业工种的出现。这些新的工作组织和工种对劳动力素质的要求呈现出多层次的特征：一方面是制造业和信息技术含量高的金融、通信、房地产、市场营销等服务业，对劳动者的技能要求不断提升；另一方面是劳动密集型产业（包括一些传统工业和服务业）对劳动者的技能要求虽然不高，但往往采取灵活多样的就业方式。上述情况表明，在经济结构调整过程中，

[①] 本文应《南方日报》理论部约稿，写于2002年9月，《南方日报》曾以《实现经济结构和就业结构协调发展》为题于2002年10月10日发表。《广东经济》《创业者》杂志曾先后予以刊发。

产业的变化必然导致职业的变化和转换，虽然一些传统职业为适应技术进步正在进行调整或转化，一些过时的职业开始衰落甚至被淘汰，但一些新兴行业和职业也在调整中涌现。因此，总的趋势是就业总量不会因经济结构调整而明显减少，但传统的第一、第二产业就业比重会逐步下降，第三产业的就业比重将明显上升；用人单位对高素质的劳动力需求将不断增加，对低技能的劳动力需求将不断减少。

根据经济结构调整对就业影响的总趋势，我们要在经济结构调整中扩大就业，使经济结构与劳动力结构协调推进。必须充分兼顾我国人口众多、劳动力资源丰富、经济发展不平衡这一基本国情，充分认识到我国社会主义初级阶段社会生产力水平的多层次性和所有制结构的多样性的重要特征，把扩大就业作为重要因素考虑，统筹兼顾，防止出现盲目性和片面性。一是在产业结构调整过程中，我们在加快发展高新技术产业，运用新技术改造传统产业，增加传统产业科技含量的同时，必须实施适当的工业政策，继续重视发展有市场需求的劳动密集型产业，并引导它们向欠发达地区转移，扩大就业空间，以充分利用广东省丰富的人力资源。在发展第二产业的同时，要把发展第三产业作为扩大就业的主攻方向，加快发展各类服务业，特别是在各大中城市积极发展社区服务业，开发适合就业困难群体的公益性岗位；积极发展旅游、商贸、流通等就业容量大的行业，增加就业。二是在所有制结构调整过程中，要深入贯彻、落实党的以公有制为主体，多种所有制经济共同发展的方针，在积极推进国有经济战略性重组，增强国有经济竞争力的同时，要充分发挥广东的人缘、地缘优势，鼓励发展非公有制经济，包括个体、私营经济和外商投资企业，继续发挥非公有制经济在增加就业岗位方面的积极作用，扩大就业门路。据统计，至2001年年底，全省城镇个体、私营经济从业人员达367万人，比1995年同期增加161.4万人。非公有经济已成为吸纳就业的主要渠道。三是在企业结构调整过程中，既要重视培育一批大型企业集团，又要大力发展中小企业。扶持、创办劳动密集型中小企业，充分重视发挥它们在吸纳劳动力方面的作用。

在经济结构调整的过程中，还必须重视改善劳动力素质结构，使之与经济结构调整相适应。这也是正确处理好经济结构调整和扩大就业技术进步推动下的经济结构调整，使传统产业的工作岗位逐渐消失，同时又产生了大量新职业和新岗位，这些新职业岗位对高技能劳动者的需求不断增加。但是我国劳动力文化技能素质偏低，结构不合理，在从业人员中初中及以下文化程度约占80%，不能适应产业结构调整升级的需要。针对这一实际情况，各地应当采取增加职业教育培训投入、鼓励发展职业教育的各项政策措施，致力于提高劳动者的劳动技能和创造才能，使劳动者能够主动适应职业变化和职业转换的需要，从而促进经济结构的调整，实现经济结构和就业结构的良性互动。

第十节 加快建立城乡劳动者平等就业制度的建议[①]

一、培训就业工作进展情况

按照中央和省关于构建和谐社会的要求，广东省各级劳动保障部门把扩大与促进就业放到更突出的位置，围绕促进就业这一目标，全面实施扩大与促进就业民心工程和高技能人才培养工程，大胆开拓创新，通过制定政策、综合协调、指导服务和检查监督等项工作，全面完成了培训就业工作目标任务，使全省培训就业工作实现了六大突破，开创了新局面，形成了培训就业相互促进的新机制。据统计，2005年全省实现新增就业岗位101.4万个，下岗失业人员再就业11.3万人（其中"4050"人员再就业3.5万人），分别比年初确定的目标增长15%和17%，城镇登记失业率控制在2.6%以内，保持了就业局势的稳定；培养和引进高技能人才11.3万人，比计划目标（9.6万人）增长17.7%。省设立创业培训示范基地15个，培训人员2.06万人，比上年增长84%。

（一）再就业工作取得历史性新突破

各地通过进一步完善和落实再就业目标责任制考核内容和办法，把落实就业再就业政策、统筹城乡就业、加强公共就业服务体系建设、职业培训、落实困难群体就业援助政策等，作为就业再就业目标责任制考核的重要内容。同时，全面部署开展再就业政策绩效评估活动，通过评估考核，改进了薄弱环节，完善了政策措施。对完成再就业工作目标任务的91个单位和个人进行了表彰，形成协调推进工作的新机制，有力地推动了再就业

---

① 本文是2006年1月，笔者作为广东省劳动和社会保障厅培训就业处处长在厅党组扩大会议上的汇报材料。文章着重结合广东就业工作进展情况，首次提出加快建立城乡平等就业制度和实施创业富民工程的建议，是个创举。

工作的深入开展，取得了显著成效，实现了历史性突破。据统计，目前全省大规模的国企下岗失业人员再就业问题已基本解决，2005年全省国企下岗失业人员实现再就业共11.3万人，其中"4050"人员再就业3.5万人，全面完成了年初确定的工作目标，目前有就业愿望、领取再就业优惠证而未实现再就业的原国有企业下岗失业人员不足10万人。

（二）城乡统筹就业取得新突破

在基本解决体制转轨期间大规模国企下岗失业人员再就业问题的同时，我们从2005年开始把就业工作重心转到推进城乡统筹就业上来。上半年与劳动部劳科所联合开展了城乡统筹就业的调研活动，形成了调研报告，在此基础上研究制定了《关于推进统筹城乡居民就业的实施意见》（粤府〔2006〕6号），提出了推进城乡统筹就业的新政策。同时，选择了佛山、肇庆、中山3个地级市和15个县开展城乡统筹就业试点，重点解决制度、政策、统计、服务等一系列问题。会同有关单位制订了百万农村青年职业技能培训工程实施方案，以加强农民工的职业技能培训、提高素质、促进就业为切入点，推进城乡统筹就业工作，使这项工作在政策上和行动上取得了重大突破。2005年，全省共培训农民工44.3万人，促进农村劳动向非农产业转移就业达71万人，比上年增长10%。

（三）高技能人才培养工作取得新突破

针对高技能人才缺口大、评价方式落后等实际情况，我们以科学人才观为指导，制定并印发了《关于改进技师高级技师考评工作的意见》（粤劳社〔2005〕83号），从实际出发，放宽技师申报条件、扩大考评工种范围、改进考评方式、下放鉴定权限，从而调动了广大职工学技能和各地各部门培养高技能人才的两个积极性。同时，指导各地抓紧建设高技能人才实训基地，2004年全省新建高技能人才实训基地24个，使全省高技能人才实训基地达到50个。各地依托实训基地，加快培养高技能人才，取得了重大突破。据统计，2005年全省共培养高级工以上高技能人才11.3万人，超额完成了年初确定培养9.6万人的目标任务。

（四）创业培训取得新突破

2005年，我们把创业培训作为发展民营经济、扩大就业的一项重要措施来抓。通过抓组织推动、抓政策配套、抓基地建设、抓师资队伍等方面的工作，使创业培训取得了新的突破。一是抓政策配套，印发了《关于加强和规范创业培训（SYB）工作的通知》（粤劳社〔2005〕42号）、转发了《劳动保障部办公厅关于做好"创办和改善你的企业"（SIYB）项目实施推广工作的通知》（粤劳社函〔2005〕1312号）等相关文件，有效地指导和推动了全省的创业培训工作。各地根据省的要求，制订了创业培训实施方案并组织实施。如深圳市对有创业愿望的失业人员实施创业扶助的"彩虹计划"；珠海市提出实施促进创业的"1533"工程，推动了创业培训工作的发展。二是抓好示范基地建设，为全省创业培训提供样板。2005年，我们依托具备条件的培训机构设立了5个省级创业培训示范基地；使全省省级创业培训示范基地发展到15个。三是提供后续跟踪服务。各地把开展创业培训和扶持创业政策结合起来，向参加创业培训学员提供创业培训申请、创业项目查询、创业成果展示、专家咨询指导、小额贷款申请、开业办证代理、后续跟踪服务等"一站式"服务，提高了创业成功率。四是加强质量管理，确保培训质量。明确创业培训机构必须具有符合举办条件的固定场所和2名以上经部、省级劳动保障部门培训合格的创业培训师资人员；创业培训基础理论集中培训时间不少于10天55个小时，开业后跟踪辅导要达到半年以上；统一使用国家劳动保障部和国际劳工组织开发的《创办你的创业（SYB）》教材；建立学员档案和教学管理制度；学员经培训考核合格，由地级以上市劳动保障局核发《创业培训（SYB）合格证书》。五是狠抓全省创业培训师资的培训力度，我们组织开展了两期创业培训师资班，委托顺德市（今顺德区）开办了一期师资培训班，全省共新增创业培训老师105名（全省累计培养223名）。由于抓了上述工作，使创业培训取得了新的突破。据统计，至2005年年底，全省参加创业培训人数达2.06万人，比上年增长84%。其中成功创业7109人，通过创业增加就业岗位2.6个，平均一人创业带动3.4人就业，发挥了创业带动就业的倍增效应。

（五）职业资格证书制度规范化建设取得新突破

主要是抓了四项工作。一是与教育厅联合下发了《关于在我省中等职业学校实施双证书制度试点工作的通知》，并选择了30所中等职业学校进行推行"双证"制度的试点，扩大了职业资格证书的覆盖面。这项工作得到省府的表扬和肯定。二是加强对职业技能鉴定所（站）的管理。按照《广东省职业技能鉴定所（站）评估细则》要求，我们对全省490个职业技能鉴定所（站）进行了全面评估，对一些管理混乱、设备陈旧的职业技能鉴定所（站）限期整改；对一些长期不开展工作的职业技能鉴定所（站）予以注销，促进了对鉴定机构的规范化建设。三是加强对职业技能鉴定工作的监督。转发了劳动保障部办公厅《关于进一步加强职业技能鉴定质量管理有关工作的通知》（劳社厅函〔2005〕175号），并结合实际建立了行政监督、技术监督和群众监督相结合的职业技能鉴定质量监督管理体系证书制度的规范化建设，推动了技能鉴定工作的发展。至2005年年底，全省通过技能鉴定并获得职业资格证书的人数达80.11万人，比上年增长8.65%。

（六）技能人才培养选拔机制有新的突破

为了加快培养高技能人才，各地积极探索通过多种渠道、多种方式培养高技能人才。开展技能竞赛活动是发现和选拔高技能人才的有效途径。2005年，全省组织开展职业技能竞赛活动有共青团系统"振兴杯"广东选拔赛、全省技校师生技能竞赛和东部地区职业技能竞赛广东选拔赛3个全省性竞赛；指导邮政、交通、建设、电力、铁路和纺织6个行业开展行业职业技能竞赛，竞赛工种30多个，参赛选手为两万多人次。通过竞赛，有4人获得全国技术能手称号，47人获广东省技术能手称号。各地各行业通过组织开展技能竞赛，不仅扩大了技能人才在社会上的影响，而且初步形成了技能人才培养选拔的新机制，促进了技能人才的脱颖而出，茁壮成长。

二、广东省农村劳动力转移就业情况

近年来，为了促进农村劳动力向非农产业转移就业，省委、省政府和劳动保障部门制定出台了一系列政策措施，切实维护农村劳动者就业权益。2002年，省委、省政府就明确规定凡转移到非农产业就业的农村劳动力，实行与城镇居民同等的劳动就业和社会保障政策，按规定享受公共就业服务、社会保险、同工同酬、子女入学入托等权利。2005年，省委、省政府做出决定，实行城乡统筹就业方针，建立城乡并重的就业制度和劳动力市场。逐步实行城乡统一的失业、就业登记制度。进一步消除个别行业、工种、岗位不允许招用农村劳动力的限制性政策，全面清理和取消针对农村劳动力转移就业的歧视性规定和不合理收费。对城乡劳动者一视同仁，提供免费的职业介绍、政策咨询和职业指导等就业服务。对农村劳动力职业技能培训实行补贴。各地普遍建立购买培训成果制度，珠三角大部分地区还对农村劳动力给予减免费培训和伙食补贴。加快建立农村社会保险制度。

如东莞市规定，凡没有参加城镇基本养老保险的年龄满20周岁、未满60周岁的户籍人口必须参加农村养老保险，养老保险基金由村集体和个人缴纳，市、镇两级财政补贴，城乡两种制度可有效地转换和衔接。深化户口籍制度改革。佛山、深圳取消了城乡分割户口籍制度，实行统一的居民户口，消除制度壁垒，为城乡劳动者创造公平的制度环境。

据测算，预计至2005年年底，全省农村劳动力总量达2992.6万人，比2000年的2789.89万人约增加202.7万人，年均增加40.5万人。在非农产业就业的农村劳动力1555.63万人，占农村劳动力的51.98%，其中跨县市转移就业650万人，占转移就业总数的41.78%。据统计，"十五"期间全省农村劳动力从事第一产业的人数从2000年的1572.07万人下降至2005年的1445万人，呈逐年下降趋势；从事第二、第三产业人数从2000年的1217.82万人上升至1555.63万人，向非农产业转移就业的人数逐年增加，平均每年向非农产业转移的劳动力达67.5万人，跨县区流动就业人数也呈增长态势。据测算，目前农村内部需要转移的富余劳动力不足500万人。

三、当前就业工作存在的主要问题

推进农村劳动力向非农产业和城镇转移就业已成为社会经济发展的一个重要趋势。全省就业工作，特别是村劳动力转移就业过程中还存在以下问题和薄弱环节。一是农村劳动力素质较低。据统计，2004年全省农村劳动力中，初中及以下文化程度占84.9%，大专及以上仅占0.9%；受过各种专业培训的仅占14.0%，而86.0%的农村劳动力没有受过培训，缺乏一技之长。二是就业管理服务体系不健全。乡镇就业服务机构不健全，就业服务信息网络尚未覆盖到所有镇，难以为农村劳动力提供优质、高效的服务。三是促进就业长效机制尚未建立。主要是农村劳动者转移就业仍存在制度性障碍，法制建设相对落后，积极就业政策有待进一步完善，统一、开放、竞争、有序的劳动力市场还未形成，公共财政体制下促进就业的稳定长效投入机制尚未建立。

四、2006年就业工作建议

根据国务院关于对农民工要"坚持公平对待，一视同仁；强化服务，完善管理；统筹规划，合理引导；因地制宜，分类指导；立足当前，着眼长远"的指导方针和时任省委书记张德江同志在东莞慰问农民工时提出的"尊重农民工、善待农民工，让农民工共享改革发展成果"的指示精神，结合我省实际，建议在新的一年里，广东要按照中央和省的部署，加快建立城乡平等就业制度，着力推进城乡统筹就业，突出抓好以下四项工作。

（一）推进就业管理体制创新，加快建立城乡平等的就业制度

按照粤府办〔2006〕4号文要求，着力推进三项工作。一是建立城乡一体化的劳动力市场，凡在法定劳动年龄内、有劳动能力和就业意愿的城乡劳动力，均可进行求职登记，享受免费的职业指导、职业介绍、政策咨询等项公共就业服务。二是建立城乡一体化的就业凭证管理制度。在全省范围内统一使用《广东省就业失业手册》或社会保障卡，全程跟踪记载城乡劳动者就业、失业、技能培训、就业服务、签订劳动合同、参加社会保险等劳动保障信息。取消限制农村劳动力转移就业的歧视性政策和不合理规定。三是建立城乡一体化的就业登记和失业统计制度，已进行户籍制度改革的地区，把城乡人口统称本地居民，实行统一的就业（失业）登记制度；未进行户籍制度改革的市、县，可按现行办法执行，双轨运行，逐步并轨。

（二）实施劳动者技能振兴计划和百万农村青年转移培训工程，全面提升城乡劳动者就业能力

一是切实加强综合性职业技能培训基地建设。"十一五"期间重点抓好县级综合性职业培训基地建设，具备条件的先给予支持，先建设好一批县级综合性职业培训示范基地，作为职业技能培训的公共服务平台，负责开展再就业培训、创业培训、农村劳动力转移培训、劳动预备制培训、在职职工培训和技能鉴定工作。充分发挥基地的示范效应，带动全社会开展职业培训，形成多层次、多渠道开展职业技能教育的新格局。特别是要依托基地实施"广东省百万农村青年技能培训工程"，对农村富余劳动力和失地农民开展针对性、实用性的初级技能培训，保证到2007年年底培训农村劳动力100万人。

（三）进一步完善城乡公共就业服务体系和服务功能

目前，全省县级公共就业服务机构规模小、设备落后，是个薄弱环节。"十一五"期间要按照"制度化、专业化、社会化"的要求，建立健全县级以上政府公共就业服务机构，大力提高服务水平和服务质量。同时要健全

镇（街道）劳动保障工作机构，在村委会聘用劳动保障协管员，建立城乡劳动力资源台账和信息库，将就业服务工作有效延伸到农村基层。特别是要健全省、市、县、镇四级联通的劳动力市场信息网络，开设远程可视招工系统，完善劳动力供求信息收集、分析和发布制度，实现信息共享，运用市场和信息网络机制，引导农村劳动力有序转移。

（四）全面实施创业富民工程，充分发挥创业带动就业的倍增效应

在转移就业的农村劳动力中，有一部分人有创业愿望和具备创业条件，按照劳动保障部的要求，对这部分人要开展创业培训。劳动保障部和国际劳动工组织已开发了创业培训的全套教材。广东要对城乡劳动者开展创业培训，提供开业指导、项目开发、小额担保贷款、跟踪扶持等"一条龙"服务，为创业培训合格者提供小额担保贷款资金扶持，努力做好后续服务。从2006年起，要在全省全面组织实施"创业富民工程"，切实提高下岗失业人员和农村劳动者的创业能力，并充分利用创业培训补贴和小额担保贷款政策，扶持创业，增加就业岗位，带动就业。"十一五"期间要组织20万具有创业愿望和具备创业条件的城乡劳动者参加创业培训，力争创业成功率为30%以上，通过创业增加50万个就业岗位。

第五章 创新：实行积极的就业政策

【内容提要】在世纪之交，广东要按照中央要求，率先基本实现现代化，面临加快体制转轨、经济结构调整和维护社会稳定三大基本任务。实现三大任务的关键在于促进充分就业，保持就业局势稳定。然而，由于受旧体制的影响，当时我国就业政策仍趋于保守，对下岗职工偏重于保生活，对农民工偏重于管制，对城镇失业人员偏重于失业救济，政府财政及有关部门的就业政策偏重于给救济、保稳定等。实践证明，多年来我们所采取的治理失业的政策是有限的、保守的。这些政策在特定条件下对缓解就业压力虽然起到一定的作用，但对扩大与促进就业的作用不够明显。它不仅加重了体制内职工依赖政府安置就业的心理，削弱了人们自谋职业和自我创业的意愿；而且加重了隐性失业的程度，增加了改革成本，加大了城乡分割就业的鸿沟，不利于就业机制创新。笔者在再就业工作实践中深切体会到，广东要率先实现充分就业目标，必须改变一些消极的做法，借鉴国际经验，创新就业机制，采取积极的措施促进就业。于是，在2001年年初，经广东省劳动保障厅领导同意，笔者与国家劳动保障部国际劳工与信息研究所刘燕斌所长共同策划并主持开展了"实施积极的劳动力市场政策 促进广东就业机制创新"课题研究。在研究报告中，结合广东实际，率先提出加大就业政策调整力度，变消极的就业政策为积极的劳动力市场政策，形成新的市场就业机制的建议，为劳动保障部提供了来自基层的新鲜经验。劳动保障部张小建副部长深入基层调研，向中央提出实施积极就业政策，促进再就业的新举措。2002年9月，中共中央、国务院在总结各地实施再就业工程实践经验的基础上，印发了《关于进一步做好下岗失业人员再就业工作的通知》（中发〔2002〕12号），确立

第五章 创新：实行积极的就业政策

了我国积极的就业政策的框架。2005年11月，国务院再次印发《关于进一步加强就业再就业工作的通知》(国发〔2005〕36号)，对积极的就业政策做了进一步延续、扩展、调整和充实。2007年8月，十届全国人大常委会审议通过《中华人民共和国就业促进法》，使我国积极的就业政策上升为法律规范。笔者在探索制定和实施积极就业政策过程中，撰写了《坚持市场就业方针，多措并举促进再就业》《广东实施积极就业政策的成效和对策》《促进充分就业，实现社会和谐》《解决当前就业问题要有新思路》等文章，反映广东制定和实施积极的就业政策这一历史阶段艰辛的探索发展过程。这个过程不仅仅是再就业政策调整的过程，更重要的是，它是标志着我国就业机制创新和市场就业体制趋于完善的过程。

第一节 实施积极的劳动力市场政策促进就业机制创新[①]

我国加入WTO和全面参与经济全球化进程，为广东经济社会发展创造了难得的历史机遇，也带来了严峻的挑战。尤其是经济结构调整和技术进步给劳动就业带来了深刻影响。劳动力持续供大于求和结构性失业问题逐渐突出，就业困难群体日趋增多，已成为影响改革发展、稳定大局的重要因素。在新的形势面前，回顾广东体制转轨时期所采取的就业政策，我们发现，加快推进就业政策、体制和机制创新，是当前缓解就业总量和结构性矛盾的必然要求。本文拟在总结广东改革开放以来促进就业的经验基础上，借鉴国际经验和做法，提出以促进就业为目标、以提高劳动者素质为中心、以解决困难群体就业为重点、以财政支持为保障、以就业体制和机制创新为动力的一揽子积极的劳动力市场政策建议，以供参考。

[①] 本文写于2001年10月，节选自笔者与刘燕斌所长共同主持的"实施积极的劳动力市场政策 促进广东就业机制创新"课题研究一文。文中率先提出了实行积极的劳动力市场政策、促进就业机制创新的建议，具有借鉴意义。

一、实施积极的劳动力市场政策的必要性

改革开放以来,广东经济和社会取得了长足发展,GDP 增长速度一直超过全国平均水平。特别是 1998—2001 年,广东省经济持续增长,年平均增幅大。2001 年全省 GDP 增长 10.5%,绝对值达到 10647.71 亿元,占全国 GDP 总额的 1/10,居各省、自治区、直辖市的第一位;外贸出口实现 919.2 亿美元,同比增长 18.3%,为经济增长打下了良好的基础。种种迹象表明,广东经济已进入一个新的增长周期。在国民经济持续快速发展的同时,广东积极实施再就业工程,对企业下岗职工采取"先分流、后下岗,少进中心、快出中心,分类指导、理顺关系,促进就业、确保生活"的积极做法,同时采取加快发展劳动力市场,加强职业技能培训,强化就业服务等政策,使城乡就业规模不断扩大,农业劳动力向非农产业转移速度加快,就业结构发生了重大变化,非农产业从业人数占社会从业人员总量的 60%;市场导向的就业机制初步形成,社会劳动力通过市场自主择业的比重达 90% 以上,吸纳外省劳动力就业 1200 多万人;就业门路进一步拓宽,非公有制经济成为扩大就业的重要渠道,从业人员比重达到 28%;再就业工作取得新的进展,2001 年,全省城镇登记失业率为 2.5%。实践证明,在劳动力供求矛盾十分尖锐的情况下,广东采取积极的办法促进就业,有效地保持了就业局势的稳定,对维护改革发展稳定大局具有重要的作用。

然而,目前在体制转轨和结构调整步伐不断加快的新形势下,由于受旧体制的影响,我国不少地方就业政策仍趋于保守,对下岗职工偏重于保生活,对农民工偏重于管制,对城镇失业人员偏重于失业救济,政府财政及有关部门的就业政策偏重于给救济保稳定等。实践证明,多年来我们所采取的促进就业和治理失业的政策是有限的、保守的。这些政策在特定条件下,虽然对缓解就业压力起到一定的作用,但对新形势下扩大与促进就业的作用不明显。它不仅加重了体制内职工指望政府安置就业的依赖心理,削弱了人们自谋职业和自主创业的意愿;而且加重了隐性失业的程度,增加了改革成本,加大了城乡分割就业的鸿沟,不利于推进城乡统筹就业,也不利于就业机制的创新。因此,笔者建议,加大就业政策调整力度,变消极的就业政策为积极的劳动力市场政策,争取尽快形成新的市场就业机制。

"二战"以来,特别是 20 世纪 70 年代以来,世界各国都面临失业的严

第五章 创新：实行积极的就业政策

峻挑战。为了解决空前的失业危机，大多数国家都从各自的实际出发，采取了一系列积极的劳动力市场政策，治理失业问题。比较成功的做法归纳起来，主要是把就业工作放到政府工作的首要位置，并采取以下积极措施：①增加投资和减免税收，以刺激经济增长；②重视发展、完善就业市场，强化就业服务；③采取财政补贴等手段，鼓励企业提供就业岗位；④加强职业培训，鼓励劳动者自谋职业；⑤重视采取灵活多样的就业方式等。

所谓"积极"，是指在就业政策中加大了促进就业再就业的功能。世界各国广泛实行的积极的劳动力市场政策，是针对过去的就业政策仅限于对失业人员提供救济的消极政策而言的。自20世纪70年代起，随着经济危机的不断发生和产业结构的调整，欧洲的就业状况发生了深刻变化，失业特别是结构性失业迅速攀升，而且长期失业的比重越来越大。人们在分析高失业特别是长期失业增加的原因时认为，失业津贴水平高和发放期限长可能抑制了失业人员的求职积极性，同时加重了企业劳动成本，限制了就业的扩大。为此，一些国家开始减少津贴，压缩给发期限，用节省下来的资金提供培训，或补贴企业扩大招收失业人员，其目的是从供求两个方面激活劳动力市场，以促进就业。这就是所谓的变消极救济为促进就业的积极劳动力市场政策的起源。国际劳工组织在总结分析这一发展趋势时指出："积极的劳动力市场政策在同失业做斗争中发挥着十分重要的作用。因此，改革消极的失业救济政策，在政府的财政支持下，向需要援助的就业困难群体提供职业指导、职业培训、补贴就业或直接创造就业岗位，以促进就业，就构成了激励失业者寻找和接受工作，帮助他们改善自身技能并鼓励企业雇佣他们的政策，就形成了积极的劳动力市场政策。"（参见国际劳工研究所译《世界就业报告1996/1997年》，中国劳动社会保障出版社1998年版）这一政策在各国仿效实施过程中，逐步完善，内容进一步扩展，成为目前各国促进就业，特别是促进弱势群体再就业的有效办法，中、东欧国家在实行积极的劳动力市场政策控制失业方面，也取得了相当不错的成就。

综观国内外治理失业的政策和经验，我们认为，在新的历史阶段，加快就业政策创新，促进就业机制转换是解决当前就业问题的迫切需要。我们应当审时度势，顺应经济结构调整、体制转轨和技术进步的迫切需要，全面实行积极的劳动力市场政策。

第一，实行积极的劳动力市场政策是扩大就业的迫切需要。"十五"期间是广东经济进行战略性调整的关键时期，就业面临空前严重的压力。据统计，1999年广东城镇结转的失业人员为27.4万，结转下岗职工29.7万人，共计57.1万人；2000年城镇新成长劳动力39万人；2000年新增失业25万人，新增下岗24万人，共计49万人；2000年计划安排农转非劳动力12.5万人。四项合计，2000年城镇劳动力供给总量为157.6万人，比1999年增加2%。按照就业弹性系数0.167计算，2000年GDP增长10%，可吸收70万人就业。这样，2000年全省城镇仍有近80万人不能就业。从这一分析可以得出两点结论：一是劳动力供给大于需求的矛盾在"十五"期间将继续存在，加上推进城镇化，农转非人员的增加以及外省劳动力的大量流入，这种矛盾更加突出；二是公有制企业吸纳就业能力下降，国企下岗失业人员增多，失业率会进一步攀升，特别是在加快经济结构调整的背景下，实现下岗与失业并轨后，控制失业率上升更是一个巨大的压力。据统计，广东每年新成长劳动力有65万～70万人需要就业，加上多年积累需要就业而未能就业的人数，就业的压力不容忽视。对此，广东应将加快经济结构调整同扩大就业结合起来，在进行经济结构调整过程中，把扩大就业作为一项优先目标加以考虑，通过制定、实施一项以扩大就业为目标的积极劳动力市场政策，激励企业用工，创造新的就业机会，扩大社会对劳动力的需求。特别是应当运用积极的财税政策和各种扶持手段，鼓励企业创造就业机会，激励企业用工，补贴企业员工培训等，刺激企业对劳动力的需求，以扩大就业。

第二，实行积极的劳动力市场政策，是化解结构性失业矛盾，促进就业的迫切需要。目前，广东省仍处于工业化中期发展阶段，工业总量对GDP的贡献占50%以上。随着经济全球化和知识经济到来，广东将加快经济体制和经济增长方式转变，以及产业结构的调整升级。在新的历史时期，加快经济结构调整，其实质是运用新技术改造传统产业，发展高新技术产业，提高经济运行的质量和效益。国外经验表明，进行经济结构调整，无论是被迫的还是主动的，都会导致比较严重的结构性失业。这主要是相当一部分劳动力由于素质较低，与生产经营岗位要求不相适应而导致失业，一部分劳动力是由于职业的变换或消失而导致失业。自20世纪80年代以来，随着全球化进程的加快，各国都在进行结构调整，除个别地区或国家外，大多数国家失业率均呈上升趋势或居高不下。目前，全世界的失业人数已达到1.6亿人，比1997年的1.4亿又增加了约2000万人，不充分就业人数高达近10亿人。据广东省人民政府发展研究中心分析，广东加快经济结构调整面临许多新问题，主要包括：国有企业将进入一个空前剧烈的调整和重组时期，两极分化、优胜劣汰的进程将会大大加快；企业发展将主要依靠科技、知识和人才，而不单纯是资金和物质资源，低技能或普通劳动力将面临失业风险；98%的中小企业创新能力差，加之社会保障体系不健全，生存能力和吸纳劳动力的能力受到严重限制；与此同时，农村劳动力向非农产业转移的步伐加快，结构性失业成为社会问题。加上广东省范围内地区经济发展不平衡的矛盾也将进一步凸显，经济困难地区失业问题严重，山区各市失业率目前平均已高达3.47%，梅州、清远、茂名、阳江、河源、湛江、佛山、广州8个市失业率在2001年突破了省政府确定的3%的调控目标。在这种形势下，广东必须制定、实施一项以提高劳动者整体素质和就业能力为中心、以促进就业为目标的积极的劳动力市场政策，采取政府购买培训成果的办法，切实加强劳动预备制培训、在职培训、转岗培训和企业培训，扩大培训规模，不断提高培训的层次和质量，通过提高劳动者的职业技能和择业能力，促进就业，化解结构性失业矛盾。

第三，实行积极的劳动力市场政策，有利于帮助就业困难群体实现再就业，解决长期失业问题，维护社会稳定。

在市场经济条件下，实行市场就业的好处是保障企业用人和劳动者就业双向自主选择的权利，通过公平竞争使资源得到优化配置。同时，市场就业意味着优胜劣汰，一大批技能低或技能陈旧、缺乏工作经验、年龄偏大、身体有残疾的人员将遭到市场排斥。这些人不可避免会陷于长期失业的状况。据统计，1998年，长期失业者（一年以上）占失业人员比重在意大利达到65%，西班牙达到53%，德国达到48%，法国达到41%，英国达到40%，丹麦达到27%，瑞典达到19%，欧盟平均为48%。国际上一般将这些人群称为脆弱群体、弱势群体或就业困难群体，通常包括青年、妇女、移民工人、大龄工人、少数民族、残疾劳动者等。从我国来看，目前45岁以上、初中以下文化程度的下岗失业人员占1/4以上，总数在400万人左右。入世以后，估计这个群体的规模还将扩大，5年内有可能再增加300多万人。庞大的就业困难群体再加上就业需求严重不足，必然会出现严重的长期失业问题。从广东来看，目前已经出现了就业十分困难的群体，2000年年末80多万城镇失业和下岗职工中，就业困难群体约占1/4。在2001年的失业人员中，由就业转失业人员占51.7%，首次超过初次失业者，大龄失业人员占50.9%，同比增加23%。另外，目前滞留在再就业服务中心的下岗职工中，初中及以下文化程度占66.4%，36岁及以上者占84.4%，再就业难度很大。随着企业结构调整加快以及农村剩余劳动力大量转移到城镇非农业就业，就业困难群体特别是长期失业的比重在今后几年将会进一步扩大。从国际经验来看，长期失业比高失业率更难对付。广东将面对的则是较高失业率与长期失业问题共存，问题更为复杂。如果解决不好困难群体的就业或再就业问题，不仅意味着人力资源的巨大浪费，而且还会影响社会稳定和现代化建设进程。因此，在建立、完善市场导向的就业机制的过程中，必须将帮助困难群体作为重中之重，实施积极的劳动力市场政策，切实帮助就业难群体实现再就业。

综上所述，我们认为，当前及今后5～10年内，广东的就业工作面临劳动力总量供求矛盾日趋尖锐、结构性失业日趋严重、就业困难群体越来越庞大三大难题，直接影响着改革发展稳定的大局。因此，在全省范围内实行积极的劳动力市场政策，以扩大就业为目标，以大力发展职业培训、提高劳动力素质为中心，以帮助困难群体实现再就业为重点，以达到缓解总量矛盾与结构性矛盾，有效控制失业率的目的。要实行这样一项政策，政府必须予以高度重视和大力支持。大力发展与完善公共就业服务体系，制定各项积极有效的促进就业的政策措施，实现就业机制的创新。

二、积极的劳动力市场政策的目标和框架

制定并实施积极的劳动力市场政策，总的指导思想是，以邓小平理论和"三个代表"重要思想为指导，以实现充分就业为目标，重点发展职业培训，提高劳动者职业技能和就业能力，鼓励多种形式的就业，积极扩大就业规模，着重改善就业结构；改革流动就业管理制度，完善城乡一体化的市场就业机制；建立公共就业服务体系，强化就业服务，重点帮助困难群体实现再就业；综合运用财税、信贷等宏观经济政策，增加就业机会，有效控制失业率，维护改革发展稳定的大局。

1. 积极的劳动力市场政策的基本目标

积极的劳动力市场政策的基本目标是：通过加强职业培训和一系列扶持就业政策措施，使广大城乡劳动者得到较为充分的就业。其具体目标包括以下四方面的内容。

（1）建立多层次、多形式的职业培训体系，扩大培训规模，提高劳动者素质，以培训促进就业。全面实行就业预备制度和职业资格证书制度，加大再就业培训（含转岗培训）、创业培训和在职培训力度，提高劳动者的就业能力、择业能力和创业能力。

（2）扩大就业规模，改善就业结构，实现城乡劳动力的有序流动和合

理配置。城镇登记失业率控制在4.0%左右,"十五"期末,三次产业的就业比例达到36:30:34,保持就业局势的基本稳定。

(3) 增加对就业工作的财政投入和政策扶持,免费为就业困难群体提供职业培训和就业服务,使困难群体的再就业率达到50%,以增加居民收入,保持社会稳定。

(4) 建立公共就业服务体系,强化就业服务,加强流动就业管理,促进全省形成城乡统一的劳动力市场,实现就业机制创新。

2. 积极的劳动力市场政策的基本框架

根据上述政策目标,我们认为积极的劳动力市场政策基本框架如下。

(1) 注重运用市场机制促进就业,实现劳动力资源的优化配置。切实改变多年来片面强调把下岗职工安排进入再就业服务中心给补贴、保生活的做法,通过指导、扶持政策,积极帮助和引导下岗职工尽快通过市场自谋职业,变消极等待政府安置就业为通过市场自主就业。

(2) 要采取积极的政策措施,转变就业观念,提高劳动者的素质。广东目前的失业问题,主要是劳动力素质不适应经济结构调整和技术进步的要求,因此,积极的劳动力市场政策,要围绕促进市场就业这一目标,把改善劳动力供给、刺激市场需求和灵活用工三者结合为有机整体。着力强调政府财政部门对职业培训和企业录用失业人员进行补贴,提高劳动者素质,刺激企业扩大招工,特别是招用失业人员,从总体上扩大就业数量。

(3) 着力帮助困难群体就业,化解结构性失业矛盾。据分析,目前广东存在大量就业困难群体。要促进就业,不能单纯采用保生活的办法。因此,我们提出,积极的劳动力市场政策有一个突出的特点,就是进一步完善再就业援助制度,在确保生活的基础上,通过免费培训、信息引导、就业补贴、公共服务等多种措施,促进再就业。

(4) 政府要重视支持,出台协同配套的促进就业政策。各级党委和政府应牵头组织各有关部门制定积极的劳动力市场政策,加大财政投入,建立促进就业基金。税务、工商、经信等各有关部门都应当制定配套政策,予以大量支持,形成积极的劳动力市场政策体系,共同促进就业。

三、积极劳动力市场政策的主要内容

根据上述政策框架,具体的积极劳动力市场政策包括以下五个方面的主要内容。

(1) 切实加强职业技能培训。这包括组织开展劳动预备制培训、职业技能培训和再就业培训。着重对新成长劳动力、农民工、下岗失业人员和社会各类劳动者，开展多种形式的职业培训，着力提高其整体素质和职业能力。对参加培训的人员，由政府给予补贴。

(2) 组织开展创业培训。主要是对有创业意愿和创业能力的劳动者，鼓励其参加创业培训，对他们开展创业意识、创业知识、创业实务等方面的培训，提高其创业能力，鼓励其自主创办小企业。政府给予小额担保贷款和创业补贴，促进创业，并通过创业带动就业。

(3) 鼓励企业增加就业岗位，政府给予就业岗位补贴。为了激励企业招用下岗失业人员，使他们尽快实现就业，建议政府通过财政补贴的办法，对招用下岗失业人员的企业给予岗位补贴和社保补贴，减轻企业负担，从而帮助下岗职工实现就近就地就业。

(4) 鼓励采取灵活的就业方式。在就业压力大的情况下，国外非正规部门就业方式不断增多，主要有自营就业、非全日制工作、临时性工作等。这种非正规就业方式，亦称灵活就业。广东多种经济成分并存，市场经济发展快，灵活就业岗位很多。因此，要制定政策，鼓励劳动者转变观念，自谋职业；鼓励企业采取多种灵活的用人方式，增加就业机会。

(5) 加强城乡统筹，促进流动就业。根据广东的实际情况，坚持城乡统筹就业方向，对城镇劳动力和农村劳动力流动就业实现整体规划，统筹安排，协同推进。特别是加强农村向城镇转移的劳动者进行职业技能培训，提供就业能力；同时，加强公共就业服务，综合运用经济和行政手段，合理调节农村劳动力向城镇转移的规模和速度。

第二节 我国积极的就业政策框架的形成及其主要内容[①]

党的十六大报告提出"全面建设小康社会"的奋斗目标和实现上述目标必须抓好的"八大任务"。其中，"千方百计扩大就业，不断改善人民生活"是八大任务之一。就业是民生之本。解决就业问题是我国当前和今后长时期重大而艰巨的任务。各级党委和政府必须把改善创业环境和增加就

---

① 本文是笔者于2003年年初在全省劳动保障局长培训班上的演讲稿。收入本书时做了一些删节。

业岗位作为重要职责,广开就业门路,千方百计扩大和促进就业。这是党中央在新的历史时期为解决就业问题而做出的决策部署和政策创新。这一系列理论和政策创新,形成了我国积极的就业政策基本框架,为我们解决好当前严峻的就业问题提供了有力依据。我们必须认真学习,深刻领会,抓紧贯彻执行。

一、我国积极的就业政策概念和由来

(一) 概念

积极的就业政策,是在市场经济条件下,世界各国政府为了改善劳动力供给,扩大就业需求,实现充分就业而采取的一系列相互配套的社会经济政策。西方发达国家称之为积极的劳动力市场政策,我国则称之为积极的就业政策,两者既有联系又有所区别。

西方发达国家实行的积极的劳动力市场政策,是国家就业政策的重要组成部分,是市场经济国家为解决失业问题、提高劳动者就业能力和促进就业等方面所普遍采取的措施。积极的劳动力市场政策有广义和狭义之分。狭义地讲,它是指政府在保证失业人员失业期间基本生活的同时,还采取加强职业介绍、职业培训及其他措施,帮助失业人员尽快实现再就业的政策。广义地讲,它包括向劳动者提供公共就业服务(如提供岗位空缺信息、职业咨询、职业指导和介绍、提供临时性工作等),实施职业培训项目,调整失业保险制度,实行就业补贴或直接就业计划,等等,其目的是通过动员政府和社会力量,尽最大可能增加就业岗位,帮助失业人员尽快实现再就业。西方发达国家普遍实行广义的积极的劳动力市场政策。在实施过程中,为了协调政府各部门和社会各阶层制定和实施积极的劳动力市场政策,西方发达国家普遍成立"促进就业委员会"或"劳动力市场委员会"之类的机构,负责协调、制定相互配套的宏观经济政策并监督实施。其办事机构设在劳工部门。

我国积极的就业政策是借鉴国外积极的劳动力市场政策和总结国内实施再就业工程的经验而制定出来的。其内容不仅包括提供公共就业服务、强化职业培训、调整失业保险政策、加强职业指导和创业培训、实施再就业援助、实行就业补贴等内容,还包括财政、税收、金融、产业、物价等方面的政策。因此,我国最近出台的积极的就业政策,与西方发达国家实行的积极的劳动力市场政策相比,在某些方面内容更加丰富、涉及范围更广、扶持力度更大,更有中国特色。

(二)积极的就业政策的由来

20世纪70年代,西方发达国家产业结构调整步伐加快,不少国家受经济不景气的影响,就业状况发生了深刻的变化。劳动力短缺的现象逐步被严重的结构性失业现象所取代。经济学家认为,失业问题的产生,在很大程度上是由于失业人员缺乏所需的技能和工作竞争力而造成的。因此,各国政府先后相继改变过去单纯的失业救济的做法,其政策重心逐步转移到改善劳动者就业能力,改善就业环境,以适应产业结构调整带来的变化,从而尽快摆脱失业状态。例如,英国从1996年开始,就把过去的失业津贴制度改为"求职者补助计划",领取失业津贴的期限由一年改为半年;韩国从20世纪90年代初开始,也将失业保险基金的60%用于就业安置和职业技能开发,40%用于失业救济;俄罗斯用于失业救济的占50%,用于职业介绍及促进自主就业的占30%,用于职业培训的占20%。这些成功的做法,被许多国家和国际组织重视,并称之为积极的劳动力市场政策。

20世纪90年代以来,我国随着市场经济体制的初步形成,经济增长方式从粗放型向集约型转变,宏观经济从短缺进入相对过剩,经济结构调整和企业制度创新力度加大,技术进步步伐加快,多种因素的综合影响,使失业逐步成为我国突出的社会经济问题。

回顾历史,我们可以看到,从1993年7月开始,我国针对改革开放过程中出现的经济过热现象,采取了紧缩性宏观调控政策,即紧缩财政开支、紧缩货币供应的"双紧"政策,控制通货膨胀。这一政策持续实行了50多个月,有效地控制了通货膨胀,成功地实现了经济"软着陆",但是长达4年多的宏观紧缩,导致经济增长速度显著放慢(全国GDP增长从1994年的11.5%、1997年的8.8%下降到1999年的7%),物价持续走低,市场需求疲软,企业产品积压,职工下岗失业。"双紧"政策的执行,对扩大就业极其不利,全广东省国有单位职工人数从1995年的911.9万人下降至2001年的787.36万人,城镇登记失业率从1995年的2.1%上升至2002年的3.1%,就业压力不断增大。

在这一社会经济背景下,为了积极扩大就业,减轻失业下岗人员对社会稳定的冲击,我国从1995年起,开始全面组织实施再就业工程。1995年4月,国务院转发了劳动部《关于实施再就业工程的报告》,明确开始在全

第五章 创新：实行积极的就业政策

国全面实施再就业工程，提出了促进就业的一些扶持政策。各地在实施再就业工程中，先后出台了一些行之有效的措施和办法。例如，上海市于1996年在下岗职工相对集中的纺织、机电两行业建立了"再就业服务中心"，对下岗职工进行托管，并确保其基本生活。

1997年3月，国务院发出了《关于在若干城市进行国有企业兼并破产和职工再就业有问题的补充通知》（国发〔1997〕10号），把实施再就业工程同经济结构调整和深化国企改革密切联系起来。当年召开的党的十五大，从政治高度确立了再就业工程的战略地位，使再就业工程从过去简单意义上的促进下岗失业人员再就业，变为推进经济改革和发展的一项根本性政策；从过去单纯由劳动保障部门组织实施，变成各级党委政府必须直接抓的一项重要工作。

党的十五大召开后，新的一届政府从1998年开始，针对20世纪90年代中期采取"双紧"政策所造成的经济增长放缓和劳动力需求不足等问题，立即着手调整以"双紧"为主的宏观经济政策，开始实行刺激经济增长的积极的财政政策。一方面通过增发长期建设债券，大力进行公共工程建设，财政部在1998年、1999年和2000年分别发行长期建设国债1000亿、1100亿和1500亿元，主要用于基础设施建设，拉动经济增长；另一方面是调整政府财政支出结构，建立和完善社会保障体系，提高中、低收入居民收入水平和社会保障水平，扩大社会消费；再一个是实行各项减免税政策，鼓励增加投资、消费和扩大出口。此外，在货币政策方面，还取消了贷款额度限制，扩大货币供应量，刺激民间投资和居民消费。这些政策对于促进经济增长、创造新的就业岗位起到了积极作用。

在实行积极的财政政策的同时，中央进一步调整了促进再就业的政策。1998年5月，中央和国务院召开了国企下岗职工基本生活保障和再就业工作会议。会后下发了《关于做好国企下岗职工基本生活保障和再就业工作的通知》（中发〔1998〕10号，以下简称《通知》），要求各地建立再就业服务中心，抓好"两个确保"，构筑"三条保障线"，建立健全社会保障体系和发展劳动力市场。各级党委、政府对再就业工作予以高度重视，使再就业工程逐步成为我国经济体制转轨时期一项具有中国特色的劳动力就业政策与社会保障制度。2002年9月，党中央国务院召开全国再就业工作会议，下发《关于进一步做好下岗失业人员再就业工作的通知》（中发〔2002〕12号），确立了我国积极就业政策的框架。随后，国务院有关部门先后出台了25个配套政策文件，形成了一整套积极的就业政策体系。它与仅仅建立失业保险制度等比较被动的劳动力市场政策相比,更具有主动的、积极的作用。

二、积极就业政策的主要内容

我国积极的就业政策主要包括五个方面的内容。张小建副部长概括为五大支柱。分别体现在《通知》第二至第六部分。第一支柱是以提高经济增长对就业的拉动能力为取向的宏观经济政策,主要包括投资政策、产业政策、所有制政策和企业改革政策、灵活就业政策。其出发点主要是通过保持较高的经济增长速度,调整产业结构、所有制结构、企业结构等,扩大就业总量,创造就业岗位。第二支柱是以重点促进下岗失业人员再就业为取向的扶持政策,主要包括财政、税收、信贷、城市规划建设、行政事业性收费。其出发点主要是运用优惠政策所创造的岗位,优先用于吸纳下岗失业人员再就业。第三支柱是以实现劳动力与就业需求合理匹配为取向的劳动力市场政策,主要包括劳动力市场信息网络、免费职介、免费培训、再就业援助、规范市场秩序等政策。其出发点主要是通过强化就业服务和职业培训,帮助劳动者了解需求信息、提高就业能力,缓解结构性失业问题。第四支柱是以减少失业为取向的宏观调控政策,主要包括规范企业裁员、建立失业矛盾预警机制、城乡就业统筹、劳动预备培训等政策。其出发点主要是通过严格规范企业减员、建立失业预警制度等措施,减轻社会失业压力。第五支柱是以既能有效地保障下岗失业人员基本生活,又能积极促进再就业为取向的社会保障政策,主要包括保障基本生活、完善三条保障线和社会保险关系接续、失业保险基金使用、档案托管等政策。其出发点主要是通过完善社会保障体系,消除下岗失业人员的后顾之忧,为促进劳动力合理流动提供保障。五大支柱可以分别概括为经济拉动、政策扶持、市场服务、政府调控和社会保障。这五大支柱在层次上依次递进、各有侧重,在内容上相互配套、缺一不可,在功能上相互支撑、相互促进,构成了积极的就业政策的基本框架。以下十项政策是对上述五大支柱的展开和具体化。

(1) 税费减免政策。中央再就业税收优惠政策的着眼点,主要集中在鼓励下岗失业人员自谋职业、鼓励服务型企业吸纳下岗失业人员、鼓励国有大中型企业通过主辅分离和辅业转制分流、安置企业富余人员等方面。在鼓励下岗失业人员自谋职业方面,过去的税费减免政策扶持对象仅限于下岗职工，《通知》将其扩大到下岗失业人员，并且将适用范围由过去仅限于从事社区居民服务业的 8 个项目扩大到除国家限制行业以外的所有行业，免税税种包括营业税、城市维护建设税、教育费附加和所得税；在免费范围上则明确规定免收管理类、登记类和证照类的所有各项收费。实行上述政策，对下岗失业人员从事个体经营十分有利。在鼓励服务型企业吸纳下岗失业人员方面，针对过去"门槛"过高、绝大多数企业享受不到优惠政策的问题，《通知》将企业享受减征企业所得税所需吸纳下岗失业人员比例的起始标准由 60% 降到了 30%；同时扩大了适用范围，除国家限制的行业外，现有各类服务型企业新增岗位招用下岗失业人员达到规定比例的，可在 3 年内按一定比例减征企业所得税。其中，对新办服务型企业达到规定条件的，3 年内免征营业税、城市维护建设税、教育费附加和企业所得税。在鼓励国有大中型企业分流安置富余人员方面，《通知》规定，通过主辅分离分流和辅业转制分流安置本企业富余人员兴办的经济实体，符合规定条件的，3 年内免征营业税、城市维护建设税、教育费附加和企业所得税。上述政策对于鼓励下岗失业人员自谋出路，从事个体经营；鼓励第三产业吸纳下岗失业人员，避免国企将富余人员推向社会，减轻社会压力都具有十分的重要意义。

（2）小额贷款政策。提供小额担保贷款，以帮助自谋职业和自主创业的下岗失业人员解决创业起步阶段面临的资金困难，是促进再就业的有效途径。《通知》针对担保不落实这个症结，对建立担保基金做出了明确规定，同时规定了贴息政策。《通知》规定，各省、自治区、直辖市和地级以上的城市要建立下岗失业人员贷款担保基金，所需资金主要由同级财政筹集，担保机构由当地政府确定；对从事微利项目的，中央财政据实贴息（据说中央财政对广东不贴息），同时还要求各国有商业银行、股份制商业银行、城市商业银行和有条件的城市信用社，都要开办此项贷款业务，并且要简化手续，提供开户和结算便利。与以前的政策相比，这次小额贷款政策明确了贷款的程序、额度、期限，特别是担保、贴息等具体内容，有较强的操作性。根据中央《通知》，人民银行印发了《下岗失业人员小额担保贷款管理办法》，提出以下政策要点：①具备一定条件的下岗失业人员，经社区推荐、劳动保障部门审查以及贷款担保机构承诺担保后，可就地向商业银行申请和获得小额担保贷款；②贷款用途可以是自谋职业、自主创业或合伙经营等的开办经费和流动资金，额度一般在 2 万元左右，也可适当扩大；③其利率按人民银行公布的贷款利率水平确定。

（3）社保补贴政策。通过提供社会保险补贴促进再就业，是借鉴在再就业服务中心下岗职工代缴社会保险费的思路，并借鉴国外一些成功做法而制定的一项扶持政策。此项政策集中体现在中发〔2002〕12号文件和劳社部发〔2002〕20号文件中，省委粤发〔2002〕15号文件对此也做出了具体的规定。《通知》对此做出了两方面的规定：一是对各类服务型企业新增岗位、新招用国有企业下岗失业人员，并与其签订3年以上劳动合同的，用再就业资金按招用人数提供为期3年的社会保险补贴；二是在社区开发的公益性岗位安排原国有企业大龄就业困难对象的，从再就业资金中给予社会保险补贴。劳社部发〔2002〕20号文件，对补贴的程序和操作办法做出了具体规定。粤发〔2002〕15号文件则根据广东省实际情况，扩大了受惠范围，即订立一年以上劳动合同的，也可据实给予补贴。这项政策对企业来说，有利于降低用人成本，充分发挥吸纳就业的潜力；对个人来说，解决了他们最关心的社保接续问题，消除了再就业的后顾之忧；对政府来说，不仅有利于扩大就业，而且补贴资金直接转入社保机构，可以充实社保基金。

（4）就业援助政策。下岗失业人员中的"4050"人员就业特别困难，仅靠市场是难以解决的，应当给予特殊的扶持，实行更加优惠的政策。在总结各地实施再就业援助行动经验的基础上，《通知》规定，各级政府要把有劳动能力和就业愿望的男50周岁以上、女40周岁以上就业困难的下岗失业人员作为再就业援助的主要对象，提供即时岗位援助等多种帮助。一是由政府投资开发的公益性岗位要优先安排大龄就业困难对象就业。二是安排就业难群体就业的，从再就业资金中给予社会保险补贴。三是各地可根据实际提供适当比例的岗位补贴。岗位援助、社保补贴、岗位补贴三项措施同时并举，为解决大龄就业困难对象再就业问题提供切实的保证。近年来，广东省也出台了一些再就业援助的政策，包括建立再就业援助制度，开设专门服务窗口，开展"一对一"就业指导和跟踪服务等。这些政策应当相互配合，贯彻实施。

（5）主辅分离政策。在鼓励国有大中型企业分流安置富余人员方面，过去虽然一直倡导，但没有实实在在的政策扶持。这次《通知》和劳社部发〔2002〕20号文件和国经贸企改〔2002〕859号文件对此做出了具体规定，对国有大中型企业通过主辅分离和辅业转制分流安置本企业富余人员兴办的经济实体，同时符合以下条件的，3年内免征企业所得税：一是利用原国有企业的非主业资产、闲置资产或关闭破产企业的有效资产（简称

"三类资产"）；二是独立核算、产权清晰并逐步实现产权主体多元化；三是吸纳本企业富余人员达到30%以上；四是与安置的职工变更或签订新的劳动合同。国经贸企改〔2002〕859号文件对三类资产做出了明确的界定。这项政策的实行，不仅有利于调动国有企业安置富余人员的积极性，减轻社会就业压力，也有利于企业盘活闲置土地和资产，精干主体，增强竞争力。执行这项政策，应当掌握改制分流的原则、主业与非主业资产的界限、辅业改制的形式（合资、合作、出售等）和改制后分流人员的经济补偿等政策。

（6）就业服务政策。目前，我国就业服务体系尚未健全，免费服务不落实，仍然是再就业工作中的突出问题。《通知》规定，各级政府要加快街道、社区劳动保障机构建设，建立公共就业服务制度，对城镇登记失业人员和国有企业下岗职工，提供各项公共就业服务。其主要包括：①提供免费职业介绍。按照劳社部发〔2002〕20号文件规定，还可包括免费职业指导。②提供免费再就业培训。再就业培训包括创业培训、职业资格培训、技能提高培训、转业转岗培训和技能鉴定的费用。这是劳动部的解释。上述两项工作所需经费主要由地方财政承担，中央财政对困难地区给予适当的补助。这项政策为落实免费职介和免费培训提供了保证。③公共就业服务机构要实行求职登记、职业指导、职业介绍、培训申请、鉴定申报、档案管理、社会保险关系接续"一站式"就业服务，增强服务功能。④劳动保障、工商、税务、银行、财政等部门，要集中办公，对下岗失业人员自谋职业提供"一条龙"服务。⑤加快就业服务信息化建设，为下岗失业人员提供求职咨询、即时岗位援助、档案托管等服务。⑥提供培训申请、鉴定申报推行和规范职业资格证书制度。⑦开展创业培训、规范劳动力市场秩序、加强劳动保障监察执法、维护合法权益等服务。

（7）财政投入政策。增加财政投入促进就业，是市场经济国家的普遍做法。为保证各项再就业扶持政策和工作要求的落实，中央15号文件对财政增加再就业的投入做出了三个方面的规定：一是规定增设"再就业补助"预算科目，增加再就业补助资金。要求各级政府都要调整财政支出结构，加大再就业资金投入，将促进再就业资金列入财政预算。中央财政增加的再就业补助资金，主要用于补助小额贷款贴息的全部资金、社会保险补贴的部分资金、职业介绍和再就业培训补贴的部分资金等项目。地方财政主要负担社会保险补贴的部分资金、岗位补贴、职业介绍和再就业培训补贴的部分资金、社区劳动保障工作补贴、劳动力市场信息网建设资金、小额贷款担保及贴息基金等项目。此外，还应包括经省级财政、劳动保障部门共同批准的其他支出项目。二是各级财政原来安排用于国有企业下岗职工基本生活保障的资金规模不减，在确保下岗职工基本生活的前提下，根据当地工作需要，安排一部分资金用于促进再就业。三是对中西部地区和老工业基地，中央财政在原国有企业下岗职工基本生活保障专项转移支付资金项下，增加再就业补助资金，支持地方促进再就业工作，四是从失业保险基金中提取用于促进再就业的资金。财社〔2002〕107号文件明确，此笔支出按失业保险条例和中发〔1998〕10号文件执行，学习这方面的政策，要注意把握资金来源、使用范围、标准、申领程序和资金预算、审核的要求。

（8）社会保障政策。保障下岗失业人员的基本生活，接续好社会保险关系，消除下岗失业人员再就业的后顾之忧，是促进再就业的重要保障。《通知》对此做出了四个方面的规定：一是进一步明确了下岗失业人员的基本生活保障办法。对企业新裁减人员和出中心的下岗职工，要按规定及时提供失业保险，符合条件的纳入低保。对协议期满暂时无法解除劳动关系的下岗职工，各级政府和企业要继续运用现有各类资金渠道筹措的资金保障其基本生活。二是规定了社保关系接续办法。下岗失业人员离开企业时，其过去的社会保险缴费年限和个人账户继续保留，企业和个人欠缴的社会保险费要一次性补缴。符合规定条件的可以办理"协保"。继续参加养老保险并按规定缴费的，其前后缴费年限合并计算；未继续参加养老保险中断缴费的，达到退休年龄后按实际的缴费年限计发待遇。三是规定了再就业后的参保办法。下岗失业人员由企业招用再就业的，由新的用人单位和职工个人按规定继续缴纳社会保险费；自谋职业和灵活就业的，可以按照个体工商户参保办法参加养老保险；对尚未纳入基本医疗保险范围的下岗失业人员，实施社会医疗救助。四是要求对下岗失业人员以非全日制、临时性、弹性工作等灵活形式就业的，要适应其特点，抓紧制定劳动关系形式、工资支付方式、社会保险等方面的配套办法，保障他们的合法权益，并要求社会保险经办机构开设个人缴费窗口，方便下岗失业人员继续参保缴费。

（9）企业裁员政策。为保障职工合法权益，防止国有企业大规模集中裁员，减轻失业压力，《通知》做出了三个方面的规定。一是实施政策性关闭破产的地区，其职工安置方案必须经职工代表大会讨论通过，并报当地政府有关机构审核批准。凡职工安置方案和社会保障办法不明确、资金不到位的,不得进入关闭破产程序。二是正常生产经营企业裁减人员,其减员方案要经企业职工代表大会讨论,凡不能依法支付经济补偿金并妥善解决职工债务的,不得裁减人员。三是国有大型企业一次性减员超过一定数量和比例的,要事前向当地人民政府报告。这三条规定,部分是对过去规定的重申和强化,更多的是新规定、新要求,是对减员增效和促进再就业相结合、下岗分流和社会承受能力相适应原则的具体化。

(10)社区平台政策。随着企业分离办社会职能步伐的加快和就业形式日益多样化,大量的劳动保障工作事务从企业内部分离出来,需要依托街道和社区来完成。目前,劳动保障部门的"腿"大都还停留在县、市一级,尚未在社区扎根,远远不能适应新形势需要。为解决这一问题,《通知》明确规定,城乡基层组织要担负起做好下岗失业人员再就业和企事业单位退休人员管理服务的责任。街道和工作任务重的乡镇,可设立或确定负责劳动保障事务的机构;同时强调要充分发挥社区在就业和社会保险方面的服务功能,街道劳动保障工作机构要在社区聘用专门的服务人员,并提供工作经费,建立统一的社会保障和劳动就业工作体系。劳动保障工作机构向基层延伸,建立社区劳动保障工作平台,是一项重要政策,有利于全面推动开发社区就业岗位、对下岗失业人员提供服务、开展企业退休人员社会化管理服务等各项工作,在社区建立一个集各项劳动保障管理服务工作为一体的管理服务网络。

综上所述,十项具体政策所体现的出发点是,就业增长点在哪里,政策就支持到哪里,就业服务就跟到哪里,工作网络就延伸到哪里。我国积极的就业政策是在再就业政策基础上发展起来的。其主要特征是,使我国就业再就业工作重点由过去被动地保生活转到积极地促进就业上来,强化了就业的市场导向和政策导向,它将有效地促进我国就业体制机制的创新。

> **【专栏参阅8】我国积极的就业政策**
>
> 2002年9月,党中央国务院出台了《关于进一步做好下岗失业人员再就业工作的通知》(中发〔2002〕12号),明确提出"要坚持市场导向的就业机制,实施积极的就业政策,多渠道开发就业岗位,努力改善就业环境,支持劳动者自谋职业和自主创业,鼓励企业更多吸纳就业,帮助困难群体就业"。全文共六大部分23条,积极的就业政策主要内容体现在第二至第六部分中,时任劳动保障部副部长张小建将它概括为"五大支柱、十项政策"。具体内容包括税费减免、小额担保贷款、社保补贴、就业援助、主辅分离、就业服务、财政投入、社会保障、企业裁员和社区平台10个方面。这些政策对打开我国下岗职工再就业工作的新局面发挥了重要作用,但当时确定政策期限仅为3年。2005年,在总结实践经验的基础上,国务院副总理黄菊同志明确提出,有关政策不但不能停,并且还要延续、扩展、调整和充实。在他的主持下,国务院于2005年印发了《关于进一步加强就业再就业工作的通知》(国发〔2005〕36号),进一步调整、充实和完善了新一轮的积极就业政策,确定再用3年时间,彻底解决下岗职工再就业的历史遗留问题。2007年8月底,全国人大常委会通过《中华人民共和国就业促进法》,将行之有效的就业再就业政策措施以法律的形式固定下来,由此开启了中国就业工作的新纪元,使就业政策和就业工作走上法制化的轨道。

第三节　广东实施积极就业政策的成效和对策[①]

近年来,随着体制转轨、经济结构调整和企业改革的不断深化,广东面临前所未有的就业压力。在这新的形势面前,广东省各级党委政府认真贯彻实施中央的部署,积极实施一系列积极的就业政策,减缓了下岗失业人员对社会稳定的冲击,取得了积极的成果。但是,在新的一年里,就业压力仍然很大,劳动力供求的结构性矛盾将更趋突出。对此,我们务必给予足够的重视,全面落实各项积极的就业政策。

---

① 本文写于2003年4月,主要是对从实施再就业工程到实施积极的就业政策这一过渡时期的就业工作进行了回顾总结和展望,特别是强调把鼓励劳动者自主创业作为实施积极就业政策,促进就业的重要举措来抓。这是笔者长期坚持的主张。

一、广东实施积极就业政策取得的成果和就业现状分析

1998年以来,在体制转轨和经济结构调整过程中,广东就业工作面临着劳动力需求下降、国企职工下岗分流增多、城镇新成长劳动力增多、农村剩余劳动力向非农产业转移增多等多重压力。面对这一新的形势,广东按照中央的部署,在着手调整以"双紧"为主的宏观经济政策,实行扩大内需,刺激经济增长方针的同时,认真贯彻中央《关于做好国企下岗职工基本生活保障和再就业工作的通知》(中发〔1998〕10号)和《关于进一步做好下岗失业人员再就业工作的通知》(中发〔2002〕12号),采取了以下积极的就业政策,促进就业。一是建立再就业服务中心,保障国企下岗职工的基本生活;二是加大政策扶持力度,拓宽下岗失业人员再就业的门路;三是加强劳动市场建设,完善就业服务体系,实行再就业援助制度,加大促进就业的力度;四是大力加强职业技能培训,提高下岗失业人员的再就业能力;五是构筑"三条保障线",即国企下岗职工基本生活保障、失业救济保障和城镇居民最低生活保障,并与社会养老、医疗保险制度相互衔接、相互补充,完善社会保障体系;六是加大财政对就业工作的投入,明确劳动力市场建设和促进再就业的经费,由财政部门核拨下岗职工基本生活保障资金,由财政负担1/3。5年来,上述政策的实施取得了明显成效。据统计,1998—2002年间,全省城镇累计登记失业的有348.71万人,实现就业的有276.74万人,城镇就业结构在大幅度调整过程中得到了明显的改善。首先表现在所有制方面,全省5年分流国企下岗职工154.9万人,其中实现再就业的有106.9万人,再就业率达69.1%。城镇集体企业职工人数从1995年的160.56万下降至2002年的97.4万人。其他单位职工人数从1995年的202.36万人上升至2002年的287.5万人,城镇个体私营企业从业人员从1998年的205.9万人上升至2002年的435.2万人,比上年增长18.6%。其次,就业的产业结构也发生了很大的变化,第三产业当年就业人数约占当年新增就业总量的65%。

从劳动力市场的运行情况来看,2002年广东就业形势呈现以下新的特点。①城镇登记失业人持续增加,失业率继续攀升。据统计,2002年全省城镇登记失业的人数为114.1万人,创历史新高,比2001年同期净增10.07万人。各级政府通过实施积极的就业政策,帮助下岗失业人员通过各种渠

道实现就业的有 71.5 万人，年末登记失业人数为 36.5 万人，比上年增加 0.2 个百分点。②公有制企业用工人数继续萎缩，第三产业和非公有制企业成为就业的主渠道。在当年城镇全部新增就业人数中，到机关事业单位就业的人数为 24929 人，占总量的 3.48%；到国有企业就业的 89896 人，占 12.6%；到城镇集体企业就业的有 68027 人，占 9.5%。以上三个方面新增就业岗位仅占总量的 1/4，到非公有制企业（含外商投资企业，港、澳、台商企业，股份制企业，私营企业和个体工商户）就业的有 532649 人，占 74.5%。从行业就业情况看，到制造业、批发零售与餐饮业、社会服务业和建筑、房地产业就业的人数最多，分别为 19.16 万人、15.01 万人、8.39 万人和 7.09 万人，分别占新增就业总量的 26.8%、21%、11.7% 和 9.9%。净增就业岗位以批发零售与餐饮业为最多，达 81607 人，制造业仅净增 46928 人，社会服务业净增 45347 人。由此可见，第三产业和非公有制企业已继续成为吸纳就业的主渠道。③用人单位对劳动力素质的要求不断提高，导致结构性失业矛盾突出。据统计，全省城镇由就业转失业人数达 42.06 万人，比上年的 37.7 万人增加 4.36 万人，占当年新增登记失业人员总数的 52.9%，其中大部分是因企业改制、关闭或劳动者素质不适应用人单位需要而转为失业的，与新增人数相比，实际净增就业人数只有 29.45 万人。企业对技术人员和技术工人的需求量增加，造成高级技工短缺，对一般劳动力需求明显减少。据统计，2002 年广东农村劳动力当年转移率为 3.9%，返回率为 2%，净转移率为 1.9%，与上年相比，净转移率下降 0.3 个百分点。其主要原因是向非农产业转移的农村劳动力素质不高，在非农产业站不稳脚跟。从地区来看，珠三角各市劳动力市场需求量占全省的 80%，而东西两翼和粤北山区劳动力需求量明显减少，仅占 20%，导致一部分市（如湛江、云浮、河源）失业率上升。④就业难群体增大。失业一年以上的长期失业人员有 13.79 万人，占年末失业人员总数的 37.8%，比上年略有增加。

上述情况表明，2002 年来，广东各级政府和劳动保障部门采取各项积极的就业政策，有效地促进了就业和再就业，取得了积极的成果，较好地保持了就业局势的稳定。

二、2003 年广东就业形势预测

当前世界范围内新一轮的经济结构调整和分工，使我国面临新的发展机遇和挑战。广东处于改革开放的前沿，经济发展进入工业化与信息化并举的新阶段，经济结构战略性调整进入重要时期，国企改革、技术进步、城市化进程步伐都将明显加快，使劳动就业面临新的形势、新的压力。其主要表现为劳动力市场上供大于求的矛盾仍然存在，职业转换加快，结构性失业矛盾突出，就业难群体不断增多。在2002年召开的全国再就业工作会议上，江泽民同志对当前的就业形势做出了精辟的判断，认为当前就业的主要矛盾是劳动者充分就业的需求与劳动力供给总量过大、素质不相适应之间的矛盾。其主要特征是：①总量矛盾与结构矛盾同时并存；②城镇就业压力加大和农村富余劳动力向非农领域转移速度加快同时出现；③新成长劳动力就业与下岗失业人员再就业问题相互交织。当前矛盾的焦点是下岗失业人员再就业问题，而广东除了下岗失业人员再就业问题外，当前就业的主要问题是劳动力供求的结构性矛盾。这一矛盾的主要方面，第一是下岗失业人员和新成长的劳动力的素质结构与用人需求不相适应；第二是经济发展不平衡，地区性就业矛盾突出，东西两翼和山区劳动力就业难度大；第三是本地劳动力就业与外省劳动力入粤就业的矛盾。

从劳动力供给方面看，就业压力主要来自以下四个方面。

一是城镇新成长劳动力就业进入高峰期。据第五次全国人口普查资料测算，2003年广东城镇新成长劳动力约为65万人，其中未能继续升学的初、高中毕业生有20万人，中等职业学校（含中专、技校、职中）毕业生26万人，大专以上毕业生17.7万人（含高职类毕业生7万多人；此外，还有复退军人2万多人）。

二是由就业转失业（含下岗失业）人员持续增多。因市场变化、经济结构调整和国企改革、中小企业改制、部分国有劣势企业退出市场、部分城镇集体企业关闭、破产等因素的影响，导致职业转换加快，未来3年平均每年由就业转失业的人数估计至少有66万人。据统计显示，2002年结转的失业人员有36万人；预计2003年新增的下岗失业（含已出中心、未断关系、未再就业）人员和因关闭破产退出市场需转换职业的人员至少有30万人。

三是随着城市化步伐的加快，本省农村剩余劳动力向非农产业转移的人数，按照上年转移率3.9%计算，预计2003年至少有80万人，其中向城镇转移至少的有20万人。

以上三项合计，本省城镇2003年劳动力供给至少有150万人。

四是外省劳动力进入广东就业的数量仍持续增多，目前在广东省就业的外省劳动力有1160万人。未来3年，在国家进一步改革户籍制度，取消地区流动就业限制、鼓励农民进城就业以及大学毕业生先入户后找工作等政策的指导下，预计外省劳动力进入广东省就业的规模将继续扩大，预计2003年将净增加90万人，其中进入县以上城镇的至少占1/3。

从劳动力需求方面看，经济增长速度及其就业弹性系数是决定就业需求、影响就业形势的关键因素。据专家预测，"十五"期间，我国城镇每年失业人数将达1878万人，假设经济增长速度为7%，就业弹性系数为0.13（20世纪90年代以来，我国就业弹性系数一直在0.11左右）。至2005年年末，城镇失业人数将达2167万人，失业率将上升至7.2%。

从总体来看，广东的经济发展比全国要快一些，就业环境相对宽松，但劳动力仍然供大于求，假设广东经济增长速度为10%，就业弹性系数为0.148，那么全省每年新增的就业岗位将维持在70万个左右，与劳动力供给总量相比，就业需求明显不足，城镇登记失业率有可能上升至6%。广东省政府工作报告指出：2003年是贯彻中共十六大精神，实现"十五"期间各项目标的重要一年。在新的一年里，广东省政府决定重点抓好"十件大事"和"十项工程"，走新型工业化道路，着力调整经产业构，提高综合竞争力，扩大出口，扩大内需，加快发展高新技术产业，用高新技术和先进适用技术改造、提升传统产业，壮大支柱产业，发展现代服务业等。根据上述因素，我们预测，2003年广东的就业需求呈现以下几个新的特点。

（1）走新型工业化道路，积极发展高新技术产业，用高新技术和先进适用技术改造、提升传统产业，加快发展装备工业和现代服务业，集中力量抓好高速公路、能源、石化、环保等十大工程建设，这将产生较大的就业需求。但随着生产技术水平的迅速提高和经济增长方式的转变，用人单位对劳动力素质的要求将不断提高。

（2）重视发展有利于扩大就业的劳动密集型产业，重点是乡镇以下的企业、城市社区居民服务业。这方面也会有较大的就业空间，且对劳动力素质的要求不会很高，有利于吸纳城市下岗失业人员、外省和本省农村转移出来的剩余劳动力就业。

（3）加快发展民营经济。广东将采取措施，促使民营经济迅速发展，争取2003年个体户增加10万家，私营企业增加5万家。这将使民营经济（包括私营企业、个体和外商独资企业等）成为广东新的就业增长点，有望吸纳50万不同层次的劳动力，其提供的就业岗位将占当年新增就业岗位的70%左右。

（4）增发建设国债，集中力量办大事，抓好汽车、石化等十项基础设施和环保方面的建设，将拉动其他方面的需求，增加部分就业岗位。

第五章 创新：实行积极的就业政策

（5）在实施区域协调发展战略过程中，加大山区开发力度，进一步发展农业龙头企业，使农业龙头企业突破1000家，促进农业和农村经济发展，将提供一些新的就业岗位，消化从农村转移出来的劳动力。

综上所述，广东省城镇2003年有可能新增就业岗位70万～80万个。但供需相比，需求缺口仍较大。尤其是劳动力素质如果不能适应用人需求，将加剧结构性失业矛盾。

三、全面实施积极就业政策的对策建议

基于对当前社会经济发展状况和就业形势的分析，笔者认为要较好地解决就业问题，必须全面落实十项积极的就业政策，充分发挥市场配置劳动力资源的基础性作用，引导劳动者转变就业观念，采取多种形式实现就业。

（一）实施有利于扩大就业的宏观经济政策，创造宽松的就业和创业环境

首先是大力调整财政支出结构，增加就业资金投入。按照中央10号文规定，各地要增加财政资金投入，一方面用于促进就业的岗位补贴、社会保险补贴和职业培训补贴，另一方面用于劳动力市场和公共就业服务机构的建设。同时，可通过转移支付的办法，加大对财政困难地区促进就业的各项补贴和小额贷款担保贴息，帮助困难地区解决就业问题。其次是落实税收优惠政策。这包括中央和广东省确定的对下岗失业人员从事个体经营的各项税收优惠政策；对各类服务型企业新增岗位招用下岗失业人员的税收优惠政策，以及国企通过主辅分离、辅业改制、分流安置本企业富余人员而兴办经济实体的税收优惠政策等，扩大就业门路。再次是落实小额担保贷款政策，对下岗失业人员自谋职业、自主创业、合伙经营或组织起来就业的，其自筹资金不足部分，应由商业银行按有关规定给予小额担保贷款扶持。各级政府和有关部门应当依照上述规定制定具体政策，为增加就业岗位，扩大就业门路，创造宽松的社会经济环境。

（二）不折不扣地贯彻落实中央确定的积极的就业政策，积极发展民营经济和第三产业

除了上述财政、税收、信贷政策外，还要着重落实收费优惠、社保补

贴、社保关系接续等方面的政策；扶持发展民营经济和第三产业。凡下岗失业人员从事个体经营的，除国家限制的行业外，按规定免交有关登记类、证照类和管理类的各项行政事业性收费，以减免负担，促进下岗失业人员再就业或通过自主创业带动就业；对各类服务型企业新增岗位新招用国企下岗失业人员，并与其签订3年以上劳动合同、代缴社会保险费的，由财政按规定给予社会保险补贴；由各级政府投资开发的公益性岗位，优先安排就业困难群体就业的，各级财政应给予社会保险补贴和岗位补贴，以鼓励用人单位招用困难群体就业；改变社会保险单纯由用人单位办理投保手续的做法，实行社会保险关系接续政策，凡实现再就业的下岗失业人员，可分别由新的用人单位或个人按规定继续投保，其先后的投保年限合并计算；采取灵活方式就业的，可以按照个体工商户参保办法投保，以适应就业方式变化的需要，鼓励下岗失业人员采取多种形式就业。

（三）加快劳动力市场信息网络建设，增强就业服务功能

县以上劳动保障部门要加快建立、完善以公共职业介绍服务机构为主体、民办职业机构为补充的职业介绍服务体系。在此基础上，加大资金投入，改善服务设施和手段，加快劳动力供求信息网络建设，改变供求信息相互封锁、分割的状态，实现信息资源全民共享。同时，通过信息联网，强化劳动力供求信息、职业中介、职业培训、职业指导、档案挂靠等"一站式"服务功能，提高办事效率。有条件的地方要尽快把信息网络向街道、社区和乡镇延伸，以适应城市化建设和城乡劳动力流动就业的需要。

（四）突出抓好职业技能培训，切实提高劳动者素质和就业能力

加强职业培训，是实施积极就业政策的重要内容。各地要针对当前劳动者素质与经济发展要求不相适应的情况，花大力气对各类型的劳动力全面开展有针对性的职业技能培训。要发动社会各类职业培训机构、院校，广泛开展再就业培训，组织下岗失业人员实施有针对性、实用性强的培训，提高再就业能力。培训合格、效果好的，由政府给予再就业培训补贴。继续全面推进劳动预备制培训，面向城乡初、高中毕业生和进城务工的农村劳动力，全面开展职业技能培训，并在劳动预备制学员中开展职业指导，提高新成长劳动力的市场择业能力，推迟就业时间，减轻就业压力。强化高技能人才和复合型技术人才的培训，依托高级技校或技师学院，组织招

收职业院校和大、中专毕业生以及企业在职技术工人，进行技能提升培训，经培训考核合格，发给高级技工或技师以上职业资格证书，增强其转换职业的能力，以适应企业技术进步对高技能人才的需要，化解结构性失业矛盾。

（五）积极开展创业培训，扶持发展民营经济，增加就业岗位

各地要把鼓励劳动者自主创业作为实施积极就业政策，促进就业的一项重大措施来抓。在目前我国大规模的经济结构调整和深化国企改革过程中，鼓励下岗失业人员自主创业，发展民营经济，从而带动就业有很重要的意义。除了制定扶持政策，营造宽松的创业环境外，各地各部门应当发动社会各方面力量，积极开展创业培训，对具有创业愿望和相应条件的下岗失业人员，进行开办小企业的基础知识和必备能力的培训。政府给予适当补贴，要在大专院校和中等职业学校毕业生中，全面开展创业培训和开业指导，并对创业人员做好后续跟踪服务和扶持工作，推动他们大胆创业，以带动就业；对已开办小企业的业主，要组织开展相应的提高培训，增强其市场调查、市场营销、经营管理等方面的能力。总之，要通过创业培训，培训公民的创业意识，激励劳动者自主创业，发展民营经济和各类社区居民服务业，拓宽就业门路，增加就业岗位。

（六）进一步完善再就业援助制度，切实做好就业难群体的再就业工作

在下岗失业人员中，女40岁以上、男50岁以上或失业一年以上的人员，是就业难度最大的一个群体，需要政府对他们实行更加优惠的就业扶持。一方面，要落实就业扶持政策，凡政策投资开办的公益性岗位，要优先安排"4050"人员；对从事公益性岗位工作的"4050"人员，各地应提供适当的岗位补贴。另一方面，要在各级公共职业介绍机构中，建立、完善再就业援助制度，把就业难群体作为再就业援助的主要对象，提供即时岗位援助、职业指导等各项专门服务，促进就业难群体顺利实现就业。

第四节　促进充分就业，实现社会和谐[①]

当前，我国正处于体制深刻转换、结构加快调整、社会深刻变革的历史时期。就业不充分成为威胁社会和谐的重要因素。促进充分就业，成为构建和谐社会的重要基础。因此，必须把促进就业摆在更加突出的位置，全面实施各项积极的就业政策，千方百计促进充分就业，实现社会和谐。

就业是民生之本。解决好人民群众最关心、最直接、最现实的就业再就业问题，既是构建和谐社会的重要基础，也是各级政府解决当前影响经济社会稳定问题的最有效切入点。最近，国务院发出《关于进一步加强就业再就业工作的通知》（国发〔2005〕36号文件），对2002年国家确定的积极的就业政策进行了重大的调整、充实，从财政、税收、金融、教育、公共就业服务等方面，进一步加大了促进就业的政策扶持力度。这对于做好当前和今后一个时期的就业工作，构建和谐社会，具有十分重要的意义。

构建和谐社会是一个渐进的过程。和谐社会的实现程度在很大程度上要通过促进劳动者实现充分就业、增加收入、消除贫困、改善生活质量来实现。我国人口众多，目前正处于体制深刻转换、结构加快调整、社会深刻变革的历史时期。当前乃至今后相当长的一个时期内，我国将面临劳动力供给与需求之间的突出矛盾，集中表现为劳动力供求情况发生了新的变化，城乡劳动适龄人口增长进入高峰期，农村劳动力转移就业进入加速期，体制转轨引发的下岗失业人员再就业处于矛盾突显期。这种矛盾不仅表现为劳动力总供给大于总需求的总量性矛盾，而且还表现为劳动力整体素质与社会需求不相适应，体制转轨期间下岗失业人员增多与新成长劳动力增多同时并存，城镇就业压力增大与农村劳动力向非农产业转移步伐加快同时并存，劳动力跨区域流动就业数量增大与本地居民就业的矛盾并存。上述矛盾与问题相互交织，错综复杂，使潜在的就业压力持续增大，成为世纪性难题。

党中央、国务院一直十分重视就业、再就业工作。2002年9月，党中

[①] 2005年11月，国务院印发国发〔2005〕36号文，对原有的积极就业政策进行了调整和充实，确立了新一轮积极就业政策体系。本文写于2006年3月，发表于《广东经济》2006年第6期，是笔者结合广东实际，学习国发36号文的体会文章。文中概括了新一轮积极就业政策的四大新特点。

央、国务院在总结我国解决下岗失业人员再就业问题的实践经验基础上,借鉴西方国家的一些成功做法,制定并出台了一系列促进就业的政策,确立了我国积极的就业政策框架。这些政策实施3年来,对扩大与促进就业产生了积极的作用,取得了明显的效果,全国城镇登记失业率控制在4.5%以内(广东控制在3%以内),有效地促进了社会的和谐稳定。但由于原定政策到2005年年底到期,为了保持政策的连续性,进一步解决好体制转轨遗留的再就业问题,2005年11月,国务院在调查研究的基础上,根据新情况印发了国发〔2005〕36号文件,在保持原有政策基本稳定的基础上,对原有的积极就业政策进行了较大的调整与充实,进一步扩大扶持范围,增加扶持内容,改进操作办法,延长执行期限;同时提出了在市场经济条件下政府促进就业的新的政策取向,强化了市场就业的政策内容,为建立长效就业机制奠定了基础。认真学习国务院出台的积极的就业政策,笔者体会到,新出台的积极就业政策的新特点是"四个坚持"。

一是坚持发展经济与扩大就业紧密结合。国务院36号文件确立了在发展中解决就业问题的指导思想,提出要努力实现促进经济增长与扩大就业的良性互动,要求把深化改革、促进发展、调整结构与扩大就业有机结合起来。一方面,在制定涉及全局的经济社会政策和确定重大建设项目时,要把扩大就业作为重要因素考虑;在注重提高竞争力的同时,确立有利于扩大就业的经济结构和增长模式等。另一方面,紧紧围绕扩大就业问题,提出了从财政补贴、税费减免、小额担保贷款等方面鼓励发展非公有制经济,发展第三产业,发展具有比较优势的劳动密集型行业和中小企业,鼓励发展跨地区劳务协作和劳务输出,鼓励灵活就业,引导和组织农村劳动力向非农产业和城市有序流动就业等一系列扶持政策,通过着力促进经济发展,多渠道开发就业岗位。

二是坚持市场就业与强化政府促进就业的责任相结合。新政策强调进一步贯彻、落实劳动者自主择业、市场调节就业和政府促进就业的方针。一方面是立足发挥市场机制在劳动力资源配置中的基础性作用,鼓励劳动者自主择业和自主创业,鼓励企业自主招聘人员,同时要求各地建立覆盖城乡的就业管理服务组织体系,在有条件的地区开展城乡一体化劳动力市场试点,加强劳动力市场信息系统建设,推进城乡统筹就业,为劳动者就业提供公平竞争的服务平台。另一方面是强调政府促进就业的责任。各级党委、政府要将扩大就业摆在经济社会发展更加突出的位置,强化就业、再就业工作目标责任制,继续把新增就业人员和控制失业率纳入国民经济和社会发展宏观调控指标，把解决体制转轨遗留问题、促进城镇新增劳动力就业，推进城乡统筹就业，加强失业调控等作为各级政府主要目标任务和政绩考核的重要内容。政府促进就业的主要职责是，加大财政资金投入，加强劳动力市场和社区平台建设，提高劳动者素质，完善就业援助制度，开发公益性就业岗位，优先安排就业困难对象，等等。这就把发挥市场机制的调节作用与发挥政府促进就业的作用有机结合起来，体现了我国在市场经济条件下解决就业问题的新特色。

三是坚持把大力发展职业教育培训与促进就业紧密结合起来。国发36号文件的一个重要发展，就是强调职业教育必须坚持以就业为导向，扩大就业必须以提高劳动者素质为根本。两者都要以劳动力市场为纽带紧密结合起来，建立以培训促进就业的新机制。文件提出要广泛发动全社会教育培训资源，为城乡劳动者开展多层次、多形式的职业培训。从培训对象上看，不再限于再就业培训，而是包括职业技能培训、创业培训、农村劳动力转移培训、高技能人才培训、远程培训、技能鉴定等；从政策上来看，包括确认定点培训机构、建设公共实训基地，对劳动者参加各类培训和技能鉴定给予补贴等。这些政策覆盖面广，含金量高，支持力度大，全部以技能就业、能力创业为主线，体现出以培训促就业的政策导向。这些新政策是前所未有的，它不仅是建立促进就业长效机制的方向，也是积极就业政策的重要特色和灵魂。

四是坚持把解决历史遗留问题与建立长效就业机制紧密结合起来。国务院36号文深入分析了当前的就业形势，认为今后几年的就业工作还处于新旧体制转换时期。因此，要把就业工作重点放在解决好体制转轨遗留的下岗失业人员再就业问题。今后几年，企业重组改制、关闭破产过程中安置职工的任务还很重，部分困难地区、困难企业、困难群体的就业问题尤为突出。对于这些问题，政府要切实负起责任，花大力气，争取再用3年时间重点解决。从长远发展来看，要充分认识就业任务的长期性、艰巨性，要探索建立市场就业长效机制，充分发挥市场在配置劳动力资源中的基础性作用，统筹做好城镇新成长劳动力就业和农村富余劳动力的转移就业工作，引导他们按照市场经济条件下竞争就业的要求，努力提高劳动者素质，促进自主就业和自主创业。因此，国发36号文着眼长远，提出要有步骤地统筹城乡就业，在有条件的地区开展城乡一体化劳动力市场的试点工作，积极推进城乡统筹就业；东部沿海省、市可以结合本地实际，适当扩大失业保障基金支出范围试点，要抓紧研究制定促进就业的法律法规，为形成

第五章 创新：实行积极的就业政策

市场经济条件下解决就业问题的长效机制奠定基础。

总之，国务院的这些重大决策特色鲜明，充分体现了十六届五中全会精神，突出体现了就业是民生之本的科学发展观，具有很强的现实性、针对性和前瞻性。我们要从构建社会主义和谐社会的高度，深刻领会党中央、国务院做出这些重大决策的意义，进一步增强做好就业、再就业工作的责任感和使命感，把促进城乡劳动者充分就业作为构建和谐社会的一项重要基础工作来抓，切实抓出成效，实现全社会比较充分的就业，为构建和谐社会做出新贡献。

【专栏参阅9】公共就业服务机构的诞生和发展

我国的公共就业服务机构是伴随着改革开放的进程诞生和发展起来的。1980年，为了贯彻"三结合"就业方针，解决大批"上山下乡"知识青年回城就业问题，中央召开全国劳动就业会议，明确要求劳动部门和企业建立劳动服务公司，承担组织生产自救、介绍就业、开展职业培训等项任务。至1983年，全国建立了劳动服务公司23900多所，绝大多数县级劳动部门都建立了劳动服务公司，承担着政府促进就业的许多属于公共服务方面的工作。但是由于各级财政困难，服务公司主要实行有偿服务。到了20世纪90年代中后期，面对大量的下岗职工的分流安置问题，提供免费的公共服务成为政府的重要职责。1998年，党中央印发10号文件，首次提出公共就业服务机构要对下岗职工实行免费服务，并从就业专项资金中安排部分就业服务资金。2002年，党中央印发12号文件，提出实施积极的就业政策，并把建立公共就业服务制度作为积极就业政策的重要内容，明确由财政拨款给公共就业服务机构。这标志着我国公共就业服务机构的进一步完善。

第五节　解决当前就业问题要有新思路

当前，在国际金融危机和国内经济转型、产业升级、劳动力成本上涨等多重因素交互影响下，广东乃至全国的就业空间受到挤压，企业现有岗位大量流失，新增就业岗位减少，导致大量农民工失业，高校毕业生就业困难，就业形势趋于严峻，引起了全社会的广泛关注。党中央国务院审时度势，出台进一步做好当前就业工作的26条政策。各地在贯彻落实过程中述政策时，要结合本地实际，创造性地提出解决就业问题的新思路、新对策，拓展新的就业空间，以解决当前严峻的就业问题。

我们应当注意到，广东经济的外向依存度过高，受2008年全球金融危机冲击较为严重。一方面，珠三角不少劳动密集型企业就业岗位萎缩，对稳定和扩大就业造成了很大的影响；另一方面，广东大城市和珠三角吸纳就业的空间和总量已接近极限，就业结构调整势在必行。因此，我们必须切实改变过度依赖大城市和外向型经济带动就业的传统思维定式和路径依赖，按照中央和广东省的战略部署，把应对金融危机当作加强基础设施建设、调整产业结构、建立现代产业体系、推进自主创新、统筹城乡发展和扩大内需、转变发展模式的重大机遇，结合广东经济社会发展的阶段性特征和"双转移"的战略任务，以科学发展观为指导，率先探索经济社会发展的新模式，特别是把发展县域经济作为扩大内需、拓展新的就业空间的支点，予以大力扶持和拓展。理由如下：

第一，从发展阶段来看，广东经济社会发展已经进入以工促农，以城带乡，做大县域经济，加快形成城乡经济社会发展一体化格局的新阶段。县作为一个基本的行政单位，对于广大农村地区的社会整合、政令贯彻、经济发展和推进城市化进程中有着不可替代的作用。广东应当以科学发展观为指导，抓住机遇，率先按照十七届三中全会《中共中央关于推进农村改革发展若干重大问题的决定》中关于"扩大县域经济发展自主权""增强县域经济活力和实力"的要求，加快发展壮大县域经济。在发展县域经济中，开拓新的就业空间。

第二，从发展模式来看，在出口受阻，劳动力成本上升等多重因素挤压下，依靠低人工成本扩张和出口推动的传统发展模式已难以为继，就业空间受到挤压，广东亟须摆脱传统经济发展的思维定式和路径依赖，摆脱高投入、高消耗、高污染、低效益、低人工成本的传统的工业化发展模式，着力实施珠三角发展规划，调整优化产业结构，建立一个内需型的经济体，促进经济发展方式的根本转变。在这一转变过程中，可以预见，珠三角对普通劳动力的需求将逐步较少，其挤出的劳动力必须通过发展县域经济来消化。

第三，从城市化发展路径来看，改革开放30年来，广东利用对外开放政策，集中资金建设了一批大型和特大型城市，带动了一批中等城市的发展，以较快的速度提高了城市化水平。但是人口、经济的高度聚集，不仅带来了严重的环境污染及社会问题,也严重削弱了县域经济发展的实力,造成区域之间、城乡之间发展不平衡。据麦肯锡咨询有限公司预测,到2025年,中国城市人口预计将从2005年的5.72亿增加至9.26亿,这个增长相当于美国目前的全部人口。如果我们还以传统的城市化发展路径来转移聚集农村劳动力,大中城市将难以承载。因此,我们必须以科学发展观为指导,探索新的城市化发展道路,重点是发展一批生态型的各具特色的中小城镇,以城带乡,使广大农村逐步融入城镇,使广大农民逐步转为居民,使其工作方式现代化、居住条件城市化、生活方式多样化、就业方式灵活化,从而使大部分人实现就近就地就业,安居乐业。据统计,截至2007年年底,我国全部县域单位人口总量超过9.62亿元,约占全国总人口的73%。如果按照上述思路大力发展县域经济,大力推进中小城镇建设,这不仅将有效地扩大内需,而且将有效地把庞大的农村劳动力吸收为城镇人口,就近就地解决好就业问题。

既然县域经济体是扩大内需、吸纳就业的新支点、新空间,那么,我们应当如何在发展县域经济中拓展新的就业岗位呢?笔者认为,当前应着重针对农民工和高校毕业生就业难问题,按照中央关于"保增长、扩内需、调结构、重民生"的重大战略部署,因势利导,化危为机,抓好五个"紧密结合",在努力拓展县域经济中开拓新的就业岗位。

一是紧密结合落实政府投资和重大项目建设,在加快农村、农业基础设施建设中开拓新的就业岗位。目前,广东针对经济运行中外需减少、内需不足这一突出问题,按照中央部署,加大投资,扩大内需,大力推进新"十项"工程建设。特别是在县域经济方面,加大对农业和农村基础设施建设投入,全面加强农田、水利和农业机械化建设,大幅度提高对农村供电、供水、供气、道路、交通、邮政通信、污水垃圾处理等基础设施的投入。我们要因势利导,抓住增加基础设施建设投入的契机,带动县域上下游产业的发展,开拓新的就业空间和就业领域,增加就业岗位,以解决大学毕业生和农民工的就业问题。

二是紧密结合全面发展农村公共事业,增加就业岗位。多年来,农村公共事业发展滞后,特别是文化、教育、卫生、医疗、社保等方面尤为突出。在新的形势面前,要大力扶持发展县域的文化、教育事业,设立中小学校、职业学校文化站等;大力扶持、发展镇级卫生院、中医院,加强疾病防控和完善农村合作医疗和医疗救助制度,建立完善的社会保障、社会救助、社会福利为基础的城乡一体化社会保障体系;加大宜居村镇投入和建设力度，实施万村百镇整治工程，建设特色小镇和美丽家园；等等。这些方面都将成为新的就业增长点，既需要普通劳动力，又需要高素质人才，有着广阔的就业空间。

三是紧密结合发展县域经济和新农村建设，发展为"三农"服务的各类服务业，拓宽就业门路。在新的历史条件下，县域经济和新农村建设有广阔的发展潜力和就业空间。要切实转变到大城市打工才算就业的传统观念，把就业视野转到发展县域经济上来，紧密结合实施中央关于推进农村改革发展的决定，在强县扩权，发展县域经济中，通过发展为"三农"服务的农业技术推广、农产品加工、农产品质量监督、动植物疾病防控、农业机械设备维修、农产品流通与销售、城乡建设规划、土地流转中介、金融信贷等各类服务业，开拓新的就业空间和就业岗位。这些岗位需要大量的各类人才。各级政府应当根据各地县域经济发展的实际，招商引资，发展为"三农"服务的各类专业化公司；或积极引导返乡的农民工和大中专毕业生创办各类专业合作社或公司，参与各类基础设施建设和各类服务业的建设，在促进经济发展中扩展就业空间，拓宽就业门路，就近就地解决自身的就业问题。

四是紧密结合加快城乡经济社会一体化建设，扶持中小企业发展，努力增加就业岗位。县域经济不是封闭的，而是现代开放市场经济的一个支点，是城市化进程中吸纳农村劳动力的一个重要依托，是中小企业发展的摇篮。广东省中小企业是吸纳就业的主体。在加快省直管县、强县扩权、增强县域发展能力，推进城乡一体化建设过程中，各地都应根据当地资源禀赋和特色，扶持发展各类中小企业。目前，广东省已出台促进中小企业平稳健康发展的若干政策，加大对中小企业财税、信贷等方面的扶持力度，帮助中小企业生存与发展壮大。各级政府必须抓住这个契机，着力在解决中小企业面临的困难和促进中小企业发展的过程中，采取有效措施，增加就业岗位，以吸纳更多的农民工就业，实现扩大就业的目标。

五是紧密结合发展县域经济，切实营造宽松的创业环境，大力扶持创业，以带动就业。目前广东省经济社会发展正处于推进城乡经济一体化和产业升级的关键时期，在金融危机的影响下，发展县域经济机遇大于挑战。我们应当抓住当前的发展机遇，化外部压力为内部动力，紧密结合发展县域经济，着力制定促进创业的政策，在创业培训、市场准入、场地安排、税费减免、小额担保贷款及贴息等政策扶持和创业服务方面，积极营造宽松的创业环境，激发创业热情，提升创业能力，鼓励各类人才大胆创业。

特别是积极引导农民工返乡创业，鼓励大学生抓住发展县域经济的机会大胆创业，发展壮大民营经济，通过创业开拓新的就业领域，带动更多的人就业。同时，对已开办的企业，要坚持实行优惠政策，减轻企业负担，营造宽松的发展环境，稳定就业岗位。要重点是抓好"五缓、四减、三补"政策的落实。五缓，即在确保年度内社会保险待遇按时足额支付、社会保险基金不出现缺口的前提下，对暂时无力缴纳社会保险费的困难企业经审核批准后，可缓缴五项社会保险费。四减，即在确保参保人员社会保险待遇水平不降低、保证社会保险制度平稳运行、保持基金平衡、基金不出现缺口的前提下，可适当降低城镇职工基本医疗保险、失业保险、工伤保险、生育保险的费率。三补，即使用失业保险基金为困难企业稳定岗位支付社会保险补贴和岗位补贴，以及使用就业专项资金对企业职工开展岗位培训给予补贴等，在促进企业发展中增加就业岗位。

除了从以上五个方面积极开拓就业空间外，各地还要继续坚持实施各项积极的就业政策，重点做好农民工、高校毕业生等五大就业困难群体的就业工作；对在农村基础设施岗位、公共事业建设岗位就业的人员，如工资水平过低，政府可采取以工代赈、岗位补贴等方式，予以扶持和引导；要继续充分发挥各类职业教育培训机构的作用，切实加强各种职业技能培训，提升劳动者的劳动技能和择业创业能力；要继续拓展大中城市的就业空间，重点发展现代服务业，并向县域经济延伸扩散，以带动就业。总之，只要转变就业思路，努力开拓新的就业空间，挖掘新的就业增长点，我们就一定能够化危为机，解决好当前的就业问题，为促发展保稳定做出新的贡献。

第六节　关于发挥经济园区促进就业的对策建议[①]

经济园区是伴随着不断增强区域经济发展后劲的需要而应运而生的一种新的发展模式，是一个实现资本、技术和人才的最佳结合，提高产业竞争力的场所。经济园区发展与人力资源配置密切相关。针对目前我国经济园区在吸纳就业方面存在的问题，笔者认为，要充分发挥经济园区促进就业的积极作用，必须从加强经济园区自身建设和大力开发人力资源，使之

[①] 本文是笔者于2014年12月参加中国就业促进会"关于发挥经济园区促进就业作用的初步研究"课题组负责撰写的第三部分，收入本书时有删节。

主动适应经济园区发展要求两个方面着手，采取积极有效的措施，促进人力资源与产业经济的合理有效配置。

一、充分发挥政府主导作用，切实加强统筹规划，促进经济园区与城镇化建设协调发展，实现园区产业发展与人力资源配置相适应

我国的经济园区是适应产业转型升级，建立现代产业体系的客观需要而创建的，类型多，涉及面广。各地要充分发挥政府的主导作用，坚持科学规划、产城融合、亲商服务、区域一体、环境友好、以人为本、促进就业的理念，把园区规划与就业规划结合起来，把园区建设与土地集中利用、城镇化布局、产业集中转移升级、劳动力转移配置、社会经济协调发展等方面结合起来。特别是园区的选址建设，应当与推进城镇化建设、人口规划结合起来，统筹规划，合理布局。原则上，应当在大中城市或规模较大的县城城镇的郊区，划出一定规模的土地建设经济园区，把分散于城市中的工业企业集中迁移至有环保设施的经济园区，集中生产，以减少城市工业废弃物的产生，增强城市的生态功能；扩大城市发展空间和增强吸纳农村劳动力转移的能力。同时，要充分发挥市场的引导作用，通过招商引资重点发展高技术企业或战略性新兴产业，在园区中形成具有技术优势或地方特色的产业群，主要负责开展产品研发和生产制造。城市的主要功能是发展现代服务业，为园区发展提供人力资源开发等各类服务，从而最终形成产城融合，区域一体，人力资源与生产资料合理配置、共同发展的新格局，形成区域经济协调发展的新格局。

二、加强综合配套，建设宜居环境，增强园区企业吸纳就业的吸引力

不论是经济园区还是城市建设，都应当坚持以人为本、互动共赢的发展理念。园区建设必须协调处理好园区经济发展与民生就业的关系。园区作为研发和生产的载体，应当按照现代产业园区建设标准，加强交通、通信、现代物流、环保生态等方面的基础配套建设，既为现代化生产提供便捷、高效的服务，又为劳动者就业和工作提供优美、方便的工作环境。作为为园区生产、科研服务的城市，应当通过科学规划，完善管理，创造优

第五章　创新：实行积极的就业政策

美的生态宜居环境，大力发展教育文化、医疗卫生、金融商贸、社会保障、就业服务及各类相关的公共服务业，大力发展与园区对接的交通、通信、物流、环保等优质生活环境，打造一小时生活、工作交流圈。深化户籍制度改革，放宽户口迁移限制，实现户籍随职业变换自由流动迁移；实施人才安居工程和农村劳动力转移就业工程，由政府牵头规划，引导社会力量或园区企业投资建设一批专门用于招聘或引进参与园区建设的专家人才公寓和被征地农民的安居公寓。通过宜居城市建设，在经济园区周边形成较强的人口集聚效应，从而吸引人才，集聚劳动力，源源不断地为园区建设提供充足的人力资源支撑。

三、采取有力措施，积极培育经济园区新的产业增长点，扩大就业空间

产业增长点既是园区经济发展的重要支撑，又是吸纳就业的增长点。各地政府和各类经济园区都应当坚持从战略高度出发，结合本地实际，采取各种有力措施，建立技术创新服务平台，推动技术研发和创新创业，运用先进技术，积极培育经济园区新的产业增长点。

一是要进一步建立和完善技术创新服务平台，依托园地主导产业，加强与行业协会、高校或科研机构的合作，共同建立国家或省级工程技术研究院（所）、实验室或研发中心等，引进高层次、高技能人才和创新团队，建立产业技术创新战略联盟、完善政产学研合作机制，大力开展具有先导性、战略性的技术创新和研发，并推动科研成果及时转化为现实生产力，从而快速形成新的经济增长点。二是鼓励企业创建技术或产品研发中心，借助高校、科研机构和国家重点实验室，建立稳定的技术合作关系，结合本企业实际，开展前瞻性、原始性的技术、产品和工艺创新研究，并将其成果投入生产，打造品牌，形成新的经济增长点，以吸纳就业。

四、整合各项创业扶持政策，促进创业带动就业

首先，鼓励各经济园区率先把大学生创业扶持政策、政府审批制度改革、扶持小微企业发展、社会征信体系建设等政策整合起来，对进入园区创业的各类人员给予小贷贴息、税费减免、场地支持、项目推介等各项综合性扶持。其次，要在经济园区建立创业孵化基地和创业服务平台，吸引

科技人员和高校毕业生带着项目进入园区创业孵化基地,或者通过市场推介,让有意创业的人员筛选优质项目入园孵化。园区通过加强软硬件、技术平台、中介服务、导师辅导、创业培训等体系建设,加强重点项目培育,集中资金重点扶持,帮助重点企业发展壮大,以带动就业。再次,按照国家战略性新兴产业发展的布局要求,着力在电子信息、新能源、新材料、生物技术、节能环保、健康养生等新的领域,培育出一批技术能力强、市场分量大、有国际影响的新型企业,政府从投融资技术和服务等方面给予支持,加快形成一批新的经济增长点,以扩大就业空间,增加就业容量,从而更好地带动和促进就业。

五、深化教育培训制度改革,着力培养适合园区发展需要的各类职业人才

各地要认真学习贯彻党中央、国务院《关于加快发展现代职业教育的决定》,结合经济园区产业转型升级和发展需要,进一步深化职业教育改革。首先,着力调整教育区域结构,改变在某些大城市集中办职教城的做法,切实按照区域协调发展的要求,在规模较大的经济园区建立若干所中职、高职和本科院校,着力培养适合园区产业发展的各类高素质职业人才。其次,着力打通"一个通道",增强职业教育的吸引力。打通中职与高职、职教与普教相互衔接贯通的人才成长通道,满足各层次技术技能人才的教育需求和职业生涯发展的需要,增强职业教育和经济园区的吸引力。再次,着力抓好"五个对接""三种模式",提高人才培养质量。各地要引导园区企业与职业院校加强联系,把教学活动与生产实际、技术开发、推广应用紧密结合起来。重点实施"校园对接产业园"工程,抓好园区产业需求与学校专业设置、专业课程与职业(岗位)标准、教学过程与生产过程、毕业证书与职业资格证书、职业教育培训与终身学习"五个对接",培养适合产业发展要求的职业人才。大力推广"三种模式",即校企合作、产学研协调创新、远程网络教育等新型教学模式,运用灵活的教学方式,着力培养适合园区发展需要的各类实用型、技能型职业人才。鼓励企业大力开展职工岗位能力培训,把对员工的培训投入变成员工的福利,形成终身学习、人人成才的制度,以适应园区发展对各类人才的需要。

第五章　创新：实行积极的就业政策

六、进一步完善促进园区就业的扶持政策，实现园区产业与人力资源的有效配置

要把发展园区经济和解决园区招工难、留人难问题，纳入各级党委政府和园区管理部门工作目标责任制的考核内容，引导各地根据国家促进高校毕业生就业的基本政策，制定园区招工用人的扶持政策。第一，要全面落实国家关于促进高校毕业生就业的各项扶持政策，鼓励园区企业和科研机构聘用高校毕业生参与重大科研项目，引导高校毕业生向园区流动就业。第二，允许园区企业参照国家促进高校毕业生就业政策，招用中等职业学校毕业生，特别是适合企业发展需要的中、高级技能人才；鼓励企业吸纳各类就业困难群体，特别是向非农产业转移就业的农村劳动力，对符合条件的给予社保、岗位补贴。制定鼓励城乡劳动者就近就地就业的政策，特别是鼓励农村劳动力就近就地转移就业，由政府给予培训就业补贴。第三，鼓励园区企业增加技术研发、人才引进等方面的投入，建立人才引进和毕业生实习见习基地，以便挑选适合工作岗位需要的职业人才。第四，要设立园区突出贡献奖，对做出突出贡献的优秀人才可破格评定专业技术职称；对有重大贡献者给予重奖。第五，进一步完善企业劳动合同制度，如实告知招聘条件、工作环境和合理确定工资待遇，依法缴纳社会保险，通过平等协商，合理确定劳动（聘用）合同期限，以便吸引人才、使用人才、留住人才，提高各类劳动者在园区就业的稳定性。

七、进一步完善园区公共就业服务平台，提升人力资源综合配套服务能力

规模较大的经济园区应当建立统一规范的公共就业人才服务机构，打破人力资源市场分割的局面，搭建人力资源公共服务平台，采取多种形式，为园区劳动力供求双方提供优质、高效、便捷的服务，包括建立招聘信息网络，提供就业政策咨询、开展就业指导和职业培训，举办招聘服务活动、简化招聘手续，办理档案托管业务等。规模较小的经济园区，应当依托当地的公共就业人才服务机构或民办人力资源服务机构，开展紧密合作，全方位开展就业（创业）指导、职业培训、职业介绍、人才招聘、政策咨询、劳务派遣、人事代理等各项服务，以满足园区用人单位的需要。此外，要

鼓励园区发展各类民营人力资源服务业，与园区企业建立战略合作伙伴关系，运用市场机制，开发人力资源，提高劳动者的职业素质，促进优化配置，以实现园区产业发展与人力需求的有效对接。

第七节　努力创建适应市场就业需要的新型服务平台①

根据中央和省再就业工作会议精神，我们很有必要认真研究《广东省职业介绍管理条例》颁布以来，广东职业介绍服务工作面临的新情况、新问题，提出新时期职业介绍服务工作的目标任务和要求。

一、近年来广东省职业介绍服务事业发展现状

职业介绍是劳动力市场的主要纽带和桥梁，是用人单位择优录用和求职者选择职业的结合点，承担着培育和发展劳动力市场、促进就业的重要职责。职业中介服务事业的发展程度，直接影响着劳动力市场的培育和发展。党的十四大正式确定建立社会主义市场经济体制的目标以来，广东省的职业介绍事业得到了迅速发展。特别是近年来，全省各地认真贯彻省人大颁布的《广东省职业介绍管理条例》，职业介绍服务事业发展迅速，规模不断扩大，服务功能不断完善，服务工作逐步走向规范化，为广东经济发展和社会稳定做出了积极贡献，主要表现在以下四个方面。

（一）职业介绍服务体系基本建立

近年来，为了加快培育和发展劳动力市场，促进就业和再就业，广东省各地把建立和发展职业介绍机构作为一项重要任务来抓，使职业介绍服务组织得到稳定、快速、健康发展。据统计，至 2001 年年底，全省职业介绍服务机构达到 1369 所，比 2000 年增加了 14 所。其中，劳动保障部门举办的公益性职业介绍机构 923 所（含县级以上劳动保障部门举办的公益性职业介绍机构 196 所，乡镇街道办的有 727 所），从业人员约 4000 人；非劳

---

① 本文写于 2002 年 11 月 7 日，原题目为《以促进就业为目标，努力开创职业介绍服务工作新局面》，是笔者受方潮贵厅长委托，在 2002 年 11 月召开的全省职业介绍服务工作座谈会上的讲话。收入本书时有删节。

动保障部门举办的各类经营性职业介绍机构446所；此外，还有境外就业中介机构3所。从总量上来看，2001年全省职业介绍机构比1994年的1351所增加了18所；从结构上看，劳动保障部门举办的公益性职业介绍机构从1994年的1061所下降到2001年的923所，非劳动保障部门举办的职业介绍机构从1994年的290所上升到446所，结构趋向合理。目前，全省已建立起省、市、县（区）、乡镇（街道）四级职业介绍服务机构，基本形成了以劳动保障部门所属的公益性职业介绍机构为主、以社会举办的经营性职业介绍机构为补充、结构比较合理的职业介绍服务体系。

（二）职业介绍服务领域不断拓宽，服务功能逐步完善

各地举办的职业介绍机构本着为用人单位和劳动者服务的宗旨，打破地域和身份界限，不断扩展职业介绍服务范围。从地域来看，服务范围从过去仅限于为城镇劳动者就业服务，扩大到农村甚至国外；在城镇，服务范围也逐步向社区延伸。从服务对象来看，从过去仅限于为城镇用人单位和劳动者提供服务，扩大到为所有用人单位和个体雇佣者、家庭雇佣者及灵活就业者提供服务，如为家政服务员、钟点工提供中介服务等。在扩大服务范围的同时，广东省职业介绍的服务功能也不断扩大，特别是公共职业介绍机构，由过去单纯的职业介绍，逐步向就业登记、职业介绍、职业指导、信息咨询、劳动保障事务代理、跨地区劳动力交流等"一条龙"服务方向发展。据不完全统计，2001年全年共提供职业介绍服务320万人次，其中下岗失业人员67.97万人次，介绍成功120万人次；为下岗失业人员提供职业指导服务210万人次，劳动保障事务代理30多万人，较好地发挥了服务市场和促进就业的功能。

（三）职业介绍服务机构的基础建设明显加强，服务手段逐步改善

在各级政府和劳动保障行政部门的高度重视和大力支持下，广东省职业介绍服务机构的基础设施建设有了明显改善。1998年以来，全省投入劳动力市场建设经费达2.95亿元，其中各级财政拨款达1.87亿元，省财政也拨出了4800万元扶持困难地区劳动力市场和职业介绍场所建设，从而加快了广东省职业介绍的科学化、规范化、现代化建设步伐。据统计，到2002年6月底，全省有18个地级市和近40个县（区）建成新的公共职业介绍服务场所和信息局域网，如广州、佛山、番禺等市、县的场地达几千平方米，

90%以上市、县的公共职业介绍机构实现了前台电脑化管理和服务。国家确定的劳动力市场"三化"建设试点城市（即广州、深圳、汕头、珠海、佛山、湛江等市）通过网络收集与发布劳动力供求信息，并定期向省监测中心和劳动保障部上报劳动力供求信息状况分析情况，发挥了试点城市的示范和辐射作用。此外，广东省还组织开发了劳动力市场管理统一软件，广州、佛山、汕头、阳江、江门、湛江、惠州7个市首批使用了省统一软件，并初步实现与省联网，使职业介绍服务的手段得到明显改善。

（四）职业介绍服务的标准和程序逐步走向规范

经过几年的努力，广东省出台了包括《广东省职业介绍管理条例》《广东省流动人员劳动就业管理条例》在内的一系列地方法规。以地方法规的形式明确了政府发展公共职业介绍事业的责任，同时对职业介绍机构的性质、类型、设立程序、业务范围、队伍建设、管理内容、违章处罚等方面，都做了具体的规定，这些法规已成为当前广东省规范和发展职业介绍服务事业的法律依据。上述条例颁布以来，广东省又先后制定了《关于贯彻执行〈广东省职业介绍管理条例〉若干问题的意见》《广东省公益性职业介绍机构经费管理暂行办法》等配套政策，并协调省物价部门制定了职业介绍中介服务收费项目和标准，这些政策性文件提出了职业介绍主要业务的服务标准和程序。在上述政策法规的指导下，各地进一步提出了职业介绍服务的具体标准和运作程序。例如，广州市颁布了《广州市劳动力市场管理条例》，汕头市颁布了《汕头经济特区劳动力市场管理条例》，深圳市政府下发了加强劳动力市场管理的通知，其他地市也对加强劳动力市场管理、规范职业介绍服务等制定了许多有效措施，使广东省劳动力市场和职业介绍服务工作初步进入规范化、制度化发展的新阶段。

总的来说，职业介绍服务作为市场就业服务体系的一个重要组成部分，作为市场就业机制运行的主要载体，近年来在培育和发展广东省劳动力市场、促进用人单位和求职者的双向选择，促进下岗失业人员的就业和再就业等方面，都发挥了十分重要的作用。

但是，形势在不断发展，在新的形势面前，广东省职业介绍服务工作还存在着不适应形势发展要求的地方，突出体现在以下五个方面。①基础工作有待加强。《广东省职业介绍管理条例》颁布后，部分市县没有及时落实公益性职业介绍机构人员编制和经费，在新一轮的机构改革中，有的地方仍没有按《广东省职业介绍管理条例》的要求设立公益性职业介绍机构。

②为供求双方提供方便、快捷服务的职业介绍服务平台尚未建立，服务功能不完善，不能适应市场经济发展的要求；部分公益性职业介绍机构介绍成功率低，有些地方出现有场无市、市场占有率低等问题。③职业介绍服务手段落后，主要表现在职业介绍信息网络建设进展缓慢，造成整体服务水平不高，影响了服务的质量和效率。④职业介绍服务程序和市场运行秩序有待进一步规范。其突出表现在职业介绍机构的服务标准和程序尚未完善，有些尚未制度化；一些非劳动保障部门举办的职业介绍机构提供的信息不准确、乱收费、服务态度差等问题比较严重，甚至存在一些职业介绍机构与不法分子勾结，发布虚假信息坑骗求职者的现象。⑤职业介绍从业人员整体素质有待进一步提高。有的从业人员业务素质较低，难以对求职者进行有效的业务指导；有的从业人员未经培训考核便上岗，不利于效率和质量的提高，不适应形势发展的要求。

产生上述问题的原因是多方面的，既有体制转型期因素的影响，也有我们本身工作不到位的原因。我们既要充分肯定成绩，看到职业介绍服务工作的发展前景和有利因素，增强做好职业介绍工作的信心和责任感；又要清醒地看到存在的问题和困难，寻找解决问题的对策和办法，从而把职业介绍工作做得更好。

二、当前职业介绍服务工作的指导思想和任务

近年来，随着广东省经济结构调整力度加大，企业改革进一步深入，受技术进步、城市化进程步伐加快等因素影响，广东省就业压力增大，结构性失业问题日益突出。据统计，2002年第三季度，广东省城镇登记失业人数达36.2万人，失业率首次达到3%的水平，达到了近20年来广东省城镇登记失业率的最高点。面对新的形势，在最近召开的全省再就业工作会议上，省委、省政府按照中央的部署，明确要求各地要将扩大就业和促进再就业工作作为今后一项长期的战略任务和重大的政治任务，摆上重要位置，坚持不懈地抓紧、抓好。职业介绍是促进就业和再就业的最直接的服务手段。中央和广东省委、省政府要求各级要根据劳动力市场变化和产业结构调整的需要，建立公共就业服务制度和再就业援助制度，并对发展职业介绍事业提出新的更高的要求。当前发展职业介绍事业总的指导思想是：以江泽民"三个代表"思想为指导，全面贯彻、落实中央和广东省再就业工作会议精神和《广东省职业介绍管理条例》，围绕促进就业和再就业工作

目标,加快建立公共就业服务制度,完善服务功能,改善服务手段,提高人员素质,健全服务规则,加强市场管理,提高服务质量和效率,力争到2005年在全省建立起公益性与经营性相互补充、覆盖城乡、布局合理、网络互联、优质高效的职业介绍服务体系,公共职业介绍服务市场占有率为40%以上,介绍成功率达到40%。

为实现上述目标,当前我们要重点任务是做好"六个抓"。

(一)抓好"一站式"就业服务平台建设,擦亮职业介绍服务窗口

中共中央、国务院最近下发的《关于进一步做好下岗失业人员再就业工作的通知》(中发〔2002〕12号文件)明确提出:"在各级公共职业介绍机构中,要实行求职登记、职业指导、职业介绍、培训申请、鉴定申报、档案管理、社会保险关系接续'一站式'就业服务。"这是中央、国务院首次对职业介绍服务工作提出明确的要求。对此,我们要坚决贯彻执行。就业是解决"饭碗"的基本途径,是生存的第一需要,而职业介绍正是满足群众这一需要的最直接的服务手段。因此,无论在服务功能还是工作方法上,职业介绍都应体现方便群众、服务群众、公正公平这一基本原则。否则,职业介绍事业就无发展可言。公益性职业介绍机构,既是我们劳动保障部门的就业服务窗口,也是政府为群众服务的窗口,其工作开展的好坏、便民服务的程度,直接关系到劳动保障部门和当地政府在人民群众中的形象。因此,各地要高度重视,要将建立"一站式"就业服务平台作为我们转变工作作风、为民办实事、努力实践"三个代表"的具体行动,作为提升就业服务整体形象的一件大事,按照中发12号文件精神切实抓紧抓好。所谓"一站式"就业服务,就是把各种就业服务功能,集中在一个服务大厅(楼),为劳动力供求双方提供方便、快捷和优质的服务。县以上劳动保障部门都要建立"一站式"就业服务工作平台,成为直接为社会服务的窗口,有条件的市、县要把"一站式"就业服务平台向街道(社区)、乡镇延伸,构建立体式的"一站式"就业服务平台,从而提升就业服务的整体形象。

(二)抓好就业服务信息化建设,努力提高职业介绍现代化水平

就业服务信息化建设,不仅是职业介绍工作适应新形势的要求,更好

地完成新时期促进就业任务的迫切需要,也是全省劳动力市场信息化建设的突破口和核心内容,必须作为当前一项重点工作抓紧抓好。广东省组织开发的劳动力市场软件共有9个功能模块,其中职业介绍是其核心内容。我们要求:首先,各地要加快职业介绍服务信息联网,并以此为突破口,推动全省劳动力市场信息网络建设。按照省委省政府的要求,广东省要在2003年建成覆盖省、市、县和部分街道(乡镇)的劳动力市场信息网络。当前,大部分地级市和部分县(市)已依托职业介绍机构建成劳动力市场信息局域网,广州等7个市已率先实现与省联网。下一步的任务是,在进一步完善本地网络硬件建设的同时,加快全省联网步伐。总的要求是:地级市最迟应在2003年5月底前,全面使用全省劳动力市场统一软件,并通过全省政府专网(即"九运网")实现职业介绍子系统与省联网,同时实现与两个以上的县区联网;珠江三角洲各市和省给予资金补助的市、县,应同时实现与部分街道(乡镇)联网。各地要按照上述要求,制订具体的实施方案,明确进度安排、联网方案、使用全省软件时间、保障措施、方案实施责任人,准备在年底前与省联网的市,应于2002年11月底前将情况报省厅培训就业处,今后每月15日前要向省厅报告方案执行情况,对未能完成进度的,要做出说明并提出改进措施。各市联网工作执行情况将作为今后广东省安排劳动力市场建设资金的主要依据。落实不好的地方,广东省将视情况减拨或不拨补助资金。二是要充分利用信息网络开展职业介绍服务工作。建网的目的在于应用,各地要在如何发挥信息网络作用上多下功夫、多做文章,像汕头市利用网络搞"网上职介一条街"的做法就很值得各地借鉴学习。如何充分利用信息网络?首先是在实际工作中要使用网络,凡是全省统一软件中已有的业务模块和功能,各地都要求工作人员熟练掌握和应用,并根据工作需要向省提出改进意见或开发新的模块和功能。同时,要抓好信息上网工作,这是信息服务的前提和关键。要建立专兼职信息员队伍,通过用人单位空岗申报、上门收集、有偿购买、委托招聘等多种方式收集岗位需求信息,通过求职登记和劳动保障管理各个环节,利用统计、公安等部门资料和新闻媒体等渠道收集劳动力供给信息,并全部录入上网。三是要建立"信息公开、资源共享、利益分享"的制度,采取有力的措施打破目前信息封闭的局面。各地都要保证信息及时全部上网,真正在联网范围内做到"一点录入,全网无屏蔽查询",不得设置二次查询障碍。对信息公开共享后的利益分享问题,广东省将组织各地制定具体办法,也将给予一定补助。但在此之前,各地应从大局出发,先保证信息上网公开,否则全省联网就失去意义。另外,要建立信息分析发布制度,各市在 2002 年年底前都要按部里要求,建立劳动力市场供求状况季度分析发布制度,按季度报省职介中心,并逐步开展全省劳动力供求信息收集、分析、评估、发布和预测预报工作。四是抓紧建立下岗失业人员信息库。这是贯彻中央和广东省再就业工作部署的一项紧迫任务。省厅将根据下岗失业人员再就业工作要求,在劳动力市场统一软件的基础上增加开发下岗失业人员管理和再就业资金管理内容。各地要抓紧时间开展下岗失业人员情况调查,并录入劳动力市场信息系统,为做好下岗失业人员再就业工作打好基础。

(三) 抓好就业服务队伍建设,夯实工作基础

方潮贵厅长在全省劳动保障局长会议上强调指出:"要加强县级以上劳动就业服务机构建设,努力争取有关部门支持,解决好公益性职业介绍机构人员编制和财政拨款的问题,街道和社区工作机构是劳动保障部门直接为群众服务的窗口,各地一定要抓好落实,形成比较完善的基层劳动保障工作平台。"我们希望,各地要乘中央和省再就业工作会议的东风,按照《广东省职业介绍管理条例》规定,积极向当地政府反映,落实公益性职业介绍机构的人员编制和业务经费。据了解,美国、法国和德国就业服务部门工作人员,分别占其就业人员的 1.6%、1.7% 和 2.5%。我们不可能有那么高的比例,但也要积极争取。珠江三角洲及其他有条件的地区,要将职业介绍业务向街道、社区和乡镇延伸,并建立起三支业务工作人员队伍。一是建立一支专业的职业介绍工作队伍。要按照《广东省职业介绍管理条例》和国家《招用技术工种从业人员规定》的要求,实行职业介绍工作人员持从业人员资格证上岗的制度。要采取竞争上岗的形式,将一批懂政策、能力强、业务熟、有服务意识的人员调整到公益性职业介绍机构中来,充实职业介绍队伍。二是建立一支职业指导人员队伍,积极开展职业指导服务工作。县以上公益性职业介绍机构都要开设职业指导窗口,地级市以上公益性职业介绍机构要设立专门的职业指导室,配备专兼职职业指导人员,通过职业指导,转变劳动者的就业观念,提高职业介绍的整体服务质量和效果。各地要高度重视和支持职业指导员培训和考核鉴定工作,要分批对现有的业务骨干进行职业指导培训,尽快改变广东省专职职业指导人员短缺的现象。三是建立一支信息技术人员队伍,提高职业介绍的信息化水平。

（四）抓紧建立和完善就业援助制度，切实承担政府公共就业服务职能

开展困难群体就业援助，是市场经济条件下政府对社会提供公共服务的重要内容。公益性职业介绍机构要责无旁贷地承担起这一重要职能，这也是公益性职介机构服务就业的重中之重。中央和广东省已经对建立再就业援助制度提出明确要求，全省公益性职介机构要把它作为一项重点工作，坚持不懈，切实抓好。要尽快摸清大龄再就业困难人员的数量，准确掌握其下岗失业的原因、家庭状况、技能特长、择业愿望、转业转岗培训要求等情况，逐人登记造册，实行"人盯人"管理和重点服务。对符合条件的大龄特困下岗失业人员要及时发给《再就业优惠证》和《再就业援助手册》，并组织其学习国家和广东省再就业扶持政策，鼓励大龄再就业援助对象树立信心，积极配合政府的援助行动，尽快实现再就业。要制订和落实对困难人员"一帮一"计划，并实行跟踪服务。针对每个困难人员的情况提供个性化的援助，提高再就业困难人员的就业成功率。要大力开发一批社区公益性岗位，掌握机关事业单位对服务人员的需求情况，对不挑不拣的人员承诺在一定时间内安排就业。要落实社会保险补贴和岗位补贴资金，鼓励企业招用大龄困难人员。要提供政策咨询、职业指导、劳动保障事务代理、社会保险接续等援助，引导和帮助就业困难群体通过采取多种灵活方式就业。

（五）抓规范管理，提高服务质量

各级劳动保障部门要贯彻落实《广东省职业介绍管理条例》中的有关规定，重点落实好职业介绍机构许可和从业人员资格证制度，加快建立完善招聘信息发布、劳动力交流集市、劳动保障事务代理审批制度。各地要严格执行劳动保障部印发的《职业介绍服务规程》（劳印发〔1998〕1号，以下简称《规程》），按照《规程》规定的服务标准和服务程序，为用人单位和劳动者提供规范化、标准化的职业介绍服务；各类职业介绍机构要建立优美的内部服务环境，按规定公开有关证照，公开服务规程和服务标准，公开办事制度，使用统一的服务标识，逐步塑造广东省职业介绍服务文化，提高职业介绍服务形象；各地要逐步建立完善目标管理和服务工作责任制，加强对职业介绍机构市场化的管理。要通过下达服务工作任务合同书的形式，确立公益性职业介绍机构年度服务的目标和任务，主要包括经费收支、

介绍安置下岗失业人员数量,特别是长期失业人员和其他就业困难人员的数量和比例,以及其他劳动力保障事务代理、职业指导、跨地区劳动力交流等业务开展的数量、质量;要将目标和任务完成情况与职业介绍经费拨付、职务和工作变动等挂起钩来,提高公益性职业介绍机构在开拓市场、提高服务质量的积极性和创造性;要在实行目标管理和服务责任制的基础上,参照国家和广东省劳动力市场"三化"建设的评估体系,制定和建立广东省职业介绍服务评估制度,并逐步建立劳动保障部门举办的公益性职业介绍机构等级评估管理,通过等级管理制度,树立良好的信誉和社会形象。此外,要加强对社会经营性职业介绍机构的管理,打击非法职业中介。要将就业准入、职业介绍服务争议处理和监察作为劳动争议和监察督导工作的重要补充,建立相应的职业介绍服务争议处理和监察制度,查处职业介绍服务中发生的违规行为,保护劳动者、用人单位和职业介绍机构的合法权益。

(六)抓好资金筹集和使用管理,为职业介绍服务工作提供有力支持

落实好业务经费是做好职业介绍服务工作的保障。对此,国家和广东省都出台了一系列政策,对职业介绍经费规定了多个来源渠道。现在关键是用好用足这些政策,保证资金落实到位。一是要抓住贯彻中央和广东省再就业工作会议的有利时机,按照《广东省职业介绍管理条例》的规定,把公益性职业介绍机构的经费纳入本级财政预算。二是抓紧时间制定贯彻广东省政府《失业人员职业介绍和职业培训补贴办法》的具体办法,从失业保险基金中划拨职业介绍补贴,这是职业介绍经费的一个稳定来源。三是按照中央和广东省委省政府的要求,在再就业专项资金中安排城镇登记失业人员和国有企业下岗职工的免费职业介绍补助资金。四是劳动力市场建设资金。上述资金落实到位,纳入财政预算。职业介绍服务工作的经费应该说是比较充足和稳定的。为保证广东省劳动力市场补助资金发挥更大作用,并有利于各地争取资金,今后广东省划拨补助资金将与各地财政安排的资金数量相挂钩,请各地积极向当地政府和财政部门反映,争取更多的资金。对争取到的资金,要专款专用,要制定资金使用按理办法,使资金的使用与工作实绩挂钩,提高资金使用效率。此外,各地还要根据《职业介绍管理条例》的规定,积极拓展劳动保障事务代理、职业能力测评、组织跨省劳务交流等经营性服务项目,补充公益性服务的经费缺口。

第五章 创新：实行积极的就业政策

职业介绍事业是一项社会公益性事业，也是一项大有作为的事业。在新的历史发展阶段，我们要进一步转变思想观念，改善传统的以营利创收为主的思想观念，树立以公益性服务为主的服务意识，以促进就业为目标，以服务大众为宗旨，以帮助就业困难群体就业为重点，坚定信心，与时俱进，积极开拓，努力开创广东省职业介绍服务工作的新局面，以优异的成绩向党的十六大献礼。

第八节　经济增长放缓对广东就业的影响及对策建议[①]

近年来，受国内外有效需求不足、投资下降、企业经营困难等多重因素影响，我国经济下行压力明显加大，经济增速放缓，这对劳动就业产生了直接的影响。如何把握当前和今后一个时期的经济走势，及早谋划，采取有效措施，积极做好稳就业工作，这对于稳增长、促转型、保稳定都具有十分重要的意义。

一、经济增速放缓对就业影响的分析和判断

改革开放以来，我国经济经历了近30年的高速增长。2007年，我国经济增长速度高达14.2%；2008年国际金融危机爆发后，当年我国GDP增速下降至9.6%。随后这几年经济增长呈现震荡徘徊态势，2012年预计增长率为8%左右。这种经济增速放缓的态势究竟会对劳动就业产生怎样的影响？这种影响会不会持续下去？目前，社会上一些专家学者对就业形势的判断基本上有两种观点：一种观点认为国家经济下行对就业的影响不明显，属于正常范围的结构调整；另一种观点则认为经济下行对就业的影响已开始显现，如果今后经济增长幅度仍在8%左右持续一段时间，那么经济增速放缓加上产业结构调整步伐加快等因素的叠加影响，对就业形势的影响势必逐步深化。笔者倾向于后一种观点，主要是基于以下判断。

---

① 本文写于2013年，主要针对国际金融危机爆发后我国经济增长放慢的新形势，提出了转换就业工作指导思想，促进素质就业和提高就业质量的建议。

(一) 当前经济下行对就业形势的影响已开始显现

从总体来看，由于受多种因素影响，我国 2012 年 1～9 月份经济增速放缓，GDP 增长 7.4%，明显低于 2002—2011 年 10.6% 的季度平均水平。城镇新增就业 1123 万人，略高于往年，城镇登记失业率为 4.1%，就业局势总体保持稳定，但城镇新增就业增长幅度从 4 月份以来呈逐月下降趋势。从地区来看，经济增长形成了新的格局，首先是北京、上海、广东、浙江等东部沿海 9 个省市，经济增长率低于 10%，就业岗位减少，增幅较 2011 年同期下降，开始出现部分民工回流现象；其次是中西部地区以及华北、东北地区经济增长率超过 10%，尤其是天津、重庆、贵州、四川、甘肃、陕西等省市 GDP 增长超过 13%，成为高增长地区，吸纳就业能力明显增强，于是出现了外出就业民工回流户籍所在地就业的情况。不容忽视的是，2012 年全国需就业的劳动力达 2500 万人，但当年的新增就业人数可能不超过 1300 万人，登记失业率可能有所上升。特别是高校毕业生就业难度加大，2012 年全国高校毕业生有 680 多万人，目前登记失业人数达 200 多万人。

从广东情况来看，2012 年三季度全省 GDP 仅增长 7.4%，低于全国平均水平 0.4 个百分点，增幅比 2011 年同期下降 2.8 个百分点，比年度预期目标（8.5%）低 1.1 个百分点，在全国排名倒数第三。特别是拉动经济增长的三驾马车——出口、投资、内需，均显疲态，企业成本上升，融资和经营困难，利润下降，致使部分企业开工不足甚至停产，导致新增就业岗位减少。尽管上半年全省新增就业 97.6 万人，完成年度计划指标的 81%，但是急需引起重视的是，新增就业总量比上年同期减少 17.1 万人，员工流失率达 11.5%，高于往年 2～3 个百分点，城镇登记失业率略有上升，市场即期求人倍率由 1.16 降为 1.05，外省民工出现回流现象。上述种种迹象表明，经济下行对就业的影响已开始显现。

(二) 如果我国经济增长速度在 8% 上下波动成为中长期趋势，那么经济增长放缓对就业影响的滞后效应将逐步深化

从经济发展的阶段性来看，我国经济经过 30 年来的高速增长，目前已经从"赶超阶段"过渡到"转型阶段"。在这个转型的过程中，经济发展速度从高速增长过渡到次高速或中速（即 8%～10% 区间）增长，是正常的，也是符合转型特征和经济发展规律的。现在的关键是，如果未来几年甚至更长一段时间，我国经济发展速度降低一个台阶，保持在 7%～8% 波动，

那么，它对就业将产生哪些影响？这是我们必须予以关注和及早考虑的。从经济增长与就业总量的相关性来看，经济增速放缓，必然缩小就业规模。可以预见的影响有：①经济增长放缓的滞后性效应，导致已经就业的人员因就业岗位减少而需要转业甚至失业；②新增就业岗位会减少，新成长劳动力的就业将主要依靠自然减员所腾出的岗位来吸收和消化；③就业的结构性矛盾将加剧，低素质劳动力就业难度加大，失业时间会延长。

（三）在经济增长放缓的大背景下，加快转方式、调结构、促升级，必然对就业产生深刻的影响

党的十八大报告提出，要实施创新驱动发展战略，推进经济结构战略性调整，并做出了一系列决策部署。推进经济结构战略性调整，是加快转变经济发展方式的主攻方向。转方式、调结构、促升级的主要任务是，通过着力发展战略性新兴产业和高新技术产业，逐步实现先进技术替代落后技术，先进的生产方式代替落后的生产方式，先进的生产力代替落后的生产力。在这个过程中，产业结构的调整和生产方式的转变必然要求就业结构进行相应的、深刻的调整。具体的表现是：用人单位对高技术、高技能劳动者的需求将明显增加，对低素质劳动力的需求将逐步减少；第一、第二产业对劳动力的需求将逐步减少，第三产业对劳动力的需求将逐渐增加；劳动形态将发生变化，主要是劳动时间会逐步缩短，休闲和学习时间将增加；就业方式也将发生变化，灵活就业和不充分就业将增加，稳定就业将受到冲击。上述变化将导致结构性失业和摩擦性失业增加，应引起高度重视。

（四）产业结构调整升级和经济增速放缓呈现区域性特征，这也将对就业局势产生一定影响

我国幅员辽阔，经济发展不平衡、不协调。从现阶段区域经济发展态势来看，全国经济发展呈现"东部不亮西部亮"的特征。据统计，2012年上半年，欠发达的中西部省份，如重庆、四川、贵州、河南等省市，国民生产总值增长率超过13%，明显高于全国平均水平。因此，近年来这些省市用人数量大增，仅重庆市就增长了39%。但东部沿海发达省市经济增速明显下降，用工数量同比明显减少。因此，预计今后几年内，在广东就业的部分外省劳动力将逐步回流到户籍所在地就近就地就业。这种情况虽然可以减轻广东的就业压力，但同时也可能导致部分企业招工难。从广东省

来看，区域经济发展不平衡，粤东、粤西、粤北工资水平低，难以引进和留住人才，导致发展高新技术产业受到制约、就业空间收缩、高校毕业生就业难等现象，应予以关注。

二、对策建议

面对就业形势的新变化，我国就业再就业工作的指导思想要来一个新的转变，即从过去片面追求就业数量规模转到适应转型升级需要，促进素质就业、稳定就业和体面就业上来；从单纯、被动的促就业转到鼓励创业带动就业上来。坚持在转方式、调结构中妥善处理好以下"三个关系"。一是充分就业与素质就业的关系。在保持充分就业的基础上，加大职业技能培训力度，提高劳动者的就业创业能力，促进素质就业，提升就业质量。二是处理好产业转型升级与促进就业的关系。产业转型升级有个逐步转换的过程，一般都会淘汰低端劳动力，减少用人，但也将开拓新的市场和新的就业领域。我们应当顺应这种变化，力求在转型升级过程中选择有利于扩大就业的经济社会发展战略，发挥政府投资和重大项目带动就业的作用，发挥先进制造业、现代服务业对高素质劳动力的吸纳作用，努力开拓新的就业增长点，提高就业质量。三是处理好鼓励创业、发展新兴产业与扩大就业的关系。坚持在实施创新驱动发展战略中，重点鼓励高校毕业生、高层次和高技能人才通过创新创业、创办高新技术企业，开拓新的就业领域，扩大就业空间，带动和促进就业。

根据上述指导思想，在我国经济总体上从"赶超阶段"过渡到"转型阶段"这一过程中，我们要按照党的十八大报告的总体部署，采取如下措施，全力以赴做好就业工作，实现更高质量的就业，保持就业局势的稳定。

（一）坚持在转方式中大力发展高新技术产业，努力开拓新的就业增长点

近年来，广东大力扶持发展战略性新兴产业和高技术产企业，创建产业转移园区和创业孵化基地，使知识、技术密集型企业出现了良好的发展态势，成为吸纳就业的新增长点。今后，广东应当抓住深入实施《广东省战略性新兴产业发展"十二五"规划》的有利契机，大力扶持发展七大领域的新兴产业，通过扶持新产业的发展，开拓新的就业领域和岗位，着力解决好高校毕业生的就业问题。

第五章 创新：实行积极的就业政策

（二）坚持在调结构中大力扶持发展中小微企业，扩大就业空间

据统计，我国中小微企业贡献了50%以上的税收、60%以上的GDP、70%以上的产品创新、80%的就业岗位。可见，中小微企业是扩大就业的主渠道。经济转型期是中小微企业发展的机遇期，大力发展中小微企业不仅是实现经济可持续发展的重要机制，而且是扩大就业的重要保障。各级政府应当着力营造良好的投资、营商环境，采取有效措施大力扶持发展中小微企业。一是改革审批制度为注册备案制，放宽或取消创办企业的诸多限制性规定，降低和放宽资本限制，允许不动产及无形资产作为注册资金；对一些科技型企业，取消其资本金限制条件；放宽注册场地限制，取消有关在住宅内不准办企业的规定；减少企业注册程序，缩短注册时间，减少创业成本，大力促进城乡居民创业，通过创业带动就业。二是加快建立完善中小微企业公共服务平台，取消不合理和不必要的监管设置，加强财税、金融、产业、科技、人社、就业等方面的政策协同与配合，重点提供信息咨询、就业、财税、研发、技术创新、人才引进等方面的公共服务，推动中小微企业向高、精、特、新方向发展，引导转型升级，扩大就业空间。

（三）坚持在促升级中大力发展各类服务业，拓宽就业领域

扶持发展各类服务业尤其是现代服务业是当前实现稳增长、调结构、促升级的重要内容。据统计，至2011年年底，我国三大产业就业结构为34.8∶29.5∶35.7。第三产业就业人员首次超过第一产业，成为吸纳就业的第一主体。当前和今后一个时期，广东要抓住深化社会管理体制改革和调结构的有利契机，大力发展各类服务业。一是要大力发展金融信贷、工业设计、现代物流、电子商务、信息服务、科技研发、商务会展、现代营销等现代生产性服务业。二是要抓住社会管理体制改革的有利契机，大力发展城乡教育、医疗卫生保健、就业培训、社保、法律咨询、社会福利等公共服务业；大力拓展社区新型服务业，包括社区文化、体育、娱乐、休闲、旅游等项目。三是继续发展酒店、餐饮、商业、交通运输等生活型传统服务业和家庭服务业。此外，要结合推进城市化，加快发展县域经济，引导劳动者特别是各类人才到中小城镇集聚，发展中小城镇公共服务业，拓展就业空间和领域。

（四）强化职业技能培训，全面提升劳动者整体素质和就业能力

当前我国教育结构不合理，劳动者整体素质与产业结构优化升级不相适应的矛盾十分突出，由此造成就业的结构性矛盾十分突出。各级政府应当树立人力资源是第一资源和终身教育培训的理念，加快构建满足劳动者终身学习的现代职业教育培训体系，加强对职业培训的统筹指导，充分发挥企业（行业）在职业培训中的主体作用，使广大劳动者都能得到有针对性的职业培训，不断提升职业技能水平。当前除了继续抓好就业前的职业教育外，还要突出抓好以下三类职业培训。一是下大力气抓好在岗职工职业技能培训，使其不断提升职业技能，适应企业转型升级需要，实现稳定就业、体面就业；二是要大力抓好转岗转业培训，对在产业结构调整升级过程中需要转换工作岗位人员，进行适应性、针对性的培训，使其掌握多种技能，适应转岗转业需要，避免产生结构性、摩擦性失业；三是加强对高校毕业生职业技能和实践能力的培训，主要是针对教育结构失衡、教育质量低、实践操作能力差的情况，抓好高校毕业生的实习见习培训、岗位适应性培训、操作技能培训和专业能力培训，使其更好地适应社会变革和就业市场的需要，促进充分就业。

（五）加强创业孵化基地建设，鼓励和扶持创业，实现以创业带动就业的倍增效应

盖洛普公司主席吉姆·克利夫认为，创业不仅是经济社会发展的强大推动力，而且是创造就业机会的"引擎"。在工作岗位上的创造、创业比创新更重要。多年来，我国对扶持创业重视不够，只重视引进外资办企业，不注重扶持民间创业。随着世界经济形势的变化，我国要把科学发展的注意力放在扶持创新创业上来。通过创业发展经济，带动就业。首先是大力培养和引进创新团队和人才，挑选创新项目，为创业打下基础；其次是要创建创业园区和创业孵化基地，加强创新项目或科研成果转化为创业项目；再次是进一步完善"一条龙"综合性的创业服务平台，加强创业培训和指导，减轻新办企业的开办成本，促其尽快开业并形成规模；最后是制定相关配套政策，落实扶持中小微企业的优惠政策，落实扶持科技创新企业的政策，营造良好的创业环境，通过扶持创业，创造新的就业岗位。

（六）加强公共就业服务体系建设，重点加强对就业困难群体的就业援助，促进就业

当前加强推进公共就业服务体系的建设与创新，重点是大力推进公共就业信息网络体系建设，实现省、市、县（区）、乡镇（街道）和社区五级联网，面对城乡劳动者和各类用人单位提供便捷的岗位空缺、人员招聘、劳动者求职、就业政策、就业培训等信息服务；切实加强基层就业服务平台建设，建立服务机构，完善服务制度，充实服务人员，健全服务标准，及时为就业困难群体提供"一对一"的帮扶服务。此外，要建立就业景气监测预测系统和企业用工景气指标体系，及时跟踪和掌握就业形势发展变化情况，对失业风险进行积极预防和有效调控，千方百计促进就业。

第九节 要正视就业结构性矛盾带来的影响与挑战

多年来，就业结构性矛盾一直困扰着充分就业目标的实现，特别是2008年国际金融危机爆发以来，我国和世界各国经济均进入产业结构调整期。产业结构的剧烈调整和变动对就业带来了巨大影响。这些影响集中表现为就业的结构性矛盾突显且具有复杂性和长期性的特点。我们应当充分认识和正视就业结构性矛盾带来的影响与挑战，积极寻求对策，化解矛盾，以尽最大努力实现充分就业。

一、当前我国就业结构性矛盾已成为影响扩大就业的主要矛盾

就业问题与经济发展和产业结构以及人口规模等方面都有密切的联系。2008年国际金融危机爆发以来，我国经济发展的外部环境发生了很大的变化，所产生的负面影响迫使我国必须加快转变经济发展方式。党中央从发展战略高度，果断做出实施创新驱动发展战略的决策，力求通过加快科技进步和自主创新，推动产业结构调整升级。因此，产业结构调整升级成为我国发展的主线，技术进步成为现阶段推动我国经济发展和产业结构调整升级的主要动力。当前和今后较长时间将是我国产业结构调整升级的重要时期，三次产业结构调整可能比较缓慢，但是第二、第三产业内部结构变动有加速趋势，产业在地区间的梯次转移趋势明显。这些情况都将导致劳

动力在三次产业之间、各产业内部和地区之间的流动加快。特别是在技术进步推动下，信息技术向三次产业渗透所引发的企业生产方式、经营方式和管理方式等发生深刻变化后，企业单位用人需求结构与劳动力供给结构不相匹配的矛盾将日益突显。具体表现在以下几个方面。

(一) 就业的总量性矛盾有所缓解，但结构性矛盾开始上升为主要矛盾

改革开放以来，我国经济持续快速发展，平均每年增长9.9%，至2012年全国经济总量达52万亿元，居世界第二位，人均收入已达6500美元。经济规模的扩大增加了就业容量。据统计，至2012年年末，全国劳动适龄人口总量为9.37亿人，占总人口的比重为69.2%，人数比2011年年末减少345万人。全社会从业人员达7.67亿人，其中城镇从业人员3.71亿人，农民工总量达2.63亿人。城镇登记失业率多年来保持在4.5%以内。情况表明，我国人口红利消失的拐点在2012年已出现，就业总量性压力有所减轻，充分就业目标基本实现。但是在经济结构调整步伐加快的新形势下，就业的结构性矛盾日趋凸显，并开始上升为影响扩大就业的主要矛盾。当前，除了就业的城乡结构、地区结构不合理外，第二、第三产业内部、企业内部用人需求结构变动大、在岗职工调整分流力度大、职工流动性大，从而导致就业的结构性矛盾上升。

(二) 结构性矛盾直接制约着就业规模的扩大

就业需求是一种派生需求，就业结构性矛盾自与产业结构调整密切相关。首先是现阶段我国产业结构还处在中下收入国家水平，劳动密集型产业所占比重大，无论从工艺路线还是产业链看，低端特征都很明显。目前，劳动密集型产业面临着双重压力：一方面是发达国家对我国低端制造业产品需求不断下降，而发展中国家又在不断生产与我国同类产品大量出口到发达国家，由此对我国形成明显的供给替代效应；另一方面是国内人工成本上升，人民币升值和土地、能源、原材料等价格上涨，导致低端产品成本迅速增加，特别是沿海发达地区成本增加迅速。在这种双重挤压下，我国劳动密集型和资源密集型产业被迫从沿海向内地甚至向国外转移，有的被迫关闭，有的被迫淘汰旧设备引进先进的生产设备，致使部分生产环节和职业消失，从而释放出大量低端的劳动力。据统计，广东2008年实施

第五章 创新：实行积极的就业政策

"双转移"战略以来，全省共转移企业6000多家，关闭"两高一低"企业7.2万家，涉及裁员500多万人。例如，纺织行业20世纪90年代中期产量约150万锭，每万锭用工800人。近年引进宽幅高速织机等先进设备和技术后，每万锭只用73人，生产操作工裁减了近九成。据调查分析，在产业调整过程中，分流出来的大部分是低端劳动力以及农民工。他们当中，一部分返回户籍所在地另谋职业，一部分就地转移就业，还有一些年龄大的农民工回流农村创业或自谋职业，一些人成为新的失业群体，从而直接影响到就业规模的扩大。

其次是高新技术产业和先进制造业逐步兴起，对高层次、高技能人才需求明显增加，但对低素质劳动力的需求较少。据统计，自2008年以来，我国高新技术产业发展迅速，以广东省为例，高技术产业、先进制造业增加值占规模以上工业的比重从2008年的不足30%上升至2012年的71%。高技术产业的迅速发展，使用人单位对劳动力需求结构也发生了显著变化。主要变化是，企业对高层次、高技能人才需求明显增加，对低层次劳动力需求明显减少。这些情况进一步影响到就业规模的扩大。据统计，2008年全省公共就业和人才市场对专技、技能人才需求总量为525.3万人，仅占当年总需求的61.3%；2012年对专技、技能人才总需求达1021.3万人，占当年总需求的64.7%。

第三是现代服务业的迅速兴起、不仅提升了产业的层次结构，而且增加了对高素质劳动力的需求，但我国现有劳动力结构难以满足现代服务业发展需要。近年来，我国各地为了贯彻实施创新驱动发展战略，普遍采取积极措施，大力发展现代服务业：一是鼓励制造业主辅分离，将其生产流程中的研发、物流、采购、营销及其他专业配套服务环节从现有企业中分离出来，设立具有独立法人资格的现代服务企业；二是大力鼓励发展具有事业单位性质的研发、设计、标准制定、知识产权、品牌服务和物流、售后服务等研发机构。这些现代服务业与传统服务业的显著区别是，前者具有知识密集型特征，需要招聘大量高层次的专业技术人才和高技能人才。据统计，近年来我国第三产业发展迅速。以广东为例，2002年广东省现代服务业增加值占第三产业的比重达57%，呈快速增长的态势。现代服务业的发展使用人需求结构发生了巨大的变化。2003年1~5月份全省人力资源市场技能人才求人倍率（需求数与求职数之比）1.42，其中高级技师的求人倍率达到2.18，已连续18个季度求人倍率位于1.3以上，上述情况表明，现代服务业的发展对高素质劳动力的需求明显增加，而高层次、高技能人才缺乏，不仅制约着产业转型升级，也制约着就业总量的增加。

（三）就业结构性矛盾还表现为劳动力整体素质与产业结构调整升级不相适应的矛盾，从而制约着产业的转型升级

从劳动力供给方面看，近年来我国各类教育有了很大发展。据统计，我国高校毕业生规模从2001年的110万人上升至2013年的699万人，中职毕业生从2011年的662.67万人升至2013年的近800万人。中职以上毕业生占当年新成长劳动力的93%左右，接受12年以上教育的劳动力供给总量有了很大的增加，但是教育质量普遍下降，加上专业结构、技能结构、素质结构不合理，致使不少高校毕业生有学历没能力，有文凭没水平，无法适应产业结构调整升级的要求。据麦可思研究院出版的《中国大学毕业生就业报告》显示，2011年大学毕业生毕业半年后的就业率为90.2%，就业偏离度为47%；从需求方面看，自金融危机以来，我国企业面对国内外市场需求逐步放缓的环境、综合要素成本不断上升的竞争环境以及资源约束日益增强的供给环境，纷纷转变粗放型发展模式，不少企业向研发设计、品牌建设、销售服务以及引进现代生产及管理技术，节能减排等附加值高的非制造环节延伸。据国务院发展研究中心企业研究所一项调查显示，85.8%的受访企业选择或计划在未来3年内发展自主品牌，引进现代管理技术的企业所占比例上升至65.3%。专职研发人员占职工比重达10%以上的企业达76.7%。企业转型升级步伐加快，但高层次、高技能人才普遍缺乏，成为企业转型升级的最大障碍。高校毕业生就业半年内离职率高达41%；毕业时对基本工作能力掌握的水平均明显低于工作岗位要求的水平。

（四）技术进步对职业本身的分化、调整以及内涵的提升产生了深刻的影响，从而对劳动力素质结构提出更高的要求

职业是社会分工的产物，也是就业的载体。劳动分工与技术进步有着明显的互动关系。在任何社会，每当新技术出现，往往都会推动产品创新、工艺创新和组织管理方式的创新等，从而至少从两个方面对就业结构产生重大影响：一是新旧职业的交替，二是职业层级的提升。在这个过程中，当大规模技术变革引起产业结构变动时，职业层次结构及其内涵也将随之发生变化。职业内涵的技术因素将明显增加，因此，它对劳动力素质的要求必然提高。劳动者如果不具备职业变换的能力，就会导致失业。

二、就业结构性矛盾带来的新挑战

综上所析,我们认为,当前我国就业结构性矛盾主要是在技术进步推动下,产业结构调整升级引起的。在产业调整升级过程中,就业结构性矛盾将长期存在,它带来的挑战主要有以下几个方面。

(一) 如何调整教育结构、提高教育质量,全面改善劳动力供给结构

就业结构性矛盾主要表现为劳动力供求结构不对称。近年来,我国高等教育发展迅速,每年高校毕业生为六七百万人,从数量上来看可以满足产业转型升级的需要。但是30年来,我国的教育基本上仅仅是给学生传授了一些书本知识,没有传授职业技能,特别是思想品德教育欠缺。因此,培养出来的大学生很难满足实体经济转型升级的需要。加上高校专业设置和人才培养方向与产业发展需求的人才结构吻合度偏低;部分高校至今仍然沿袭传统的应试教育教学方式,教育质量下降,培养出来的学生高分低能,供求结构错位十分严重。因此,如何深化教育体制改革,大力调整教育结构、不断提高教育质量,尽快全面提高劳动者的就业创业能力、改善劳动力供给结构成为当前缓解就业结构性矛盾的迫切需要解决的重要问题。

(二) 如何帮助就业困难群体实现再就业,促进社会和谐稳定

在产业结构调整升级过程中,随着各产业部门自身技术水平不断提高,客观上将对低素质劳动力产生排斥效应:一部分原来从事低端岗位的劳动力因难以提高技能而退出劳动队伍,成为失业人员;一些高污染高耗能低产出的劳动密集型企业逐步被淘汰后,挤出来的劳动力因素质偏低不能及时被新兴产业所吸纳,也会形成就业困难群体而导致失业;农村劳动力总体素质偏低,缺乏必要的职业技能,这些情况也将延缓农村劳动力向非农产业和城镇转移的速度,有些农村劳动力即使也在非农产业就业,也会因职业技能偏低而导致失业。这些因素叠加在一起,就将使社会就业困难群体明显增加,从而影响社会稳定,这是化解就业结构性矛盾的又一个难点,也是挑战。

(三)如何建立统一开放、灵活高效的劳动力市场流动机制，促进劳动者优化配置

市场是汇集和化解劳动力供求矛盾的基本载体和手段。在产业结构剧烈变动引起劳动力在产业地区间转移、流动的情况下，建立灵活、高效的市场流动机制，对于有效配置人力资源，调节劳动力供给具有十分重要的作用。改革开放以来，尽管我国劳动力市场体系已基本形成，但是劳动力流动还存在制度和政策方面的障碍，还存在信息不对称、服务不规范、规则不平等问题，如何解除这些障碍，形成统一开放、灵活高效的市场流动机制，成为化解结构性失业的迫切需求。

(四)如何加快开发新职业及其标准，为培养和使用劳动者提供客观依据，成为化解就业结构性矛盾的迫切要求

技术进步推动企业工艺创新、产品创新和生产管理方式创新，从而直接影响到职业的分化、聚合、增生和消亡，影响着职业内涵质的变化和提升。如果不能及时对现行职业标准进行修改，就不能引领教育培训，不能培养出适合产业发展需要的人才；如果不能及时开发新职业及其标准，既不能培养职业人才提供依据，也不能为客观公正评价人才、使用人才提供客观依据，更难以有效地引导就业，实现人岗合理匹配。因此，化解就业的结构性矛盾，迫切需要国家和省尽快组织开发新职业及其标准。

(五)如何进一步完善失业保险制度，充分发挥其促进就业和保障社会稳定的功能，是当前必须深入研究的问题

随着技术进步推动产业结构转型升级，技术、机器代替劳动力的情形将逐步增多，失业人员数量以及转换职业的情形都将逐步增多，如何完善失业保障制度，在合理确定失业救济水平，确保失业人员基本生活的同时，运用失业保险基金，提高失业人员自身素质和就业创业能力，帮助实现再就业，助推产业转型升级，是当前面临的又一重大挑战。

三、缓解就业结构性矛盾的对策建议

为了应对就业结构性矛盾带来的新挑战，化解这个世纪性难题，我们建议，今后要着重围绕提高人力资源素质、改善劳动力供给结构和完善市

场机制这些重点，采取积极措施缓解就业结构性矛盾。

（一）抓紧建立产业结构调整与促进就业的良性互动机制

各级政府在制订国民经济发展计划、调整产业结构和产业布局时，应优先考虑扩大就业规模、改善就业结构、创造良好就业环境的需要。我国幅员辽阔，区域发展不平衡，产业发展回旋余地大，在经济转型和结构调整中，我们应该充分利用这一个点，实施有利于发挥劳动力比较优势的产业梯次转移和升级战略，形成合理的产业区域布局和产业层次，扩大就业的产业空间，增加就业容量。沿海地区可着力发展高技术产业，拉长产业链，以扩大就业；劳动密集型产业可以在降低能耗、减少污染的前提下，向欠发达地区梯次转移，以吸纳部分低端劳动力以及农村劳动力转移就业。

（二）进一步深化教育领域的改革，形成大体适应产业发展需要的教育体制机制

当前我国教育领域许多方面与产业发展不相适应的问题十分突出，集中表现为体系不全、机制不活、结构失衡、质量不高。从总体上看，教育的总体供给能力和教育规模有很大的发展，但学校教育体系过于封闭，普通教育与职业教育的沟通和衔接不够，职业培训与终身教育体系不健全，多元办学体制未形成，机制不活，政府管理错位，学校法人制度不完善，办学自主权未落实；结构失衡主要是指中职和普通高中、中职与高职、职教与普教之间的比例不合理，专业结构、层次结构不合理等；质量不高集中表现为高校扩招后，高校毕业生质量下降，综合素质低，操作技能低，专业课程设置及内容不适应产业升级需要。要针对上述问题，对我国整个教育体制进行深入的改革。一是从宏观上大力调整教育结构，把70%的普通高等院校改为高等职业院校，高中阶段职普比也要做相应调整；二是打通中职与高职、职教与普教相对封闭的教学体制，实行开放办学，加强贯通与衔接；三是全面落实学校办学自主权，由学校根据行业、市场发展需求，灵活调整专业结构和课程设置；四是着力建立一支高素质的教师队伍，坚持立德树人，切实提高教育质量。

（三）大力发展多层次的职业教育培训体系，完善终身学习制度，全面提升劳动者职业素质

首先，要着力完善终身学习制度，在发展学历教育的同时，要进一步

发展各类非学历非全日制的职业继续教育，形成门类齐全、结构合理、层级多样的职业继续教育体系，使没有机会接受高等教育的成年人有机会通过继续教育，获得相应的职业资格证书或高等教育学历证书。其次，要鼓励行业、企业建立健全全员培训制度，结合生产实际安排员工参加各类培训。要充分发挥社会培训机构和企业培训基地的主导作用，进一步强化校企合作，大力推行职业学校定向招生、订单培训的职业教育新形式，加快培养高层次、高技能人才。再次，要建立完善面向就业困难群体的职业技能提升补贴政策，鼓励在岗职工参加业务培训，不断提升培训质量与层次，推动劳动力结构由低级向高级转变，以适应产业结构调整的需求。

（四）切实加强新职业及其标准、课程的开发，形成科学合理的人才培养引导机制和评价机制

科技进步推动产业结构调整变化，直接反映到职业上来，就是职业名称及内涵的变化，或者是职业的分化、聚合、新生和消亡。职业的变化不仅影响到教育培训的专业、课程设置，也影响到对劳动力质量的评价。目前，我国的职业分类8大类、66个中类、413个小类和1838个细类，每个细类中还包括若干个职业岗位，一个职业岗位又可分为几个层次。随着科技进步和产业兴衰，近年来，我国已有3000多个旧职业消失，一大批新职业陆续产生。而国家对新职业还来不及进行界定，对现行的职业标准也没有及时进行修订，致使教育培训的依据陈旧，对人才评价的标准滞后，致使人才培养评价与产业发展需要严重脱节。建议建立国家统一的职业开发制度。在国家统筹协调下，由各省和主要行业成立职业开发专家委员会，抓紧组织修订或取消现行职业标准，及时开发新职业及其标准，加强新职业及其标准的宣传发布，以形成科学、合理的人才培训引导机制和评价机制。

（五）加快构建统一开放、公平竞争的人力资源市场，形成有利于劳动力在产业（行业）和地区之间合理流动的市场机制

首先，要健全人力资源市场管理法规，依法加强统一规范、灵活、高效的人力资源市场建设，反对就业歧视和行业（企业）垄断，打破各类劳动者求职的身份界限，营造公平竞争的市场环境，推动形成统一开放、灵活高效的市场运行机制。其次，要加强区域人力资源合作。根据区域产业梯次转移和城市化进程，积极引导劳动力在不同区域、不同产业之间的有

序对接和合理流动，促进劳动力就地就近转移就业。再次，要进一步规范市场行为，提高公共就业服务信息化水平。建立覆盖面广的市场供求信息共享平台，实现"一次登记，全程服务"的就业服务普惠化，推动市场供求信息公开透明；要定期发布区域产业信息和地区重点、紧缺职业工种目录，减少就业市场中因信息不对称所造成的失业。特别是要运用信息手段，将衰退产业富余劳动力及时转移到新兴产业创造的新岗位上来，实现无缝对接。

（六）进一步完善就业援助和失业保障机制

首先，要实施更加积极的就业政策，进一步完善就业援助制度，对"双困"（就业困难和家庭经济困难）人员和在产业调整中被辞退的大龄员工，要列为重点帮扶对象，实施"一对一"全方位的就业援助，免费提供就业信息、就业指导、职业介绍和职业培训，全力促进再就业。其次，要充分发挥失业保险的生活保障和促进就业功能。合理确定失业救济水平，不养懒人；改变失业保险基金单纯用于失业救济的做法，扩大使用范围，增强就业服务提高素质和促进就业功能，形成失业救助与促进就业紧密结合相互促进的机制。再次，要落实就业扶持政策。用工单位按规定招用失业人员特别是就业困难人员的，按规定由财政给予岗位补贴和社保补贴等，鼓励用人单位积极吸纳失业人员实现再就业。此外，要探索通过政府购买服务的方式，开发城乡基层特别是城市社区和农村公共管理及社会服务的工作岗位，解决就业困难群体的再就业问题。

后 记

习近平总书记在2016年新年贺词中说,"只要坚持,梦想总是可以实现的"。多年来,我心里一直有个梦,就是把自己撰写的书稿汇编成书,作为自己在劳动就业战线工作30多年的见证。但退休三年多,这个夙愿一直没有实现。今天,在中山大学出版社的大力支持下,经过几个月来的努力,《广东劳动就业体制改革与创新》一书终于即将付梓了。我梦想成真,如释重负,深感欣慰。

这本书是本人亲身参与和亲眼见证广东以及全国劳动就业体制改革40年过程中所撰写的文稿汇编。在收集和整理书稿过程中,一篇篇文章展现的攻坚克难的改革情景浮现眼前,难以忘怀;一项项改革举措实施后所取得的明显成效,令人振奋;一幕幕与同事们加班起草改革文件的场景再现眼帘,终生难忘。本人的一生,有幸伴随着劳动就业体制改革不断深化而锻炼成长,并在成长过程中,得到了有关领导、同事、朋友和亲人的关心支持和帮助,为社会、为人民做了一些有益的事情,感到十分荣幸和自豪!

本人1982年6月大学毕业后,被分配到珠海市唐家中学任教。恰逢改革开放初期,政府机构改革,干部青黄不接,我有幸于1984年8月被抽调到省劳动厅工作。作为农民的孩子,有机会到城镇当教师,已经是一件十分荣耀的事情。然而,也许是本人对劳动就业有着一份天然的情结,总是把劳动就业当作为人民服务的一项事业来做,因而得到上天的眷顾,有幸从一名教师调到省政府机关工作,使本人的职业生涯有了一次重大的改变。而这一干就是整整30年,直到2013年年底退休。到劳动保障部门工作后,我被安排在计划劳动力处当科员。这是计划经济时期劳动部门权力最为集中的业务部门,从企业招工调工到工资分配,全由指令性计划管着,劳动部门代表国家实行统包统配。然而,我并不眷恋权力,而是更多地思考这种高度集中统一的计划经济体制严重束缚了社会生产力的发展,必须按照中央的部署进行改革。为了适应改革开放,发展经济的需要,广东的改革正好从这里突破。我恰好赶上围绕企业改革,破"三铁"(铁饭碗、铁工资、铁交椅),率先改革高度集中统一的劳动工资计划管理体制和统包统配的就业制度。到任一周后就陪同郑永辉、邹华副厅长到清远县开展劳动制度改革调研,指导企业率先实行劳动合同制,并执笔写了第一篇关于广东省实行劳动合同制的调研报告,得到厅领导的赞扬。两年后被调到厅办公室负责文秘并兼厅综合改革办公室工作,先后任秘书科科长、办公室副主任。1995年机构改革,本人被任命为综合规划处处长,负责全厅劳动工资保险制度综合改革、综合性政策研究、制定中长期规划以及起草综合报告、工作总结等工作。尽管担子重、压力大,但在安清明、孙仁、孔令渊、邹华、甘兆炯等几任老厅长的带领下,本人有机会比较多地接触省部级领导,学会站在比较高的位置,开阔视野思考问题,全面了解我国经济体制改革动向,能够从全局的角度,把握劳动领域各项改革节点和重点,努力按照市场导向,循序渐进大力推进劳动领域综合改革。2000年至2013年间,本人先后转任培训就业处、劳动工资处、职业能力建设处处长和厅副巡视员,主要负责或分管劳动就业、技工教育、职业培训和劳动工资工作。这期间,刚好是劳动保障制度深化改革、攻坚克难,推动体制转轨的关键时期。在方潮贵、欧真志、林应武、林王平等厅长的领导下,在同事们的大力支持下,本人参与了对下岗职工从保生活到再就业的双轨、并轨全过程,有幸成为改革就业制度、开放劳动力市场、建立市场就业机制的重要参与者;成为扩大技工教育规模、加强职业培训、加快培养技能人才的组织者;成为进一步深化企业工资分配制度改革,健全协调劳动关系制度的推动者。对于这些工作,本人都能够兢兢业业,亲力亲为,积极投身于政策调研制定和具体组织实施过程中，成为这个阶段广东劳动就业、职业培训、工资分配、劳动关系调整、劳动力市场建设等工作的重要见证者。从中央的决策部署到省级的具体指导和贯彻落实，我们承上启下，积极探索，努力实施，开拓创新，付出了心血，也取得了明显成绩，受到国务院以及部省领导的表彰，多次被评为先进工作者或先进单位，因而深感欣慰。本人在工作实践中深刻地体会到，个人的成长与自身努力和社会发展是分不开的。个人的成长应当主动把自己负责的工作当作党的事业的一部分，主动融入党和国家发展大业中去，敢于担当，善于思考，积极作为，不争名利，不计得失，才能得到所在单位领导的关心指导和同事们的大力支持帮助。在此，我要衷心感谢40年来从大学毕业任教到省劳动部门，从省劳动保障部门到省人力资源和社会保障部门所有领导和同事长期以来的关心支持！特别是衷心感谢人力资源和社会保障部原副部长张小建、省人力资源和社会保障厅原厅长欧真志的大力支持和指导，在百忙中为本书写序；衷心感谢人力资源和社会保障部于法鸣司长、郑东亮、莫荣、刘燕斌所长以及广东省人社厅历届领导、相关部门的各位同事和朋友们长期以来的关心、支持和鼓励！

　　本人的成长与得益于父母的谆谆教诲。我的父母是农民出身，一生勤勉，诚实正直，经常借"做人以诚实为本""业精于勤荒于嬉""谦受益，满招失""勤俭持家，莫生贪念""读书明理，勿做书呆子"等古训来告诫孩子。父母的训示常常萦绕于耳，从而警示自己，正直做人，勿违父母之命。在几十年的职业生涯中，本人谨遵父母之命，兢兢业业，尽心报答国家，却很少陪伴在父母身边，孝敬父母。今天谨以此书报答父母一生的养育之恩。

　　在这里，我还要衷心感谢勤劳贤惠的妻子云文娟，是她默默奉献，牺牲自己的学业与专长，以自己之力承担起繁重的家务，养育儿子和照顾双方父母，让我集中精力做好工作。对她的爱的奉献，谨表示衷心的感谢！

　　本书在编辑过程中，还得到各位挚友、亲人和中山大学王尔新教授，广东省职业能力建设协会吴志清会长以及霍立国、林署光、刘强同志，华南农业大学经管学院罗明忠教授，广州大学张仁寿教授和中山大学出版社徐劲社长以及吕肖剑、廉锋、高洵、刘犇等同志的大力支持。在此，谨一并表示衷心的感谢！

作者
2017 年 10 月